网络营销与策划

（修订版）

主　编　费玉莲
副主编　毛郁欣　蒋长兵

北京理工大学出版社
BEIJING INSTITUTE OF TECHNOLOGY PRESS

内容简介

本书在系统阐述网络营销的经典理论、最新发展趋势、核心特点与功能的基础上,深度剖析网络营销的业务流程,全面讲解网络营销市场定位与网络消费者,细致分析网络营销产品、定价、分销渠道及促销策略,并深入探讨网络广告、新媒体营销与跨境电商营销,强化理论和实践的深度融合。

本书结构严谨,内容丰富,每章配以启发性引导案例与深度分析,辅以精心设计的练习题,促进知识吸收与应用。本书既可作为高等院校电子商务专业、市场营销及相关专业的教学用书,也可作为从事网络营销研究和实践人员的参考用书。

版权专有 侵权必究

图书在版编目(CIP)数据

网络营销与策划 / 费玉莲主编. -- 修订版.
北京:北京理工大学出版社,2025.5.
ISBN 978-7-5763-5367-9

Ⅰ. F713.365.2

中国国家版本馆 CIP 数据核字第 20259XV360 号

责任编辑:王俊洁	文案编辑:王俊洁
责任校对:刘亚男	责任印制:李志强

出版发行 / 北京理工大学出版社有限责任公司
社　　址 / 北京市丰台区四合庄路6号
邮　　编 / 100070
电　　话 / (010) 68914026(教材售后服务热线)
　　　　　(010) 63726648(课件资源服务热线)
网　　址 / http://www.bitpress.com.cn

版 印 次 / 2025年5月第1版第1次印刷
印　　刷 / 涿州市京南印刷厂
开　　本 / 787 mm×1092 mm　1/16
印　　张 / 19.75
字　　数 / 464千字
定　　价 / 98.00元

图书出现印装质量问题,请拨打售后服务热线,负责调换

前言

自 2009 年本书第 1 版问世以来，网络技术应用的浪潮就以更加迅猛的姿态席卷全球，电子商务作为新经济时代的标志性产物，不仅深刻改变了人们的消费习惯，更成为推动全球经济一体化不可或缺的重要力量。在党的二十大报告中，明确提出了加快构建新发展格局、着力推动高质量发展的战略部署，报告强调教育、科技、人才是全面建设社会主义现代化国家的基础性、战略性支撑，这不仅为网络营销的发展提供了更为广阔的舞台和更为深远的意义，而且指明了人才培养与技术创新的方向。在此背景下，网络营销不仅是企业竞争的新战场，更是实现企业经济转型升级、促进经济社会高质量发展的重要途径。

本书修订在继承第 1 版精髓的基础上，紧密结合时代背景和行业发展趋势，对网络营销的知识体系进行全面升级和深化。本书将网络营销的理论体系与实践应用紧密结合，旨在培养既具备扎实理论基础又拥有实战能力的网络营销人才。在系统介绍网络营销基本概念与发展趋势的基础上，深入剖析各类网络营销工具和方法的应用场景与效果评估，同时，通过丰富的案例分析，展示网络营销理论和方法体系在实际操作中的灵活运用。特别是在策略篇和应用篇中，本书不仅详细阐述了网络营销的产品策略、定价策略、分销渠道策略及促销策略，还紧密结合当前市场热点，如网络广告、新媒体营销、跨境电商营销等，为读者提供了全面的知识体系和实战指南。

本书在编写过程中特别注重将课程思政元素融入教学内容之中，旨在培养学生的社会责任感、创新意识和职业道德。通过挖掘网络营销领域的典型案例，引导学生树立正确的价值观，理解网络营销在促进经济发展、服务社会民生中的重要作用。同时还强调持续学习与自我提升的重要性，鼓励学生紧跟行业趋势，不断提升自身的专业技能和综合素质。

本书是集体智慧的结晶，费玉莲副教授编写第 1~9 章并统稿，毛郁欣教授编写第 11 章，蒋长兵副教授编写第 10 章。在编写过程中，我们广泛参考了国内外相关教材、著作和期刊，在此向所有被引用的作者表示衷心的感谢。尽管我们力求内容的准确性和完整性，但由于编者水平有限，书中难免存在不足之处，恳请广大读者批评指正。

为了方便读者学习和使用，本书提供了电子课件和参考答案，电子课件可联系北京理工大学出版社获取，参考答案可直接扫描书中二维码查看。我们期待本书能够成为广大网络营销学习者、从业者以及研究人员的良师益友，共同推动网络营销事业的繁荣发展。

费玉莲
2025 年 03 月 12 日于浙江工商大学

目录

基础篇

第1章　网络营销概述 (003)
    1.1　网络营销的产生与发展 (004)
    1.2　网络营销的基础知识 (007)
    1.3　网络营销与传统营销的关系 (012)
    1.4　网络营销的发展趋势 (020)

第2章　网络营销的理论基础 (026)
    2.1　营销理念的演变 (027)
    2.2　长尾理论 (033)
    2.3　关系营销 (037)
    2.4　直复营销 (041)
    2.5　内容营销 (046)
    2.6　场景营销 (049)

第3章　网络营销市场定位 (057)
    3.1　市场细分和目标市场定位 (058)
    3.2　网络目标市场选择 (065)
    3.3　网络营销市场策略 (067)
    3.4　网络市场的定位策略 (069)
    3.5　网络市场调研 (073)

第4章　网络消费者 (092)
    4.1　网络消费者分析 (093)
    4.2　网络消费者的购买动机 (098)
    4.3　影响网络消费者购买行为的主要因素 (101)
    4.4　网络消费者的购买过程 (107)

策略篇

第5章 网络营销产品策略 (117)
- 5.1 网络营销产品概述 (118)
- 5.2 网络产品的设计生产 (121)
- 5.3 网络产品的生命周期 (124)
- 5.4 网络营销的品牌策略 (130)

第6章 网络营销定价策略 (142)
- 6.1 网络营销定价概述 (143)
- 6.2 网络营销定价策略 (148)
- 6.3 网络营销定价的实施步骤 (153)
- 6.4 网络营销定价的挑战与未来趋势 (155)

第7章 网络分销渠道策略 (162)
- 7.1 网络分销渠道概述 (163)
- 7.2 企业营销网站建设 (165)
- 7.3 网络分销渠道策略影响因素 (171)
- 7.4 网络分销渠道管理 (174)
- 7.5 网络分销渠道评估与优化 (178)
- 7.6 跨越渠道壁垒的新零售模式 (180)

第8章 网络营销促销策略 (187)
- 8.1 网络营销促销策略概述 (188)
- 8.2 网络促销的作用与方式 (189)
- 8.3 促销活动策划与执行 (191)
- 8.4 促销效果评估与优化 (192)
- 8.5 网络营销渠道 (194)

应用篇

第9章 网络广告 (218)
- 9.1 网络广告概述 (219)
- 9.2 网络广告的主要类型 (224)
- 9.3 网络广告常用的方法 (226)
- 9.4 网络广告策略 (232)
- 9.5 网络广告效果评价方法 (241)

第10章 新媒体营销 (255)
- 10.1 新媒体概述 (255)
- 10.2 直播营销 (261)
- 10.3 短视频策划制作与运营 (266)

第 11 章　跨境电商营销 (275)
11.1　跨境电商营销基础 (276)
11.2　跨境电商产品策略 (282)
11.3　跨境电商站内营销 (286)
11.4　社交媒体营销 (289)
11.5　搜索引擎营销 (293)
11.6　跨境电商视频营销 (296)
11.7　跨境电商营销数据分析 (299)

参考文献 (306)

基础篇

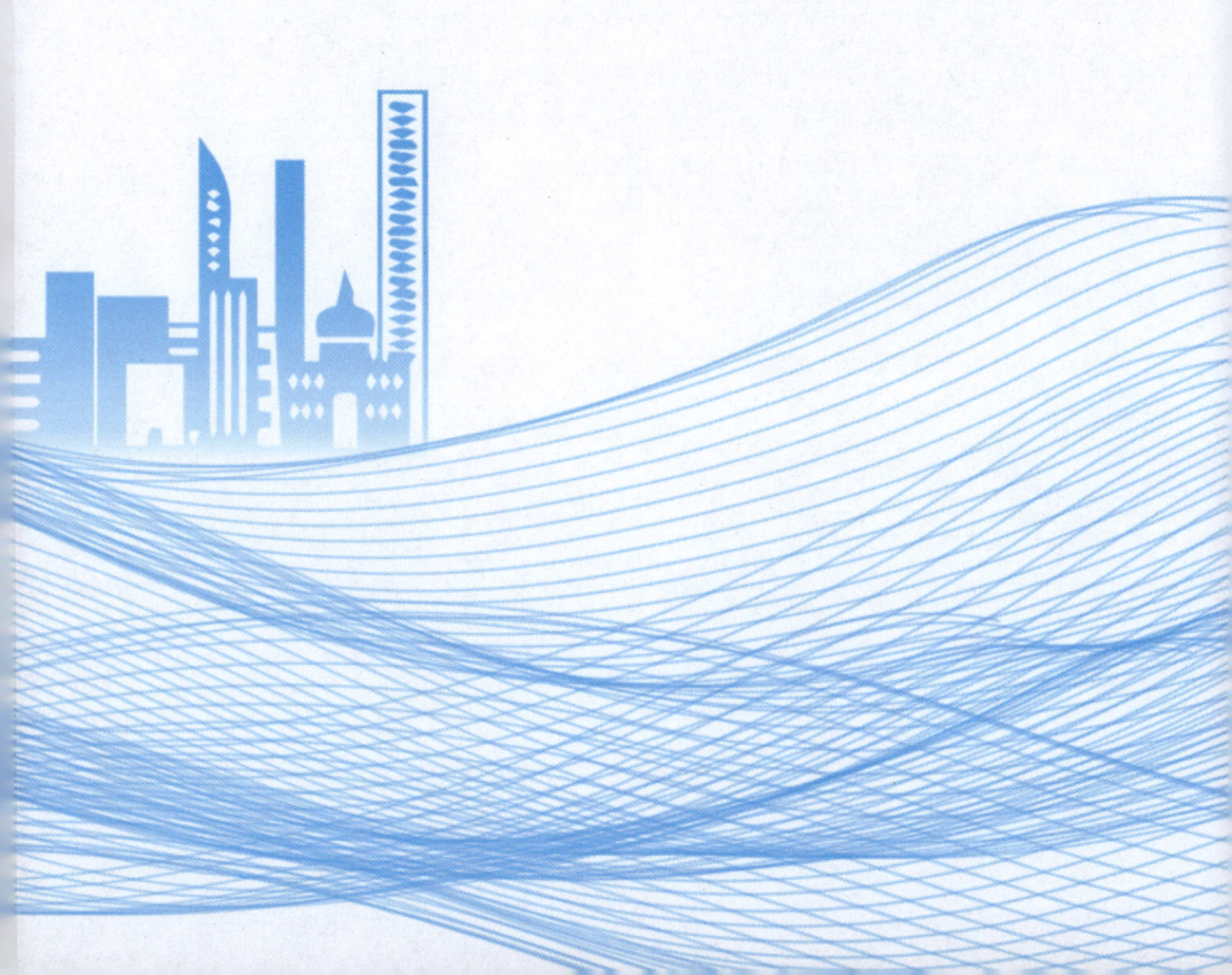

第1章　网络营销概述

引导案例

"茶二代"小夫妻电商直播助力安吉白茶产业发展

晚上7点，安吉县溪龙正好茶场内，"茶二代"小夫妻沈剑和唐晔琳已经开始为一小时后的直播做起了准备，检查设备、整理道具……妻子唐晔琳担任主播，为观众讲解自家产品，沈剑则在幕后默契地做好配合工作。每晚直播3小时，一年共直播300余场，年销售额3 000万元左右，荣获抖音年度优秀商家，"正好安吉白茶"闯入抖音茶叶类目前50名。从银行职员转行到电商直播行业，过去一年，沈剑交出了满意的"成绩单"。

成功并非一日而成，问题接踵而至。库存量大，茶叶销路少，直播带货经验流量不足等，这些问题都非常棘手；刚开始直播的几天，销售额不尽如人意，有时候甚至连一位观众都没有。从上班族到创业者，不仅仅是身份的改变，思考问题解决问题的方式都需要从零开始摸索。于是，夫妻俩开始没日没夜地研究，看别人怎么直播，学习抖音的玩法逻辑。每场直播，沈剑夫妻都认真对待，白天积累视频素材做好引流，直播前认真彩排演练，直播结束还不忘复盘分析。

功夫不负有心人，慢慢地，直播间有了小起色。如今，"正好安吉白茶"抖音号已累积粉丝20余万，销量也保持在日均600余单。因为直播带货"火"了，沈剑夫妻俩在乡里出了名，也有不少茶农上门"取经"，向他们请教直播窍门。不仅如此，他们还帮助周边茶农茶企销售白茶3万余斤，带动就业20余人。

资料来源：《学习强国》平台，案例链接：https://article.xuexi.cn/articles/index.html?art_id=450881463972758549&cdn=https%3A%2F%2Fregion-zhejiang-resource &item_id=450881463972758549&study_style_id=feeds_opaque&t=1678877441092&showmenu=false&ref_read_id=11f75d6d-d669-496c-9688-ee0b591f128b&pid=&ptype=-1&source=share&share_to=wx_single

1.1 网络营销的产生与发展

互联网已经成为人们生活中不可缺少的一部分，很多企业都将它作为通往世界、融入全球化经济的桥梁，更多的企业则把它作为市场营销的强有力工具，因此，网络营销也受到前所未有的追捧。在它成长的短短十几年中，发展速度之快，手段翻新之多，让人目不暇接，营销功能正在不断地向自动化、一体化发展。网络营销极大地改善了企业营销推广的效率和效益，这对市场营销的理论、观念和实践都提出了新的考验。

1.1.1 网络营销的产生

市场营销是达成个人和组织的交易活动，包括规划和实施创意、产品、服务观念、定价、促销和分销的过程。网络营销是以互联网为主要媒体，以新的方式、方法和理念实施营销活动，更有效地促成个人和组织交易活动的实现。互联网伴随着通信技术的发展而发展起来，由于其开放、快捷、廉价等特征，高效的信息传输得以快速发展。1993 年，基于互联网的搜索引擎诞生，这标志着利用搜索引擎进行营销活动的基础已经建立。1994 年 4 月，美国两个律师制造垃圾邮件，引起人们广泛的关注和思考，同年网络广告第一次出现。1995 年，随着亚马逊的成立，网络销售正式出现在大众面前。

2025 年 1 月 17 日，中国互联网络信息中心（CNNIC）发布第 55 次《中国互联网络发展状况统计报告》（以下简称《报告》）。《报告》显示，截至 2024 年 12 月，中国网民规模达 11.08 亿人，互联网普及率升至 78.6%。《报告》显示，2024 年我国互联网基础资源持续发展，5G、千兆光纤宽带网络建设有序推进，移动互联网接入流量延续较快增势，信息通信业高质量发展成效显著；2024 年电信普遍服务和"宽带边疆"等相关行动有序推进，让更多农村和偏远地区老百姓用得上、用得好网络；2024 年生成式人工智能相关产业快速发展，新业态、新应用持续涌现，为经济社会的发展注入了强劲动能；2024 年在政策推动、模式创新等重重因素推动下，数字消费领域亮点纷呈；2024 年数字业态与文旅有机结合，不断激发数字文旅消费潜能，赋能文旅融合高质量发展。这些互联网发展的积极态势为网络营销提供了更广阔的市场空间、更丰富的技术手段和更多元的营销场景。

1.1.1.1 网络营销产生的基础

社会经济与现代信息技术的迅猛发展、经济全球化趋势、商业竞争的加剧，以及消费观念和消费模式的改变，使传统的营销模式已不能适应社会的发展变化，更不能满足消费者新的消费需求。而在商业竞争越来越激烈的信息时代，面对方便快捷的互联网，传统营销的局限性表现得也越来越明显。在技术基础、现实基础和观念基础等因素的共同作用下，产生了网络营销模式。

1) 网络营销产生的技术基础

早期的互联网技术主要应用在军事领域，伴随着互联网技术的广泛应用，推动了互联网的商业化进程，特别是 20 世纪 90 年代以来，更是呈现出指数的发展趋势。由于互联网具有开放共享及使用费用低廉等特点，互联网上的任何人都可以享有创作发挥的自由，而且目前使用互联网的费用正在逐渐降低，互联网可以为用户提供电子邮件、文件传输、网络论坛、WWW（万维网）、BBS（网络论坛）等服务，正是互联网这些丰富的功能使其具备了互动沟通与商业交易的能力，并逐渐成为企业经营管理中不可或缺的工具。互联网技术的应用改变了信息的分配和接收方式，改变了人们生活、工作和学习的环境。在信息时代，互联网在连接世界各地计算机及其用户的同时，缩小了世界范围内人们的空间距离和时间局限性，逐渐成为世界范围内最便捷的沟通方式，再加上商业贸易过程中需要传输大量数据，使互联网在商业方面的开发潜力越来越大。为此，现代网络通信技术和信息技术的应用与发展成为网络营销产生的技术基础。

2）网络营销产生的现实基础

随着经济全球化成为不可扭转的趋势，市场竞争也变得更加激烈。为了在市场竞争中占据优势地位，各大企业也面临着越来越多的挑战，竞争对手不再局限于眼前的几个，而是世界各地有着无数个竞争对手，战略、成本、库存等问题也越来越成为许多企业不得不考虑的问题。如果不及时调整策略适应市场发展，企业将面临被淘汰的危险。当今企业之间不仅仅是高科技的竞争，更是速度、质量、效率和服务等综合实力的竞争，它会改变新财富分配的格局。网络营销为企业提供了解决这些问题的平台，为企业在高科技的竞争中取胜提供了一个新的机遇。例如，网络营销可以节约大量昂贵的店面租金，减少库存商品的资金占用，也可以使经营规模不受限制，还可以更加快捷地采集客户信息等，这些都使企业降低运营成本、贸易周期变短，从而增强了企业的竞争优势。不管是发达国家还是发展中国家，都受到这一趋势的影响，网络营销正是在这一全球化趋势下产生并发展起来的。

3）网络营销产生的观念基础

满足消费者的需求一直是企业经营永恒的核心，网络营销利用互联网平台为消费者提供各种优质的服务，是取得未来竞争优势的重要途径。在互联网时代，人们生活节奏日益加快，传统购物模式中交通的不便、商场的服务不周、付款排队等候等问题对于现在工作压力大、时间紧张的消费者来说，提高购物的速度已成为他们所关心的问题。此外，现今市场中的产品无论是在数量还是在品种上都已极为丰富，绝大多数商品都是供过于求的状态。消费者希望以个人愿望为基础挑选和购买商品和服务，主动通过各种渠道获取与商品有关的信息，以增加对产品的信任和获得心理上的满足感。

1.1.1.2 网络营销的优势

网络营销具有传播范围广、速度快、无时间地域限制、无时间版面约束、内容详尽、多媒体传送、形象生动、双向交流、反馈迅速等特点，有利于提高企业营销信息传播的效率，增强企业营销信息传播的效果，降低企业营销信息传播的成本。网络营销对企业营销的效率和效益都能产生巨大的影响。一方面，网络营销的出现不仅满足了消费者的个性需求，而且提供了极大的便利；另一方面，网络营销的产生给企业带来了无法比拟的效用。具体来说，网络营销的优势主要体现在以下几个方面：

1）跨时空

互联网覆盖全球市场，以互联网为依托的营销活动，可抛开时间、空间和地域、国别的限制，企业可以24小时不间断地向顾客提供各种信息，可以方便快捷地进入任何一国市场。

2）即时互动

现代消费者对于等待越来越没有耐心，他们的疑问需要商家及时回答，互联网的即时性和互动性满足了消费者的这一需求。通过互联网，企业可以和顾客做到即时沟通，速度快，效率高，不仅如此，顾客还可以主动搜索产品信息，减少等待时间。

3）低成本

网络营销信息传播的时间成本很低，通过互联网传递信息，瞬间就可以传递到地球任何一个能接触到互联网的地方，其时间成本是微乎其微的。另外，随着网络用户规模的庞大，网络所需设施成本也越来越低，网络营销的经济成本也越来越低，如发一封电子邮件的成本几乎可以忽略不计。

4）精准营销

根据目标消费者的特点，有针对性地投放广告；提供精准的内容迎合目标消费者的兴趣；提供"一对一"的更有针对性与有效性的沟通，增加企业和消费者的互动性，提高消费者的满意度。

5）多媒体

以网络为媒体的信息十分丰富，既具有平面媒体信息承载量大的特点，又具有电波媒体视、听的效果，利用先进技术手段，网络营销可以实现图片、动画、文字和声音等形式的有效组合，声文并茂，翔实生动，这一点是其他营销方式很难做到的。

6）营销效果实时监测

网络营销具备更强的数据分析和监测能力，利用先进的信息技术，企业可以通过网络即时获得网络营销的数据与报告，企业可以实时追踪和分析营销活动的整体效果，从而能够为企业的战略决策提供更准确的数据支持。

1.1.2 网络营销的发展

网络营销产生于20世纪90年代，它以互联网为媒体，采用新的方式、方法和理念，为达到一定的营销目的而进行营销活动。随着互联网的发展，企业的网络营销经过了以下几个发展阶段：

1）黄页型营销

黄页型营销是指企业通过互联网提供企业或产品黄页，取代传统的传播介质，与之相比，它的优势在于使用方便，内容新、多，传播范围广，获得成本低，直到现在，这种服务依然受到市场的欢迎，生命力极强。

2）广告型营销

广告型营销取代了传统的企业宣传册，增加了多媒体内容，信息量更大，作用相当于一个广告，同时为企业和消费者建立了平等的沟通渠道，由于成本低廉，更受小企业的欢迎，拉近了小企业和消费者的距离，降低了小企业和大企业竞争的资本。

3）整合型营销

整合型营销是整合企业内部资源，即为了传播企业与产品信息，对企业与产品进行计划、实施和监督的一系列营销工作，包括广告、直接营销、销售促进、人员推销、包装、事件、赞助和客户服务等。整合型营销必须考虑到如何与消费者沟通。目前越来越多的企业采用了整合型营销方案，从产品销售、招聘、招商引资、企业宣传、售后服务、技术支持到合作意向等，凡是可以公开的内容都上网宣传，从消费者、员工、经销商、零售商、供应商直到管理者,根据不同的角色和权限,可以浏览各种相关的内容,进行各种各样的活动,如咨询、采购、面试、组织会议、发布消息、采访,等等。

4) 全网型营销

全网型营销是一种整合多种网络营销手段、渠道和资源的综合性营销,最大限度地覆盖目标市场和用户群体。全网型营销的核心在于通过整合搜索引擎、社交媒体、博客、论坛、新闻网站等多种在线资源和媒介,提升企业与产品知名度、吸引潜在客户、增加销售量。全网型营销的策略分析包括整合多渠道资源、精准定位用户、创建优质内容、持续的用户互动以及实时监控和调整营销策略。这种全方位、多渠道、高效率的网络营销方式是当今企业网络营销的主要趋势。

全网型营销的特点如下:

(1) 渠道广泛。全网型营销利用多种线下线上渠道,如搜索引擎、社交媒体、电商平台、内容营销、邮件营销等。通过不同渠道的组合,实现更广的覆盖面和更高的客户触达率。

(2) 数据驱动。全网型营销依赖大数据分析,通过对用户行为、市场趋势、竞争对手等数据的分析,优化营销策略,提升转化率。

(3) 高度互动。不仅限于单向的信息传播,通过社交媒体、社区、论坛等平台,还可以实现与消费者的双向互动。

(4) 实时修正。互联网实时获取用户反馈的特点使得全网型营销能够快速响应市场变化和用户需求,实时调整营销策略。

网络营销的未来将更加依赖人工智能和自动化,推动个性化推荐和精准营销的普及。同时,短视频、直播电商和社交媒体的整合将成为主流,带来更高的用户互动和品牌参与度。随着隐私保护法规的强化,企业需在个性化与用户信任之间找到平衡,高质量的内容和 SEO(搜索引擎优化)仍将是吸引用户的关键。总的来说,网络营销将更加注重技术驱动、用户体验优化和创新内容的创作,以应对市场的激烈竞争和消费者不断变化的需求。

1.2　网络营销的基础知识

1.2.1　网络营销的含义

网络营销的英文表示方式有很多种,如 Cyber Marketing、Online Marketing、Internet Marketing、Network Marketing、e-Marketing,等等。不同的英文表示方式有一些细微差别,如 Cyber Marketing 主要指利用互联网,并采用超文本传输协议的形式在计算机网络上开展的营销;Internet Marketing 是指在国际互联网上开展的营销活动;Network Marketing 是指在网络上(包括专用网络等,如增值网络与电话网络)开展的营销活动;Online Marketing 称为线上营销或在线营销,是指借助联机网络开展的网上营销;e-Marketing 是指通过企业内外网与国际互联网开展的电子化、信息化、网络化的营销活动,等等。由于目前网络使用的技术与方法还在不断变化,为表示这类利用能够联网的电子信息处理设备为物理基础和运行平台所开展的营销活动,营销学家曾用了 Online Marketing(直译是在线营销活动）和 Cyber Marketing。

与许多新兴学科一样，网络营销目前同样没有一个公认的、完善的定义，而且在不同时期、从不同的角度对网络营销的认识也有一定的差异。这种情况主要是因为网络营销的环境在不断发展变化，各种网络营销模式不断出现，并且网络营销涉及多个学科的知识，不同研究人员具有不同的知识背景，因此在对网络营销的研究方法和研究内容方面肯定会有一些差异。

美国著名市场营销学大师菲利普·科特勒对网络营销曾做过精辟的解释："网络营销是企业整体营销战略的一个组成部分，是建立在互联网基础之上，借助于互联网手段来实现一定目标如品牌或销售额的一种营销手段。"

我国网络营销学者冯英健对网络营销给出了一个相对比较全面的概念，他认为："网络营销是企业整体营销战略的组成部分，是为实现企业总体经营目标所进行的，以互联网为基本手段营造网上经营环境的各种活动。"

本书综合网络营销的各种定义，结合当前网络营销的情况，给出网络营销如下定义：

网络营销是指通过互联网及其相关平台，以满足消费者需求为目标，利用各种在线渠道（如搜索引擎、社交媒体、电子邮件、网站等）进行产品推广、品牌建设和客户关系管理的市场营销活动。

网络营销结合了传统营销和新兴技术手段，旨在数字化环境中提升企业的市场竞争力。它通过数据分析、精准投放和互动方式，实现品牌曝光、客户获取和销售转化。它是目标营销、直接营销、分散营销、顾客导向营销、双向互动营销、远程或全球营销、虚拟营销、无纸化交易、顾客参与式营销的综合。网络营销使用者通过互联网，利用电子信息手段，实施各种营销策略，最大限度地满足顾客需求，开拓市场，增加盈利能力，实现企业市场目标。

由此对网络营销的定义可以从以下几个方面来理解：

1）以现代信息技术作为支撑

网络营销应充分利用网络的快速、便捷、不受时间和空间限制的特点，可以进行跨越时空的营销活动。

2）营销目标化

网络营销的最终目标是满足消费者的需求。它强调以消费者为中心，通过精准的营销手段来吸引并满足目标客户，从而实现市场效益。

3）渠道多样化

网络营销利用各种在线渠道（如搜索引擎、社交媒体、电子邮件和网站等）进行产品推广和品牌建设。每个渠道都有其独特的作用和策略，理解网络营销需要掌握如何整合和优化这些渠道来达到营销目的。

4）营销精准化

网络营销依赖数据分析和精准投放，通过大数据和算法优化营销效果，实现品牌曝光和客户转化，这突出了网络营销的技术性和智能化。

5）互动有效化

网络营销不仅关注短期的销售转化，还重视长期的客户关系管理。与消费者的互动是其关键环节，通过有效的沟通和互动来增强品牌忠诚度和客户满意度。

网络营销作为新的营销方式和营销手段实现企业营销目标，它的内容非常丰富。一方面，网络营销要针对新兴的网上虚拟市场，及时了解和把握网上虚拟市场的消费者特征和消费者行为模式的变化，为企业在网上虚拟市场进行营销活动提供可靠的数据分析和营销依据。另一方面，网络营销在网上开展营销活动来实现企业目标，而网络具有传统渠道和媒体所不具备的独特的特点，信息交流自由、开放和平等，而且信息交流费用非常低廉，信息交流渠道既直接又高效，因此在网上开展营销活动，必须改变传统的一些营销手段和方式。网络营销的基本营销目的和营销工具同传统营销是一致的，只不过在实施和操作过程中与传统方式有着很大区别。

1.2.2　网络营销的特点

网络营销是在传统营销的基础上发展起来的，因此与传统营销有着千丝万缕的联系。但是，在另一方面，网络营销有其独特之处，决定了它与传统营销有着本质的不同，总体来说，网络营销具有以下特点：

1.2.2.1　跨时空

传统的营销方式是以固定不变的销售地点和营业时间为特征的店铺式销售，企业利用传统媒介不可避免要支付一定的时间成本，从与媒介谈判到达成共识，直至最后顾客接受，必然要有一个时间跨度。但网络营销则通过互联网能够超越时间约束和空间限制进行信息交换，使得脱离时空限制达成交易成为可能，企业能有更多的时间和在更大的空间中进行营销，随时随地向客户提供全国性甚至全球性的营销服务，以达到尽可能多地占有市场份额的目的。即使是跨国交易，在网络上只要几分钟即可成交，网络营销可以使营销信息迅速及时地在网络上发布，企业可随时利用自建的网站发布信息，从而实现营销信息的及时发布和更新，从顾客反馈的角度看，企业不再需要花费大量的时间和费用通过社会咨询机构或内部营销信息管理机构调查搜集顾客反馈信息，而完全可以通过电子邮件、企业网络内置的聊天室等途径获得直接、及时的反馈。

1.2.2.2　交互式

网络营销的最显著特点是网络交互式营销。网络营销是一种自下而上的营销方式，它更强调互动式的信息交流，企业可以通过社交媒体、评论区、实时聊天等方式与顾客进行双向互动式的沟通，可以收集市场情报，可以进行产品测试与消费者满意度的调查等。消费者也可以直接将信息和要求传递给市场营销人员，这大大提高了营销过程中消费者的地位。而且网络营销过程可以实现与消费者在网络上的直接沟通和交流，使营销活动更为有效，并可建立长期良好的关系。如今，新的市场环境要求企业必须把客户整合到整个营销过程中来，并在整个营销过程中不断地与客户进行交流。作为网络营销所依托的载体，互联网可以超越时空的约束，网络的这种开放性使得任何人都可以加入互联网，以电子形式存在的网上信息可以在任何地方任何时间得到。因此，网络营销企业可以全天候与客户实施沟通，网络营销将随着网络的延伸而延伸，并随着网络的延伸而拓展市场。

1.2.2.3　技术性

网络营销建立在以高技术作为支撑的互联网上，网络营销的技术性主要体现在数据分析、搜索引擎优化（SEO）、社交媒体策略、内容营销和自动化工具的运用上。数据分析通过收集和解读消费者行为数据，帮助企业精准定位目标用户并优化营销策略；SEO通过优化网站内容和结构，提高搜索引擎排名，增加企业曝光率；社交媒体策略利用平台算法和用户习惯，打造品牌形象并与用户互动；内容营销通过制作和分发优质内容吸引潜在客户；自动化工具帮助企业高效管理营销流程，如社交媒体发布和客户关系管理。这些技术手段共同促进了网络营销的精准性和高效性。企业在实施网络营销时必须有一定的技术投入和技术支持，必须改变企业传统的组织形态，提升信息管理部门的功能，引进懂营销与电脑技术的复合型人才，方能具备和增强本企业在网络市场上的竞争优势。

1.2.2.4　经济性

网络营销应用电脑储存大量的有关产品特征、规格、性能以及公司情况等信息，可以帮助消费者进行查询，所有的营销材料都可在线上更新，所传送的信息数量与精确度远远超过其他传统媒体。而且网络营销使交易的双方通过互联网进行信息交换，代替传统的面对面的交易方式，可以减少印刷与邮递成本，进行无店面销售而免交租金，节约水电与人工等销售成本，同时也减少了由于多次交换带来的损耗，提高了交易的效率。在吸引潜在顾客时，电子化方式向顾客提供更多营销信息的成本最低，有时几乎为零。另外，企业一旦拥有自己的网站，网站所有权归企业所有，与企业利用传统媒介需要花费的高额费用相比，利用自建网站进行营销的费用大大降低。

1.2.2.5　定制化

定制化是指企业利用网络优势，一对一地向顾客提供独特化、个性化的产品或服务。网络营销的定制化主要表现为根据不同客户群体的需求和行为，量身打造个性化的营销策略。这包括通过数据分析了解客户偏好，精准推荐产品或服务；定制广告内容以更好地吸引目标受众；个性化的邮件营销根据客户的购买历史和兴趣推送相关信息；以及利用动态内容展示，根据用户实时行为调整营销信息。定制化强调做到让每一位消费者都感受到"专有的服务享受"，尽量与每一位已存在的或潜在的消费者保持联系，立足于处理好与每位顾客的关系。这种定制化的网络营销方式不仅提高了客户的参与度和满意度，还能显著提升转化率和客户忠诚度。

1.2.3　网络营销的功能

网络营销的基本功能表现在九个方面：信息发布、网站建设、网址推广、品牌塑造、网络促销、市场调研、客户关系管理、顾客行为分析、流量统计分析。网络营销的每一种功能实现都有相应的策略和方法。这些策略和方法是为有效实现网络营销任务、发挥网络营销应有的功能从而最终实现销售增加和持久竞争优势所制定的方针、计划，以及实现这些计划需要采取的方法。各项基本功能具体如下：

1.2.3.1　信息发布

互联网是一种信息载体，通过网络发布信息是网络营销的主要方法之一。信息发布也是网络营销的基本功能之一。无论哪种网络营销方式，结果都是将一定的信息传递给目标人群，包括顾客（潜在顾客）、媒体、合作伙伴、竞争者等。信息发布需要一定的信息渠道资源，这些资源可分为内部资源和外部资源。内部资源包括企业网站、注册用户电子邮箱等；外部资源则包括搜索引擎、供求信息发布平台、网络广告服务资源、合作伙伴的网络营销资源等。掌握尽可能多的网络营销资源并充分了解各种网络营销资源的特点，向潜在用户传递尽可能多的有价值的信息，是网络营销取得良好效果的基础。

1.2.3.2　网站建设

网站建设是企业开展网络营销的基础，网站建设与网络营销方法和效果有直接关系，没有专业化的企业网站作为网络营销的方法，效果将受很大限制，因此企业网站建设应以网络营销策略为导向，采用托管或者自建的方式建立，从网站总体规划、内容、服务和功能设计等方面为有效开展网络营销提供支持。

1.2.3.3　网址推广

这是网络营销最基本的功能之一。相对于其他功能来说，网址推广的地位显得更为重要，因为网站所有功能的发挥都要有一定的访问量为基础。获得必要的访问量是网络营销取得成效的基础，尤其对于中小企业，由于经营资源的限制，发布新闻、投放广告、开展大规模促销活动等宣传机会比较少，因此通过互联网手段进行网站推广的意义显得更为重要，这也是中小企业对于网络营销更为热衷的主要原因。即使对于大型企业，网站推广也是非常必要的，事实上，许多大型企业虽然有较高的知名度，但网站访问量并不高。因此，网站推广是网络营销最基本的功能之一，基本目的就是让更多的用户对企业网站产生兴趣，并通过访问企业网站内容、使用网站的服务来达到提升品牌形象、促进销售、增进顾客关系、降低顾客服务成本等目的。

1.2.3.4　品牌塑造

网络营销的重要任务之一就是在互联网上建立并推广企业的品牌，知名企业的网下品牌可以在网上得以延伸和拓展，一般企业则可以通过互联网快速树立品牌形象，并提升企业整体形象。与网络品牌建设相关的内容相当丰富，例如，企业可以通过内容营销、社交媒体互动、客户评价等方式建立起品牌的独特形象，增强用户的品牌认知和忠诚度。在一定程度上说，网络品牌的价值甚至高于通过网络获得的直接收益。网络营销为企业利用互联网建立品牌形象提供了有利的条件，无论是大型企业还是中小企业，都可以用适合自己企业的方式展现品牌形象。网络品牌塑造是网络营销效果的表现形式之一，通过网络品牌的价值转化可实现持久的顾客关系和更多的直接收益。

1.2.3.5　网络促销

网络营销的基本目的是为增加销售提供帮助，大部分网络营销方法都与直接或间接促进销售有关，可通过在线广告、促销活动、搜索引擎优化、电子商务平台等方法直接促进企业产品的销售，缩短用户的购买决策周期。网络促销并不限于促进网上销售，事实上，网络促销在很多情况下对于促进网下销售也十分有价值。

1.2.3.6　市场调研

网上市场调研主要的实现方式包括企业网站设立的在线调查问卷、通过电子邮件发送的调查问卷以及与大型网站或专业市场研究机构合作开展专项调查等。相对传统市场调研，网上市场调研具有调查周期短、高效率、低成本的特点。网上市场调研不仅为制定网络营销策略提供支持，而且是整个市场研究活动的辅助手段之一，合理利用网上市场调研手段对于市场营销策略具有重要价值。因此市场调研也是网络营销的重要内容和基本职能，利用搜索引擎和一些专业网站的企业数据库资料开展基本的市场调研是很有价值的。

1.2.3.7 客户关系管理

网络营销中的客户关系管理（Customer Relationship Management，CRM）主要指企业通过互联网渠道与客户建立、维护并优化关系的一系列活动。它的核心目的是更好地理解和满足客户需求，提升客户满意度、忠诚度以及客户终身价值。通过网络营销的互动性和良好的顾客服务手段增进顾客关系已经成为网络营销取得长期效果的必要条件。

1.2.3.8 顾客行为分析

网络用户作为一个特殊群体，有着与传统市场群体截然不同的特性，因此要开展有效的网络营销活动，必须深入了解网上用户群体的需求特征、购买动机和购买行为模式。网络营销可以通过各种在线渠道（如网站、社交媒体、电商平台等）收集大量客户数据。这些数据包括客户的浏览行为、购买记录、兴趣偏好、反馈评论等。通过对这些数据的分析，企业可以更精准地了解客户需求，进行个性化的产品推荐和服务。

1.2.3.9 流量统计分析

网络营销中的流量统计分析是指通过对网站、社交媒体、电商平台等渠道的访问数据进行收集、监测和分析，以评估营销活动的效果，了解用户行为，优化营销策略。网站流量统计分析是对网络营销效果进行检验和控制的基本手段，对企业网站流量的跟踪分析，不仅有助于了解和评价网络营销效果，而且为发现其中所存在的问题提供了依据。

1.3 网络营销与传统营销的关系

1.3.1 传统营销的定义

对于传统营销这一概念，营销界尚无一个明确统一的定义。有的解释为："传统营销是指由产品、价格、渠道、促销4P要素构成的传统营销组合。"也有人理解为："传统营销是指通过层层严密的渠道，并以大量人力与广告投入市场，从而达到满足现实或潜在的需要的综合性经营销售活动过程。"我们可以从两方面来把握传统营销：从营销手法来说，传统营销指的是没有借助互联网技术进行的营销；从理论范畴上来讲，传统营销的理论思想是没有受过互联网技术冲击的。因而，我们可以认为，传统营销的定义其实就是互联网技术出现之前营销的定义。而网络营销实际上是企业整体营销战略的一个重要组成部分，它是建立在互联网基础上的，借助于互联网这一新型媒体来实现企业目标的一种营销手段。从以上两个概念中人们能够看出，网络营销与传统营销的本质区别在于营销的手段不同，也就是说营销的载体不同，人们也可以简单地认为网络营销实质上就是利用互联网技术进行的营销活动。

1.3.2 传统营销的思维方式

按照菲力普·科特勒的观点，营销管理的任务是按照某种帮助企业达到自己目标的方式来影响需求的水平、时机和构成。在整个营销管理的过程中,营销管理人员必须进行有关目标市场、产品设计和开发、价格、销售渠道和促进销售等方面的决策,以实现企业的营销目标。

纵观市场经济的发展历程会发现,人们在完成市场营销任务的同时,总是在自觉或不自觉地遵守着一定的思维方式,这些思维方式为实现营销目标做出了不可磨灭的贡献,概括起来主要有以下四种思维方式:

1.3.2.1 生产观念

这是最早的指导卖者行为的一种思维方式,持这种思维方式的营销者认为,消费者总是喜欢那些随处可得、廉价的产品,因此,生产企业的任务就是致力于提高劳动生产率和尽可能地扩大销售覆盖面。

1.3.2.2 产品观念

它是一种广泛存在并且往往被营销者和生产企业有意无意奉行的行为准则哲学。这种观念认为,消费者最喜欢高质量、多功能和具有鲜明特色的产品,并愿意花高价购买,因此企业的任务就是尽可能地生产高档、高值产品,并不断通过产品改进来满足顾客高层次的物质需要。

1.3.2.3 推销观念

这种观念的形成在生产力高速发展,但社会购买力并没有同步提高,商品大量积压的20世纪20—40年代,从这一时期开始,推销学和广告学获得了广泛注意和快速发展。这一观点的营销者认为,只有积极地推销和进行大量的促销活动,消费者才会克服购买惰性或者抗衡心理而足量购买某一组织的产品,而不是顺其自然。因而,企业的任务就是利用一切机会和方式去刺激人们增加购买。

1.3.2.4 营销观念

这种观念是市场上商品的不断丰富和消费者的购买选择标准提高、产品供大于求,因而很多企业已无法靠上述观念制胜时才真正得以形成的。这种观念认为,实现企业或组织目标的关键在于正确确定潜在顾客的需要或欲望,并且比竞争对手更有效地提供满足这些需要或欲望的产品。

1.3.3 网络营销对传统营销的影响

传统的市场都是实物市场。实物市场就必须陈列商品,就必然有资金的占用和货物的积压。而且,为了增加对顾客的吸引力,就必须有足够的商品供顾客挑选。为此,公司或企业会致力于扩大经营规模和增加商品类别,同时用大量的促销费用进行必要的宣传。当企业规模和知名度都大到一定程度时,顾客可能会不请自来,市场必然也会越做越大。但不可避免的是,这同时也会导致经营者在资金占用和货物积压方面的包袱越来越重。而如何处理好经营规模、对顾客的吸引力和资金占用、货物积压的矛盾,一直以来是企业经营面临的难题。

在网络环境下,市场形态发生了很大变化。其中最典型的例证就是虚拟市场(或称信息市场)的形成。它突破了许多传统市场的限制,为在网络环境下新一轮市场营销和经营活动奠定了基础。在网络环境下,由于虚拟市场只需要提供商品信息,就可供顾客挑选和购买。它几乎不需要货物的积压，也不需要大量的资金占用。所以虚拟市场最大的竞争优势就是能够在"无限"扩大产品组合的同时，不会对经营者造成负担。网络营销与传统营销相比各有异同，这种新的营销方式对传统营销造成的影响如下：

1.3.3.1　营销流程简化压缩

消费者通过互联网设计和订制产品，然后以订单的形式通过互联网将信息传递给厂家，厂家按订单生产，然后通过物流配送体系直接将货发送到消费者手中。营销流程的压缩简化使得营销成本下降、营销速度加快及营销效率飞升。

1.3.3.2　消费者占据主权

商家在网络营销中不再居于主体，产品不再由商家调研，然后制造，并进行定位定价，最后推销给消费者。明智的消费者占据了主动权，由他们发出自己的需求信息（包括产品设计、零件配置信息等），顾客事实上成为市场探测和营销战略实施的主体，使得厂家生产的产品接近甚至等于市场需要。

1.3.3.3　营销探测互动性增加

由于互联网技术的互动性，消费者通过互联网设计和订制产品，使得营销探测具有了互动性，商家既是信息的收集者，更是信息的接受者；传统营销探测主要面向消费者群体，定性描述消费者行为，而网络营销探测转向消费者个体，建立数据库，进行顾客关系管理。

1.3.3.4　营销战略注重产品品牌

市场细分到个人，顾客定制使目标顾客与企业直接沟通，导致"选择目标市场"这一传统营销中的重要环节成了多余。但市场定位依然重要，因为消费者追求潮流，只有有个性、有企业形象的产品才能得到消费者的青睐。市场竞争的重心转向品牌及企业文化。

1.3.3.5　营销组合发生深刻变化

互联网技术对网络营销中的营销组合（产品、价格、渠道、促销）产生了巨大的冲击。互联网技术对营销组合的冲击最明显的是分销渠道被压缩，经销商和零售商被消除，代之的是物流配送；顾客订制产品，产品的设计和配置工作部分或全部转移到消费者手中；互联网信息的全球性和透明性，使得同等产品价格差异趋于零，定价由市场决定；网络时代消费者的个性独立，使得一对一营销成为一种迫切需求；而互联网的低成本互动性，则使得消费者和商家一对一的亲密沟通成为现实。

1.3.4　网络营销与传统营销的联系

网络营销与传统营销的联系在于营销过程没有产生颠覆式的变化，两者之间有整合有联系。网络营销是企业整体营销战略的一个组成部分，其与传统营销统一于整合营销战略中。并且这个概念是暂时的，因为也许若干年后，不再有网络营销与传统营销的提法，因为网络营销也将成为"传统"的一部分。网络营销与传统营销在战略层面上是统一的。

网络营销和传统营销都是企业市场营销整体的一部分，通过整合，共同为实现企业组织目标服务，并体现出许多共同点。

1.3.4.1　二者的营销目的相同

网络营销和传统营销的目的都是通过销售、宣传商品及服务，加强和消费者的沟通与交流，最终实现企业最小投入、最大盈利的经营目标。

1.3.4.2　二者都需要通过营销组合发挥作用

二者不是仅靠某一种策略来实现企业经营目标，而是通过整合企业各种资源、营销策略等企业要素，开展各种具体的营销活动，最终实现企业预计的营销目标。

1.3.4.3　二者都是以满足消费者的需要为出发点

无论是网络营销还是传统营销，都把满足消费者需要作为一切经营活动的出发点。对消费者需求的满足，不仅仅停留在现实需求上，而且包括潜在的需求，都是通过市场商品交换进行的。

1.3.4.4　二者都是企业的一种经营活动

这种经营活动不仅包括产品生产出来之后的营销活动，还要扩展到产品制造之前的开发活动，即从商品制造前到商品消费后的全过程。二者都需要通过组合发挥功能。它们都不是单靠某种手段去实现目标，而是要开展各项具体营销活动。由于现代企业的环境发生了深刻的变化，营销已无法直接达到预计目标，而需要调动多种关系，制定各种策略，进行系统的策划。二者都把满足消费者需求作为一切活动的出发点。为消费者服务是营销的重要内容，满足消费者需求不能仅停留在口头上，而是要通过调查，了解消费者的需求到底是什么，许多企业营销的失败，不是因为产品的质量不好、功能不强或服务态度不佳，而是与消费者实际关心的内容不吻合，因而也没有得到应有的回报。二者对消费者需求的满足都不仅停留在现实需求上，而且包括潜在需求。在消费者还没有意识到某种需求存在或者还不了解某种需求是否可以得到满足的时候，企业应该去唤醒和引导消费者，将潜在的需求转化为现实需求。

1.3.5　网络营销与传统营销的区别

网络营销是以互联网为传播手段，通过对市场的循环营销传播，满足消费者需求和商家诉求的过程。它的基本营销目的、思想与传统营销是一致的，网络营销不同于传统的营销方式，不是简单的营销网络化，但它并未完全抛开传统营销理论，而是与传统营销的整合，只是在实施和操作过程中与传统营销的方法和手段等方面有着很大的差别。

1.3.5.1　营销载体不同

传统营销运行的载体是除网络以外的所有市场，主要依靠线下渠道，如电视、广播、报纸、杂志、户外广告等媒体来传达信息。网络营销主要依托互联网平台，如网站、社交媒体、电商平台、搜索引擎等进行推广和传播，体现虚拟性。

1.3.5.2　营销对象不同

传统营销的对象是传统消费者，可以是个人也可以是企业，甚至是全球人类；而网络营销的对象是网络消费者，当然也可是全球的上网用户。据中外很多网络调查机构及我国互联网信息中心的调查显示，网络顾客与传统顾客有很大的差别。首先，年轻、受教育程度高是他们最大的特点。其次，网络顾客的购买行为表现出前所未有的个性化、理性化、主动性、多变性。再次，网络顾客的需求具有很大的差异性。最后，公司的规模和品牌知名度不再是网络顾客选择商品的主要理由。

1.3.5.3 营销策略和方法不同

传统营销的营销策略是基于 4P 组合的营销策略，通过营销策略组合在市场上发挥作用，组织生产和销售，这是以企业的利润最大化为出发点的，没有将顾客的需求放到与企业的利润同等重要的地位上来。而网络营销是基于 4C 的营销策略，网络的互动性使得顾客能够真正参与整个营销过程，而且其参与的主动性和选择的主动性都得到加强。这就决定了网络营销首先要求把顾客整合到整个营销过程中来，从他们的需求出发开始，整个营销过程通过网络营销策略组合在网络市场上发挥作用。例如，从市场调查的角度看，传统营销利用问卷、访谈等方式开展。而网络营销可以利用网站开展问卷调查，也可以通过论坛等方式开展，而且可以直接通过计算机进行数据统计，体现出高效、科学、便捷的特点。

1.3.5.4 营销理念不同

虽然网络营销是在传统营销的理念和背景下成长起来的，但由于目标市场的不同，其营销理念也不同于传统营销。在传统营销中，不管是无差异策略还是差异化策略，其目标市场的选择是针对某一特定的消费群。但是从理论上来讲，没有任何两个消费者是完全一样的。因此每一个消费者都是一个目标市场。而网络营销的出现，使大规模目标市场向个人目标市场转化成为可能。通过网络，企业可以搜集大量的信息来反映消费者的不同需求，从而使企业的产品更能满足顾客的个性化需求。所以网络营销的理念可以借鉴传统营销，同时也应不断地创新，以适应网络市场的需求。

1.3.5.5 营销过程不同

在传统的营销环节中，以零售业为例，消费者在商场购物付款后交易结束，而网络营销并没有因为网上支付结束而结束，还需要把商品送到消费者的手中，当然也要负责一些售后的工作。虽然同样是售后服务，网络营销可以更多地依靠网络开展服务，比如把产品使用说明、注意事项放到网上，方便消费者了解，也可通过 FAQ（常见问题解答）或在线咨询的方式解决消费者的问题，还可以通过消费者收集反馈信息改进生产，完善售后服务。

1.3.5.6 市场形态不同

在网络环境下，市场形态会发生很大变化。其中最典型的例证就是虚拟市场（或称信息市场）的形成。它突破了许多传统市场的限制，为在网络环境下新一轮市场营销和经营活动奠定了基础。传统的市场都是实物市场，实物市场要陈列商品，就必然会有资金的占用和货物的积压。如何处理好经营规模、对顾客的吸引力和资金占用、货物积压的矛盾一直以来是企业经营面临的难题。

在网络环境下，由于虚拟市场只需要提供商品信息，就可供顾客挑选和购买。它几乎不需要货物的积压，也不需要大量的资金占用。所以虚拟市场最大的竞争优势就是能够在"无限"扩大产品组合的同时，不会对经营者造成负担。

1.3.5.7 竞争态势不同

传统营销是在现实空间中厂商之间进行的面对面的竞争，其游戏规则是大鱼吃小鱼；网络营销则是通过网络虚拟空间进入企业、家庭等现实空间，其游戏规则是"快鱼"吃

"慢鱼"。从实物市场到虚拟市场的转变，使得具有雄厚资金实力的大规模企业既不再是唯一的优胜者，也不再是唯一的威胁者。在网络营销条件下，所有的企业都站在同一条起跑线上，这就使小公司实现全球营销成为可能。首先，虚拟市场对资金的要求大大降低。其次，网上竞争相对公平。再次，网络营销可以在不加大成本的基础上，使一对一的微营销成为现实。最后，网络营销的竞争形态与传统营销有所不同，网上策略联盟是网络时代的主要竞争形态，以抗衡大企业。

1.3.5.8 市场调研不同

任何一个科学决策及完美的营销方案都建立在对市场细致周密的调研基础上。市场调研的内容包括了对消费者、竞争者以及整个市场情况的调查及分析。在传统营销模式下，除非实力雄厚的大企业投入巨额资金，否则很难进行规模较大的市场调研，市场信息的准确反馈受到一定的制约。在信息科技高速发展的今天，互联网为企业的市场调研提供了强有力的工具，其优势表现为：

（1）网络上的信息传输速度非常快，而且能及时地传送到上网的网络用户的计算机上，保证了网络信息的准确性和及时性。

（2）企业在站点上发送电子调查问卷，然后利用计算机对访问者反馈回来的信息进行整理和分析，这无疑会大大减少公司的人力、物力消耗且快速高效。

（3）企业站点的访问者一般都对企业产品有一定的兴趣，这种基于顾客和潜在顾客的市场调查结果更为客观真实，能较准确地反映消费者的消费心态和市场发展趋向。而且，由于市场调研的及时性和准确性，使得跨国经营的风险有所减低。在网络经济条件下，跨国经营企业不仅可以进入该国政府及相关部门站点查询有关的政治、经济、法律政策，准确把握目标市场国的市场环境，可以通过互联网了解竞争对手产品的市场需求情况，可及时调整自己的营销战略，而且可以随时在网上对消费者发放问卷或与顾客进行在线交流，了解消费者的需求信息，使信息的发送与反馈之间的时滞值降到可以忽略不计的程度。另外，由于被调查对象是在完全独立的环境下填写问卷的，加上使用匿名的方法，因此比传统的调查方法拥有更彻底的保密性能，更能了解到消费者的真实想法，提高国际市场营销的准确性。

总之，在网络营销环境下，任何一个参与到其中的企业都会面临这些新情况和新问题，但是，只要能够对此有一个全面、准确的认识和把握，就能较好地驾驭网络营销这一先进的营销手段，从中得到最大实惠的同时，使企业经营风险降到最低。在竞争优势上，传统营销的竞争优势主要在安全、技术、政府的统一组织和协调、费用、法律制度、消费者的观念、人才、隐私权、基础设施、标准化等方面。网络营销的竞争优势主要在跨时空、多媒体、交互式、拟人化、成长性、整合性、超前性、高效性、经济性等方面。在竞争形式上，传统企业主要借助于资金以及众多的企业员工为客户提供服务，而网上企业借助知识和智能，主要靠少数脑力劳动者提供服务。在竞争形态上，由于网络的自由开放性，网络时代市场竞争的透明性，人人都能掌握竞争对手的产品信息与营销作为。因此胜负的关键在于如何适时获取、分析、运用这些来自网络的信息来制定极具优势的竞争策略。

1.3.6 网络营销与传统营销的整合

网络营销是企业营销战略的一个组成部分，是为实现企业总体经营目标所进行的，以互联网为基本手段营造网上经营环境的各种活动。可见，网络营销不是孤立的，不可能脱离一般营销环境而独立存在，在很多情况下，网络营销是传统营销理论在互联网环境中的应用和发展，网络营销是互联网时代市场必不可少的内容。当然网络营销的手段也不仅限于网上，而是注重网上网下的结合，网上营销与网下营销是一个相辅相成、互相促进的营销体系。《网络营销——构建网络经济中的竞争优势》的作者拉菲·默罕默德在他的理论中强调网络营销与传统营销的融合，对网络营销采取理性态度。

网络营销作为新的营销理念和策略，凭借互联网特性对传统经营方式产生了巨大的冲击，但这并不等于说网络营销将完全取代传统营销，网络营销与传统营销是一个整合的过程。这是因为，首先，互联网作为新兴的虚拟市场，它覆盖的群体只是整个市场中某一部分群体，有些群体由于各种原因还不能或者不愿意使用互联网，如老人和落后国家地区，因此传统的营销策略和手段则可以覆盖这部分群体。其次，互联网作为一种有效的渠道有着自己的特点和优势，但对于某些消费者来说，由于个人生活方式不愿意接收或者使用新的沟通方式和营销渠道，如某些消费者不愿意在网上购物，而习惯在商场一边购物一边休闲。再次，互联网作为一种有效沟通方式，可以方便企业与用户之间直接双向沟通，但消费者有着自己个人偏好和习惯，愿意选择传统方式进行沟通，如报纸有网上电子版本后，并没有冲击原来的纸张印刷出版业务，相反起到相互促进的作用。最后，互联网只是一种工具，营销面对的是有灵性的人，因此传统的一些以人为主的营销策略所具有的独特的亲和力是网络营销没有办法替代的。随着技术的发展，互联网将逐步克服上述不足，在很长一段时间内，网络营销与传统营销是相互影响和相互促进的，最后实现融洽的内在统一，在将来也许就没有必要再谈论网络营销了，因为营销的基础之一就是网络。

网络营销和传统营销在顾客概念、产品概念、营销组合概念、企业组织等几个方面进行了相应的整合。

1.3.6.1 网络营销中顾客概念的整合

传统的市场营销学中的顾客是指与产品购买和消费直接有关的个人或组织。在网络营销中这种顾客仍然是企业最重要的顾客。但随着网络建设的进一步完善以及网络资费的进一步降低，许多潜在顾客是企业在传统营销模式下所不能顾及的。因此，企业开展网络营销应进行全方位的、战略性的市场细分和目标定位。但是，网络社会的最大特点就是信息"爆炸"。在互联网上面对全球数以百万个站点，每一个网上消费者只能根据自己的兴趣浏览其中的少数站点，而应用搜索引擎则可以大大节省消费者时间和精力，因此自第一批搜索引擎投入商业运行以来，网络用户急剧上升。面对这种趋势，从事网络营销的企业必须改变原有的顾客概念，应将搜索引擎当作企业的特殊顾客；因为搜索引擎不是网上直接消费者，却是网上信息最直接的受众，它的选择结果直接决定了网上顾客接受的范围。以网络为媒体的商品信息只有在被搜索引擎选中的情况下才有较大的可能传递给网上的顾客。既然搜索引擎成为企业从事网络营销的特殊顾客，企业在设计广告或发布网上信息时，不仅要研究网上顾客及其行为规律，也要研究计算机行为，掌握各种引擎的探索规律。

1.3.6.2 网络营销中产品概念的整合

传统营销中将产品解释为能够满足某种需求的东西，并认为完整的产品是由核心产品、形式产品和附加产品构成的，即整体的产品概念。网络营销一方面继承了上述整体产品的概念；另一方面又更加注重和依赖于信息对消费者行为的引导，因而将产品的定义扩大了,即产品是提供到市场上引起人们注意、需要和消费的东西。网络营销主张以更加细腻的、更加周全的方式为顾客提供更完美的服务。因此网络营销在扩大产品定义的同时,还进一步细化了整体产品的构成。它用五个层次来描述整体产品的构成:核心产品、一般产品、期望产品、扩大产品和潜在产品。在这里,核心产品与原来的意义相同。扩大产品与原来的附加产品相同,但还包括区别于其他竞争产品的附加利益和服务。一般产品和期望产品由原来的形式产品细化而来,一般产品指某种产品通常具备的具体形式和特征,而期望产品是指符合目标顾客一定期望和偏好的某些特征和属性。潜在产品是指顾客购买产品后可能享受到的超乎顾客现有期望、具有崭新价值的利益或服务,在购买后的使用过程中,顾客会发现这些利益和服务中总会有一些内容对他们有较大的吸引力,从而有选择地去享受其中的利益或服务。可见,潜在产品是一种完全意义上的服务创新。既然在网络营销中产品的定义有所延伸,那么企业在以后的营销工作中就不应该把目光放在产品原有的三种构成上,期望产品和潜在产品都应该作为营销工作的重点。

1.3.6.3 网络营销中营销组合概念的整合

网络营销过程中营销组合概念因产品性质不同而呈现出不同的特点。

(1) 对于知识产品而言,企业直接在网上完成其经营销售过程。在这种情况下,与传统媒体的市场营销相比,网络市场营销组合发生了很大的变化。因此就知识产品而言,网络营销中的产品、渠道和促销本身本质上都是电子化的信息,它们之间的分界线已变得相当模糊,以至于三者不可分,用户若不与作为渠道和促销的电子化信息发生交互作用,就无法访问或得到产品。

(2) 价格不再以生产成本为基础,而是以顾客意识到的产品价值来计算。

(3) 顾客对产品的选择和对价值的估计很大程度上受网上促销的影响,因而网上促销的作用备受重视。

(4) 由于网上顾客普遍具有高知识、高素质、高收入等特点,因此网上促销的知识、信息含量比传统促销大大提高。对于有形产品和某些服务,虽然不能以电子化方式传递,但企业在营销时可利用电子化方式完成信息流和商流。在这种情况下,传统的营销组合没有发生变化,价格则由生产成本和顾客的感受价值共同决定,其中包括对竞争对手的比较。促销及渠道中的信息流和商流则是由可控制的网上信息代替,这使得物流可实现速度、流程和成本最优化,因为网上简便而迅速的信息流和商流使中间商在数量上最大限度地减少甚至成为多余的。在网络营销中,市场营销组合本质上是无形的,是知识和信息的特定组合,是人力资源和信息技术综合的结果。在网络市场中,企业通过网络市场营销组合向消费者提供良好的产品,企业获得满意的回报并产生良好的影响。

1.3.6.4 网络营销对企业组织的整合

网络营销带动了企业理念的发展,也相继带动了企业内部网络的发展,形成了企业内外部沟通与经营管理均离不开网络的局面。销售部门人员减少,销售组织层级减少和扁平化,经销代理与门市分店数量减少,渠道的缩短,虚拟经销商、虚拟部门等内外组织的盛行,都成为促使企业对于组织进行再造的迫切需要。在企业组织再造过程中,在销售部门和管理部门中会衍生出一个负责网络营销以及和公司其他部门协调的网络营销管理部门。它区别于传统的营销管理部门,该部门主要负责解决网上疑问,解答新产品开发以及网上顾客服务等事宜。同时企业内部网的兴起会改变企业内部的运作方式以及员工的素质。在网络营销时代到来之际，形成与之相适应的企业组织形态显得十分重要。总之，网络营销的产生和发展使营销本身及其环境发生了根本的变革，长期从事传统营销的各类企业必须处理好网络营销与传统营销的整合。只有这样，企业才能真正掌握网络营销的真谛，才能利用网络营销为企业赢得竞争优势，扩大市场取得利润。

由此可见，网络营销并不是独立的，而是企业整体营销策略中的组成部分，是建立在互联网基础上，借助于互联网手段来实现一定目标的一种营销手段。将网络营销放在一个社会和科技发展的环境中来认真分析，其实网络营销与传统营销是一个整合的过程。因为网络只是营销海洋的一个水域，它不是唯一的解决方案，而是整体方案的一部分。网络营销与传统营销之间并没有严格的界限，网络营销也不可能完全脱离传统营销而存在。它作为新的营销理念和策略，凭借互联网特性对传统经营方式产生了巨大的冲击，但这并不等于说网络营销将取代传统营销。互联网作为新兴的虚拟市场，是一种有效沟通方式，可以方便企业与用户之间直接双向沟通，但是它覆盖的群体只是整个市场中的一部分。对于某些消费者来说，他们更愿意选择传统方式来进行沟通。另外传统营销中一些以人为本的营销策略所具有的独特亲和力也是网络营销无法替代的。可是传统营销依赖层层严密的渠道，并以大量的人力和广告投入市场，这在网络时代将成为无法负荷的奢侈品。所以，人员推销、市场调查、广告促销、经销代理等传统营销手法一定要与网络相结合，并充分运用网上的各项资源形成以最低成本投入获得最大市场份额的新型营销模式。

网络营销有很多优势，传统营销也有其自身难以取代的特点，传统营销并不会因为网络营销的到来而终结，至少要有相当长的时间两者共存。只有两种营销实现整合，才能使企业的整体营销策略获得最大的成功。传统营销是企业实施网络营销的基础，网络营销与传统营销整合的成功与否，将在很大程度上取决于在网络上能否提供足够多的、传统媒体无法提供的新颖服务，吸引并留住访问者，迅速提高网站的流量，增加网站品牌价值和增强品牌知名度。同时也应认识到虽然网络营销和传统营销的方法并不相同，但两者的目的都是更好地满足消费者，企业获取更大的利润，让企业能够可持续发展。因此，企业在开展业务时不必要严格区分两者，网络营销可以通过传统媒体进行促销和发布广告，传统营销也一样可以通过网络开展售后服务和进行客户关系管理，只有把两者有机地结合起来，取长补短，发挥各自的优势，才能促进企业的快速发展。因此，企业在进行营销时，应根据企业的经营目标和细分市场，整合网络营销和传统营销策略，以最低成本达到最佳的营销目标。网络营销与传统营销的整合，就是利用整合营销策略实现以消费者为中心的传播统一、双向沟通，实现企业营销目标。一个完整的网络营销方案，除了在网上做推广之外，很有必要利用传统营销方法进行网下推广。

1.4 网络营销的发展趋势

在以顾客为核心的网络时代，网络营销并不是取代传统营销，而是对传统营销进行整合，以期在未来较长的时间内实现相互融合的内在统一，通过网络营销与传统营销的整合，实现二者的优势互补，以较低的成本和较高的效率满足顾客需求，达到最佳营销目标。根据互联网发展的特点以及市场营销环境的变化，有人预测网络营销将会有以下发展趋势：

1.4.1 利用大数据分析进行精准营销

无论是传统企业还是新型企业，对大数据营销的需求都有增无减，大数据营销已成为企业发展中必不可少的战略之一。随着科技的不断驱动，线上与线下的资源整合将成为大数据营销的发展趋势。运用互联网技术，将大数据与各种媒介资源相融合，能够使企业资源更全面地整合利用，实现精准营销，提升营销效果。

1.4.2 内容营销的重要性更加凸显

互联网时代，企业必须借助高质量的内容吸引和打动消费者，优质的内容是吸引用户和增强品牌影响力的关键。企业通过创造高价值的内容（如博客、视频、电子书、播客）来吸引目标受众，并通过 SEO 优化，提高其在搜索引擎中的排名，从而增加网站流量。例如美国 Hubspot 公司建立合作伙伴生态，共创内容+共享收益模式为 Hubspot 公司贡献了 35% 的客户量。Hubspot 公司的合作伙伴，每销售一套软件，就可以获得 20% 的佣金，实践内容营销模式，成功吸引客户关注，使客户产生好感，最后成单，并形成口碑传播。Hubspot 公司不仅是 SaaS 工具的生产商，更是"内容营销模式的先行者"。他们每年通过内容营销，自家官网可以获得 3.6 亿 PV 的流量。

1.4.3 移动终端将是网络营销的主要阵地

移动设备的普及让移动端营销成为企业的首要考虑。Google 公司提出的"微时刻"概念强调，用户在需要信息、决定、发现或购买的瞬间使用移动设备进行搜索，企业需要在这些关键时刻提供精准的内容和服务，以抢占用户心智高地并提升即时转化率，从而在激烈的市场竞争中脱颖而出。

1.4.4 社交媒体营销更受重视

随着社交媒体的发展，用户与企业主的信息发布和获取成本都大大降低，这为社交媒体营销提供了更多的可能性。社交媒体与电商平台的融合催生了社交电商的快速发展，用户可以通过社交媒体直接购买商品。与此同时，短视频平台（如 TikTok、抖音）凭借其高互动性和娱乐性，成为品牌推广的重要渠道。通过社交媒体上的直播带货，用户可以边看边买，企业借助网红和 KOL（意见领袖）实现了快速销售转化。

1.4.5 个性化与定制化营销

随着大数据、人工智能（AI）和机器学习技术的不断进步，个性化营销已成为提升用户体验的关键手段。通过分析用户行为、偏好和历史数据，企业能够为每个客户提供定制化的产品推荐、内容和广告，从而提高转化率和客户满意度。例如亚马逊通过推荐算法，根据用户的观看和购买历史，精准推送个性化内容或商品。

1.4.6 全渠道整合与用户体验优化

消费者通过多个设备和平台与品牌进行交互，因此企业需要整合各个渠道，实现无缝链接的用户体验。例如，在线购买、线下取货的"新零售"模式正在变得越来越普遍。沃尔玛的全渠道战略让用户可以在其网站或应用上购物，选择到店自提、送货到家等多种交付方式，极大提升了购物的便利性。

1.4.7 增强现实（AR）和虚拟现实（VR）营销

AR 和 VR 技术为客户提供了沉浸式的产品体验，尤其在电商、时尚、房地产等行业，消费者可以通过虚拟试衣间或虚拟看房来增强购物体验。宜家推出的 AR 应用程序让用户可以在虚拟环境中预览家具摆放效果，提升了购物决策的准确性和愉悦感。

本章小结

随着网络营销技术与观念的发展，网络营销的重要性日益提高。本章深入探讨了网络营销的起源、发展和核心概念，明确指出网络营销是以满足消费者需求为导向，借助互联网及其相关平台进行的一系列市场营销活动。它融合了传统营销理论与新兴技术手段，利用现代信息技术实现了跨越时空的营销互动。本章详细阐述了网络营销的特点、功能及其与传统营销的关系，强调网络营销在数据分析、精准投放和互动营销方面的独特优势。此外，本章还预测了网络营销的发展趋势，包括大数据分析、内容营销、社交媒体营销的重要性等。这些内容不仅加深了人们对网络营销的理解，而且为企业在数字化环境中制定有效的营销策略提供了宝贵的指导。

复习与思考

一、单选题

1. 网络营销的核心目标是什么？（   ）
   A. 提升企业形象　　　　　　　　B. 增加网站流量
   C. 满足消费者需求　　　　　　　D. 提高产品价格

2. 哪一年标志着利用搜索引擎进行营销活动的基础已经建立？（   ）
   A. 1990 年　　　　　　　　　　 B. 1993 年
   C. 1995 年　　　　　　　　　　 D. 2000 年

3. 网络营销产生的现实基础不包括以下哪一项？（   ）
   A. 经济全球化　　　　　　　　　B. 市场竞争激烈
   C. 消费者需求多样化　　　　　　D. 企业面临诸多挑战

4. 网络营销通过什么方式实现营销活动的电子化、信息化、网络化？（   ）
   A. 电视网络　　　　　　　　　　B. 企业内外网与国际互联网
   C. 专用电话网络　　　　　　　　D. 广播网络

5. 在网络营销的定义中，网络营销是什么的组成部分？（   ）
   A. 企业销售战略　　　　　　　　B. 企业整体营销战略
   C. 企业生产战略　　　　　　　　D. 企业人力资源战略

6. 网络营销主要利用哪些在线渠道进行产品推广？（   ）
   A. 电视广告　　　　　　　　　　B. 报纸杂志

C. 搜索引擎 D. 广播电台
7. 传统营销与网络营销的本质区别在于什么？（　　）
A. 营销目标 B. 营销手段
C. 营销对象 D. 营销成本
8. 在网络营销环境下，谁占据了市场的主权？（　　）
A. 企业 B. 消费者
C. 政府 D. 中间商
9. 网络营销相比传统营销，在营销流程上有何显著变化？（　　）
A. 更加复杂 B. 没有变化
C. 简化压缩 D. 增加环节
10. 在网络营销环境下，企业组织面临怎样的变革需求？（　　）
A. 保持原状 B. 增加销售层级
C. 组织扁平化 D. 扩大经销代理网络

二、多选题
1. 网络营销产生的基础包括哪些？（　　）
A. 互联网技术的发展 B. 市场竞争的加剧
C. 消费者需求的变化 D. 企业战略调整
2. 以下哪些属于网络营销的优势？（　　）
A. 跨时空 B. 多媒体
C. 交互式 D. 实物陈列
3. 网络营销的优势在哪些方面超越了传统营销？（　　）
A. 跨时空的营销能力 B. 更高的营销成本
C. 多媒体和交互式的营销手段 D. 更广阔的市场覆盖
4. 网络营销的定义可以包含以下哪些要素？（　　）
A. 互联网及其相关平台 B. 满足消费者需求
C. 以在线渠道推广产品 D. 传统的电视广告
5. 网络营销的功能主要有哪些？（　　）
A. 品牌推广 B. 网站推广
C. 发布信息 D. 线上销售
6. 传统营销与网络营销在思维方式上的主要区别是什么？（　　）
A. 传统营销更注重产品本身 B. 网络营销更强调顾客参与和互动
C. 传统营销以4P组合为核心 D. 网络营销以4C策略为导向
7. 网络营销相比传统营销在营销策略和方法上有哪些不同？（　　）
A. 网络营销基于4C策略
B. 传统营销以企业利润最大化为出发点
C. 网络营销更注重顾客需求
D. 传统营销利用问卷、访谈等方式进行市场调查
8. 网络营销对企业组织的影响包括哪些？（　　）
A. 销售部门人员的减少 B. 销售组织层级的扁平化
C. 渠道的缩短 D. 增加经销代理与门市分店数量

9. 网络营销的发展趋势有哪些?(　　)
   A. 利用大数据分析进行精准营销　　B. 社交媒体营销更受重视
   C. 传统营销渠道仍然占据主导地位　　D. 个性化与定制化营销
10. 在网络营销的发展趋势中,哪些体现了对消费者需求的深度挖掘?(　　)
   A. 利用大数据分析进行精准营销　　B. 社交媒体营销更受重视
   C. 全渠道整合与用户体验优化　　D. 减少售后服务投入以降低成本

三、判断题

1. 网络营销的产生主要是基于互联网技术的发展。（　　）
2. 网络营销在营销过程中不需要考虑消费者的需求。（　　）
3. 网络营销的产生与经济全球化无关。（　　）
4. 网络营销的优势主要体现在高效性、经济性和跨时空等方面。（　　）
5. 网络营销是借助互联网及其相关平台进行的营销活动。（　　）
6. 网络营销可以完全取代传统营销。（　　）
7. 网络营销和传统营销在思维方式上没有本质区别。（　　）
8. 网络营销在营销策略上更注重顾客的整合和互动。（　　）
9. 网络营销相比传统营销在营销过程上更加复杂。（　　）
10. 网络营销的竞争优势主要体现在低成本上。（　　）

四、简答题

1. 简述网络营销的定义及其核心特点。
2. 网络营销与传统营销相比,有哪些主要区别?
3. 解释全网型营销的概念及其特点。
4. 网络营销的基本功能有哪些?
5. 简述网络营销的发展趋势。

五、论述题

1. 论述网络营销对企业市场竞争力的影响。
2. 结合当前市场环境,论述网络营销与传统营销整合的必要性和策略。

六、案例分析题

某知名家电品牌面对的是日益激烈的市场竞争环境,这不仅体现在传统家电市场的饱和与同质化竞争,还来自新兴智能家电产品的快速崛起以及消费者需求的多样化和个性化。为了在这样的市场环境中保持竞争力并实现持续增长,该品牌决定进行网络营销转型,这一转型不仅仅是渠道和手段的变革,更是品牌理念、营销策略和消费者关系管理的一次全面升级。

网络营销转型的具体措施有四点:

第一,官方网站与社交媒体账号建设。该品牌不仅建立了美观、易用的官方网站,还注重网站内容的丰富性和互动性。通过发布最新的产品资讯、技术解读、使用教程等内容,吸引消费者的关注和停留。同时,网站还集成了在线购买、售后服务等功能,为消费者提供一站式购物体验;在多个主流社交媒体平台上开设账号,如微博、微信、抖音等,针对不同平台的用户特点和偏好,制定差异化的内容策略。通过发布短视频、图文资讯、直播等形式,增加品牌的曝光度和互动性。同时,积极回应消费者的评论和私信,建立良好的品牌形象。

第二，搜索引擎优化与社交媒体营销。通过优化网站结构、关键词布局、内容质量等方式，提高品牌在搜索引擎中的排名。同时，利用外部链接、社交媒体分享等手段，增加网站的权重和流量；利用社交媒体平台的广告投放、KOL（关键意见领袖）合作、话题营销等手段，提高品牌的知名度和影响力；通过精准定位目标受众，制定个性化的营销策略，实现高效转化。

第三，大数据分析与个性化定制服务。该品牌建立了完善的数据收集和分析体系，通过收集消费者的浏览记录、购买历史、兴趣爱好等信息，深入分析消费者的行为模式和需求特点；基于大数据分析的结果，该品牌推出了个性化定制服务，如根据消费者偏好和需求定制产品颜色、功能等。同时利用智能推荐算法为消费者提供个性化的产品推荐和购买建议。

第四，与知名博主和网红合作。该品牌积极与知名博主和网红建立合作关系，通过他们的粉丝基础和影响力进行产品推广和品牌宣传。在选择合作对象时，注重与品牌理念和目标受众的契合度，确保合作效果的最大化；合作形式多样化，包括产品试用、评测视频、直播带货等。通过真实、客观的产品展示和评测，增强消费者对品牌的信任感和购买意愿。

问题：请结合案例，分析该家电品牌网络营销转型的成功因素，并给出你的建议。

参考答案

第 2 章 网络营销的理论基础

引导案例

亚马逊的成功秘诀

亚马逊通过提供广泛的产品选择,包括许多非畅销商品,成功地开拓了长尾市场。这种策略使亚马逊能够满足更多样化的消费者需求,将众多小市场聚合成一个大市场。在亚马逊,排名10万以后的书籍占其图书销售额的四分之一,显示了长尾市场的巨大潜力。

亚马逊利用数字化存储和高效的物流系统,大幅降低了商品的存储和分销成本,这种低成本的运营模式支持了长尾理论中的"许许多多小市场聚合成一个大市场"的理念。通过分析用户的购买历史和浏览行为,亚马逊能够向用户推荐他们可能感兴趣的非热门商品,从而增加这些商品的销量。亚马逊的飞轮效应强调了更多用户吸引更多卖家,更多卖家提供更多选择,这样的正反馈循环不断推动亚马逊的增长。这种效应与长尾理论相辅相成,通过有效地处理长尾需求和供给,亚马逊实现了规模效应。亚马逊通过FBA(Fulfillment by Amazon)(亚马逊物流)服务,为第三方卖家提供仓储物流服务,进一步扩大了其长尾商品的供应,增加了市场的多样性。长尾理论与蓝海战略相辅相成,亚马逊通过满足个性化需求,提供更具价值的内容,激发了顾客的隐性需求,开创了与传统大众市场完全不同的面向固定细分市场、个性化的商业模式。亚马逊的长尾模式利用了边际成本递减和边际效益递增的规律,通过数字化和网络化降低了接触更多人的营销成本,有效地提高了长尾市场的流动性,从而实现了占有高市场份额的目标。总之,亚马逊通过长尾理论的应用,成功地将非热门产品累积起来的市场份额与热门市场相匹敌,甚至更大,这不仅改变了传统的商业模式,而且为网络营销和策划提供了新的思路和策略。

资料来源:《长尾理论》,作者:克里斯·安德森(美国),中信出版社,2006年12月。

2.1 营销理念的演变

营销观念（或叫理念）是企业在组织和谋划营销活动过程中所依据的指导思想和行为准则，它是在一定的经济基础上并随着社会经济的发展和市场形势的变化而不断创新发展的。改革开放以来，随着西方营销理论的广泛传播和我国社会经济的不断发展，营销理论逐渐本土化。现代市场营销观念在经历了生产观念、产品观念、推销观念、市场营销观念和社会市场营销观念之后，继续随着实践的发展而不断深化、丰富，产生了许多新的观念，这些新旧观念相互交融，共同构成了现代营销观念的新特色。营销思想的演变过程如表 2-1 所示。

表 2-1 营销思想的演变

时间	营销思想
20 世纪 60 年代前	市场研究论、定性研究方法、营销管理、消费者行为研究、市场细分和差异化、市场营销观念
20 世纪 60 年代	营销组合（4Ps）、品牌形象论、价值观与生活形态研究、营销环境研究
20 世纪 70 年代	营销战略、社会营销观念、市场定位、服务营销、产品生命周期、营销伦理
20 世纪 80 年代	4Cs 理论、消费者满意、品牌资产理论、全球化营销、直效营销
20 世纪 90 年代	4Rs 理论、整合营销、数据库营销、非营利营销、绿色营销、情感营销、环保营销
21 世纪初	4Vs 理论、网络营销、体验营销、关系营销
21 世纪	大数据驱动营销、元宇宙营销、人工智能驱动的客户洞察、全渠道整合

从表 2-1 中可以看出，营销学理论的纵深发展过程，就是对消费者不断关注的过程。从营销组合策略的角度讲，市场营销理念经历了 4Ps-4Cs-4Rs-4Vs 四个阶段。本节从 4Ps、4Cs、4Rs 和 4Vs 营销组合理论阐述营销观念的更新。

2.1.1 4Ps 组合理论

4Ps 是随着营销组合理论的提出而出现的，由美国密西根大学教授杰罗姆·麦卡锡（Jerome Mc Carthy）于 1960 年在其《基础营销》一书中提出，4Ps 指代的是 Product（产品）、Price（价格）、Place（地点，即分销，或销售渠道）和 Promotion（促销）四个英文单词。20 世纪 60 年代，尼尔·鲍敦（Neil Borden）又提出对 4Ps 进行组合，形成 4Ps 营销组合理论，1967 年，菲利普·科特勒在其畅销书《营销管理》中进一步确认 4Ps。这一理论认为，如果企业选择合适的产品、合适的价格、合适的分销策略和合适的促销策略，则必定成功，企业的营销目标也可借以实现。4Ps 营销策略自提出以来，对市场营销理论和实践产生了深刻的影响，被营销经理们奉为营销理论中的经典。而且，如何在 4Ps 理论指导下实现营销组合，实际上也是企业进行市场营销的基本运营方法。即使在今天，几乎每份营销计划书都是以 4Ps 的理论框架为基础拟定的，每本营销教科书和每个营销课程都把 4Ps 作为教学的基本内容，而且几乎每位营销经理在策划营销活动时，都会自觉、不自觉地从 4Ps 理论出发考虑问题。

4Ps 组合是营销的各种组合中最为基础的一种，4Ps 组合具有以下三个明显特点：

（1）4Ps 组合因素是企业的可控因素，企业可以调节、控制和运用 4Ps 组合。如企业可以根据目标市场需要，自主决定生产什么产品、制定什么价格、选择什么销售渠道、采用什么促销方式等。

（2）4Ps 组合因素具有可变的动态性。4Ps 组合因素会随着企业内部条件、市场外部环境变化而变化。企业会根据市场需要情况做出相应的反应。

（3）4Ps 组合因素具有整体性。它们不是简单地相加或拼凑集合，相反，它们会相互作用、互相影响。因此，企业应根据所要达到的营销目标统一调配 4Ps 组合因素，使其发挥整体效应。

随着市场竞争日趋激烈，媒介传播速度越来越快，4Ps 理论越来越受到挑战，人们感到仅从企业内部可控的 4Ps 考虑，已不能达到预期目的，还必须和外部环境结合起来才能获得最优效果。4Ps 理论作为传统的营销组合基础，仍然被广泛应用，但已逐渐向客户体验和关系管理方面扩展。企业越来越注重产品个性化和差异化，以满足不断变化的消费者需求，并通过数字渠道（如电子商务和社交媒体）优化地点和促销策略。

2.1.2 4Cs 组合理论

20 世纪 80 年代末、90 年代初发生的信息技术革命，对企业生产经营以及社会文化产生很大冲击，使产品的生命周期缩短，技术创新不断，生产工艺更加现代化，单位产品的生产成本大幅下降，人们的消费理念和消费行为日益感性化和个性化，经济也由短缺转向饱和。在这种环境下，市场营销也出现了新的变化，企业不能仅站在企业的角度来思考问题，而要站在客户的角度来思考问题，这使 4Ps 理论越来越受到挑战。在这种情况下，20 世纪 80 年代，美国北卡罗林纳大学的罗伯特·劳特教授提出了与传统营销的 4Ps 组合理论相对应的 4Cs 组合理论，即 Customer（顾客）、Cost（成本）、Convenience（便利）、Communication（沟通）。4Cs 观念要求企业先将产品搁置一边，去认真研究顾客的需求与欲望，不要再卖你所能制造的产品，而是卖顾客确定想买的产品；暂时忘掉定价策略，先了解顾客满足其需求与欲望能支付的总成本；暂时忘掉渠道策略，先考虑顾客购买的便利性；最后忘掉促销，更多地考虑与顾客的沟通。4Cs 是对 4Ps 的继承和发展，4Cs 理论的提出引起了营销传播界及工商界的极大反响，受到企业的普遍关注，许多企业运用 4Cs 营销理论创造了一个又一个奇迹。整合营销专家舒尔茨（Don. E. Schuhz）教授用一句非常生动的话表述传统营销与整合营销的区别，他说前者是"消费者请注意"，后者是"请注意消费者"。4Ps 观念与 4Cs 观念的比较如表 2-2 所示。

表 2-2 4Ps 观念与 4Cs 观念的比较

卖方立场：4Ps	买方立场：4Cs
产品（Product）	顾客（Customer）
价格（Price）	成本（Cost）
地点（Place）	便利（Convenience）
促销（Promotion）	沟通（Communication）

从表 2-2 可以看出，4Cs 组合理论注重以顾客的需求为导向。认为企业应通过同顾客进行积极有效的双向沟通，建立基于共同利益的新型企业、顾客关系。这不再是企业单向的促销和劝导顾客，而是在双方的沟通中找到能同时实现各自目标的通途。与以市场为导向的 4Ps 组合理论相比有了很大的进步。但它被动地适应顾客需求的色彩较浓，过于强调顾客的地位，而顾客需求的多变性与个性化发展会导致企业不断调整产品结构、工艺流程，不断采购和增加设备，其中许多设备的专属性强，从而使专属成本不断上升，利润空间大幅缩小。同时对竞争及企业本身的长远利益考虑不足，不利于企业与顾客之间的互动、双赢、关联等这类更高层次、更有效的新型的主动性关系的建立，这是其重要的缺陷。另外，企业的宗旨是"生产能卖的东西"，在市场制度尚不健全的国家或地区，极易产生假、冒、伪、劣的恶性竞争以及"造势大于造实"的推销型企业，从而严重损害消费者的利益。当然，这并不是由 4Cs 营销理论本身所引发的，而是由各地的市场现状所决定的。总体来看，4Cs 营销理论注重以消费者需求为导向，与市场导向的 4Ps 相比，4Cs 有了很大的进步和发展。但从企业的营销实践和市场发展的趋势看，4Cs 依然存在不足。4Cs 不是代替 4Ps，而是在 4Cs 前提下的 4Ps 决策，即企业应是在满足顾客 4Cs 需求的条件下做出企业利益最大化的 4Ps 决策。随着客户体验变得至关重要，4Cs 理论强调与客户建立深层次互动的重要性。成本不再仅仅是价格问题，而是包括整个购买生命周期的成本考量。沟通也从单向的广告推广变成双向互动，通过社交媒体和实时沟通增强客户关系。

2.1.3　4Rs 组合理论

正当管理营销理论成为美国和其他许多国家主流的理论或规范的观点时，一种新的理论和模型在欧洲开始出现，20 世纪 60 年代的产业营销和 70 年代的服务营销，就非常重视买卖双方的相互作用及营销网络，Gronroos 明确地将营销视为社会环境中建立在人际关系这块牢固基石上的相互作用。而 80 年代的关系营销理论的出现则更进一步对传统的营销理论提出了挑战。格隆罗斯是这样定义关系营销的："营销就是在一种利益之下建立、维持、巩固与消费者及其他参与者的关系，只有这样，各方面的目标才能实现。这要通过相互的交换和承诺去达到。"Gronroos 认为："这种关系哲学重在强调与顾客（及其他利益相关人、网络合作者）建立合作、信任的关系，而不是与顾客持对立态度；重在强调公司内部的合作，而不是劳动分工职能专业化；营销是一种遍及组织内部的兼职营销人员以市场导向的管理活动，而不是一部分营销专家的独立职能活动。"

20 世纪 90 年代，整合营销专家舒尔茨根据关系营销提出了 4Rs［即关联（Relevancy）、反应（Reaction）、关系（Relation）、回报（Return）］营销新理论，具体有以下四个内容：

1) 与顾客建立关联

在竞争性市场中，顾客的忠诚度是变化的，他们会转移到其他企业。要提高顾客的忠诚度，赢得长期而稳定的市场，重要的营销策略是通过某些有效的方式在业务、需求等方面与顾客建立关联，形成一种互助、互求、互需的关系。

2) 提高市场反应速度

对经营者来说，最现实的问题是站在顾客的角度及时地倾听顾客的希望、渴望和需求，并及时答复和迅速做出反应，满足顾客的需求。

3）转向关系营销

在企业与客户的关系发生了本质性变化的市场环境中，抢占市场的关键已转变为与顾客建立长期而稳固的关系。与此相适应，便产生了5个转向：从交易营销转向关系营销、从短期利益转向长期利益、从单一销售转向合作关系、从以产品性能为核心转向以利益为核心、从不重视客户服务转向高度承诺。这其中，沟通是建立关系的重要手段。

4）回报兼容成本和双赢

对企业来说，市场营销的真正价值在于其为企业带来短期或长期的收入和利润的能力。4Rs营销理论的最大特点是以竞争为导向，根据市场不断成熟和竞争日趋激烈的形势，着眼于企业与顾客互动与双赢，这必将对营销实践产生积极而重要的影响。当然，4Rs同任何理论一样，也有其不足和缺陷。如与顾客建立关系，需要实力基础或某些特殊条件，并不是任何企业都可以轻易做到的。但不管怎样，4Rs提供了很好的思路，是经营者和营销人员应该了解和掌握的。

4Rs理论的四大优势如下：

（1）4Rs营销理论的最大特点是以竞争为导向，在新的层次上概括了营销的新框架。

（2）4Rs体现并落实了关系营销的思想。

（3）反应机制为互动与双赢、建立关联提供了基础和保证，同时也延伸和升华了便利性。

（4）回报兼容了成本和双赢两方面的内容。

4Rs将企业的营销活动提高到宏观和社会层面来考虑，更进一步提出企业是整个社会大系统中不可分割的一部分，企业与顾客及其他的利益相关者之间是一种互相依存、互相支持、互惠互利的互动关系，企业的营销活动应该是以人类生活水平的提高、以整个社会的发展和进步为目的，企业利润的获得只是结果而不是目的，更不是唯一目的，因此，该理论提出企业与顾客及其他利益相关者应建立起事业和命运共同体，建立、巩固和发展长期的合作协调关系，强调关系管理而不是市场交易。菲利普·科特勒在其《营销管理》第8版中也写道："精明的营销者都会试图同顾客、分销商和供应商建立长期的、信任的和互利的关系，而这些关系是靠不断承诺和给予对方高质量的产品、优良的服务和公平的价格来实现的，也是靠双方组织成员之间加强经济的、技术的和社会的联系来实现的。双方也会在互相帮助中更加信任、了解和关心。"4Rs理论强调了企业与客户之间的长期关系以及反应速度。企业通过实时数据分析快速响应客户需求，并注重与客户建立有意义的互动，培养忠诚度。当前，反应速度的提升往往依赖于人工智能和自动化技术的支持。

2.1.4　4Vs组合理论

近年来，随着高科技产业的迅速崛起，高科技企业、高技术产品与服务不断涌现，出现了以培育企业核心竞争力为目的的4Vs营销组合理论。4Vs是指差异化（Variation）、功能化（Versatility）、附加价值（Value）、共鸣（Vibration）的营销组合理论。其包括四个要素：

1）商品差异化

商品的差异总是存在的，只是大小强弱不同而已。顾客是千差万别的，创造顾客就是创造差异，有差异才能有市场。差异化营销一般分为产品差异化、市场差异化和形象差异化三个方面。

2)功能弹性化

即指根据顾客消费需求的不同,提供不同功能的系列化产品。增加一些功能就变成豪华奢侈品(或高档品),减掉一些功能就变成中、低档消费品。顾客根据自己的习惯与承受能力选择具有相应功能的产品。

3)附加价值化

即更强调产品的高附加价值。企业应提高技术创新、营销创新与服务及企业文化或品牌在产品中的附加价值。

4)共鸣

即指企业持续占领市场并保持竞争力的价值创新给顾客所带来的价值最大化,以及由此所带来的企业利润最大化。强调的是将企业的创新能力与顾客所珍视的价值联系起来,通过为顾客提供创新价值,使其获得最大限度的满足。

4Vs营销组合理论不仅是典型的系统和社会营销理论,即它强调的是顾客需求的差异化和企业提供商品功能的多样化,以使顾客、社会与企业达到共鸣。更为重要的是,通过4Vs营销的展开,可以培养和构建企业的核心竞争力。因为构建企业核心竞争能力至少要同时满足三个条件:创新、独特性、长期稳定性。而4Vs组合理论中的四要素正好与上述三个条件相关联,4Vs中的"商品差异化"与第一个条件相关联;4Vs中的"功能弹性化"和"附加价值化"与第二个条件相关联;而4Vs中的"共鸣"强调的共鸣基础正是上述第三个条件"长期稳定性"。由此可见,如果企业以4Vs组合理论为指导来展开营销,可以帮助企业培养和构建其核心竞争力。

从上面的分析可以看出,4Ps理论的核心是企业,4Cs理论的核心是消费者,4Rs理论的核心是竞争者,而4Vs理论的核心是培育企业的核心竞争力。因此,4Ps、4Cs、4Rs、4Vs之间不是取代关系,而是完善、发展的关系。由于企业层次不同,情况千差万别,市场、企业营销还处于发展之中,所以至少在一个时期内,4Ps还是营销的一个基础框架,4Cs也是很有价值的理论和思路。4Rs、4Vs不是取代4Ps、4Cs,而是在4Ps、4Cs基础上的创新与发展。总之,从4Ps到4Vs的转化,不是简单的替代,而是思维角度的变换,是经营战略层次的升级换代。

在营销实战中,企业应根据自身的实际情况,把四者结合起来指导营销实践,会取得更好的效果。首先根据外部环境、内部资源,进行市场调研、市场细分、市场选择、市场定位,然后综合采取以生产为中心的4Ps营销组合策略,以顾客为关注焦点的4Cs营销组合策略,以竞争为导向且注重双赢关系的4Rs营销组合策略,以培育企业的核心竞争力为重点的4Vs营销组合策略。

随着技术进步,4Vs理论中的"验证"更加强调数据驱动的洞察。企业应利用大数据和客户反馈来动态调整营销策略,并通过AI和机器学习分析客户行为,以持续优化客户体验。

2.1.5 全渠道整合理论

全渠道整合理论(Omni-channel Integration)旨在为消费者提供无缝且一致的购物体

验,无论是在线上、实体店,还是其他接触点。该理论强调企业各渠道间的高度互联,使消费者能够在不同平台上自由转换而不损失体验。具体来说,数字化转型极大地推动了全渠道整合的发展,企业能够通过数字工具收集和分析消费者数据,从而实现个性化推荐并提高客户忠诚度。这种以数据为驱动力的策略有助于企业在日益复杂的市场环境中保持竞争力,并与消费者建立更加深入的互动关系。

全渠道购物体验的无缝性和一致性对顾客留存有显著影响。研究发现,在渠道整合质量较高的情况下,消费者在不同渠道之间的体验切换更为流畅,这不仅提升了客户满意度,还增强了品牌忠诚度。特别是在中国市场,线上线下资源整合的成效尤为显著,这一趋势进一步验证了全渠道整合理论在全球范围内的适用性。以下是全渠道整合理论的四个要素及其对现代营销的影响。

1) 一致性体验(Consistent Experience)

全渠道整合的首要任务是确保所有渠道上的消费者体验保持一致。消费者期望在所有接触点获得相同的产品信息、价格、库存状态及服务质量。例如,无论消费者是在品牌官网、移动应用还是社交媒体上购物,他们都应该享有一致的体验。这种一致性通过渠道间的协同和数据同步实现。企业必须确保各渠道的更新和维护同步进行,以防止信息误差和延迟,从而提升消费者的满意度和品牌信任度。

2) 渠道互联(Channel Integration)

全渠道整合中的渠道互联强调各销售和服务渠道之间的无缝连接,确保消费者可以轻松在各个渠道之间切换。例如,消费者可以选择在线订购、实体店提货,或者在店内选购、线上支付。这种互联互通需要企业在物流、仓储和数据管理方面进行技术投入,实现各渠道间的库存和订单数据同步,从而提高运营效率和客户便利性。

3) 个性化服务(Personalized Service)

全渠道整合旨在通过个性化服务来增强客户体验。通过收集消费者在各个渠道的互动数据,企业可以为每位消费者提供定制化的推荐和服务。例如,基于消费者在各渠道的购买历史和浏览记录,企业能够更好地预测消费者的偏好,提供符合其需求的个性化推荐。个性化服务是全渠道整合中的关键,数据分析和人工智能的应用使企业能够实时了解客户需求,并提供即时且贴合需求的服务。

4) 实时响应(Real-time Responsiveness)

全渠道整合的另一个核心要素是实时响应能力。企业需要在消费者的各个接触点快速回应其需求和问题,为消费者提供高效和便捷的支持。例如,消费者在任何渠道遇到问题,都能够获得即时的帮助。实时响应还涉及企业对库存、订单、配送和售后服务的高效管理,确保客户在购物过程中获得一致且快速的支持,从而增强顾客的品牌忠诚度。

全渠道整合理论以消费者体验为中心,它重新定义了消费者体验,使消费者能够在各渠道间自由切换而不损失体验感。这种以消费者体验为核心的策略,帮助企业增强品牌忠诚度,提高客户满意度。全渠道整合理论不仅为企业提供了新营销的实践指导,还帮助企业在竞争激烈的市场中,以无缝、一致和高效的方式增强消费者的购买体验,实现线上线下无缝连接。

2.2 长尾理论

随着市场经济的发展，市场营销活动范围日益扩大，市场竞争更加激化，传统营销理论越来越难以适应复杂多变的市场营销环境，传统营销理论的局限性日益突显。基于此，网络营销在强化了传统市场营销理论的同时，也提出了一些不同于传统市场营销的新理论。基于此，我们对传统营销理论进行梳理，结合互联网环境下网络营销的新要求，在传统营销理论的基础上对网络营销进行综合论述。

2.2.1 长尾理论的含义

2004年10月，《连线》杂志主编克里斯·安德森（Chris Anderson）在一篇文章中首次提出了长尾理论（The Long Tail），用来描述诸如亚马逊之类网站的商业和经济模式。安德森认为，只要存储和流通的渠道足够大，需求不旺或销售不佳的产品共同占据的市场份额就可以和那些数量不多的热卖品所占的市场份额相匹敌，甚至更大。这就是长尾理论，它是网络时代兴起的一种新理论。

安德森认为最理想的长尾定义应解释长尾理论的三个关键组成部分：①热卖品向利基的转变；②富足经济；③许许多多小市场聚合成一个大市场。简单地说，长尾理论是指由于成本和效率的因素，当商品储存流通展示的场地和渠道足够宽广，商品生产成本急剧下降以至于个人都可以进行生产，并且商品的销售成本急剧降低时，任何以前看似需求极低的产品，只要有人卖，都会有人买的理论，如图2-1所示。需求不旺或销量不佳的产品所共同占据的市场份额可以和那些少数热销产品所占据的市场份额相匹敌，甚至更大，即众多小市场汇聚成可产生与主流相匹敌的市场能量。也就是说，企业的销售量不在于传统需求曲线上那个代表"畅销商品"的头部，而是那条代表"冷门商品"，经常被人遗忘的长尾。

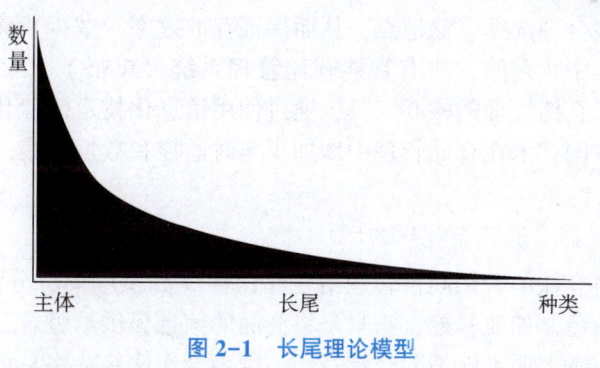

图2-1 长尾理论模型

传统上，长尾商品的存储和流通可能因为库存和仓储成本而受到限制。但现在3D打印等新技术的出现大大降低了冷门商品的生产成本，平台能够根据需求生产商品，从而进一步释放长尾市场的潜力。电商平台上的无库存模式和代发货等方式，使得长尾商品可以以低成本快速流通，打破了传统商品存储的限制。

社交媒体平台的兴起，使得长尾产品更易于通过"种草"或者社交推荐的方式进入消费者视野。社交媒体影响者和用户生成内容（UGC）使得长尾商品能够找到并吸引特定的细分市场群体。长尾理论在网络环境下的一个重要表现是个性化推荐和 UGC 对长尾市场的贡献。通过用户生成内容、社交媒体和社区平台，消费者可以帮助推广冷门产品。加入这一点，可以更好地解释长尾产品如何借助 UGC 成为特定用户群体的偏爱。与此同时，个性化推荐系统的进步使得消费者能够快速找到符合自己独特需求的产品。算法推荐已成为主要的营销手段，使企业能够将长尾产品推向特定用户群体，进一步拓展了长尾市场的价值。

企业不仅意识到长尾商品在销售中的价值，还通过订阅服务、内容付费和专属产品系列等方式实现商业化。内容平台（如 Spotify、Netflix 等）通过专属的冷门内容来吸引特定用户群体，并通过订阅模式实现盈利。消费者对冷门产品和内容的需求不仅推动了市场的增长，还为企业带来了新的收入来源。

2.2.2 长尾理论的应用策略

企业在现实中应该如何有效地运用长尾理论呢？这是一个涉及市场策略、产品管理及顾客关系等多个层面的复杂问题。下面从长尾理论的九大商业法则入手，深入探讨长尾理论在实际商业环境中的具体应用策略。

2.2.2.1 存货集中或者分散

库存积压会大幅增加企业的运营成本，降低企业的利润，因此降低库存一直是企业着力追求的目标。而现实中企业不仅通过降低库存的方法降低成本，而且会通过对库存的科学管理来降低成本。在安德森看来，长尾理论意味着大量的产品需要储存，对于如何存放产品是至关重要的问题。对此安德森提出了集中化仓储、分散式仓储、数字化仓储等解决方法。

1) 集中化仓储

集中化仓储能够提升效率，降低成本。集中化仓储不单是简单地将货物集合，而是集中管理，利用现行技术（如仓库管理信息系统、条形技术等）将货物有效分类、排序、科学管理。此外，还要合理选择仓储地点，从而保证存取效率，减少货物的损毁，以此降低企业的成本。现代集中化存储方法有智能仓储管理系统（WMS）和物联网（IoT）。智能仓储管理系统是现代仓储管理的核心工具，通过使用信息化技术来优化仓储流程、提高效率、降低成本。物联网技术在仓储管理中增加了实时监控和数据采集，使得仓库运营更加智能化。

2) 分散式仓储

分散式仓储是将仓储的费用间接转嫁给合作伙伴（如供应商、分销商等），而自己本身完全充当商店的角色。如亚马逊，它只是将商品的信息提供给顾客，存货全部由合作的店铺自己承担。这实际上还不能消除仓储费用，因为合作伙伴会将自己的仓储费用计入成本，从而提高下级企业的购买成本。结合分布式仓储网络的概念，企业通过数据分析和市场需求预测，可以动态调整不同区域的库存，优化库存配置，以快速响应各地市场需求，降低物流时间和运输成本。

3) 数字化仓储

如果说分散式仓储能够极大地降低企业仓储成本，那么数字化仓储则能够彻底消除仓

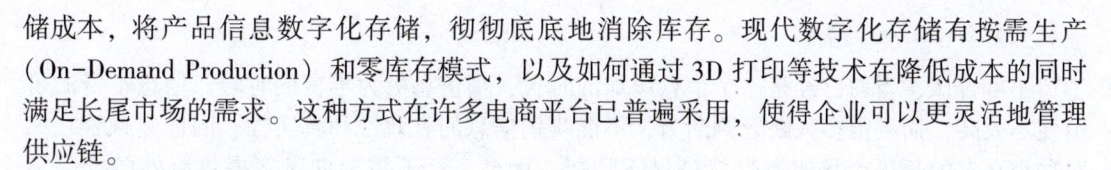

储成本，将产品信息数字化存储，彻彻底底地消除库存。现代数字化存储有按需生产（On-Demand Production）和零库存模式，以及如何通过 3D 打印等技术在降低成本的同时满足长尾市场的需求。这种方式在许多电商平台已普遍采用，使得企业可以更灵活地管理供应链。

2.2.2.2 让顾客参与生产

顾客参与生产的好处包括：

（1）降低生产成本，提高效率；

（2）增加精品；

（3）帮助企业把长尾市场向深处延伸；

（4）挖掘顾客现时需求。

顾客参与的好处还有很多，顾客参与的关键在于如何让顾客愿意参与，这要从心理动机进行分析。决定消费者可能参与的行为，是因为参与的行为和相关任务的绩效能带来一种体验，这种体验表现为通过了解产品的本质或在过程中创造的服务而获得的心理效益。因此，企业要让顾客参与生产，一定要对顾客的心理动机进行着重研究。

2.2.2.3 多渠道传播

在需求个性化的长尾市场中，需求分布往往零零散散，而且当今获取信息的渠道多种多样，大部分人可能会比较倾向网络，有的人倾向书刊，有的人倾向广播电视等。因此，对于旨在挖掘长尾市场的企业而言，不能停留在一种热门渠道，而应该从多个渠道挖掘潜在需求，深入长尾尾部。

2.2.2.4 没有一种产品可以适合所有人

纵观全世界，没有一家好的企业是靠一种商品经营的。其实也不难理解，随着商品种类日益增加，商品的竞争越来越激烈。消费者在琳琅满目的商品面前，选择自然是不同的。所以在信息化时代的今天，人们的选择多种多样，需求趋于个性化。因此，即使是超热门产品也无法满足所有人，反之，利基产品则拥有一定的市场空间。就好比"二八法则"所诠释的，80%的利润被20%的产品占据，那么还有20%的利润则是企业生产多种产品的理由之一。除此之外，根据经济学以及统计学原理，多种产品组合可以降低企业的经营风险。企业可以通过个性化推荐将长尾产品推送给合适的消费者。另外，由于需求多样化，长尾市场中的不同产品组合和多样化选择可以帮助企业更好地满足个性化需求。

2.2.2.5 更加灵活的定价策略

安德森认为，未来商业发展，定价策略会变得更加灵活。在他看来，定价策略应该考虑产品本身的定位，不能随意更改，如果产品定位是高端的，降低价格能在一定程度上提升销量，但却可能失去原有的高端客户。产品定位较低，如果提高价格，一来原有客户不能承担价格，二来不一定受到高端人群认可。灵活的定价策略有动态定价策略和个性化定价策略等。企业可以基于实时市场数据和消费者行为动态调整价格。例如，热门商品可以通过高频次促销保持关注度，而长尾商品则可以利用降价吸引特定消费群体。

2.2.2.6 分享信息

不可否认，当前已经是一个信息爆炸的时代，当信息极为丰富的时候，信息本身的价值便不太高，而且很多人缺乏判断力，不能辨别信息的有效性和真实性。同样，顾客在面对种类众多的长尾市场时，自然是目不暇接。因此，企业需要向顾客提供有效的产品信息，并根据顾客的消费习惯、消费喜好，及时推送相应的产品服务信息。说到底，就是企业与顾客之间共享信息，达到双赢的效果。这样企业能够提高效率，在一定程度上减少企业的营销成本，顾客则能够买到较为满意的产品。

2.2.2.7 "和"与"或"的选择

关于"和"还是"或"，安德森认为，在打破限制后的世界，长尾市场是无限的，企业应根据自身的特点来决定是否把所有产品全部推给客户。如亚马逊，它确实可以像安德森所说的，将全部产品推给消费者，因为亚马逊的产品与产品之间不存在抢一个位置的现象，或者说这个现象不是非常强烈，相反，它可以增加产品的种类，向长尾的最深处延伸。苹果在推出 iPhone 7 的时候，相应地开始停产 iPhone 6，这是因为如果 iPhone 6 不停产，会严重影响 iPhone 7 的销量。虽然 iPhone 6 还可以占据一大部分的长尾市场，甚至是长尾市场头部，但却不能弥补 iPhone 7 在长尾市场头部所遭受的损失，因此，苹果公司不得不停产 iPhone 6。类似的 IOS 系统升级以后也是如此，已升级的手机没办法安装上个版本的系统。这就是产品之间的"或"，正如上面的例子所反映的，企业必须结合自身产品的特点，考虑产品之间"和"与"或"的问题。

2.2.2.8 让市场替你做事

经济学中习惯把市场形容成无形的手，它会在一定程度内自动调节市场的供需和商品的价格。市场也会根据优胜劣汰的规则，淘汰劣质产品，保留优秀产品。因此，安德森认为企业也可以借助长尾市场的这个力量，根据市场自身淘汰的结果来做出相应的反应。其实优秀的企业绝不是简单地根据市场反馈做决定，而是与市场的反应同时进行，甚至是在市场反应前先做出相应的准备。因为当市场提供反馈时，说明整个淘汰的过程已经进行完毕，那么企业想早于其他企业，特别是知名国际企业几乎是不可能的。如果本身是大企业，其决定也不一定早于其他大企业。企业不能干等市场淘汰结果再做反应，让市场帮你做事，你需要根据市场的一些信息，自己整合分析评测，然后做出相应措施，这样才是上策。

2.2.2.9 重视免费的力量

现如今免费的现象充斥着人们的生活，如免费的视频、免费的音乐、免费的信息、免费的云盘等。费增值（Freemium）模式和数据变现就是指企业可以提供免费的基础服务或产品，通过增值服务收费或利用广告和数据分析实现盈利。免费的力量确实强大，同样，如果企业能够合理利用免费的力量，就肯定能够吸引顾客。当然免费不是指全部免费，如果都免费，那么企业肯定无法生存。免费是指卖产品的同时提供一些免费的附加产品或者服务；或者产品免费，利用顾客数据、关注度来盈利。

2.3 关系营销

2.3.1 关系营销

传统营销主要使用大众传播，而人际传播是关系营销的必要工具。现代信息技术的革命为关系营销带来了极大的便利，并为关系营销的高效实施提供了更稳健的平台。传统观点认为，市场营销的内核是一种交换过程，在此过程中，两方或多方交换价值以满足彼此的需求。即营销的过程就是创造和消除交换关系的过程，这种观点可以称为"以交易为基础的营销观"，其战略焦点是，识别潜在买主，把他们变成客户，然后完成产品或服务的交易。

交易型营销倾向于遵循如下过程：寻找潜在客户、谈判、交货付款、结束交易。这种交易方式往往是一次性的。在交易过程中，双方都尽可能地为己方争取最大限度的利益，压低对方的利益。因此，这种营销方式很容易给交易双方造成大量的遗留问题，如售后服务质量降低。因此，最近几年它越来越多地受到质疑，短期交易的想法日益被长期关系的概念所取代。换言之，企业与客户之间相互作用的重点正在从交易转向关系。这就是西方营销理论与实践中"关系营销"（Relationship Marketing）产生的基础。

对营销人员来说，扩大交易仍然是重要的，但他们必须认识到，在努力争取客户和发展市场份额之外，还需要制定保持客户的战略。也就是说，企业要建立和维护一种同已有客户的互益关系，而且，这种关系还必须延伸到供应商和员工身上。越来越多的企业意识到，寻求与客户建立和维系一种长期的战略伙伴关系是使交易双方获得双赢的最大保障。因此，在此基础上，关系营销应运而生。

2.3.1.1 关系营销的本质特征

关系营销是把营销活动看成一个企业与消费者、供应商、分销商、竞争者、政府机构及其他公众发生互动作用的过程，其核心是建立和发展与这些公众的良好关系。关系营销的本质特征可以概括为以下几个方面：

1) 双向沟通

在关系营销中，沟通应该是双向而非单向的，只有实行广泛的信息交流和共享，才能使企业赢得各个利益相关者的支持与合作。

2) 合作

关系一般有两种状态：对立与合作。只有合作才能实现协同，因此，合作是双赢的基础。

3) 双赢

关系营销旨在通过合作增加关系各方的利益，而不是通过损害其中一方或多方的利益来增加其他各方的利益。

4) 控制

关系营销要求建立专门的部门，了解顾客、分销商、供应商及营销系统中其他参与者的态度，由此了解关系的动态变化，及时采取应对措施。

关系营销是作为交易营销的对称观点提出的，提出的原因是单靠交易营销建立的品牌忠诚度不稳，回头客太少，而现实营销中企业的生意不断，究其根源是企业与顾客的关系不同。为了扩大回头客的比例，人们提出了关系营销。

2.3.1.2 关系营销的作用

1) 收益高

向现有客户继续销售而得到的收益，比花钱去吸引新客户的收益要高。

2) 可以保持更多客户

随着客户日趋大型化和数目不断减少，每一个客户显得越来越重要。

3) 扩大客户范围

企业对现有客户进行交叉销售的机会日益增多，可以维持老客户，开发新客户。

4) 提高市场效力

企业间形成战略伙伴关系更有利于应对全球性的市场竞争。

5) 吸引大型设备和复杂产品的购买者

购买大型设备、复杂产品的客户，对他们来说，销售只是开始，后面有大量的工作要做，必须将关系营销做到更好。

2.3.1.3 关系营销的发展趋势

目前关系营销理论结合了数字技术、个性化服务和多维度的利益相关者关系管理，产生了以下发发展趋势。

1) 数字化与个性化的关系营销

（1）数据驱动的个性化。数字化转型带来了大量可供分析的消费者数据。关系营销通过CRM系统、人工智能（AI）和大数据技术，对客户行为、偏好和需求进行深入分析，从而提供个性化的服务体验。个性化已成为现代关系营销的关键，企业不仅可以为客户提供定制的产品，还能够根据实时数据动态调整营销策略。

（2）自动化沟通。自动化工具（如AI驱动的聊天机器人和自动邮件系统）使得双向沟通更高效。自动化可以帮助企业及时回应客户的需求，确保客户能够随时得到关注与支持，从而提升客户满意度。

2) 整合全渠道的关系营销

关系营销借助全渠道整合，确保客户在不同接触点间获得一致的体验。客户可以在任何渠道间无缝切换，企业则通过全渠道数据整合了解客户行为，从而在不同渠道提供一致的互动体验。这种整合增加了客户忠诚度，并进一步深化了客户关系。

3) 扩展利益相关者的关系营销

在供应链伙伴关系方面，关系营销已超出客户层面，扩展到供应链上下游的合作伙伴。企业越来越重视与供应商和分销商建立战略伙伴关系，以共同应对市场变化和提升竞争力。这种合作通常包括信息共享、联合研发和协同管理，使得企业能够灵活适应市场需求；在内部客户管理方面，关系营销开始更多地涉及员工管理。企业将员工视为"内部客户"，通过积极的员工体验管理提升员工的满意度和敬业度，从而提高客户服务质量，形成双重关系的良性循环。

4）双向价值创造的关系营销

现代关系营销强调客户与企业之间的双向沟通，提倡的是企业与顾客的双赢。企业不仅关注如何提供价值，还鼓励客户参与产品设计和服务改进，从而形成共创价值的合作关系。共创不仅帮助企业更好地满足客户需求，而且加强了客户对品牌的认同感。关系营销不再仅仅聚焦于客户的短期收益，而是重视长期的双赢。企业通过提供客户导向的体验来提升客户忠诚度，从而实现客户生命周期价值（CLV）的最大化。这种长期的关系维护比获取新客户更具成本效益，研究表明，维系老客户的成本仅为获取新客户的五分之一。

5）增强数据隐私保护的关系营销

随着数据隐私法规（如 GDPR 和 CCPA）的加强，企业在实施关系营销时必须重视客户的数据安全。现代客户对隐私保护的期望增高，企业需要在个性化服务与数据安全之间找到平衡。企业通过透明的隐私政策和数据使用说明，增强客户对品牌的信任。

6）提供即时反馈与客户关怀技术支持的关系营销

借助数据分析和 AI 技术，企业能够及时获取客户反馈并采取相应的改进措施。实时数据监测帮助企业更迅速地解决客户问题，提高客户满意度。通过有效的客户关怀活动（如生日祝福、定期回访等），企业能够保持与客户的持续互动，深化客户关系。

现代关系营销不仅专注于与客户建立长期关系，还深入各个利益相关方，以实现整体双赢。通过智能化和数据驱动的技术手段，企业能够更精准地理解客户需求，快速响应，确保高效沟通。长期的关系维护、个性化服务和有效的数据保护在增加客户忠诚度、提升市场竞争力的同时，也帮助企业实现了可持续发展。

目前关系营销已成为企业实现差异化竞争优势的关键策略之一。通过与客户、员工、供应链伙伴等各方的紧密协作，企业不仅可以提高客户保留率和满意度，还可以在动态市场中实现更高的业务韧性与增长。

2.3.2 关系营销的六大市场

关系营销中的六大市场，每个市场都有其独特的特点、应用场景、优势以及与其他市场的区别。以下是对每个市场的详细解释和说明：

2.3.2.1 供应商市场

供应商市场是指为企业提供生产所需原材料、零部件、设备和服务的企业或个人。这个市场的特点是供应商与企业之间存在着紧密的合作关系，双方通过长期稳定的合作来实现互利共赢。应用场景主要体现在企业的采购活动中，通过与供应商建立合作关系，确保企业能够获得高质量、低成本的原材料和服务。其优势在于可以降低企业的采购成本，提高采购效率，同时保证原材料和服务的稳定供应。与其他市场相比，供应商市场更注重与企业的长期合作和互惠互利，而不是单纯的交易关系。

任何一个企业都不可能独自解决自己生产所需的所有资源。在现实的资源交换过程中，资源的构成是多方面的，至少包含人、财、物、技术、信息等方面。与供应商的关系决定了企业所能获得的资源数量、质量及获得的速度。生产 1 辆汽车大约需要 8 000 到 10 000 个零部件，任何一个企业都不可能单独生产全部零部件，必须通过其他供应商进行专业分工、协作生产，所以企业要与供应商结成紧密的合作网络，进行必要的资源交换。另外，公司在市场上的声誉也是部分地来自与供应商所形成的关系，如当IBM决定在其个人电脑上使用微软公司的操作系统时，微软公司在软件行业的声誉便会急速上升。

2.3.2.2　分销商市场

分销商市场是指帮助企业销售产品或服务的渠道或合作伙伴。这个市场的特点是分销商与企业之间存在着合作关系，共同推广和销售企业的产品或服务。应用场景主要体现在企业的销售渠道拓展中，通过与分销商建立合作关系，扩大企业的销售网络，提高市场占有率。其优势在于可以借助分销商的市场资源和销售渠道，快速推广和销售企业的产品或服务，降低企业的销售成本。与其他市场相比，分销商市场更注重与企业的销售渠道拓展和市场份额提升。

在分销商市场上，零售商和批发商的支持对于产品的成功至关重要。例如，IBM公司曾花费一亿美元为其计算机做广告，结果还是以失败而告终。原因在于作为第三方的供应商和零售商反对该产品，IBM公司投入了大量的资源去争取顾客，而忽略了与零售商、经销商等对产品销售起关键作用的个人或组织建立积极的关系，而扼杀计算机销量的正是分销商这一类的市场基础设施。

2.3.2.3　顾客市场

顾客市场是指购买企业产品或服务的个人或组织。这个市场的特点是顾客需求多样化、个性化，企业需要不断满足顾客的需求和期望来赢得顾客的信任和忠诚。应用场景主要体现在企业的销售和服务活动中，通过与顾客建立互动关系，了解顾客的需求和期望，提供个性化的产品和服务。其优势在于可以建立稳定的顾客群体，提高顾客的满意度和忠诚度，从而增加企业的销售额和市场份额。与其他市场相比，顾客市场是企业最直接、最重要的市场，也是企业关系营销的核心。

顾客是企业存在和发展的基础，市场竞争的实质是对顾客的争夺。最新研究表明，企业在争取新顾客的同时，还必须重视留住老顾客，培育和发展顾客忠诚。企业可以通过数据库营销、发展会员关系等多种形式，更好地满足顾客需求，增加顾客信任，密切双方关系。

2.3.2.4　内部市场

内部市场是指企业内部员工之间的市场关系。这个市场的特点是员工是企业内部最重要的资源，企业需要激发员工的积极性和创造力来提高企业的竞争力。应用场景主要体现在企业的人力资源管理中，通过建立激励机制、提供良好的工作环境和培训机会来激发员工的积极性和创造力。其优势在于可以提高员工的工作效率和创造力，增强企业的凝聚力和竞争力。与其他市场相比，内部市场更注重企业内部的管理和文化建设。

任何一家企业，要想让外部顾客满意，首先得让内部员工满意。只有对工作满意的员工，才可能以更高的效率和效益为外部顾客提供更加优质的服务，并最终让外部顾客感到满意。内部市场不只是企业营销部门的营销人员和直接为外部顾客提供服务的服务人员，还包括所有的企业员工。因为在为顾客创造价值的生产过程中，任何一个环节的低效率或低质量都会影响最终的顾客价值。

2.3.2.5　竞争者市场

竞争者市场是指与企业存在竞争关系的其他企业或品牌。这个市场的特点是竞争激烈，企业需要不断了解竞争者的动态和市场策略来制定自己的市场策略。应用场景主要体现在企业的市场竞争中，通过与竞争者进行对比分析，了解自身的优势和不足，制定有针对性的市场策略。其优势在于可以帮助企业更好地了解市场动态和竞争态势，制定更加有效的市场策略。与其他市场相比，竞争者市场更注重企业的市场竞争和策略制定。

在竞争者市场上，企业营销活动的主要目的是争取与拥有互补性资源的竞争者协作，实现知识的转移、资源的共享和更有效的利用。例如，在一些技术密集型行业，越来越多的企业与其竞争者进行了研究与开发的合作，这种方式的战略联盟可以分担巨额的产品开发费用和风险。种种迹象表明，现代竞争已发展为协作竞争，在竞争中实现双赢的结果才是最理想的战略选择。

2.3.2.6 影响者市场

影响者是指金融机构、新闻媒体、政府、社区，以及诸如消费者权益保护组织、环保组织等各种各样的社会团体，对企业的生存和发展都会产生重要的影响。因此，企业有必要把他们作为一个市场来对待，并制定以公共关系为主要手段的营销策略。

影响者市场是指能够对企业产生重要影响的政府机构、社会团体、媒体等。这个市场的特点是影响力大，企业需要积极与这些影响者建立良好的关系来获得支持和认可。应用场景主要体现在企业的公关活动中，通过与政府机构、社会团体和媒体建立良好的关系，提高企业的知名度和美誉度。其优势在于可以获得更多的政策支持和市场机会，提高企业的社会影响力。与其他市场相比，影响者市场更注重企业公关活动和品牌建设。

综上所述，关系营销中的六大市场各具特点和应用场景，企业需要根据自身情况和市场环境来制定合适的关系营销策略，以赢得各市场的支持和信任，实现企业的可持续发展。

2.4 直复营销

直复营销（Direct Marketing）是 20 世纪 90 年代中期出现的新的营销理论。在直复营销理论引进之初，许多学者将其直译成直接营销，实际上这是一种概念上的混淆。直接销售或称直销，也可称为面对面销售，是指销售方派出许多销售代表直接和顾客达成交易的方式，主要采用的方法是挨户访问销售和家庭销售会等。而直复营销则是利用一定的传播媒体，进行产品和服务的宣传，并能随时接收受众反应或达成交易的营销方式。其主要特点就是不仅利用大众传媒的广泛性，还强调营销者同顾客之间的互动性，是一种十分有效的促销方式。

2.4.1 直复营销的产生和发展

2.4.1.1 直复营销的产生

直复营销始于 1872 年 8 月的美国，最初的形态为邮购。第一家邮购商店蒙哥马利·华尔德在美国创立，这家店向美国中西部的农场主家庭邮寄商品目录。那时的目录只有一张纸，目录上所列的商品并不多，主要是服装和农具，而且价格都是 1 美元。邮购服务的对象局限于那些分散居住在郊外的农场主们。

从 1872 年到 20 世纪 20 年代，不断有企业加入直邮销售这一行业。在美国形成了以蒙哥马利·华尔德和西尔斯·罗马克（1886年创立了西尔斯手表邮购公司）这两家公司为代表的邮购业，当时这些业内公司只经营邮购业务。但到了20世纪20年代，为了适应交通业的发展和城市化的进程，蒙哥马利·华尔德和西尔斯·罗马克相继在商业中心开办了零售店铺，并将主要精力转向店铺的零售业务。

2.4.1.2 直复营销的发展

20世纪80年代，直复营销业重整旗鼓，在营销方式和销售额上都得到长足的进步和发展。在美国，整个80年代中直复营销的销售额以每年15%的速度增长，比整个零售业的增长速度快4倍。以1989年为例，美国全国的直复营销销售额为2 000亿美元，大约有70%的顾客曾利用800免费电话进行过家中购物。但直复营销中各种形式的发展却不甚平衡，直接邮购营销和目录营销的增长最快，成为直复营销的主要形式。21世纪以来，直复营销在全球范围内得到了显著的发展，并呈现出多样化和数字化的趋势。首先直复营销在西方国家迅速崛起，成为一种强大的营销形式，被称为21世纪的营销革命。随着信息技术的发展，尤其是互联网和数据设施的普及，直复营销得到了进一步的推动。直复营销的形式也在不断演变。传统的直邮、电话营销等手段逐渐让位于电子邮件营销、在线销售等更为灵活和高效的渠道。此外，直复营销强调个性化沟通和一对一的互动模式，通过建立庞大的客户数据库来实现精准营销。这种模式不仅提高了营销效率，还增强了顾客的参与感和满意度。

2.4.2 直复营销的含义

在直复营销的众多定义中，为广大学者和实践者接受的是美国直复营销协会（DMA）为其下的定义。直复营销是一种互动的营销系统，它运用一种或多种广告媒介在任意地点产生可衡量的反应或交易。直复营销中的"直"是指不直接通过中间分销渠道而直接通过某种媒体（如互联网）连接企业和消费者，在网上销售产品时，顾客可以通过网络直接向企业下订单并付款。"复"是指企业与顾客之间的互动，顾客对企业的营销刺激有一个明确的回复（买或不买），企业可统计这种明确回复的结果，并由此对以往的营销努力做出评价。人们可以从下面几点更好地理解直复营销的含义：

2.4.2.1 直复营销是一个互动的体系

所谓互动，即互相作用，它是直复营销的一个重要特征，指的是直复营销人员和目标顾客之间以双向交流的方式传递信息，而非信息的单向传播。这样就形成了一个环状的信息流转系统。

2.4.2.2 直复营销利用多种传播媒体

直复营销人员和目标顾客之间传递信息的方式多种多样。信函、邮件、电话、电视、电子网络等，都可以成为载体，只不过有时是同时实现顺、逆交流过程，有时则是分开实现的。

2.4.2.3 直复营销的信息交流不受时空限制

只要有一种能有效联系直复营销人员和顾客的方式建立（这种方式可以是一种媒体或多种媒体共同作用的结果），那么无论双方在空间上相距多远，无论购买活动在时点上发生与否，双向的信息交流都能顺利进行。

2.4.2.4 直复营销活动的效果是可以测量的

这是直复营销的另一个重要特征。直复营销的信息流转系统不仅能让直复营销者确切地知道产生反应的顾客的比率，知道反应的内容是什么、可以分多少种类，而且能将这些信息分类存储。直复营销的高效率就来源于此，所有这一切工作都是靠数据库完成的。

2.4.3 直复营销的基本类别

对直复营销的分类，多数学者是以信息传送的主要媒体为依据的。常见的直复营销包括直接邮购营销、目录营销、电话营销、电视营销、网上营销及其他媒体营销。

2.4.3.1 直接邮购营销

直接邮购营销是传统的直复营销方式，也是直复营销的主要类别之一。它主要是指营销人员直接将邮件广告以指名的方式传送给特定的消费者，这些邮件广告的内容包括报价单、产品宣传、售后服务介绍等，从形式上看，可以是信件、传单等。

直接邮购营销之所以受欢迎，除了成本低之外，还包括它能使营销人员在广泛地选择顾客的基础上，更有针对性，同时形式也更灵活多样，并且能及时对回复进行度量。据统计，1993年有45%的美国人曾以直接邮购的方式购物。同年，美国的慈善事业以这种方式筹款达500亿美元。

2.4.3.2 目录营销

目录营销也是直复营销的传统方式之一，它是指销售商向有可能下订单的潜在顾客寄送某种产品或多种产品的目录。目录营销是一个很大的行业，美国的目录营销商每年要寄出8 500种目录手册，共计120亿份，而每一个美国家庭每年起码要收到50份目录手册。在美国，使用目录营销的公司涉及各个领域，从日用百货公司到保险公司，从收藏品交易所到金融服务公司。经销的产品不仅包括体育用品、服装、书籍、珠宝、礼品、家具等各类消费品，还包括企业购买的办公用品。

跨国的目录营销也在近年发展起来，例如，日本就有许多消费者出于省钱的目的，通过免费的800电话从美国的目录营销商那里购买商品。由于目录营销和直接邮购营销在实际操作中有相似和重复之处，因此，这两种方式通常统称为直邮营销。

2.4.3.3 电话营销

电话营销是第三种传统的直复营销方式，并已经成为一种主要的直复营销工具，它通过电话直接向消费者销售。据估计，1991年美国从事电话营销的公司共在电话费上开支了2 340亿美元，每户美国家庭每年平均接到19个由电话营销公司打来的电话，平均每个家庭每年打出16个电话订购产品或服务。

电话营销同样在许多领域中被使用，所经销的产品种类也多种多样。电话营销者不仅以这种方式向消费者售货，还以这种方式向经销商销售产品。

2.4.3.4 电视营销

电视营销是使用电视直接向消费者销售产品的方式。它主要通过下面几种途径进行：

1) 直接回复广告

直接回复广告（或叫直接反应广告）是电视营销中最常见的形式之一。采用这种方式的营销者通常买下长达 60 秒或者 120 秒的电视广告时段,用来展示和介绍自己的产品。广告片播出时会向观众提供一个免费电话的号码,以供观众订货或进一步咨询。这样的广告片又称为商品信息广告片。

2) 家庭购物频道

家庭购物频道是电视营销的另一种重要形式。这种频道是专门为销售商品(或服务)而开设的。多数这样的频道提供全天 24 小时的电视购物服务,经销的产品主要有珠宝、灯具、服装、电工用具等,范围颇广。

3) 视频信息系统

采用这种途径的消费者的电视机通过有线电视网或电话线与销售方的计算机数据库连接成一个系统,消费者只需操作一个特制的键盘装置和系统就能进行双向交流。采用这一途径的主要是零售商、银行和旅游代理公司等,但为数不多。

4) 其他形式

除了上述三种主要形式外,电视营销还有其他形式,如贴片广告:在电视节目或频道中插入广告,以宣传产品或服务;节目合作:与电视台合作制作具有特殊内容的电视节目,如知识竞赛、教育性专题节目等,以植入式广告的形式宣传产品或服务等。

综上所述,电视营销具有多种形式,企业可以根据自身产品和目标消费者的特点,选择最适合的电视营销方式。同时,随着技术的发展和消费者需求的变化,电视营销的形式也在不断创新和发展。

2.4.3.5 网上营销

网上营销是指所有以计算机及其网络为渠道而进行的直复营销,这是营销发展的一个重要领域,企业通过全渠道整合将直复营销扩展至多个接触点。消费者可以通过社交媒体、移动应用、网站和线下门店等多种渠道,与品牌互动,实现无缝购物体验。加入全渠道整合概念,展示如何在不同接触点之间实现数据同步和一致的客户体验。例如,消费者可以在移动设备上接收到直复营销的个性化广告,并立即转到店内领取产品或线上下单。

AR/VR 技术在直复营销中的应用,如虚拟试用、3D 产品展示等,使消费者在下单前有更真实的体验,从而提升直复营销的效果。

2.4.3.6 其他媒体营销

目前直复营销不再局限于传统的邮购和电话,社交媒体成为直复营销的主要平台。通过微信等社交媒体,品牌可以直接向特定用户推送个性化内容并实时获取反馈。社交媒体营销让企业能够通过视频、直播、互动内容等多样化形式,吸引用户并直接带动销售。

2.4.4 直复营销的特点

从 20 世纪初自助式销售萌芽开始,到 20 世纪 30 年代超级市场蓬勃发展,大规模营销(或称大众营销、传统营销)对企业利润的贡献不断上升,这样的辉煌几乎持续了半个世纪。在整个 20 世纪 80 年代,连锁商业的巨人们控制了整个饱和市场,并热衷于推广他们自己的中间商品牌。从那时起,在多数消费者眼里,各品牌间的差别似乎只有价格。直复营销的再度崛起恰恰就是在这个时候,这是因为它与传统营销之间有着很大的区别,表 2-3 概括地列举了这些区别。

表 2-3 传统营销与直复营销的区别

要素	传统营销	直复营销
目标市场	在目标顾客范围内进行普通的营销努力	针对每个潜在顾客进行个别的营销努力
决策信息	以人口、地理等因素细分顾客群，每个顾客的个别信息不详	在细分顾客群的基础上对每位顾客的名字、住址及购买习惯等一切个人信息进行详尽描述
产品	向顾客提供标准化产品	向每一位特定顾客提供"特殊"产品
生产	大规模、标准化	有定制化的能力
分销	通过流通渠道进行大规模分销	通过媒体直接销售，产品必含有"送货上门"等附加利益
广告	利用大众媒体，其目的主要在于树立企业形象，引起顾客注意和建立顾客忠诚度。广告刺激和采取购买行为之间有时间上的间隔	利用针对性强的媒体向个人传递信息，其目的是让受众立即行动——订货或查询
促销	大规模、公开化促销	对受众进行个别刺激，促销手段有一定的隐蔽性
交流方式	单向信息传递，建立一种普遍的客户关系	双向信息交流，建立起个别的客户关系
竞争实质	定位目标市场，以吸引顾客为竞争重心	定位目标顾客，以留住顾客为竞争重心
营销控制	一旦产品进入流通渠道，一般情况下营销者便失去了对产品的控制	产品从营销者手中被送到消费者手中的整个过程，营销人员都能对其进行控制

正因为这些区别的存在，有人称直复营销为"重返 19 世纪的营销方式"，因为在 19 世纪，商人们都是小铺子的掌柜，他们认识自己的每一位顾客。

2.4.5 直复营销的特点

直复营销的营销人员能针对每一个顾客的个别情况进行双向信息交流。与传统营销相比，直复营销更强调信息的反馈，并更好地利用这种双向交流中的反馈信息。下面具体阐述直复营销的特点：

2.4.5.1 顾客购物不仅省时、省力，而且富有一定的趣味性

顾客通过浏览邮寄目录或网上购物服务条目等信息资料，在轻松愉快的心境下就可以进行购物比较。消费者虽然足不出户，但商品的选择范围却不受影响，相反却更广了。通过直复营销这种方式，顾客还可以为他人订货。对生产资料的购买者而言，通过这种方式可以获知市场上所有同类商品与劳务的信息，不必把时间花在约见销售员等事务上。

2.4.5.2 营销者能更精确地确定目标顾客

直复营销通过各种方式获得顾客的各项信息，这些信息存储在数据库中，可以有成千上万条，可以涉及几十个甚至几百个方面的内容。在需要用这些信息时，直复营销人员可以在计算机的帮助下找出任意数量的某几方面或十几、几十个方面具有共同特征的顾客组成的群体，并有针对性地向这些顾客群寄发购物指南等资料。

2.4.5.3　营销者能和每一位顾客建立起长期关系

严格地讲，在直复营销中，每一位顾客就是一个细分子市场，一对一的服务使直复营销有更浓的感情注入。例如，雀巢食品公司建有一个"新妈妈数据库"，在这些新妈妈的孩子成长的最初六个关键阶段中，公司会给这些妈妈寄去针对性很强的个性化礼品和建议信。这些感情投资的效果便是赢得较为稳固的顾客忠诚度。

2.4.5.4　直复营销号召顾客立即反应，回复率较高

直复营销可以在适当的时机与最有购买可能的潜在顾客沟通，从而使直邮的资料可以有更高的阅读率和回复率。而传统的广告投放之后，总要间隔一段时间，消费者才会采取购买行为或进一步咨询，单个广告的刺激效果相对比较弱。

2.4.5.5　直复营销战略更具保密性

传统的营销战略通过大众媒体实施，隐蔽性小，易被竞争对手发觉和模仿，而直复的传播方式具有一定的个人化特征，短期内不易被竞争对手模仿，更不容易被深究。而且直复营销的广告和销售是同时进行的，这一特点更可使营销者在其策略实施初期免遭竞争对手抄袭。

2.4.5.6　直复营销效果是可以度量的

直复营销的效果可以通过各种指标进行量化评估，如回复率、转化率、销售额等，这种可度量性有助于企业优化营销策略，提高投资回报率。直复营销者通过测量每一次信息传递的回复情况，不仅可以决定哪次活动更具盈利性，而且可以将结果用于媒体与信息的结合效果比较等研究工作中。

2.5　内容营销

在自媒体时代，内容为王，这也是很多企业投入大量时间和资源，通过内容营销做品牌传播的原因。如今通过广告媒体来创造的流量变得越来越昂贵，内容已成为互联网竞争中的重中之重，基于内容的营销策略的重要性逐渐凸显。内容营销与传统营销的不同之处是，它要求企业通过创造有价值的内容，吸引特定用户主动关注。内容营销可以不谈销售，但是必须以盈利为目标，提供有价值的内容或者建立互动联系只是手段，引导消费者产生购买行为，并为企业带来利润，才是最终的目的。内容营销的重点是内容是否有吸引力，是否能够吸引用户关注并影响用户的搜索与购买行为。

2.5.1　内容营销的含义及特点

2.5.1.1　内容营销的含义

美国内容营销协会认为，内容营销是一种战略性的营销方法，是以创造和传播有价值的、相关和一贯的内容来吸引和保持目标消费者，并最终影响潜在消费者消费行为的营销方式。内容营销将图片、文字、视频和音频等元素以内容的形式呈现出来，使其成为用户可以消费的信息。例如，京东快报就是最为典型的内容营销方式，京东快报通过文章将需

要营销的内容转化为为用户提供有价值的服务，进而吸引用户点击、阅读，引起用户的购买兴趣并付诸行动。其实质是通过对用户购买行为的分析，将这些内容推送给与之匹配的用户，实现精准营销，它是一种促进流量变现和用户消费升级的新型营销方式，可以简单地将其看作以内容聚集"粉丝"来提高转发率的一种营销方式。同时，这种内容的表达方式使企业与用户之间建立起了强有力的互动，为企业品牌与形象的建立提供了更直接的途径。

2.5.1.2 内容营销的特点

内容营销在现代营销策略中占据着重要地位，它具有以下四个特点：

1) 多样性

企业内容营销的内容具有多样性，包括软文、新闻稿、音频、动画、图片、信息图、电子书、在线教学、电视广播、幻灯片、视频游戏等。这些内容可以发布在多个平台上，如社交媒体、公司官网、电商平台等，以便触达更广泛的用户群体。通过这种多样化的形式，内容营销适应了所有媒介渠道，为企业提供了广泛的触及机会。企业以这些多样化的内容为中心，将有价值的内容、品牌和产品信息借助多种表现形式将其发布在多个平台，最大限度地吸引消费者。内容营销作为一种营销思维，并没有固定的形式和方法，适用于所有的媒介渠道和平台。

2) 自发性

内容营销的传播具有自发性。与传统广告强行推送信息不同，内容营销更注重提供有价值的信息，从而降低消费者的抵触心理。内容营销的传播依赖消费者的自发传播，吸引他们主动分享和推广，使得内容影响力不断扩大。用户通常会因为内容的价值而自发传播，从而形成病毒式的传播效果。

3) 互动性

内容营销是从吸引消费者注意力到使消费者接受并且产生依赖的价值传递过程。在内容营销的价值传递过程中，除了理性的引导，更注重在沟通时引导消费者的情绪，使消费者与企业产生共鸣，激发消费者参与讨论。内容营销首先考虑的是人，如何进入用户的生活圈，如何融入他们的新媒体社交，如何跟他们互动，如何影响他们的决策，这是内容营销必须考虑的问题。

4) 有用性

内容营销的关键是向现有或潜在的消费者传递有价值的内容。这些有价值的内容可能是帮助消费者了解企业或产品信息，也可能是给他们带来心理或情感上的愉悦。总之，内容营销的内容应该是对消费者有用的。

2.5.2 内容营销策略

在进行内容创作前，要先明确目标。成功的内容营销是以用户需求为导向的，因此，企业需要根据目标用户的需求制订内容营销计划，也就是应该创作什么样的营销内容。把握了用户的需求导向后，就可以创作出优质的、有创意的内容，这样就能够加强用户与品牌之间的关系，推动企业与用户进行更深入的互动，为用户提供指导和帮助，并促进用户购买。例如，企业业务是健身、时尚潮流等领域，用户往往需要寻求好的建议和推荐。你可以将品牌定位为一个用户信任的信息源，通过优质内容持续强化他们对企业产品或服务的信任度。总之，企业需要将创作的营销内容视为一款产品，确保内容与目标用户的需求是相匹配、相契合的。除了用户的已有需求，还可以引导用户的需求，即当用户可能不清楚自己想要什么时，通过营销内容去激发他们的需求。例如，对于一家生产防辐射产品的企业，孕妇是企业的目标受众，企业首先通过大量的推送内容让孕妇知道电子产品辐射的危害，在这种情况下便产生了防辐射服的潜在市场需求，之后产品的推出就变得顺理成章了。

想要开展内容营销，需要从以下五个切入点入手：

2.5.2.1　源头

内容营销要从产品抓起，当产品还在酝酿的时候，企业就应注入内容基因，打造内容性产品，形成自营销。内容性产品有三个特点：赋予目标用户一种强烈的身份标签，让他们有社群归属感；消费者在选择购买这个产品时，就有一种强烈的情绪共鸣；将内容植入产品，产品就成为一种实体化的社交工具，消费者之间可以通过产品产生互动。

2.5.2.2　价值

认识到内容营销重要性的公司，将内容营销作为消费者购买流程中的一个环节，在为消费者提供实用价值的同时，也可以提升消费者体验，使消费者通过公司的内容营销，感受到产品的独特价值与内涵，甚至强化或重启一种生活方式，从而形成品牌黏性，实现循环购买。

2.5.2.3　主题

企业在开展内容营销时，注重引发受众价值观共鸣，使真实、有个性的普通人成为重点关注对象。普通人不再只是人口统计学数据，他们有着情感丰富的内心世界。许多成功的内容营销案例具有一个共同点，即让普通人影响普通人，从而产生情感共鸣。另外，尊重年轻群体的娱乐方式。年轻群体对企业来说具有巨大的利润发展空间。因此，越来越多的企业在进行内容营销时，会主动迎合年轻人的口味，针对年轻群体的喜好制定具体的营销策略。

2.5.2.4　平台

在内容营销的整体战略中，内容传播占据着举足轻重的地位。为了最大化品牌内容的传播效果，企业必须充分利用多方位的平台和传播渠道，构建一个全面且高效的生态传播体系。这个生态传播体系不仅包括传统的电视、广播、报纸等媒体平台，还要涵盖互联网、社交媒体、短视频平台、移动应用等新兴的传播渠道。每一种平台都有其独特的受众群体和传播特性，企业需要根据自身品牌的特点和目标受众的喜好，精心选择并组合这些平台，以实现最佳的传播效果。

2.5.2.5　表现形式

内容营销表现形式强调将内容营销与艺术融合，通过优秀的艺术作品传递品牌内容，以增强对消费者的吸引力并提升品牌形象，突破传统品牌表现方式的局限。同时鉴于网络时代信息的碎片化和生活节奏加快，企业还应注重创造短小精悍、幽默有趣或视觉冲击力强的文案与图案，如表情包等，以提升内容的趣味性，吸引消费者主动关注并促使其自发传播。此外，鼓励消费者生成内容（UGC）也是一种有效的策略，通过引导用户参与制作或分享内容，实现"病毒式"传播，进一步扩大品牌影响力。

2.6 场景营销

2.6.1 场景营销概述

2.6.1.1 场景营销的含义

网络营销的发展和演变会不可避免地受到营销环境与消费者环境发展变化的影响。由于网络营销环境呈移动化、碎片化和场景化的变化，而消费者群体呈个性化、社交化和娱乐化的变化，因而出现了与之相适应的场景营销的思想、模式和应用。

场景营销是网络营销得益于移动技术的发展而出现的智能式营销方式，不同于以往的网络营销只关注于媒体单纯地运用场景进行营销，场景营销关注的是不同场景下的消费行为。智能化设备的出现和发展让场景的识别和消费者行为的量化得以实现，大数据、云计算等相关技术进一步优化了网络营销的实施效率和效果。在移动互联网时代，场景营销的价值和意义在于：它促使营销者更善于发现客户、理解客户、维系客户、提升客户体验，让人们的生活变得更便捷与美好。

在场景营销中，场景有三要素，分别是时空、情景和价值。换句话说，就是在什么时间什么空间，有什么情节，产生了什么心理和需求，给用户提供了什么价值。例如保健酒品牌劲酒与美团点评合作，劲酒借势美团点评"必吃榜"IP势能，将劲酒品牌与必吃榜、必吃菜、必吃餐厅等资源深度融合，在必吃榜的大流量加持下，迅速积累吃货关注。美团点评联动知名美食商户，在商户POI（信息详情页）打造线上餐饮消费场景，展示活动信息及各种真实的探店视频，美团点评用户、劲酒品牌粉丝、餐饮及生活服务商家的日常客流，共同组成了品牌与商家的用户人群，通过用户联动扩容带动消费增长。同时，探店视频内容中融入劲酒产品，增加了"健康美食，劲酒味道"的场景沉浸式曝光，实现对劲酒的二次传播，带动劲酒品牌收获大量新粉。数据显示，探店视频使得餐厅单店浏览量翻了两倍，多方合作用户共享，降低了获客成本，实现多方共赢。

2.6.1.2 场景营销的特点

场景营销是一种具有广阔发展前景的营销理念，它具有以下四个特点：

1) 情境依赖

场景营销依赖于特定的情境和消费者所处的环境，这些情境可以是时间、地点、社交环境或消费者当前的活动状态，企业需紧密围绕这些情境设计营销策略，以触动消费者的购买欲望。

2) 移动化和个性化

随着移动互联网和智能终端的普及，场景营销呈现出显著的移动化和个性化特点。它不仅能够随时随地根据消费者的地理位置、在线行为等信息进行精准推送，还能深入洞察消费者的个人偏好和兴趣，提供更加贴合其需求的产品和服务。

3) 智能化匹配

借助大数据分析和人工智能技术，场景营销能够智能化地识别、预测和适应消费者的需求变化。通过对海量数据的深度挖掘，企业可以更加精准地把握市场动态，为消费者提供量身定制的购物体验和服务方案。

4）线上线下融合

场景营销打破了线上线下的界限，实现了线上线下的营销场景深度融合。无论是通过线上平台获取消费者数据，还是通过线下门店提供实体体验，场景营销都能够无缝连接，为消费者创造连贯、一致的购物体验。这种连接性不仅提升了营销效果，还促进了品牌与消费者之间的深度互动和关系建立。

2.6.2 场景营销的模式

与以往的营销方式不同，场景营销能实现线下与线上的即时连接，实现消费者与企业的即时互动，即场景营销的本质在于连接与互动，从而使消费者与企业之间进行价值交换。可以依照线上与线下的连接与互动的强弱程度，将场景营销的应用模式分为场景体验主导型、虚拟场景主导型和连接与互动主导型。

2.6.2.1 场景体验主导型场景营销

场景体验主导型场景营销是指线下与线上的弱连接与互动营销，刺激源主要来自线下场景，突出线下体验的营销方式。线下活动使消费者能在一个真实可感的线下场景里与品牌进行近距离的互动，有利于消费者对品牌形成强烈的亲切感，培养其对品牌的长久记忆力。线下场景的构造受限于场地，消费者只有走入场景并乐意互动其需求才能得到刺激。这就要求场景构造要有足够的吸引力，能够满足消费者的多感官体验。所以，企业在线下构建场景时，需要技术设备的辅助，利用智能设备来丰富和提升消费者的场景体验。

2.6.2.2 虚拟场景主导型场景营销

虚拟场景主导型场景营销是指线下与线上的弱连接与互动营销，刺激源主要来自线上虚拟场景，突出线上连接与互动，带动线下体验的营销模式。它的优势在于云端数据的跨平台使用和大数据相关技术的应用；能够量化的网络行为数据给企业带来很大的参考价值；网络传播的低成本有助于营销信息的精准推送；企业很容易借助分享进行大范围、高效率的社交营销。它的不足在于需要消费者的特定使用才能激活场景，与消费者的生活是碎片化嵌入，并没有高度融合；企业难以获取消费者使用虚拟应用的实际场景信息，只能从时间和大概地理范围进行分析，限制了更贴心、更主动的营销实现。

2.6.2.3 连接与互动主导型场景营销

连接与互动主导型场景营销是指注重线下与线上的紧密连接与互动，企业结合消费者生活中各种场景进行营销信息推送，从而将营销与消费者的生活高度融合，目的是在场景的利用或制造下实时戳中消费者痛点，提升消费体验。在移动互联网时代下，相对于前两种营销模式，该种营销模式是企业争相运用与发展的主要模式。

企业与消费者的强互动与连接带来了场景的高度融合，它不仅涵盖了以上两种模式的优点，弥补了其不足，还使企业在与消费者的连接与互动中获得了更多的主动权，对场景时空延伸的探究大大增强了营销效果。企业对消费者的多方位了解甚至比消费者自身更懂他们的需求，并且能够及时地满足他们的需求，使得定制化的信息更适合消费者，从而大大提高了响应速度。实现这些人性化营销不仅对技术提出了高要求，还对保护消费者的隐私安全提出了考验，相对于前两种模式，这种营销模式要求获取线上线下更多方面的信息，对企业在消费者信息获取与共享中也提出了更高的安全保护要求。

2.6.3 场景营销的实施步骤

场景营销的实施需要企业在深入了解目标消费者的基础上，构建真实场景、激发情感共鸣、注重用户体验、实现精准推送以及开展合作推广。通过不断优化和创新这些策略，企业可以在激烈的市场竞争中脱颖而出，赢得更多消费者的青睐和信任。

2.6.3.1 构建真实场景

构建场景是场景营销的基础。企业需要深入了解目标消费者的生活方式和消费习惯，从而构建出与消费者生活紧密相连的场景。这些场景可以是家庭、办公室、户外等不同的环境和情境，也可以是消费者在进行特定活动时所处的场景，如健身、旅行、娱乐等。在构建场景时，企业需要注重场景的真实性和代入感，让消费者能够身临其境地感受到产品或服务的价值和魅力。

2.6.3.2 激发情感共鸣

情感共鸣是场景营销的关键。通过品牌与消费者的情感连接，企业可以让消费者对产品产生认同感和归属感。这可以通过故事化营销、情感化广告等方式实现。例如，企业可以讲述一个与产品相关的感人故事，或者通过广告展现产品如何改善消费者的生活质量，从而激发消费者的情感共鸣。在激发情感共鸣的过程中，企业需要注重与消费者的沟通互动，了解他们的需求和反馈，以便更好地满足他们的期望。

2.6.3.3 注重用户体验

用户体验是场景营销的核心。企业需要关注用户在场景中的体验，确保他们能够获得满意的产品和服务。这可以通过提供试用、体验活动等方式实现。例如，企业可以在商场或线上平台设置体验区，让消费者亲身感受产品的优势和特点。同时，企业还需要注重产品的质量和售后服务，确保消费者在使用过程中能够获得良好的体验。在用户体验方面，企业需要不断创新和优化，以满足消费者日益增长的个性化需求。

2.6.3.4 实现精准推送

精准推送是场景营销的重要手段。利用大数据和人工智能技术，企业可以对消费者的行为和偏好进行分析，从而实现精准推送。这不仅可以提高营销效果，降低营销成本，还可以增强消费者的购物体验。在精准推送的过程中，企业需要注重保护消费者的隐私和数据安全，避免过度打扰和滥用数据。同时，企业还需要根据消费者的反馈和行为变化，不断调整和优化推送策略，以确保推送内容的准确性和有效性。

2.6.3.5 开展合作推广

合作推广是场景营销的拓展方式。与相关行业的企业或机构进行合作推广，可以扩大品牌影响力，吸引更多潜在消费者。这可以通过联名营销、跨界合作等方式实现。例如，企业可以与时尚品牌合作推出联名产品，或者与旅游机构合作推出旅游套餐等。在合作推广的过程中，企业需要注重与合作伙伴的沟通和协调，确保双方的目标和利益一致。同时，企业还需要注重品牌形象和口碑的维护，避免与不良合作伙伴产生负面影响。

2.6.4 场景营销的发展趋势与挑战

场景营销在发展过程中既面临着技术驱动、跨界融合、用户体验至上等有利趋势,也面临着数据隐私保护、创意与个性化、法律法规遵守以及技术更新迭代等挑战。企业需要积极应对这些挑战,充分利用有利趋势,以推动场景营销的持续发展和创新。

2.6.4.1 发展趋势

1) 技术驱动

随着大数据、人工智能、物联网以及区块链等前沿技术的不断发展和融合,场景营销将步入一个全新的智能化和精准化时代。这些技术不仅能够帮助企业更深入地理解消费者的行为,预测消费趋势,还能实现营销活动的自动化和智能化管理,提高营销效率和效果。

2) 跨界融合

在数字化时代,不同行业之间的界限日益模糊,跨界合作成为推动新产品和服务创新的重要途径。场景营销将不再局限于某一特定领域,而是会跨越多个行业,如零售、旅游、娱乐、教育等,形成多元化的消费场景和体验,为消费者提供更加全面和个性化的服务。

3) 用户体验至上

在激烈的市场竞争中,用户体验已成为企业赢得消费者信任和忠诚的关键因素。场景营销将更加注重用户体验的优化,通过提供高品质的产品和服务、打造沉浸式的消费场景、提供便捷的购物流程等方式,不断提升消费者的满意度和忠诚度。

4) 可持续性和社会责任

随着消费者对环保和社会责任的关注度不断提高,场景营销也将更加注重可持续性和社会责任。企业需要在营销活动中融入环保理念和社会责任元素,以赢得消费者的认可和尊重。

2.6.4.2 挑战

1) 数据隐私保护

在利用大数据进行精准推送时,企业必须严格遵守相关法律法规,确保消费者的数据隐私得到充分保护。这要求企业在收集、存储和使用消费者数据时,必须遵循合法、正当、必要的原则,并加强数据安全管理,防止数据泄露和滥用。

2) 创意与个性化

随着消费者对个性化需求的不断增加,企业需要不断创新和提供个性化的产品和服务来满足消费者的需求。这要求企业具备强大的创意能力和个性化定制能力,能够根据消费者的需求和偏好,提供量身定制的营销方案和产品服务。

3) 合法合规

在数字化时代,相关法律法规的更新和完善速度加快,企业需要密切关注相关法律法规的变化,确保营销活动的合法性和合规性。这要求企业加强法律意识和风险管理能力,避免因违规行为而引发的法律风险和声誉损失。

4）技术更新迭代

随着技术的不断发展和更新迭代，企业需要不断跟进和学习新技术，以应对市场竞争和技术变革带来的挑战。这要求企业具备强大的技术研发能力和创新能力，能够持续推出符合市场需求和技术趋势的新产品和服务。

本章小结

本章深入探讨了网络营销的多个理论基础，包括 4Ps、4Cs、4Rs、4Vs、长尾理论、关系营销、直复营销、内容营销和场景营销。这些理论不仅为网络营销提供了坚实的理论支撑，而且为传统营销与网络营销的融合提供了指导。网络营销并不是要取代传统营销，而是与之并存，共同发展。在当今数字化时代，网络营销的重要性日益凸显，但传统营销依然扮演着不可或缺的角色。企业面临的挑战在于如何将网络营销与传统营销有效结合，利用网络营销的互动性和灵活性，同时保留传统营销的稳定性和广泛性。通过这种结合，企业可以更好地满足消费者需求，提高市场响应速度，增强品牌影响力。网络营销与传统营销的融合，不是简单的叠加，而是深度的整合，旨在实现营销资源的最优配置和营销效果的最大化。

复习与思考

一、单选题

1. 网络营销的核心目标是什么？（　　）
   - A. 提升企业形象
   - B. 增加网站流量
   - C. 满足消费者需求
   - D. 提高产品价格

2. 亚马逊成功开拓长尾市场的关键策略是什么？（　　）
   - A. 提供大量畅销商品
   - B. 限制产品种类以提高质量
   - C. 提供广泛的产品选择
   - D. 专注于高端市场

3. 关系营销的核心是什么？（　　）
   - A. 与顾客持对立态度
   - B. 劳动分工职能专业化
   - C. 建立、维持、巩固与消费者及其他参与者的关系
   - D. 独立营销专家的职能活动

4. 以下哪个不是网络营销的优势？（　　）
   - A. 互动性强
   - B. 灵活性高
   - C. 稳定性好
   - D. 覆盖范围广

5. 直复营销中的"复"指的是什么？（　　）
   - A. 直接通过中间分销渠道
   - B. 企业与顾客之间的互动
   - C. 单向传播信息
   - D. 非互动的营销系统

6. 场景营销关注的是什么？（　　）

A. 媒体单纯地运用场景进行营销　　B. 不同场景下的消费行为
C. 线上虚拟场景的构建　　　　　　D. 线下体验的优化

7. 用户体验在场景营销中扮演什么角色？（　　）
A. 边缘角色　　　　　　　　　　　B. 核心角色
C. 辅助角色　　　　　　　　　　　D. 可有可无的角色

8. 网络营销与传统营销的关系是什么？（　　）
A. 相互排斥　　　　　　　　　　　B. 完全替代
C. 并存共同发展　　　　　　　　　D. 互不干涉

9. 亚马逊的飞轮效应强调了什么？（　　）
A. 更多用户吸引更多卖家　　　　　B. 低成本运营模式
C. 数字化存储的重要性　　　　　　D. 非热门商品的销量无关紧要

10. 企业利用大数据和人工智能技术实现的是什么？（　　）
A. 提高产品价格　　　　　　　　　B. 精准推送营销信息
C. 限制产品种类　　　　　　　　　D. 增加网站流量

二、多选题

1. 以下哪些属于网络营销的理论基础？（　　）
A. 4Ps 组合理论　　　　　　　　　B. 长尾理论
C. 场景营销理论　　　　　　　　　D. 实时响应

2. 全渠道整合理论的核心要素包括什么？（　　）
A. 个性化服务　　　　　　　　　　B. 实时响应
C. 集中化仓储　　　　　　　　　　D. 无缝购物体验

3. 长尾理论的应用策略中，企业应该如何管理库存？（　　）
A. 采用集中化仓储　　　　　　　　B. 分散式仓储
C. 忽视库存管理　　　　　　　　　D. 数字化仓储

4. 关系营销中的双向价值创造强调什么？（　　）
A. 企业单方面提供价值　　　　　　B. 企业与客户双赢
C. 忽视客户需求　　　　　　　　　D. 客户参与产品设计

5. 直复营销的基本类别包括哪些？（　　）
A. 直接邮购营销　　　　　　　　　B. 电视营销
C. 户外广告营销　　　　　　　　　D. 网上营销

6. 内容营销的特点有哪些？（　　）
A. 自发性　　　　　　　　　　　　B. 强制性
C. 互动性　　　　　　　　　　　　D. 有用性

7. 场景营销的主要特点是什么？（　　）
A. 侧重于线下活动　　　　　　　　B. 强调与消费者生活场景的融合
C. 忽视个性化体验　　　　　　　　D. 利用技术手段实现精准推送

8. 网络营销在转型过程中，企业应如何构建品牌传播体系？（　　）
A. 依赖传统媒体广告　　　　　　　B. 利用多渠道传播
C. 忽视社交媒体影响　　　　　　　D. 加强内容营销

9. 在数字化时代，企业如何通过网络营销提升品牌忠诚度？（　　）

A. 提供个性化服务　　　　　　　B. 确保产品高质量但价格高昂
C. 实现全渠道无缝购物体验　　　D. 忽视消费者反馈
10. 直复营销相比传统营销的优势有哪些？（　　）
A. 能够更精确地确定目标顾客　　B. 营销成本高
C. 营销效果难以衡量　　　　　　D. 可以实现一对一的个性化沟通
11. 在内容营销策略中，鼓励消费者生成内容的好处有哪些？（　　）
A. 扩大品牌影响力　　　　　　　B. 提高内容制作成本
C. 增强消费者参与感　　　　　　D. 实现"病毒式"传播

三、判断题

1. 4Ps 营销理论已经过时，不再适用于现代网络营销。（　　）
2. 长尾理论强调利用互联网技术降低小众产品的销售和分发成本。（　　）
3. 全渠道整合理论的核心是提供一致的购物体验，无论消费者在哪个渠道购物。（　　）
4. 关系营销只关注企业与客户之间的关系，忽视了其他利益相关者。（　　）
5. 直复营销是一种传统的营销方式，不适用于现代网络营销环境。（　　）
6. 内容营销的关键是向消费者推送广告信息。（　　）
7. 场景营销是一种基于消费者生活场景进行精准营销的策略。（　　）
8. 在网络营销转型过程中，品牌建设不再是企业的重点。（　　）
9. 口碑传播对于网络营销的成功至关重要。（　　）
10. 4Rs 组合理论中的"回报"指企业的经济利益。（　　）
11. 关系营销中的双向价值创造强调企业与客户之间的双赢合作。（　　）
12. 直复营销可以通过数据库营销实现精准推送。（　　）

四、简答题

1. 简述 4Ps 组合理论的内容及其在网络营销中的应用。
2. 长尾理论的核心思想是什么？举例说明其在网络营销中的应用。
3. 关系营销与交易营销的主要区别是什么？
4. 直复营销的特点有哪些？
5. 简述场景营销的含义及其在网络营销中的重要性。

五、论述题

1. 结合当前网络营销环境，论述场景营销的发展趋势及面临的挑战。
2. 在数字化时代，企业应如何平衡网络营销与传统营销的投入与策略？

六、案例分析题

小米公司作为一家以智能手机和智能家居产品为主的科技公司，近年来在全球范围内取得了显著成长。小米的成功在很大程度上归功于其独特的全渠道整合营销策略。小米不仅在线上通过官方网站、电商平台进行销售，还在线下开设了小米之家体验店，并通过社交媒体、内容营销等方式与消费者建立紧密联系。

小米的全渠道整合营销策略体现在以下几个方面：

线上与线下融合：小米官方网站和电商平台提供丰富的产品信息和便捷的购买渠道，而小米之家则提供产品体验、售后服务等线下支持。消费者可以在线上了解产品，线下体验后购买，或者在线下体验后选择线上购买，享受送货上门服务。

社交媒体与内容营销：小米通过微博、微信、抖音等社交媒体平台，发布产品信息、活动预告、用户故事等内容，与消费者建立情感连接。同时，小米还通过内容营销，如发布科技评测、使用教程等，提高消费者的产品认知度和购买意愿。

　　数据驱动的个性化推荐：小米利用大数据和人工智能技术，分析消费者的购买历史、浏览行为等数据，为消费者提供个性化的产品推荐和优惠信息。这种精准营销方式提高了营销效率和消费者满意度。

　　无缝的购物体验：无论是在线上还是线下，小米都致力于为消费者提供无缝的购物体验。线上购买支持多种支付方式，且物流快速便捷；线下体验店则提供专业的产品咨询和售后服务，确保消费者在购买前后都能获得满意的服务。

　　问题：结合全渠道整合理论，探讨小米公司如何在未来进一步优化其营销策略。

参考答案

第 3 章　网络营销市场定位

引导案例

拼多多：精准市场定位与创新商业模式驱动电商成功

在中国电商行业迅速发展的背景下，拼多多于2015年应运而生，迅速吸引了大量用户。其成功的关键在于对市场环境的深入分析与精准把握。随着传统电商如淘宝和京东的崛起，市场上出现了对低价和高性价比商品的强烈需求，尤其是在中小城市和农村地区，消费者渴望以更低的价格获取优质商品。

拼多多意识到这一点，通过市场调研将目标市场聚焦于这些价格敏感的用户群体。这些消费者通常对商品质量要求较高，但预算有限，因此拼多多决定采用拼团模式，让用户通过社交互动，分享购物链接，达到共同购买以获得更低价格的目的。这种创新的购物体验不仅满足了用户对价格的需求，还激发了他们的社交属性，形成了一种新型的消费文化。

在市场定位方面，拼多多将自身定位为一个"低价、拼团、社交购物"的平台。通过提供高性价比的商品和丰富的社交互动体验，拼多多成功塑造了一个与传统电商截然不同的品牌形象。这种清晰的市场定位让其在激烈的竞争中脱颖而出，迅速积累了庞大的用户基础。

拼多多的成功不仅改变了用户的购物方式，而且为电商行业带来了新的商业模式。它的经验启示我们，在复杂的市场环境中，灵活的市场细分、精准的目标市场选择和清晰的市场定位是企业成功的关键因素。我们应该如何将这些策略应用于企业的营销实践中，值得深入探讨。

资料来源：《哔哩哔哩》平台，案例链接：https://www.bilibili.com/video/BV1Dd4y1r7SV/?spm_id_from = 333.337.search − card.all.click&vd_source = e0adf94a92ae138c92bf934403519c23

3.1　市场细分和目标市场定位

市场细分是美国学者温德尔·史密斯（Wendell R. Smith）提出的，它指营销者通过市场调研，依据消费者的需求和欲望、购买行为和购买习惯等方面的差异，把整体市场划分为若干子市场的分类过程。目标市场是学者麦卡锡提出的，它把消费者看作一个特定的群体，称为目标市场。市场定位是美国营销学家艾里斯（Alice）和杰克·特劳特（Jack Trawt）提出的，它是指企业针对顾客对产品某些特征或属性的重视程度，为本企业产品塑造与众不同的、给人留下鲜明印象的形象，并将这种形象生动地传递给顾客，从而使该产品在市场上确定适当的位置。

企业通过市场细分（Segmentation）、目标市场选择（Targeting）和市场定位（Positioning）等一系列步骤，即STP战略，制定出符合企业发展需求的营销组合策略，如图3-1所示。

图3-1　STP战略

细分市场并非依据产品品种或系列来界定，而是从消费者群体（涵盖最终消费者及工业生产用户）的角度出发，依据其需求的多样性、购买动机，以及购买行为的多元性和差异性来进行划分。此细分策略的核心目的在于深入识别并分析消费者需求的复杂性与差异性，为企业提供一个精确且全面的市场洞察视角。

在市场细分框架构建完毕后，企业需精心选取并明确其目标市场。这一过程构成了企业营销战略规划的首要核心要素和基本逻辑起点，对企业的市场表现、盈利能力以及市场占有率具有直接影响。有效的目标市场选择策略不仅即时作用于企业的经营业绩，更深远地影响着企业的长期生存能力与发展潜力。

一旦目标市场得以确立，企业随即进入市场定位阶段，旨在塑造其产品在目标市场（即目标客户群）中的独特品牌形象。这一过程强调在满足特定客户需求与偏好上的差异化表现，并与竞争对手的产品形成鲜明的市场区隔。市场定位的精髓在于引导消费者识别并接受企业的独特价值主张，确保产品在目标客户心中占据一个清晰且不可替代的地位。

3.1.1　网络营销市场细分

网络营销市场细分是指企业在调查研究的基础上，依据网络消费者的购买欲望、购买动机与习惯爱好的差异性，把网络营销市场划分成不同类型的群体，每个消费群体构成企业的一个细分市场。网络营销市场细分是企业进行网络营销的一个非常重要的战略步骤，是企业认识网络营销市场、研究网络营销市场，进而选择网络目标市场的基础和前提。

3.1.1.1　市场细分的原则

企业既可根据单一因素，也可根据多个因素对市场进行细分。一般而言，成功而有效的市场细分应具备以下条件。

1) 可进入原则

可进入原则，即企业资源吻合，是指企业通过努力能够使产品进入细分市场，并能够通过合理的渠道到达。一方面，产品信息能够顺利传递给该市场大多数消费者；另一方面，企业在一定时期内有可能将产品销售到该市场。市场细分的可进入原则包括两个方面：一是政治、法律环境没有壁垒阻碍；二是企业的资源能力、竞争能力能够使企业的产品及服务进入目标市场。

2) 可衡量原则

可衡量原则是指细分的市场是可以识别和衡量的，细分出来的市场不仅范围明确，而且对其容量大小也能大致做出明确的判断。企业选择细分市场的依据变量应该是可以识别和可定量化的，应该能够用数据来描述细分市场中消费者的一些购买行为特征，勾勒细分市场的边界；能够用数据来表达和判断市场容量的大小。

3) 可操作性原则

可操作性原则是经营运作的前提，它指企业能够以自身的资源占有营销运作及管理控制能力，运用科学的方法对市场进行深入调研分析，正确认识评估市场营销的宏观环境和微观环境，制定和灵活实施产品策略、价格策略、分销策略、沟通策略，去影响和引领细分市场中的消费欲望、消费行为，并为之提供新的需求。

4) 可盈利原则

可盈利原则即企业经营有利可图，是指子市场应当具有足够的需求量和市场潜力，保证企业获取足够的利润，即细分出来的市场容量或规模要大到足以使企业获利。进行市场细分时，企业必须考虑细分市场上顾客的数量，以及他们的购买能力和购买频率。如果细分市场的规模过小，市场容量太小，细分工作烦琐，成本耗费大，获利小，就不值得去细分。

5) 差异性原则

差异性原则即对营销策略反应的差异性，是指各细分市场的消费者对同一营销活动会有差异性反应。这种差异性有助于企业更精准地进行个性化定制，满足细分群体的独特需求。如果不同细分市场的顾客差异性反应不大，此时，企业就不必费力对市场进行细分。对于细分出来的市场，企业应当分别制定出独立的营销方案。如果无法制定出这样的方案，便不必进行市场细分。

3.1.1.2 市场细分的方法

市场细分的方法有很多种。总体来说，市场是由消费者和潜在消费者构成的，而每个消费者的需求因多种特征和个性化偏好而不同，这些不同的特征和需求都可以成为市场细分的依据。顾客的需求受多种因素影响，通过这些因素就可以间接了解顾客的需求。

1) 单一因素法

单一因素法，即企业仅依据影响需求倾向的一个因素或变量对市场进行细分，如按性别细分化妆品市场，按年龄细分服装市场等。该方法适用于市场中某产品需求的差异性主要是由某个因素或变量影响所致的情况。单变量细分相对简单，但其结果较为粗放，适用于市场分析和研究的初级阶段。

2) 多因素法

多因素法，即依据影响需求倾向的两个以上的因素或变量对市场进行细分。例如，按生活方式、收入水平、年龄三个因素可将妇女服装市场划分为不同的细分市场。该方法适用于市场对一产品需求的差异性是由多个因素或变量综合影响所致的情况。它可以全面、准确、细致地描述消费者特征，其结果相对准确和精细。纵观市场细分方法，多变量细分才能更全面考察消费者的特性，才能更加细致地区分不同消费者的细微差别，有助于企业在策略上进行精确定位，增加市场竞争力。

3) 系列因素法

当市场所涉及因素较多，且各因素是按一定顺序逐步进行细分时，可依据影响需求倾向的多种因素对市场由大到小、由粗到细、由浅入深地逐步进行细分，这种方法称为系列因素细分法（简称系列因素法）。这种方法会使目标市场变得越来越具体、越来越清晰。例如，某地的皮鞋市场用系列因素法可细分为如图 3-2 所示的目标市场。当前在细分过程中，也可使用机器学习技术进行多层次聚类和细分分析，以动态调整目标市场。

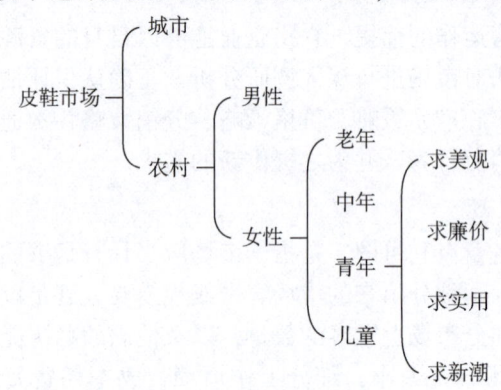

图 3-2　系列因素法举例

在实际应用中，市场营销人员应对有关问题认真考虑，从真实的需求差异出发，采用数据驱动的市场调查和市场预测，从而确保细分市场的可操作性和准确性。

3.1.1.3 市场细分的步骤

网络市场细分作为一个过程，一般要经过如图 3-3 所示的步骤，以确保细分的精确性和数据支持。

1) 明确研究对象

企业需要基于战略计划规定的任务、目标及选定的市场等，精确地界定待分析的目标市场。此步骤核心在于决策是将某一产品的全市场范畴，还是其特定细分领域（如特定地理区域、消费群体或应用场景）作为市场细分与深入考察的核心对象。这一界定过程对于后续市场策略的制定至关重要。

2) 拟定市场细分的方法、形式和具体变量

企业首先应根据实际需要拟定采用哪一种市场细

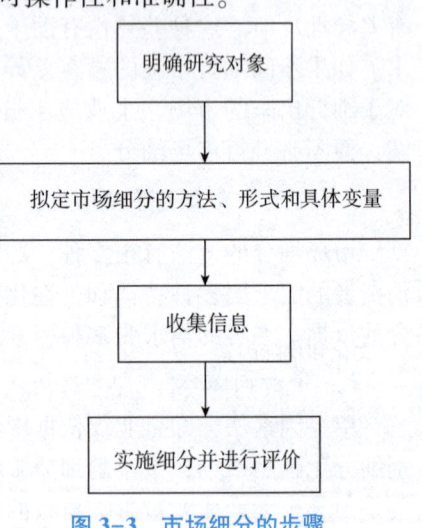

图 3-3　市场细分的步骤

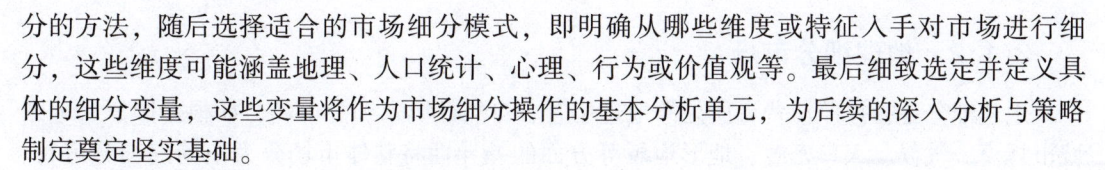

分的方法，随后选择适合的市场细分模式，即明确从哪些维度或特征入手对市场进行细分，这些维度可能涵盖地理、人口统计、心理、行为或价值观等。最后细致选定并定义具体的细分变量，这些变量将作为市场细分操作的基本分析单元，为后续的深入分析与策略制定奠定坚实基础。

3）收集信息

为确保市场细分的精确性与实用性，企业需对目标细分市场进行全面而深入的调查。这一步骤旨在广泛搜集与所选细分策略、模式及变量紧密相关的数据与必要信息，可能涉及消费者行为研究、市场趋势分析、竞争对手概况等多方面内容，以获取全面且详尽的数据和资料。

4）实施细分并进行评价

企业应运用定性和定量方法对收集到的数据进行深度剖析。通过合并高度相关的变量，提炼出具有显著差异的细分市场。在此基础上，对各个细分市场的规模、竞争状况及变化趋势等加以分析、测量和评价。这一过程不仅有助于企业精准把握市场动态，还为制定有针对性的市场策略提供有力的数据支撑与决策依据。

3.1.1.4 市场细分的标准

市场之所以可以细分，是由于消费者或用户的需求存在差异性。市场是由以满足生活消费为目的的消费者构成的，消费者的需求和购买行为等具有许多不同的特性，这些不同的需求差异性因素便是市场细分的基础。概括起来，市场细分的标准主要有四类，即地理因素、人口因素、心理因素和行为因素。除此之外，还可以引入需求基础因素、忠诚度因素、文化和代际因素、态度和价值观因素、在线行为因素等更细致的维度。这种多层次、数据驱动的市场细分方法使企业能够从多个角度洞察消费者需求和行为，以实现更加精准、高效的市场定位和客户沟通。以这些因素来细分市场就可产生出市场细分的基本形式，如表3-1所示。

表3-1 市场细分的标准及变量一览表

细分维度	细分变量
地理因素	地理位置、城镇大小、地形、地貌、气候、交通状况、人口密集度等
人口因素	年龄、性别、职业、收入、民族、宗教、教育、家庭人口、家庭生命周期等
心理因素	生活方式、性格、购买动机、态度、价值观等
行为因素	购买时间、购买数量、购买频率、购买习惯（品牌忠诚度）、对服务、价格、渠道、广告的敏感程度等
需求基础因素	功能需求、情感需求、个性化需求、时效性需求等
忠诚度因素	首次购买者、偶尔购买者、忠实客户、回归客户、推荐客户等
文化和代际因素	文化背景、语言偏好、代际特征、社会价值观、消费观念等
态度和价值观因素	环保意识、健康意识、社会责任感、品牌价值认同、消费倾向、风险接受度等
在线行为因素	浏览行为、互动行为、购买路径、设备偏好、内容偏好、点击行为等

3.1.2　地理细分市场

地理细分是指按照消费者所处的地理位置、自然环境来细分市场，如根据国家、地区、城市规模、气候、人口密度、地形地貌等方面的差异性将整体市场分为不同的细分市场。在网络中，地理位置对于网络用户似乎并不重要，但是对开展网络营销的组织来说却是很重要的，因为不同地理区域之间的人口、文化、经济等差异将会长期存在。虽然近年来随着互联网和基础设施的发展，中国东西部的网络接入不平衡有所改善，但仍旧存在上网人口的分布东部沿海地区和中西部地区的不平衡性，因此，企业在进行网络市场细分时，仍需考虑地域经济差异、本地文化偏好等因素。例如在当前的网络营销中，面向全球的地理细分市场主要包括北美、欧洲、日本、中国、韩国和东南亚等国家和地区。美国和欧洲拥有较高的互联网普及率，北美的市场成熟且数字消费习惯广泛。而韩国的互联网渗透率位居全球前列。中国市场凭借庞大的用户群和独特的数字生态，吸引国际企业，但其市场需求和偏好复杂，需通过本土化策略来适应。此外，依据地理位置、城市规模和气候等因素进一步细分，能更精准地把握不同地区的用户需求。

3.1.3　人口细分市场

人口细分是指根据年龄、性别、职业、收入、宗教信仰、国籍、民族等特征对市场进行划分，形成不同的消费群体。不同消费群体的偏好、购买力和需求重点各异，尽管同一消费群体内的消费者共享某些特征，但个体特性也同样显著，尤其是在快速变化的市场环境中。随着互联网的发展，潜在消费者的特征呈现多样化，不再局限于传统的年轻、高学历和高收入人群。例如，如今的互联网用户群体已逐渐扩展至更广泛的年龄段和社会经济背景，包括追求个性化和定制化产品的年轻消费者、中产阶级家庭以及重视可持续发展的消费群体。在中国，网络营销策略也更倾向于覆盖多样化的目标群体，例如中产阶级、年轻的"90后"和注重生活品质与时尚的人群。表3-2列出了护肤品网上消费者细分市场的分析。

表3-2　护肤品网上消费者细分市场的分析

分类	消费者特征描述
网民	目标客户为网民，分为直接购买者、试用者和忠实品牌消费者
地区	以一线城市（如北京、上海、广州）为主，逐步拓展至二线城市和部分三线城市
年龄	25~35岁，主要包括年轻女性及职场新人，追求肌肤护理与美妆产品的消费者
收入	月薪5 000元以上，有一定经济基础的消费者，乐于投资于护肤及美容产品
文化	关注产品成分与效果，重视自然和有机护肤产品
心理	希望改善肤质、延缓衰老，追求健康美丽的外貌；对护肤品的品牌和口碑较为敏感
行为	在社交媒体上获取护肤知识与产品推荐，通过网购平台直接购买或参与促销活动
时间	关注重大节日（如"双十一""618"）和品牌发布会
事由	包括自用、节日赠送等

3.1.4　心理细分市场

心理细分是根据消费者的生活方式和个性特征对市场进行划分的重要方法。即使在同

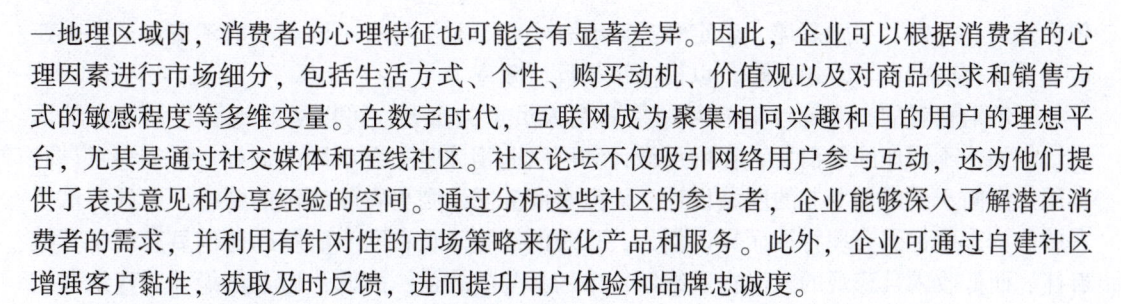

一地理区域内，消费者的心理特征也可能会有显著差异。因此，企业可以根据消费者的心理因素进行市场细分，包括生活方式、个性、购买动机、价值观以及对商品供求和销售方式的敏感程度等多维变量。在数字时代，互联网成为聚集相同兴趣和目的用户的理想平台，尤其是通过社交媒体和在线社区。社区论坛不仅吸引网络用户参与互动，还为他们提供了表达意见和分享经验的空间。通过分析这些社区的参与者，企业能够深入了解潜在消费者的需求，并利用有针对性的市场策略来优化产品和服务。此外，企业可通过自建社区增强客户黏性，获取及时反馈，进而提升用户体验和品牌忠诚度。

3.1.4.1 消费者心理细分应考虑的因素

1) 社会阶层

不同社会阶层的消费者因所处的社会环境和成长背景的差异，其兴趣和偏好显著不同。这种差异直接影响他们对产品或服务的需求。

2) 生活方式

消费者所选择的商品往往反映其生活方式，品牌经营者可以利用这一点进行市场细分。例如，大众汽车公司根据消费者的价值观和生活方式，将其划分为循规蹈矩的消费者和汽车爱好者，以更好地满足不同群体的需求。

3) 个性

个性是消费者心理特征的重要体现，不同个性消费者的兴趣和偏好各异。在选择品牌时，消费者不仅理性地评估产品的实用功能，还会在情感上考虑品牌所传达的个性。品牌个性与消费者自我认同的契合度越高，消费者选择该品牌的可能性就越大。随着个性化营销和定制化服务的兴起，品牌需要更加关注如何与消费者建立情感联系。

3.1.4.2 消费者心理细分的主要内容

1) 生活方式细分

生活方式指个体在成长过程中，在与社会各种要素相互作用下表现出的活动兴趣和态度模式。不同文化、社会阶层和职业背景的人群具有各异的生活方式，因此对产品的需求也各不相同。在现代市场营销实践中，越来越多的企业开始根据消费者的生活方式进行市场细分，并为不同群体设计个性化的产品和营销组合策略。

2) 个性细分

企业可依据消费者的个性特征进行市场细分，并设计具有品牌个性的产品，以吸引具有相似个性的消费者。当企业的品牌与其他竞争品牌在产品功能上差异不大，而市场细分又不明显时，个性细分策略尤为有效。

3) 购买动机细分

购买动机是引发购买行为的内在驱动力。常见的购买动机包括求实心理、求安心理、喜新心理、爱美心理、地位心理和名牌心理等。消费者的不同购买动机会导致多样化的购买行为。企业应针对不同动机的消费者，突出产品的相关特性，并设计相应的市场营销策略，以提升经营效果。

4) 购买态度细分

企业可以依据消费者对产品的购买态度来细分消费者市场，消费者对产品的态度通常包括热爱、肯定、不感兴趣、否定和敌对五种类型。对于持有不同态度的消费者群，企业应当采取相应的市场营销策略，以提高市场反应效率。

了解消费者的心理统计信息对网络营销人员至关重要，可以更好地满足消费者的需求。例如，不同地区的消费者在网页设计和网络购物体验上有不同的偏好。研究显示，日本用户倾向于严肃和专业的网站设计，而欧美商务网站则更青睐简洁的风格。此外，消费者的购物态度也因心理特征而异。例如，乐观的高收入者在网上购物的比例显著高于其他群体，而低收入且悲观的人群在网络购物中的参与度较低，因此，后者可能并非网络营销企业的理想目标市场。

3.1.5 行为细分市场

行为细分是企业依据消费者购买或使用某种产品的行为模式，对市场进行划分的方法。这种细分考虑的变量包括购买时机、消费者所追求的利益、使用情况、使用率、品牌忠诚度、购买阶段以及对产品的态度等。

3.1.5.1 按消费者市场细分

按照消费者进入市场的程度，可以将消费者分为经常购买者、初次购买者和潜在购买者等不同群体。

3.1.5.2 按消费数量细分

根据消费数量，企业可以将经常购买者进一步细分为大量用户、中量用户和少量用户。

3.1.5.3 按品牌偏好细分

消费者可以被划分为单一品牌忠诚者、多品牌忠诚者和无品牌偏好者。

3.1.5.4 按其他行为特征细分

根据网民的上网时间及其他行为特征，美国著名的互联网数据分析公司 Com Score 和麦肯锡公司将网络市场划分为以下六个用户细分市场。

1) 简单者

这一群体寻求端对端的便利服务，希望生活更加舒适和高效。该细分市场的用户群致力于追求端到端的便利服务，旨在通过数字化手段提升生活舒适度和效率。他们是长期的互联网用户，在线购买量占所有在线交易的 50%，平均每周上网时间达到 7 小时。针对此类用户，提供直观易用、高效整合的服务界面成为关键。

2) 探索者

此类用户的网页浏览频次显著高于平均水平，约为普通用户的四倍，他们热衷于探索网络世界的新奇体验。为了赢得这部分用户的忠诚度，企业网站需不断在界面设计、功能特性、产品与服务分类上实施创新策略，构建具有鲜明辨识度和卓越用户体验的网络品牌形象。

3) 连接者

这些消费者寻找互联网的使用契机，主要通过即时通信、在线聊天及电子邮件等方式维持社交联系。因此，吸引并维持此类用户活跃度的策略应侧重于强化离线市场推广与线上社区建设，促进用户间的深度互动与平台黏性。

4）交易者

该细分市场的用户在网络上的停留时间相对较短，他们进行交易时十分理性，企业网站需要同时满足他们的理性需求和情感需求，才能有效吸引他们完成交易。如通过提供详尽的产品信息、灵活的支付选项及优质的售后服务成功吸引此类用户。

5）信息追踪者

此类用户专注于在线搜寻新闻资讯与财经动态，对特定领域的信息有着深度且持久的需求，往往花费大量时间浏览相关网站。他们高度重视信息的准确性、时效性与深度，因此，提供权威、及时且全面的内容成为吸引并保留此类用户的关键。

6）娱乐运动者

该用户群体倾向于访问色彩鲜明、内容刺激的体育与娱乐类网站。为吸引并转化这部分用户，提供免费注册入口与高质量内容预览成为有效策略，同时，通过精心策划的付费内容与服务升级路径，可以显著提升用户转化率与忠诚度，实现商业价值的最大化。

在网络营销的背景下，网络用户的行为习惯成为重要的市场细分依据。网络营销人员可以根据用户的上网场所、网络接入速度、使用设备、在线时长和关注的行业进行行为细分。此外，结合网络用户的地理特征和心理特征，企业可以更深入地理解目标市场，优化广告投放和产品推荐。例如，通过数据分析和用户画像，企业能够识别出高活跃度用户，并有针对性地推送个性化内容，提高转化率和用户满意度。

3.2 网络目标市场选择

3.2.1 网络目标市场的概念

网络目标市场，也叫网络目标消费群体，是企业商品和服务在互联网中的核心销售对象。对目标市场进行分析和精准定位，是数字营销策划的关键一步。一个具有吸引力的在线目标市场应具备可通过互联网实现高效触达的特性，并具备足够规模且持续增长的潜力，同时具备较高的转化潜力与收益。只有在明确网络服务对象的前提下，企业才能更好地发挥其专业优势，制定精准、有效的网络营销策略。

企业选择网络目标市场是基于细致的网络市场细分完成的。只有通过科学的方法与细分原则，企业才能够准确划分市场，并从中选取最符合品牌特质及业务需求的市场服务，以实现最佳的资源投入与市场效果。

3.2.2 网络目标市场模式选择

对不同细分市场进行评估后，企业需对进入哪些市场以及服务多少个细分市场做出决策。选择目标市场，即明确企业应服务的用户类型及满足的需求，是营销活动中的关键策略之一。目标市场是企业在进行市场细分后，选择的特定子市场，企业通过相应的产品和服务来满足这些市场的需求。一般来说，企业可选择的网络目标市场模式包括五种，如图3-4所示。

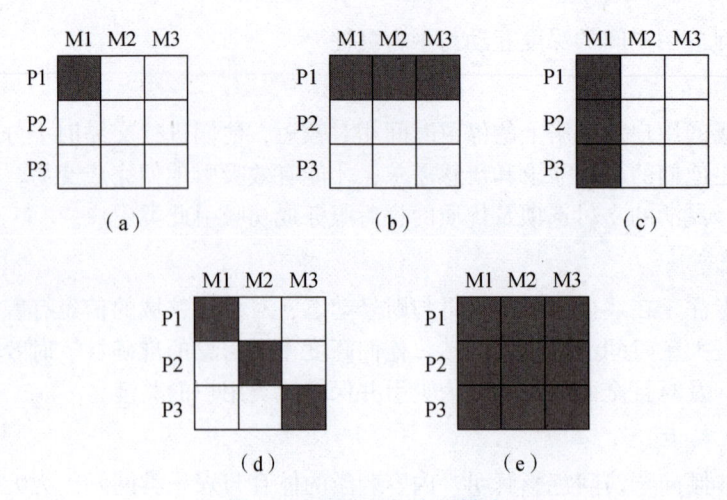

图 3-4　网络目标市场模式

3.2.2.1　单一市场集中

企业选择一个细分市场集中营销是最简单的方式。例如，大众汽车通过聚焦小汽车市场，实施密集营销，已在该细分市场建立了稳固的品牌地位。对于合适的细分市场，此策略可带来较高回报，但密集市场营销比一般情况风险更大。

3.2.2.2　产品专门化

企业集中生产特定产品并将其销售给不同客户群体。例如显微镜生产商向大学实验室、政府实验室和企业实验室供应显微镜。企业向不同的顾客群体销售不同种类的显微镜，而不去生产实验室可能需要的其他仪器。通过此策略，企业能在某类产品上积累口碑和专业声誉。然而，若该产品被创新技术替代，企业则面临风险，产生危机。

3.2.2.3　市场专门化

企业为特定客户群体的多样化需求提供产品和服务。例如，企业向大学实验室提供显微镜、示波器、化学烧瓶等产品，从而在该细分市场获得较高声誉，并成为该顾客群体所需各种新产品的代理商。但此策略的风险在于，若目标市场的预算削减或需求变化，企业的收益会受到影响。例如，如果大学实验室突然削减经费预算，减少购买仪器的数量，企业就会产生危机。

3.2.2.4　选择性专门化

企业选择若干个具有盈利潜力的细分市场，其中每个细分市场都符合企业目标，但各市场之间无明显关联。此模式可分散企业风险，避免单一市场的过度依赖，即使一个细分市场表现不佳，企业依然可以通过其他市场获得收益。

3.2.2.5　完全覆盖市场

完全覆盖市场是指企业用多种产品覆盖多个细分市场，满足不同客户群体需求。通常只有拥有丰富资源和强大生产能力的大企业能够执行这一策略，例如 IBM 在计算机市场、通用汽车在汽车市场以及可口可乐在饮料市场的全覆盖模式。

3.3 网络营销市场策略

3.3.1 无差异市场营销策略

无差异市场营销策略（以下简称无差异策略），也称为大众推式营销，是指企业将整个市场视为一个目标市场，采用一种通用的营销策略以吸引最大范围的潜在客户群体。无差异市场营销策略专注于消费者需求的共性，忽略个体差异性，常用于大众化消费品的推广。随着数字化和个性化营销技术的发展，这种策略多见于品牌知名度较高、市场覆盖面较广的企业，通常以互联网平台为主要推广渠道。例如，门户网站主页的横幅广告意在覆盖大量网民，增加品牌曝光度。然而，由于高额的投入成本和覆盖面需求，初创企业或细分市场的产品不建议采用此策略。

3.3.2 差异化市场营销策略

差异化市场营销策略（以下简称差异化策略）是将整体市场划分为若干细分市场，针对每一细分市场制定一套独立的营销方案。例如，可口可乐公司是实行差异化营销的典型，它的碳酸饮料有多个品牌，有经典口味的"可口可乐"，针对低热量需求的"健怡可乐"，无糖但接近经典口味的"零度可乐"等。果味饮料方面有"芬达"，提供橙味、葡萄味等不同口味；柠檬味饮料有"雪碧"，受到年轻消费者的喜爱。此外，可口可乐在纯净水领域推出"达沙尼"，果汁饮料有"美汁源"，运动饮料有"宝矿力水特"等。

技术的发展、行业的垂直分工，以及信息的公开性、及时性，致使越来越多的产品出现同质化时，寻求差异化市场营销已成为企业生存与发展的一件必备武器。

3.3.2.1 产品差异化

产品差异化是指产品的特征、性能、式样和设计等方面的差异。产品的核心价值是基本相同的，所不同的是在性能和质量上，在满足顾客基本需求的前提下，为顾客提供独特的产品是差异化战略追求的目标。企业实施差异化策略可从以下两个方面着手：

1）特征

产品特征是指对产品基本功能给予补充的特点。大多数产品都通过特征创新来实现差异化，企业通常基于核心功能，通过添加新元素或创新包装，推出更符合市场需求的新产品。我国饮料行业在产品创新方面采用了此策略，例如，农夫山泉的"有点甜"矿泉水、农夫果园的"混合"果汁及"喝前摇一摇"、康师傅的"每日 C 果汁"、汇源果汁的"真鲜橙"等，均在消费者心中留下了鲜明的特征印象。这表明，产品特征是企业实现差异化和增强市场竞争力的重要工具之一。

2）式样

式样是指产品给予购买者的视觉效果和感受。例如，小米推出的"米家冰箱"系列中，风格设计根据不同市场的需求呈现出简约现代、科技感强的北欧风和适合小户型的多功能布局，以满足不同用户的审美偏好。再如，饮料品牌元气森林在包装上采用简洁的白色调搭配透明瓶身，辅以时新的字体和色块设计，传递健康与时尚的理念。而在开瓶设计上，一些品牌如维他奶等推出了更便捷的旋盖式包装，方便消费者随时开启饮用。

3.3.2.2 服务差异化

服务差异化是指企业向目标市场提供与竞争者不同的优质服务,尤其是在难以突出有形产品差异的情况下,服务的数量和质量往往成为竞争成功的关键。区分服务水平的主要因素包括配送、安装、用户培训、咨询、维修等。例如,苹果公司在其零售店提供了"天才吧"服务,方便用户在购买设备后获得技术支持、维修以及使用指导,创造了独特的客户体验。再如,小米公司以"用户参与"的服务理念闻名,开设线上社区,直接倾听用户反馈,从产品升级到售后维护都注重用户体验,形成了良好的口碑。此外,京东在电商行业中通过提供快捷的物流配送和全天候客服支持,也赢得了用户信赖。这些服务理念不仅提升了品牌形象,还增强了用户对品牌的忠诚度。

3.3.2.3 形象差异化

形象差异化是指通过塑造独特的与竞争对手不同的产品形象、企业形象和品牌形象来获得竞争优势。形象代表着公众对产品和企业的认知与感受,其塑造工具包括名称、颜色、标志、标语、品牌活动等。例如,以颜色为品牌标识,小米的橙色标志和华为的红色标志在消费者心目中形成了鲜明的品牌联想。

差异化市场营销策略的核心在于积极主动地寻找市场空白点,选择目标市场,挖掘消费者尚未满足的个性化需求。企业可以通过开发产品新功能或为品牌注入新的价值,提升市场竞争力,从而在细分市场中站稳脚跟。

差异化市场营销策略的优势在于小批量、多品种的灵活生产,能够针对特定消费群体进行精准投放,从而更好地满足多样化需求,促进产品销售。通过这种策略,企业不仅能够满足不同消费者的需求,还能更好地挖掘各细分市场的潜力,从而扩大市场占有率,提高企业竞争力。此外,差异化市场营销策略中的多样化广告投放、多渠道分销、多种市场调研成本和管理成本等,为小企业设立了进入壁垒,因此,差异化市场营销策略更适合财力雄厚、技术实力强、产品质量高的企业。

不过,差异化市场营销策略也存在不足之处,主要体现在两方面:一是营销和生产成本较高,由于通常采用小批量生产,单位产品成本相对上升,削弱了经济性;二是可能导致企业资源分散,难以集中优势打造"拳头产品",甚至引发企业内部资源争夺,影响整体竞争力。

3.3.3 集中性市场营销策略

集中性市场营销策略,也称为微型市场营销策略或个性化市场定位,是指企业集中资源进入一个或少数几个细分市场,实行专业化生产和销售,力求在一个或几个子市场上占有较大份额。随着互联网的发展,个性化市场定位逐渐成为主流趋势。例如星巴克咖啡在实施集中性市场营销策略时,注重在目标市场中的品牌推广和口碑建设。通过在繁华商业区和人流量多的地方开设门店,提高品牌曝光度。同时,借助社交媒体和线上平台进行精准营销,吸引目标客户。星巴克咖啡注重提供优质的服务体验,从店面装修、饮品制作到员工服务,都体现出专业和细致。这使得消费者在享受高品质咖啡的同时,也获得了舒适和愉悦的消费体验。同时,通过与艺术家、设计师等合作,推出限量版周边产品,增强品牌独特性和吸引力。通过实施集中性市场营销策略,星巴克咖啡在目标市场中建立了强大的品牌影响力和忠诚度。业绩持续增长,市场份额不断扩大,成为全球知名的咖啡品牌之一。

3.4 网络市场的定位策略

3.4.1 市场定位的含义

市场定位，是指通过分析所选定网络目标市场上的竞争态势和自身优势，为自己的产品创造一定特色，塑造并树立一定的市场形象，从而在目标客户心中形成持久的偏好。如泡泡玛特的创始人王宁在意识到传统的玩具市场已经无法满足年轻消费者对个性和艺术的追求时，决定推出一种新型的玩具——潮玩盲盒。泡泡玛特的盲盒设计融合了多种艺术风格和设计理念，每个盲盒都藏着一款独特的潮玩，消费者在打开盒子的瞬间，体验到"惊喜"的乐趣。这种随机性让消费者在购买时不仅获得了一个玩具，更是一次冒险和探索的旅程。消费者被精美的外观和独特的角色设计所吸引，各角色凭借其可爱的形象和背后的故事迅速俘获了大众的心。消费者在购买潮玩盲盒的同时，感受到品牌的文化和价值。这种策略成功地将泡泡玛特塑造成了一种时尚潮流的象征，盲盒市场迅速扩大，并在2020年成功上市，成为中国潮流玩具的领导者。这个案例说明了市场定位并不仅涉及产品本身的调整，而且涉及企业在潜在消费者心目中的塑造和认知。市场定位的实质是明确本企业与竞争对手之间的区别，使消费者能够清晰感知这种差异，进而在他们心中占据一个独特的位置。

3.4.2 市场定位的步骤

网络营销市场定位的关键是企业设法找出自身比竞争者更具有竞争优势的特性。竞争优势通常有两种基本类型：一是价格竞争优势，即在相同条件下能够提供比竞争者定出更低的价格；二是偏好竞争优势，即通过提供独特的特色来满足客户的特定偏好。因此，企业可以通过以下三个步骤来实现有效的市场定位：

3.4.2.1 分析网络目标市场的现状，确认本企业潜在竞争优势

这一步骤的核心任务是回答三个关键问题：
(1) 竞争对手的产品定位是什么？
(2) 目标市场的客户需求是什么？
(3) 企业应采取何种行动？

为解答这些问题，市场营销团队需要运用多种调研方法，系统地收集、分析并报告相关数据与研究结果。通过这些信息，企业能够明确自身的潜在竞争优势所在。

3.4.2.2 准确选择竞争优势，初步定位目标市场

竞争优势是企业在竞争中胜过对手的能力，这种能力可以是现有的，也可以是潜在的。选择竞争优势实际上是一个企业与竞争者各方面实力对比的过程。通常，企业需要分析并比较自身与竞争对手在经营管理、技术开发、采购、生产、市场营销、财务和产品等多个维度的优势与劣势，从中识别出最适合自身的优势，初步确定企业在目标市场上所处的位置。

3.4.2.3 展示独特竞争优势并进行重新定位

企业应通过一系列的宣传与促销活动,将其独特的竞争优势准确有效地传达给潜在客户。首先,企业需要确保目标客户了解并认同其市场定位。其次,通过持续的努力强化品牌形象,加深目标客户的情感连接,从而巩固与市场一致的形象。最后,企业应及时调整与市场定位不符的形象,以确保品牌认知的一致性。

3.4.3 市场定位的策略

市场定位策略是企业为了在目标消费者心中树立独特且有价值的位置而采取的一系列行动和决策。通过明确的市场定位策略,企业能够精准地传达其产品或服务的核心价值,满足特定消费群体的需求,从而在激烈的市场竞争中脱颖而出。这一策略不仅关乎产品或服务的特性、价格、渠道和促销方式的选择,更在于如何构建与消费者之间的情感连接,确保品牌在市场中的独特性和竞争力。

3.4.3.1 竞争定位策略

竞争定位策略又称针锋相对定位策略,是指企业选择在目标市场上与现有的竞争者接近或重合的市场定位,要与竞争对手争夺同一目标市场的消费者。实行这种定位策略的企业,必须具备以下条件:能比竞争者生产出更好的产品;该市场容量足以吸纳两个以上竞争者的产品;比竞争者有更多的资源和更强的实力。例如,美国可口可乐与百事可乐是两家以生产、销售碳酸型饮料为主的大型企业。第二次世界大战后,百事可乐采取了针锋相对的策略,将自己置身于与可口可乐的直接竞争中,这一独特的市场定位促进了百事可乐的迅速发展。半个多世纪以来,这两家公司为争夺市场展开了激烈竞争,而他们也都将相互间的激烈竞争作为促进自身发展的动力及最好的广告宣传。通过这场旷日持久的饮料大战,可乐饮料引起了越来越多消费者的关注,双方都从中获益,双方都是赢家。

3.4.3.2 填空补缺式定位策略

填空补缺式定位策略,也称为避强定位策略,是指企业主动避开与强势竞争者的直接竞争,寻找尚未被占领的新市场进行定位。填空补缺式定位策略在行业中有广泛应用,例如,在旅游行业中,一些旅行社针对特定消费群体(如年轻人、家庭游客等)推出了个性化的旅游产品和服务;在教育行业中,一些在线教育平台针对特定学科或技能提供了专业化的在线课程和培训服务;在零售行业中,一些实体店或电商平台针对特定消费者需求(如环保、有机、定制等)推出了相应的产品和服务。这些案例表明,填空补缺式定位策略可以帮助企业发现并利用市场上的空缺机会,推出符合消费者需求的新产品或服务,从而赢得市场份额和竞争优势。

3.4.3.3 另辟蹊径式定位策略

在企业意识到自己难以与强大的竞争者抗衡时,采取另辟蹊径式定位策略是明智之举。这种策略旨在突出自身独特的特色,以在某些重要产品属性上获得相对优势。例如小米手机,作为小米科技旗下的主打产品,自2011年发布首款智能手机以来,便以其独特的定位策略迅速在智能手机市场中崭露头角。面对由苹果、三星等国际品牌主导的高端市场,以及众多中低端市场的激烈竞争,小米手机选择了一条既不同于传统高端品牌,也不同于低端市场的道路——将自己定位为高性价比的科技潮品。这一定位不仅体现在产品的外观设计上，更体现在产品的技术创新上。小米手机不断推出新技术、新功能，如全球首创的 MIUI 系统、全球首款搭载高通骁龙 800 系列处理器的手机等，这些创新使得小米手机在消费者心中树立了科技前沿、时尚潮流的形象。小米手机的定位策略取得了显著成效。在短短几年内，小米手机便从一个新兴品牌成长为全球知名的智能手机品牌。其市场份额不断攀升，用户数量持续增长。同时，小米手机还带动了整个小米生态链的发展，使得小米科技成为一家拥有多元化业务、强大创新能力和广泛影响力的科技公司。

3.4.3.4 重新定位策略

重新定位策略是指企业对已经上市的产品进行再定位，旨在改变目标消费者对原有产品的印象，建立新的认知。通常，这种策略用于帮助企业摆脱困境，重新获取市场增长与活力。例如，王老吉最初以"中药凉茶"的定位进入市场。然而，消费者普遍认为"药"是无须也不能经常饮用的，这限制了王老吉的市场需求。基于此，王老吉重新定位，它跳出药茶行业，赋予自己"预防上火的饮料"的新定位。这一定位既保留了凉茶降火的传统观念，又避免了消费者对"药"的抵触心理。通过这一重新定位策略，王老吉成功地从一个小众的中药凉茶品牌转变为一个广受欢迎的饮料品牌，市场份额和品牌影响力均得到显著提升。此案例表明，重新定位策略是企业应对市场变化、提升竞争力的有效手段。然而，成功的重新定位需要企业深入了解消费者需求、准确把握市场趋势，并制定相应的产品、服务和营销策略。

3.4.4 产品定位方法

3.4.4.1 产品定位方法的定义

产品定位方法是指企业根据市场需求、竞争态势和自身资源能力，确定产品在目标市场中的独特位置和价值主张的过程。这通常需要深入了解消费者需求、分析竞争对手、明确产品特点和优势，以及制定有针对性的营销策略，以确保产品在市场中具有差异化和竞争力。

3.4.4.2 产品定位方法的种类

1) 特色定位法

特色定位法是指根据特定的产品属性来定位。产品属性既包括制造该产品时所采用的技术、设备、生产流程及产品的功能等，也包括与该产品有关的原料、产地和历史等因素。例如，龙井茶、瑞士表等都是以产地及相关因素定位，而一些名贵中成药的定位则充分体现了原料、秘方和特种工艺的结合。

2) 利益定位法

利益定位法是指根据需要满足的需求或所提供的利益来定位。这里的利益包括顾客购买产品时追求的利益和购买企业产品时能获得的附加利益，产品本身的属性及消费者获得的利益能使人们体会到它的定位。如大众车"气派"，丰田车"经济可靠"，沃尔沃车"耐用"，而奔驰是"高贵、王者、显赫、至尊"的象征，奔驰的电视广告中较出名的广告词是"世界元首使用最多的车"。

3) 用途定位法

用途定位法是指根据产品使用场合及用途来定位。例如，"金嗓子喉宝"专门用来保护嗓子，"丹参滴丸"专门用来防治心脏疾病。为老产品找到一种新用途，是为该产品创造定位的好方法。各种品牌的香水，在定位上也往往不同，有的定位于雅致的、富有的、时髦的妇女，有的定位于追求时尚的青年人。

4) 使用者定位法

使用者定位法是指根据使用者的类型来定位。企业常常试图把某些产品推荐给适当的使用者（即某个细分市场），以便根据该细分市场的看法塑造恰当的形象。如金利来领带的定位语是"金利来领带，男人的世界"。金利来领带这句定位语明确地将产品定位为男性专属，并传达出领带是男性身份和品位的象征。这种定位方法成功地吸引了目标消费者——男性顾客，并使他们将金利来领带与男性魅力、成功和优雅等概念联系起来。

5) 竞争定位法

竞争定位法是指根据竞争者来定位。例如在美国汽车租赁市场中，赫兹（Hertz）公司长期占据领先地位，安飞士（Avis）租车公司作为市场追随者，面临着巨大的竞争压力。安飞士租车公司采用了针对特定竞争者的定位策略，直接挑战赫兹公司的市场地位。安飞士公司打出了"因为我们名列第二，所以必须更努力"的广告口号，这一口号不仅表明了安飞士公司的市场地位，还传达了公司更加努力、更加专注的服务态度。这一竞争定位策略成功地提升了安飞士公司的品牌形象和市场知名度。消费者开始认识到安飞士公司是一个更加努力、更加专注的汽车租赁公司，从而增加了对安飞士公司的信任和忠诚度。

6) 档次定位法

不同的产品在消费者心目中按价值高低有不同的档次，对比较关心产品质量和价格的消费者来说，选择在质量和价格上的定位也是突出本企业形象的好方法。企业可以采用"优质高价"定位，例如，劳力士表的价格高达几万元人民币，也从不降价，是财富与地位的象征。拥有它，无异于暗示自己是一名成功的人士。

7) 形状定位法

形状定位法是指根据产品的形式、状态定位。这里的形状既可以是产品的全部，也可以是产品的一部分，如"白加黑"感冒药、"大大"泡泡糖都是以产品本身表现出来的形式特征为定位点，打响了其市场竞争的第一炮。

8) 消费者定位法

消费者定位法是指按照产品与某类消费者的生活形态和生活方式的关联来定位。以劳斯莱斯为例，它不仅是一种交通工具，而且是英国富豪生活的一种标志。110多年来，劳斯莱斯公司出产的劳斯莱斯豪华轿车总共才几十万辆。

9) 感情定位法

感情定位法是指运用产品直接或间接地冲击消费者的感情体验而进行定位。例如，"田田口服液"以"田田珍珠，温柔女性"为主题来体现其诉求和承诺，因"田田"这一品牌名称隐含"自然、清纯、迷人、温柔"的感情形象，其感情形象的价值迅速通过"温柔女性"转为对"女性心理"的深层冲击，从而获得了市场商机。

10) 文化定位法

将某种文化内涵注入产品之中，形成文化上的品牌差异，称为文化定位法。文化定位法可以使品牌形象更具特色。例如，万宝路引入"男性文化"因素，改换代表热烈、勇敢和功名的红色包装；用粗体黑字来描画名称，表现出阳刚、含蓄和庄重；并让结实粗犷的牛仔担任万宝路的形象大使，强调"万宝路的男性世界"。通过不断塑造、强化健壮的男子汉形象，终于使万宝路香烟的销售和品牌价值位居世界香烟排名榜首。

11）附加定位法

通过加强服务树立和加强品牌形象，称为附加定位法。对于生产性企业而言，附加定位法需要借助于生产实体形成诉求点，从而提升产品的价值；对于非生产性企业来说，附加定位可以直接形成诉求点。例如，"海尔真诚到永远"是海尔公司一句响彻全球的口号。

市场定位实际上是一种竞争策略，是企业在市场上寻求和创造竞争优势的手段，要根据企业及产品的特点、竞争者及目标市场消费需求特征加以选择。在实际营销策划中，往往是多种方法结合使用。

3.5 网络市场调研

3.5.1 网络市场调研概述

网络市场调研为企业提供了一条有效的沟通渠道，使得客户、供应商与营销人员之间能够进行深入的交流与互动。通过互联网进行市场调研，企业能够收集来自全球范围内与自身或其产品相关的信息，帮助识别和确定潜在的营销机会与挑战。此过程不仅有助于优化和评估企业的营销活动，还能提高对营销绩效的监控，同时加强客户关系管理，促进老客户的留存与对新客户的吸引，从而拓展产品的销售市场。无论是传统的市场调研还是网络市场调研，其步骤大致相似。调研的流程通常包括以下几步：

首先，设计收集信息的方法；其次，管理并实施信息收集过程，收集到数据资料后进行分析，获得结论；最后，分析所得结论及其意义。

简单地说，市场调研是指对与营销决策相关的数据进行计划、收集和分析，并将结果有效传达给管理层的过程。它主要是针对特定营销环境进行简单调研设计、收集资料和初步分析的活动，为企业产品的市场研究提供全面和系统的数据资料。

3.5.1.1 网络市场调研的含义

传统市场调研是指市场调研人员运用科学的方法，针对特定用户群体，亲自深入市场进行系统且有目的的信息收集、整理、分析与研究。这些信息主要涉及消费者的需求、购买动机、行为及其对产品的使用反馈等，从而为企业提出有针对性的解决方案，作为营销决策的重要依据。通过市场调研，企业的营销管理人员能够对影响市场供求和市场趋势的各类因素做出正确的判断。然而，传统的市场调研虽是企业了解市场的重要手段，但逐渐暴露出局限性。例如，它受时间和空间的制约，过程耗时且人力物力成本高昂。随着网络技术的飞速发展及其用户数量的不断增加，越来越多的企业开始转向网络进行市场调研。网络作为信息交流的平台，具有开放性、自由性、平等性、广泛性和直接性等特征，使得网络市场调研展现出传统市场调研所不具备的一些独特优势和特点。

在当今网络与传统商业业务不断融合的背景下，国内外越来越多的网络服务商和市场研究机构纷纷进入网络市场调研领域。我国的网络市场调研始于21世纪90年代，当时

"零点调研"与"搜狐网"达成合作，他们每两周在互联网上发布一期在线调研，并公布相关结果，开创了我国网络市场调研的先河。1997年11月，在当时最流行的搜索引擎和免费电子邮箱的宣传和帮助下，我国互联网信息中心成功完成了首次大型在线调研。随后每半年发布一次关于我国互联网用户现状的调研报告。2000年后，各个大型网站如新浪、网易等纷纷推出网络市场调研，随后各种专业的市场调研网站（如21世纪网上市场调研、博大网上市场调研、中国315网等）也相继涌现，标志着网络市场调研逐渐成为衡量大型网站实力的重要标准。

网络市场调研（Web-base Survey）又称联机市场调研（Online Survey），是指以互联网为手段，针对特定营销环境进行各种以市场调研为目的的活动。即通过网络进行有系统、有计划、有组织地收集、调研、记录、整理、分析与产品、劳务有关的市场数据信息，客观地测定、评价现在市场及潜在市场，获取竞争对手的资料，摸清目标市场的营销环境，为经营者细分市场、识别消费者的需求和确定营销目标提供相对准确的决策依据，提高企业网络营销的效用和效率。

与传统市场调研类似，网络市场调研主要有两种方式：第一种方式是在互联网上进行在线问卷调研，收集原始数据资料；第二种方式是使用互联网的媒介功能，从互联网上搜索收集二手数据资料。由于越来越多的企业、学校和政府机构等建立了自己的门户网站，且传统媒体如报纸、杂志、电视等也逐渐转向网络，互联网犹如信息的海洋，蕴含着丰富的信息资源。因此，网络市场调研的关键在于如何有效发现和挖掘有价值的市场信息，以提高企业营销决策的准确性和有效性。

与传统市场调研相似，网络市场调研同样具有描述、诊断和预测三种基本功能。第一种功能是描述功能，是指收集信息并陈述事实，以揭示各种情况，例如某企业产品的消费趋势和消费者对产品及其服务的看法。第二种功能是诊断功能，即对信息进行解释，以理解事实，例如产品包装的改变对销售的影响，以及如何改进产品外形或服务以更好地满足顾客需求。第三种功能是预测功能，涉及对未来销售趋势的预估，以帮助企业制定相应的营销策略。

3.5.1.2 网络市场调研的重要性

进行网络市场调研，从中发现消费者需求动向，从而为企业细分市场提供依据，是企业开展市场营销的重要内容，其重要性具体如下：

1) **有助于企业改进产品或服务质量，提高客户满意度**

在当今竞争激烈的商业环境中，企业如果忽视产品或服务质量的提升，将难以获得成功，甚至可能无法立足。因此，提升产品或服务质量和顾客满意度已成为现代企业竞争中的关键问题之一。全球众多企业已经普遍实施了改进产品或服务质量和顾客满意度的计划，旨在降低成本、留住老顾客并吸引新顾客，从而增加市场份额和改善盈利状况。然而，企业在追求产品或服务质量时，往往以自身为导向，这对顾客来说可能并没有实际意义。这种对顾客毫无意义的高质量产品或服务，通常不会带来销售额、利润或市场份额的增长，反而可能导致资源的浪费。通过实施网络市场调研，企业能够准确获取顾客对产品或服务的反馈和建议，这些可以促使企业进行有针对性的改进，提升产品或服务实际质量，从而有效提高顾客满意度。

2）有助于企业留住老客户、吸引新客户

依据上文所述，网上市场调研可以帮助企业提高顾客满意度，而顾客满意与顾客忠诚之间存在一种必然的联系。这种联系不是自然产生的，它根植于企业传递的产品或服务的价值。成功留住老客户并吸引新客户将为企业带来可观的回报，客户的重复购买和推荐行为能够显著提升企业的收入和市场份额。这样，企业能够减少在获取新客户上的资金和精力投入，从而降低运营成本。同时，随着顾客忠诚度的提升，员工在工作中也会获得更多的满足感和成就感，这反过来又提高了员工的留存率。员工在企业的工作时间越长，积累的相关知识和经验越多，生产效率也随之提高。这一系列正向循环的效果犹如连锁反应。

根据贝恩公司（Bain Company）的研究，顾客流失率下降5%能够使企业的利润提高25%～95%。因此，企业留住老客户并吸引新客户的能力建立在对顾客需求的深入了解基础上，而这种了解的主要来源正是通过网络市场调研获取的相关数据。

3）有助于企业管理人员做出正确而有效的决策

通过网络市场调研，企业管理者能够深入了解市场状况，发现并利用潜在的市场机会。例如，一家蛋糕店计划推出几款新型蛋糕时，营销经理可以考虑提供相应的优惠券，以吸引顾客尝试这些新产品。然而，这就引出了一个问题，这些优惠券应当派发给哪些顾客？将优惠券直接提供给那些喜欢蛋糕且最有可能使用它们的顾客，将会提高营销推广的效果。接下来的问题是，哪些类型的顾客更可能大量使用优惠券？哪些顾客又是偶尔使用者？这些群体是否存在可识别的特征？这些问题都可以通过网络市场调研得到解答，从而帮助企业做出更为精准的营销决策。

4）有助于企业开拓新的市场

网络市场调研还可以帮助企业识别消费者潜在的、尚未满足的需求。通过分析现有产品和营销策略对消费者需求的满足程度，企业可以不断开拓新的市场。随着网络营销环境的变化，消费者的消费动机和行为也可能发生变化，这为企业带来了新的机会与挑战。因此，企业需依据调研结果及时调整发展方向，确保在竞争中保持优势。随着网络技术和信息技术的迅速发展，传统市场调研逐渐暴露出其局限性。无论采用哪种传统调研方法，企业往往需要投入大量的人力和物力。若调研范围较小，企业难以全面掌握市场信息；若调研范围过大，则耗费的时间和费用也会显著增加。此外，传统调研方法通常使被调研者处于被动地位。一方面，企业难以针对不同消费者设计个性化问卷；另一方面，参与者按照企业设计的问卷回答时，往往无法充分表达自己的意识和欲望。因此，许多消费者对企业的调研缺乏积极配合，甚至选择置之不理。

3.5.1.3 网络市场调研的优势和不足

相较之下，网络市场调研利用互联网作为信息沟通的平台，充分发挥了互联网的开放性、自由性、平等性和广泛性。这些特性赋予网络市场调研与传统调研方法显著不同的优势。网络市场调研相较于传统市场调研，具备许多独特的优势，同时也面临一些自身和外部环境的限制。

1）网络市场调研的优势

（1）不受时空和地域的限制。网络市场调研可以在全球范围内同时进行，无论时空和地域条件如何，均能轻松实现。例如，澳大利亚的市场调研公司曾在中国与多家高流量网

站联合进行"1999 中国网络公民在线调研活动",如果采用传统方式进行如此大规模的调研,难度可想而知。

(2) 方便快捷、费用低廉。传统市场调研通常周期较长,而网络市场调研利用全球互联网的覆盖优势,大大缩短了调研时间。通过网络和电子邮件,企业能快速获取反馈,节省了传统市场调研中所需的大量人力和物力资源。信息采集、录入和处理等环节均可通过用户的终端自动完成,显著提升了效率。

(3) 调研结果的客观性和有效性强。网络市场调研所获取的数据来源于主动填写问卷的网民,表明他们对公司产品有一定的兴趣。所以这种基于顾客和潜在顾客的市场调研结果是客观和真实的,能够真实反映消费者的心态和市场趋势。此外,网民在轻松的氛围中填写问卷,往往能获得更高质量的反馈,而计算机自动化的复核和检验也确保了数据准确性和公正性。

(4) 应用多媒体技术,开辟全新调研方式。随着多媒体技术的发展,网络市场调研的视觉效果得到了显著提升。互联网的图文和超文本特性可用于展示产品或服务内容,声音和视频的融入也使得调研更具吸引力。尤其是在面向儿童和青少年时,通过生动的多媒体内容提高他们的参与意愿,例如,莱维·施特劳斯公司在调研青少年对服装流行趋势的看法时,利用了娱乐性的设计供他们回答问题间隙的休息时使用。

(5) 便于数据统计和分析。网络市场调研简化了数据处理过程,网民直接以电子格式输入信息到数据库,减少了数据录入中的错误和遗漏。使用预先编制的软件,企业能够快速完成标准化的统计分析。在某些简单的网上市场调研中,参与者甚至可以随时查询初步结果,例如某企业面向全球网民在网上征询公司的徽标,网民可以实时投票并查看投票结果。

2) 网络市场调研的不足

尽管网络市场调研具备诸多优势,但由于其起步较晚以及互联网环境的某些限制,目前仍存在一些不足之处。

(1) 调研对象受限。虽然互联网普及率在不断提高,但网络市场调研仍面临调研对象受限的问题,尤其是对于特定群体如老年人和低收入人群。这些群体的上网频率和使用熟练度普遍较低,导致难以获取有效数据,从而影响样本的代表性。此外,地域差异也是一个重要因素,偏远或农村地区的网络覆盖和接入能力有限,使得调研结果无法准确反映全国范围内的消费趋势。

(2) 互联网完全性较差。从互联网诞生之日起,其安全问题就与之俱来,随着互联网在全世界的飞速发展和广泛应用,这一问题越来越严重。现在互联网安全性问题依然是网络市场调研面临的一大挑战,包括数据泄露、黑客攻击和恶意软件等。这些安全隐患不仅威胁到企业存储的调研数据的完整性和保密性,而且可能影响参与者对调研的信任。当潜在参与者了解到曾经发生过的数据泄露事件时,他们可能会对填写问卷或提供个人信息产生顾虑,从而降低参与的积极性。此外,黑客攻击和网络病毒的泛滥也可能导致调研过程中的信息丢失或篡改,使得最终得到的数据不再可靠。

(3) 调研样本难限制。网络市场调研可能导致无限制样本的问题,即任何人均可填写问卷,且存在重复填写的现象。这会严重影响调研数据的准确性。例如,一些杂志社调研重复投票而导致结果失真,使得调研工作无法顺利进行。因此,对数据进行分析和验证显得尤为重要。

（4）缺乏相应的法律及管理规定，存在合法性和安全性问题。网上市场调研的合法性主要涉及调研内容和方法的合规性。目前，尽管一些国家和地区已经出台了针对数据保护和隐私的法律，如欧盟的《通用数据保护条例》（GDPR），但在实际操作中，许多调研活动仍缺乏相关部门的认证和监督。这种缺乏认证的状态可能导致被访者在提供个人信息时产生顾虑，进而影响参与的积极性。此外网络安全问题依然突出，包括黑客入侵、数据丢失和信息泄露等风险，这些都可能对企业造成严重的财务损失和声誉损害。

3.5.1.3 网络市场调研的类型

按照问题的性质，网络市场调研大体上可以分为探索性调研和结论性调研两种类型，结论性调研又可以分为描述性调研和因果调研两种类型，如图3-5所示。

1) 探索性调研

探索性调研是为了阐明并确定某个问题的特性而进行的初始调研，其主要目标是针对研究人员所面临的问题提出看法与见解，重点是发现观点和启示。当需要更加准确地定义问题，确定相关的行动方案，或者在提出研究方法之前考虑得更加周到时，就需要进行探索性调研。一般来讲，探索性研究可以加深对概念的理解，或使某一问题更加具体化，而不是提供精确的衡量标准或定量某个问题，也不是提供做出决策的总结性证据。从方法上来看，探索性调研很少采用结构化的问卷、大样本以及概率抽样方法，但研究人员要善于捕捉探索性调研所产生的新想法和新观点。例如某饮料制造商面临销量下降的问题，可以进行探索性调研来找出原因；某电子企业准备向市场推出新产品，需要进行探索性调研来评估消费者的反应；等等。

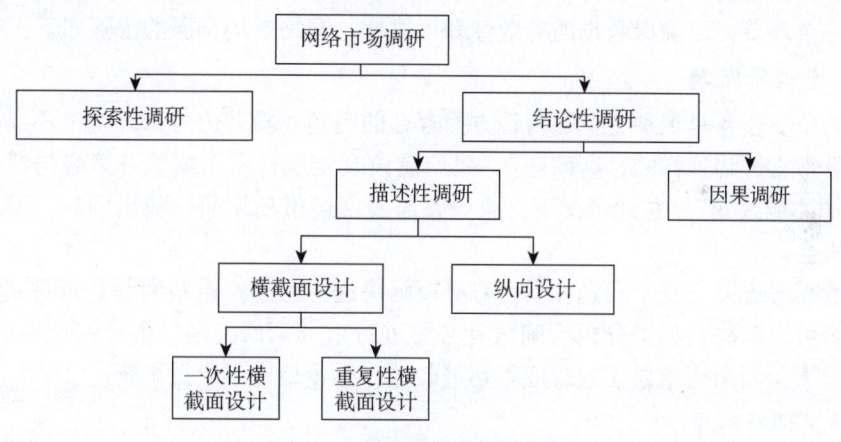

图3-5 网络市场调研的类型

2) 结论性调研

结论性调研就是正式进行调研，并通过资料分析提出结论。与探索性调研不同的是，它更加正式和结构化，建立在有代表性的大样本的基础上，所得到的数据倾向于定量分析。结论性调研分为描述性调研与因果调研。

（1）描述性调研。描述性调研是为了描述总体或现象的属性而设计的调研，即通过市场信息的收集和分析，对事物进行描述，通常是描述市场功能和特征，如描述消费者、销售人员、市场区域的特征，判断消费者对产品特征的感知等，比探索性调研更深入、更仔细。它以调研人员对调研问题状况的清楚了解为前提，以大量代表性的样本的调研为基础，决定各种类型问题的答案，如谁、什么、什么时候、什么地方以及怎么样等问题。例如对软饮料消费者的年龄、性别、地理位置的趋势调研就属于描述性调研。描述性调研有助于进行市场分割和寻找目标市场，经常用来揭示购物或其他消费者行为的属性，可以应用在以决策为目的的调研方面。

（2）因果调研。因果调研是指为了查明项目不同要素之间的关系，以及导致产生一定现象的原因所进行的调研，其主要目的就是要找出关联现象或变量之间的因果关系。通过因果调研，可以清楚外界因素的变化对项目进展的影响程度，以及项目决策变动与反应的灵敏性，具有一定程度的动态性。描述性调研可以说明某些现象或变量之间相互关联，但要说明某个变量是否引起或决定着其他变量的变化，就需用因果调研。

3.5.2 网络市场调研的步骤和方法

在传统市场调研中，原始数据的收集是一项繁杂且耗时的工作，通常需要市场调研人员进行实地调研。这些原始数据具有直观、具体和零散的特点，其客观性和准确性直接影响市场调研的结果。然而，随着互联网技术的发展，网络市场调研不仅充分借鉴了传统市场调研的理论和方法，还发展出了一系列新的调研手段和方法。

3.5.2.1 网络市场调研的步骤

网络市场调研是企业通过互联网收集原始市场数据的重要手段。与传统市场调研相似，网络市场调研同样需要按照一定的阶段或步骤进行。然而，在网络市场调研过程中，由于受到多种因素的影响，调研结果可能会出现较大的偏差。因此，企业必须重视网络市场调研每一个环节，以确保数据的有效性和可靠性。网络市场调研的步骤如下：

1) 确定调研问题

调研的首要任务是识别企业在营销方面存在的问题。随着内外部环境的不断变化，营销管理人员常常面临这样的一些问题："我们应该改变现行营销或服务策略吗？"如果是，那么"怎样才能改变"？在此情况下，企业就需要通过市场调研，找出问题，发现和评估新的市场机会。

本阶段需考虑以下三个问题：是否有必要解决这些问题？这些问题是否真实存在？这些问题是否可以解决？如果分析后确认有必要进行市场调研，则可继续实施调研。相反，在某些情况下，如调研结果无效或成本超过收益，企业最好不要做调研。

2) 确定调研对象

企业需要考虑调研对象是否为网民，以及网民中是否存在目标群体，并评估其规模。只有在有效的调研对象足够多时，网络市场调研才能得出有意义的结论。例如，当前我国网民以中青年为主，如果调研对象主要是中青年，则网络市场调研非常有效；但若调研对象主要是老年人，考虑采用传统调研方式更合适。确定调研对象后，企业可通过互联网直接与他们沟通，了解顾客真实需求及对产品或服务的满意度，收集顾客对其产品或服务提出的意见和建议，从而改进产品或服务。

3) 确定调研方法

常见的网上调研方法包括网上问卷调查法、网上实验法和网上观察法等。网上问卷调查法是最常用的方法。企业应根据调研内容的不同，选择一种或多种相结合的调研方法，以确保收集到有效数据。

4）确定调研方式

调研方式可以多样，例如，企业以邮件形式将问卷发送给调研对象，或者企业可将调研问卷直接放到网站上，然后等待被调研对象自行访问或接受调研。因此，为吸引访问者参与调研，并提高其参与的积极性，企业可向其提供免费礼品、调研报告等。此外，企业必须向被调研者承诺，任何有关个人隐私的信息不会被泄露和传播。

5）分析调研结果

在收集到调研对象反馈的问卷数据后，下一步是进行数据的统计分析，以得出相关结论。这一环节是网络市场调研的关键，与传统市场调研结果分析类似，需尽量剔除无效问卷。这就要求调研者对大量收回的问卷进行综合分析和验证，并分析未完成问卷的原因，了解造成这种情况的原因，例如调研对象是否感到厌烦、网络断线或失去耐心等。

6）撰写调研报告

网络市场调研的最后一步是撰写调研报告，这是调研成果的体现。调研人员需要向企业管理层提交结论和建议。调研报告的内容应基于对调研结果的分析，系统地说明调研数据和结论，并对相关结论进行深入探讨。

3.5.2.2 网络调研的方法

网络市场调研主要有以下三种分类方法：依据调研的方法不同，网络市场调研法可分为网络问卷调研法、网络实验法和网络观察法，常用的方法是网络问卷调研法。依据调研者组织调研样本的行为，网络市场调研可以分为主动调研法和被动调研法两种。主动调研法是指调研者主动组织调研样本以完成统计调研，这种方法通常涉及定向的问卷或实验设计；被动调研法是指调研者被动地等待调研样本造访，完成统计调研的方法。此方法通常依赖于用户自愿参与，例如在网站上发布的问卷。这种新兴的被动调研法反映了互联网调研的灵活性；依据调研采用的技术不同，可分为 Email 问卷法、站点法、随机 IP 法和交互式电脑辅助电话访谈法（CATI）等。本节在介绍网络问卷调研法的基础上再简单介绍几种常用的调研法。

网络问卷调研法是调研机构在网上发布问卷，且被调研者通过互联网主动参与调研的一种调研方法。网络问卷调研一般有两种途径：第一种是将调研问卷放置在 Web 站点上，等待访问者来填写问卷。此种方式的优点是被访者是自愿参与调研，调研结果具有一定的可靠性；其缺点是无法核对被访者的身份资料。第二种是以邮件形式将问卷发送给被调研者，被调研者完成问卷后将结果以邮件形式返回给调研机构。这种方式的好处是，可以有选择性地调研被访者，缺点是容易遭到被访问者的反感，有侵犯个人隐私之嫌。因此，采用此方法时，企业应事先获得被调研者的同意，并尽量让他们感到舒适。同时，提供一定的补偿措施，如抽奖或赠送小礼品，可以提高参与率并减轻被访者的抵触情绪。

1）设计网络问卷应注意的问题

采用网络问卷调研时，问卷设计的质量直接影响调研效果。对设计不合理的网络市场调研问卷，网民可能拒绝参与调研，更谈不上调研效果了。因此，在设计网络问卷时，应注意以下问题：

（1）明确调研主旨。为引起被调研者的重视并吸引其兴趣，首先应在问卷开头清晰说明调研的目的和意义，以引起被调研者的重视并吸引他们的兴趣。同时，应确定调研对象，充分考虑他们的特征和心理特点，提出相关问题以增强问卷的针对性。

（2）问卷表述清晰。设计问卷时，所有问题应简明扼要，避免偏见或误导，同时使用容易理解的语言，避免晦涩和歧义的表述。每道题应只涉及一个问题，以免使被访者在选择时感到困惑。例如，避免将多个问题合并成一题，如"你觉得什么样的包装既美观又吸引你？"应分成两个问题。

（3）问卷简单易答。设计调研问卷，应遵循问题简单且易答，否则让被调研者难以回答。例如，某个网上问卷调研中的一个问题是：如果您是专线上网用户，平均有几人共同使用该上网计算机？您拥有几台专线上网计算机？这样的问题就让人难以回答，对于许多公司来说，公司发展较快，无论是员工数还是联网计算机数，都在不断发生变化，除了公司的网络管理员及相关负责人之外，很少有人知道具体数目，那这样的问题就很难得到准确的反馈信息。对于这些问题，如果一定要出现在问卷中，应该给人以其他选择的方式，如增加一项可选内容"不清楚"以降低被访者的心理负担。

（4）题数适量。互联网的信息非常丰富，被调研者不可能耗费太多时间来回答问卷。因此，问卷中应设置合理数量的问题，控制答卷时间，从而提高问卷回复的完整性和有效性，问卷完成时间应设计在10分钟内答完为宜。问题应该描述清晰，可有可无的问题或没有多大实际意义的问题不应出现在问卷中。

（5）题型为选择题。设计网络问卷最好全是选择题，除了特殊的问题需要被调研者录入文字来回答外，尽可能让被调研者点击鼠标来选择，尽量减少要求被调研者输入信息回答，避免被调研者的厌烦。如中国互联网信息中心在进行调研时，绝大部分问题都是选择题，选择题可以是单选或多选题。这就要求设计问卷时必须对调研问题有足够的了解，否则可选择项过少或者区分不清楚，就会失去调研的意义。

（6）应保护被调研者的个人隐私。设计问卷应注意保护被调研者的个人隐私。无论是东方国家还是西方国家，一些有关个人隐私的问题切忌出现在问卷中，否则被调研者一般会拒绝回答。如个人的具体年龄、个人收入、个人最害怕的事等敏感性的问题。由于网络信息传播速度非常迅速，网民的信息一旦被他人掌握，很容易受到侵犯和骚扰。因此，网民在上网时要特别注意保护自己的隐私信息。

（7）采取激励措施，尽可能吸引网民参与。由于被调研者的数量对调研结果的可信度至关重要，因此调研机构应采取适当的激励措施，尽可能吸引网民参与调研。譬如，若参与调研，则给被调研者适当的奖励。同时，在问卷中应突出"您的意见或建议对我们很重要"，让被调研者感觉参与的重要性，有助于提高问卷回收率。此外，可在网上开展宣传推广，必要时还可和访问量大的网站合作。

（8）调研问卷中附加多媒体背景资料。在网络调研问卷中，附加多种形式的媒体背景资料，可以是文字、图形图像和声音，这是其一大特色。网络市场调研时，调研机构应充分利用这一特点。例如，对调研问卷中的某个指标附加图形、图像资料。

（9）问卷分层设计。由于网络市场调研凭借互联网交互机制的特点，可采用传统调研无法实施的方式，即调研问卷分层设计。这种方式适合过滤性的调研活动，因为有些特定问题只限于一部分调研者，可以借助层次过滤，寻找合适的被访者。

2)发布网络问卷的方式

(1)使用邮件发布调研问卷。目前,网络调研问卷通常通过电子邮件发布。此方式的主要优点在于其方便快捷和低成本。然而,缺点也很明显,这种形式限制了调研问题的数量,且调研结果需要人工录入,这可能会耗费大量时间。因此,对于被调研者数量较少且问题数量有限的情况,邮件发布是可行的选择;但如果参与者众多或问卷较为复杂,基于Web的方式发布问卷通常更为合适。

(2)基于Web方式发布问卷。基于Web的方式是在网站上直接发布调研问卷,网民自愿参与。此方式的优点在于可以利用多媒体元素(如不同字体、色彩、图像和音频)来增强问卷的可读性和互动性,同时可根据被调研者的回答自动跳转至相关问题。然而,该方法要求调研人员具备良好的计算机知识和编程技能,因此企业通常会选择将问卷设计和发布外包给专业的市场调研机构。

(3)外包给专业的调研机构。将网络市场调研外包给专业调研机构,可以为企业提供专业的数据跟踪与分析等服务。其优点显而易见,由于本企业网站的访问量有限,不能满足网络市场调研的需要,而专业调研机构在门户网站或专业网站里设置问卷,能获取大量潜在被访者参与调研。缺点在于如果通过电子邮件进行调研,企业需要向调研机构提供被调研者的电子邮件地址,但被调研者的邮件地址对于企业来说是一项重要的资产。因此,企业应谨慎处理这些数据,确保被调研者的数据库保留在企业的控制之下,以保护用户隐私和数据安全。

3)提高网络问卷调研的质量

提高网络问卷调研质量的关键点在于怎样才能最大限度地激励被调研者如实地填写调研问卷。为了激励被调研者更好地完成调研问卷,调研者通常采取以下几种方法:

(1)适当的物质奖励。这是一种最为常见的方法。譬如被调研者若完成调研问卷,则给予其奖品或抽奖机会。据统计分析,这样通常能够提高调研问卷17%的合格率。

(2)承诺保护被调研者的隐私问题。问卷中有些数据属于隐私,譬如被调研者的姓名、年龄、收入、电话、邮件等数据,企业应承诺保护这些数据不外泄。

(3)调研前的准备。在进行调研前,企业可以在小范围内进行调研,用以测试问卷中是否在措辞或是其他方面不够准确、达意的地方,若发现问题,则解决好问题,然后再将问卷放到网上进行市场调研,以确保调研的质量。

(4)调研后的总结。网络调研结束后,对收集到的数据详细地进行统计分析,获得调研结果。无论结果是否存在不合理之处或是完全的批评、指责,企业都应客观看待结果,并从顾客角度出发,改善企业的产品或服务质量。

除了前面讲的网络问卷调研法,下面再介绍其他几种调研法:

①站点法。站点法是指调研机构将调研问卷以HTML(超文本标记语言)文件的形式,将其附加在一个或几个网络的Web站点上,然后由浏览这些站点的网民在此Web站点上参与调研的方法。这种方法属于被动调研法,是目前网络市场调研的常用基本方法,尤其在近期的市场调研中得到了广泛应用。

②Email问卷法。Email问卷法是指通过电子邮件发送简单的调研问卷,采用随机抽样的方式请被调研者反馈其答案。有专门的程序进行问卷准备、列制Email地址和收集数据。这种方式具有较强的定量分析价值。若调研样本较为全面,可将调研结果用以推论研

究总体，适用于对特定群体网民的多方面的行为模式、消费规模、网络广告效果及消费心理特征等进行研究。

③随机 IP 法。随机 IP 法是指使用计算机随机产生一批 IP 地址作为抽样样本，然后进行调研的方法。随机 IP 法属于主动调研法，其理论基础是随机抽样。利用该方法可以进行纯随机抽样，也可以依据一定的标志排队进行分层抽样和分段抽样。

④网上观察法。网上观察法是指使用相关软件观察和监测网民对网站的访问情况及其网上的行为。具体来说，相关软件能够记录网民浏览网页的内容、点击的时间，记录网民在网上看过哪些商品，也能够记录不同商品的点击率、广告的点击率、文字信息的点击率等观察数据。此外，网站还可以对本站的注册会员和经常浏览本站的 IP 地址的记录进行分析，掌握网民上网的时间，了解他们的兴趣、爱好，更好地为本网站的登录者提供更适合他们需要的信息和服务。这些观察记录可以帮助企业了解消费者的需求、产品偏好和购买时间，使企业及时改进商品和服务。网上观察法属于主动调研法。

⑤网络信息检索法。网络信息检索法，是指利用各种网络信息检索工具直接从网上查找、收集调研问题所需信息资料的方法。此方法类似于传统市场调研中的二手资料调研方法。由于互联网上的信息极其丰富，其信息量远超任何传统媒体所涵盖的信息，因此，这种方法能获得较为详细、全面的信息资料，它是网上市场调研中最常用的方法之一。网络信息检索法属于主动调研法。

⑥CATI 法。CATI 法，即交互式电脑辅助电话访谈法，是中心控制电话访谈的"电脑化"形式，目前它在美国十分流行。调研机构自己或请人编写一种程序，用以在 CATI 上设计问卷结构并在网站上进行传输。网站服务器可设在调研机构中，调研机构也可租用有 CATI 装置的单位。网站服务器直接与数据库连接，通过网站，将被访者的反馈信息直接储存到数据库里，然后再对数据库里收集的信息进行统计分析。交互式 CATI 系统能够进行良好抽样及对 CATI 程序进行管理，也能对数据进行检验，对于不合理的数据，系统要求被访者重新输入。它为网上 CATI 调研的使用者提供了一条方便快捷的路径。万事万物都具有两面性，网上 CATI 系统产品是为电话—屏幕访谈设计的，被访者的屏幕格式受到限制。此外，CATI 语言技术不能显示互联网调研在图片播放等方面的优势，加之其设备投入与软件购买费用极高，因此在我国一直没有发展起来。

3.5.2.3　网络调研的常用工具

网络调研常用的工具包括在线问卷平台（如问卷星等）、社交媒体分析工具（如微博数据中心等）、网络观察工具（用于收集特定网站数据）以及数据分析软件（如 Excel、SPSS 等）。这些工具能够帮助调研人员高效地设计问卷、收集和分析来自互联网的大量数据，从而深入了解目标市场、消费者行为及趋势。网络调研常用的工具包括以下几类：

1) 在线问卷平台

在线问卷工具是现代市场调研中不可或缺的工具，主要用于高效收集和分析消费者反馈。它们能够迅速设计、分发和管理问卷，大幅提高数据收集的效率，同时降低成本。通过自动化的数据分析功能，企业可以实时生成报告，快速理解调研结果，以便及时调整策略。在线问卷工具还允许灵活地设计问卷，支持多种题型和逻辑设置，便于根据不同目标群体制定调研方案。同时，它们也便于通过社交媒体和电子邮件等渠道进行分享，扩大调研覆盖面。在安全性方面，许多工具提供数据加密和隐私保护，增强用户信任感，提高参与率。例如腾讯问卷、问卷网等。

2) **数据挖掘与分析软件**

数据挖掘与分析软件主要用于处理和分析收集到的数据，以提取有价值的见解。它们提供强大的统计分析功能，帮助企业进行复杂的数据处理，如回归分析、方差分析和数据建模，从而得出科学结论。这些软件通常具备良好的数据可视化能力，能够将复杂的数据转化为易于理解的图表和仪表盘，帮助决策者快速识别市场趋势和消费者行为模式。通过简化数据整理和分析过程，数据挖掘与分析软件不仅提高了分析的效率，还增强了结果的准确性，支持企业做出数据驱动的决策。主要包括 SPSS、Excel 等工具。

3) **社交媒体分析工具**

社交媒体分析工具用于监测和分析消费者在社交平台上的行为和反馈。这些工具能够帮助企业实时跟踪品牌声誉，识别消费者对产品和服务的看法，从而及时发现市场趋势和潜在危机。通过社交聆听功能，企业可以获取用户的情感分析，深入了解消费者的需求和偏好，为市场策略的制定提供依据。此外，社交媒体分析工具还支持竞争对手监测，帮助企业评估自身在市场中的位置，优化品牌营销效果。例如腾讯云舆情监测、智库助手、飞瓜数据等。

4) **网络观察工具**

网络观察工具在市场调研中扮演着关键角色，用于监测和分析用户在网站上的行为，从而帮助企业优化用户体验和营销策略。这些工具能够追踪访问者的行为，分析流量来源，并提供直观的数据可视化。通过热图和录屏功能，企业可以深入了解用户如何与网站互动，从而提升转化率。主要的网络观察工具包括百度统计、谷歌分析等。

3.5.2.4　网络调研抽样技术

网络调研抽样技术是指在网络环境中，利用互联网和社交媒体平台，从总体（如网络用户、网页、数据等）中按照一定方法抽取一部分样本，并通过对这些样本的分析和研究来推断或预测总体特征或行为的一种技术。常用的抽样方法包括随机抽样（如简单随机抽样、分层抽样、系统抽样等）和非随机抽样（如任意抽样、判断抽样、配额抽样等），研究者可根据具体研究问题和目的选择合适的抽样方法。

1) **随机抽样**

随机抽样是一种基本的抽样方法，在这种方法中，每个个体被选择的概率相等，确保样本具有良好的代表性。这种方法通过随机选择样本，消除了选择偏差，使得样本能够真实反映总体的特征。简单随机抽样通常利用随机数字生成器或抽签的方式选取样本。

2) **分层抽样**

分层抽样将总体划分为若干个互不重叠的子群体（层），然后从每一层中随机抽取样本。这种方法的主要目的是确保各个层次在样本中都有代表性，从而提高样本准确性和可靠性。分层抽样特别适用于总体中具有明显特征差异的情况，例如年龄、性别、地区等。通过在每个层中进行随机抽样，研究者能够更好地反映不同群体的观点和行为，从而获得更全面的市场调研结果。分层抽样通常可以减少抽样误差，使得研究结果更具可信度。

3) **系统抽样**

在系统抽样这种方法中，研究者首先随机选择一个样本的起始点，然后按照固定的间隔从总体中抽取样本。例如，若从一个包含 1 000 个个体的总体中每隔 10 个个体抽取一个样本，则选择的样本将包括第 1、11、21 个个体等。系统抽样的优点在于操作简便，适合大规模调研，并且在许多情况下能够有效减少选择偏差。然而，研究者需要确保总体中的个体顺序不具有周期性，以避免系统抽样导致的偏差。通过这种方法，研究者能够在节省时间和成本的同时，获得具有一定代表性的样本。

4) 便利抽样

便利抽样是一种非概率抽样方法，研究者根据容易接触到的个体进行样本选择。这种方法的主要优点在于操作简单、成本低廉，适合初步调研或探索性调研。然而，由于样本的选择不具有随机性，便利抽样可能导致样本偏差，无法充分代表总体的特征。因此，研究结果的普遍性和可靠性往往受到限制。便利抽样常用于时间紧迫或资源有限的情况，但研究者需要对结果的局限性保持谨慎。

5) 雪球抽样

雪球抽样是一种非概率抽样方法，主要用于难以接触或数量较少的特定群体。该方法通过已有的参与者推荐其他潜在参与者，从而形成一个不断扩展的样本"雪球"。研究者首先选择一些符合研究标准的个体，然后请他们推荐其他相关个体，这样逐步扩大样本范围。雪球抽样的优点在于能够有效接触特定群体，如少数族裔、专业人士或特定兴趣团体等，适合进行定性研究或探索性研究。然而，由于样本选择的非随机性，可能导致样本偏差，研究结果的代表性和普遍性需谨慎对待。

6) 目的抽样

目的抽样是一种非概率抽样方法，研究者根据特定的标准和目标选择样本，以确保所收集的数据能够提供对研究问题的重要见解。这种方法适用于探索性研究或需要深入理解特定现象的情况，例如针对特定用户群体、专家或具备特定特征的个体进行调研。目的抽样的优点在于能够聚焦于对研究有关键价值的样本，但由于样本选择的不随机性，可能导致结果的普遍性受到限制。因此，研究者在使用目的抽样时需要对结果的局限性保持警觉，并结合其他方法进行验证。

3.5.3 网络市场调研问卷的设计

3.5.3.1 网络市场调研问卷的类型

网络市场调研问卷（以下简称问卷）的类型可以从不同的角度进行划分，按问题答案划分，可分为结构式、开放式、半结构式三种；按调研方式划分，可分为访问问卷和自填问卷；按问卷用途划分，可分为甄别问卷、调研问卷和回访问卷。

1) 按问题答案划分

按问题答案划分，问卷可分为结构式、开放式、半结构式三种基本类型。结构式问卷也称为封闭式或闭口式问卷，这种问卷的答案由研究者事先设定，参与者只需从中选择一个答案进行填写，简单明了，易于统计分析。开放式问卷也称为开口式问卷，这种问卷不设定固定答案，允许参与者自由表达其意见和观点，能够收集到更丰富的定性信息，但数据分析较为复杂。半结构式问卷介于结构式和开放式之间，部分问题有固定答案，部分问题则允许参与者自由发挥。这种类型的问卷结合了两者的优点，在实际调研中应用广泛。

2) 按调研方式划分

按调研方式划分，问卷可分为访问问卷和自填问卷。访问问卷是由访问员通过面对面或电话采访等方式填写；自填问卷由被访者自行填写，进一步分为发送问卷和邮寄问卷。发送问卷是由调研员直接将问卷送到被访者手中并回收；邮寄问卷是由调研单位邮寄给被访者，被访者填写后再邮寄回调研单位。

这几种调研形式的特点是：访问问卷的优点是回收率高、数据可靠性强，但成本较高、耗时较长，通常要求回收率在80%以上；邮寄问卷的回收率一般较低，通常在50%左右，且过程难以控制，可信度和有效性较低；发送式自填问卷的回收率介于两者之间，通常要求在67%以上。

3) 按问卷用途划分

按问卷用途划分，问卷可分为甄别问卷、调研问卷和回访问卷（复核问卷）。甄别问卷是为了保证调研的被访者确实是调研产品的目标消费者而设计的一组问题。它一般包括对个体自然状态变量的排除、对产品适用性的排除、对产品使用频率的排除、对产品评价有特殊影响状态的排除和对调研拒绝的排除五个方面。对个体自然状态的排除主要是为了甄别被访者的自然状态是否符合产品的目标市场。主要的自然状态变量包括年龄、性别、文化程度、收入等。调研问卷是问卷调研最基本的方面，也是研究的主体形式。任何调查，可以没有甄别问卷，也可以没有回访问卷，但是必须有调研问卷，它是分析的基础。回访问卷又称复核问卷，是指为了检查调研员是否按照访问要求进行调研而设计的一种监督形式问卷。它由卷首语、甄别问卷的所有问题和调研问卷中的一些关键性问题所组成。

3.5.3.2 网络市场调研问卷的结构和内容

网络市场调研问卷是一种通过互联网平台发布的，旨在系统性地收集目标受众关于特定产品或服务、市场趋势、消费者偏好等信息的调查工具，通过精心设计的问题集合，帮助企业或研究机构了解市场需求、竞争态势及消费者行为，为制定决策提供数据支持。问卷的一般结构有标题、说明、主体、编码号、致谢语和实施记录等。

1) 标题

每份问卷都有一个研究主题。研究者应首先确定一个题目，反映这个研究主题，使人一目了然，增强被调查者的兴趣和责任感。如《中国互联网络发展状况及趋势调研》这个标题，把调研对象和调研的中心内容和盘托出，十分鲜明。

2) 说明

问卷前面应有一个说明。这个说明可以是一封告调研对象的信，也可以是指导语，说明此次调研的目的和意义、填答问卷的要求和注意事项，同时署上调研单位名称和年月。说明的长短由内容决定，但尽量简短扼要，务必删除废话和不实之词（如虚张声势、夸大其词一类的话）。

3) 主体

主体是研究主题的具体化，是问卷的核心部分。问题和答案是问卷的主体。从形式上看，问题可分为开放式和封闭式两种。从内容上看，问题可分为事实性问题、意见性问题、断定性问题、假设性问题和敏感性问题等。

（1）事实性问题。事实性问题要求调研对象回答有关的事实情况，如姓名、性别、出生年月、文化程度、职业、工龄、民族、宗教信仰、家庭成员、经济收入、闲暇时间安排和行为举止等。

（2）意见性问题。在问卷中，往往会询问调研对象一些有关意见或态度的问题。例如，您是否喜欢××电视频道的节目。意见性问题调研实际上是态度调研问卷。

（3）断定性问题。断定性问题指假定某个调研对象在某个问题上确有其行为或态度，继续就其另一些行为或态度做进一步的了解。这种问题由两个或两个以上的问题相互衔接构成，又叫转折性问题。

（4）假设性问题。假设性问题指假定某种情况已经发生，了解调研对象将采取什么行为或什么态度。

（5）敏感性问题。敏感性问题，是指涉及个人社会地位、政治声誉，不为一般社会道德和法纪所允许的行为以及私生活等方面的问题。被调研者总是企图回避这类问题，很难得到真实的答复。欲要了解这些情况，调研者需要变换提问方式或采取其他调研方法。

4）编码号

编码号并不是所有问卷都需要的项目。规模较大又需要运用电子计算机统计分析的调查，要求所有的资料数量化，与此相适应的问卷就要增加一项编码号内容。也就是在问卷主体内容的右边统一留下空白，按顺序编上 1、2、3……的号码（中间用一条竖线分开），用以填写答案的代码。整个问卷有多少种答案，就要有多少个编码号。如果一个问题有一个答案，就占用一个编码号；如果一个问题有 3 种答案，则需要占用 3 个编码号。答案的代码由研究者核对后填写在编码号右边的横线上。

5）致谢语

为了表示对调研对象真诚合作的谢意，研究者应当在问卷的末端写上"感谢您的真诚合作！"或"谢谢您的大力协助！"等。如果在说明中已经有了表示感谢的话，问卷末尾就不必再写。

6）实施记录

实施记录的作用是记录调研的完成情况和需要复查、校订的问题，其格式和要求比较灵活，调研者和校对者均需在上面签写姓名和日期。

以上问卷的基本项目，是要求比较完整的问卷所应有的结构内容。但通常使用的如征询意见及一般调研问卷，其形式可以简单一些，有一个标题、主体和致谢语及调研研究单位即可。

3.5.3.3　网络市场调研问卷设计的注意事项

下面我们从问卷设计的原则、问卷开头的说明、问卷的文字措辞等几个方面来总结一下问卷设计的一些技巧，或者说问卷设计应注意的一些问题。

1）问卷设计的原则

在讲到问卷设计的原则时，人们强调设计内容必须与研究目的相结合，可考虑按不同的变量层次来设计问题，问题要清晰，语言要易懂，要讲究问卷的形式，注意问题之间的转接，同时要注意问题的排列顺序。以下所列举的是一些基本的原则和要求：

（1）思考调研的目标。一开始，调研人员就应该坐下来考虑调研计划（说明要得到什么以及要采用的方法），并列出研究的目标。这将保证调研工作覆盖所有必要之点，并且将产生的一系列粗糙问题，最终转化为更清楚的研究目标。

（2）思考怎样完成访问。完成访问的方法与问卷的设计有关系，例如，在填写问卷时，开放的问题通常收到很少的答复。

（3）思考问卷的信息和说明。每份问卷都需要有信息填写项目，如被访问者的姓名、住址、访问日期和访问人姓名等。此外，每份问卷的开头还需附加一段说明，以便介绍一下此次访问的目的。

（4）思考设计。问卷应有效运用空白部位，使其清晰易读。问卷和回答的选择应按标准格式设计，字体应足够大，便于阅读，应在适当位置留出足够的空白，以便填写未指定的注释。

（5）考虑被访者。问题应以与被访者友好交流的方式设计。调研人员常常决定他们想从调研中得到的东西，可能会出现设计的问题太长，或者提出一些不可能回答的问题等情况。每个设计问卷的人都应设身处地地考虑被访者，设计出便于被访者回答的问卷。

（6）思考问题的次序。问卷中的问题应循序渐进，并且能够轻易地从一个问题转到另一个问题，应按逻辑顺序编组成各个主题。

（7）思考问题的类型。通过合并不同类型的问题可以获得访问中的组织结构，调研人员可以选择开放问题以及不同尺度的封闭问题。

（8）思考问题的同时要思考可能的答案。提出一个问题的全部目的在于获得答案，所以对答案预做思考很重要，可能的答案影响问题的形成。

（9）思考怎样处理数据资料。调研者应该使用一套有适当方法加以分析的编码系统。

（10）思考对访问员的指导。问卷通常由访问员实施，所以需要明白地指导访问员在每一步做什么。这些指导性文字应与正文相区别，用大写字母或者粗体印刷来强调。

2）问卷开头的说明

问卷开头主要包括引言和注释，引言和注释是对问卷情况的说明。引言应包括调研的目的、意义、主要内容、调研的组织单位、调研结果的使用者、保密措施等。其目的在于引起被调研者对填答问卷的重视和兴趣，争取他们对调研给予支持和合作。引言一般非常简短，自填式问卷的开头可以长一些，但一般不宜超过 200 字。

引言中应说明研究者的身份，身份说明可以放在引言的开头或落款处，要写清单位的地址、邮政编码、电话号码等，这样才能体现调研的正规性，消除被调研者的顾虑。

3）问卷的文字措辞

无论哪种问卷，其文字与措辞都十分重要。文字与措辞要求简洁、易懂、不会引起误解，在情绪、理解几个方面都有要求。

（1）多用日常用语，语法要规范，对专门术语必须加以解释。

（2）要避免一句话中使用两个以上的同类概念或双重否定语。

（3）要防止诱导性、暗示性的问题，以免影响受访者的思考。

（4）问及敏感性的问题时要讲究技巧。

（5）行文要浅显易读，要考虑到受访者的知识水准及文化程度，不要超过受访者的领悟能力。

3.5.3.4 影响网络调查问卷有效性的因素

在网络营销调研中，由于多种因素的影响，常常会出现无效问卷，从而影响其准确性与科学性。主要影响因素包括以下几个方面：

1) 指导语含混不清

指导语是对填写问卷的说明和解释，被调研者可从中了解和掌握填写问卷的要求。如果指导语含混不清，可能导致被调研者填写不符合规范的答案，进而使问卷无效，降低有效率。

2) 问卷内容存在偏差

这种偏差包括问题表述不明确、问卷设计上的错误、问题排列不合理和答案设计不合理等。其中，问题表述不明确最容易导致被调研者回答上的错误，如问题含糊、问题提法不妥或问题带有暗示性、问题是被调研者未经历或不知道的等；问卷设计上的错误往往容易造成被调查者在回答上不符合要求，致使问卷无效；问题排列不合理可能会降低被调查者的兴趣，致使他们产生反应倾向与定式心理；设计的答案有交叉、未包容或与问题不协调，也会影响问题回答的真实性。

3) 问卷过于复杂

网络调查问卷应保持适中长度，尽量使用通俗易懂的语言，避免设计过于复杂的问题或过多问题，以免使被调查者感到困惑。

4) 被调查者本身的因素

在调查问卷设计科学合理的情况下，被调查者本身的因素是影响网上调查问卷有效性的关键性因素。影响网络调查问卷有效性的被调查者因素主要有三种：一是被调查者的态度和能力，被调查者如果态度积极，愿意合作，那么他们在填写问卷时往往仔细认真，填写的问卷有效性高；二是被调查者填写问卷时的心理状态会影响问卷的效果，如被调查者由于某些原因思想上有顾虑，在填写问卷时不是按照自己的真实情况来填写，而是依据社会的赞许性来填写；三是被调查者在填写问卷时可能会受到外界因素的干扰，从而影响调查问卷回答的有效性，如填写网络调查问卷时被调查者受他人、网上填写时的不确定性等未知因素的影响。

总之，上述因素都会显著影响网上问卷调查的有效性，进而影响网络市场调研结果的质量。在设计网络调查问卷时，务必避免上述因素，以提高调研的可靠性和有效性。

本章小结

企业通过市场调研分析消费者需求差异，以选择适合的目标市场并进行市场定位。对企业来说，STP战略（市场细分、目标市场选择、市场定位）是核心。本章首先详细阐述了市场细分的原则、方法和步骤，为企业准确识别目标市场提供了理论指导。其次介绍了网络营销市场策略，包括无差异市场营销策略、差异化市场营销策略和集中性市场营销策略等，这些策略有助于企业在竞争激烈的市场中脱颖而出。然后着重讲解了市场定位的含义、步骤、策略以及产品定位方法，这些内容对于企业在目标消费者心中树立独特且有价值的位置至关重要。最后讲述了网络市场调研的类型、方法和步骤等，要求设计问卷时确保问题清晰、结构合理，并重视数据的准确性和可靠性，以支持市场决策。

复习与思考

一、单选题

1. 拼多多的成功主要归功于哪种策略？（　　）
   A. 高价策略　　　　　　　　　　　B. 差异化策略
   C. 低价策略　　　　　　　　　　　D. 无差异策略
2. 市场细分是由哪位美国学者提出的？（　　）
   A. 杰克·特劳特　　　　　　　　　B. 温德尔·史密斯
   C. 菲利普·科特勒　　　　　　　　D. 艾里斯
3. 网络营销市场细分的主要依据是什么？（　　）
   A. 产品品种　　　　　　　　　　　B. 消费者需求差异
   C. 企业资源　　　　　　　　　　　D. 市场竞争态势
4. 在网络营销中，地理细分主要考虑的因素是什么？（　　）
   A. 消费者年龄　　　　　　　　　　B. 消费者职业
   C. 消费者所在地理位置　　　　　　D. 消费者收入水平
5. 心理细分中，根据消费者的什么特征进行市场细分？（　　）
   A. 地理位置　　　　　　　　　　　B. 收入水平
   C. 生活方式和个性特征　　　　　　D. 购买行为
6. 以下哪种网络目标市场模式适合资源有限的小企业？（　　）
   A. 完全覆盖市场　　　　　　　　　B. 单一市场集中
   C. 市场专门化　　　　　　　　　　D. 产品专门化
7. 差异化市场营销策略的核心是什么？（　　）
   A. 降低产品成本　　　　　　　　　B. 提供统一的产品和服务
   C. 满足消费者的共性需求　　　　　D. 针对细分市场提供差异化的产品和服务
8. 以下哪种方法不属于网络市场调研的方法？（　　）
   A. 网络问卷调研法　　　　　　　　B. 电话访谈法
   C. 网络观察法　　　　　　　　　　D. Email 问卷法
9. 在设计网络问卷时，应避免的问题是什么？（　　）
   A. 问题表述清晰　　　　　　　　　B. 使用过于专业的术语
   C. 题数适量　　　　　　　　　　　D. 采取激励措施吸引网民参与
10. 在网络市场调研中，哪种抽样方法能够确保各个层次在样本中都有代表性？（　　）
    A. 简单随机抽样　　　　　　　　　B. 系统抽样
    C. 分层抽样　　　　　　　　　　　D. 便利抽样

二、多选题

1. 以下哪些属于市场细分应遵循的原则？（　　）
   A. 可进入原则　　　　　　　　　　B. 可衡量原则
   C. 可操作性原则　　　　　　　　　D. 可忽略原则
2. 网络营销市场细分的主要方法有哪些？（　　）
   A. 单一因素法　　　　　　　　　　B. 随意因素法

C. 系列因素法 D. 多因素法
3. 以下哪些属于网络目标市场选择的模式？（　　）
A. 单一市场集中 B. 产品专门化
C. 无差异市场 D. 市场专门化
4. 差异化市场营销策略的核心内容包括哪些？（　　）
A. 产品差异化 B. 服务差异化
C. 形象差异化 D. 价格差异化
5. 网络市场调研的类型包括哪些？（　　）
A. 无差异调研 B. 描述性调研
C. 因果调研 D. 探索性调研
6. 在设计网络问卷时，应注意哪些问题？（　　）
A. 明确调研主旨 B. 问卷表述清晰
C. 使用特别专业的术语 D. 题数适量
7. 以下哪些抽样方法属于随机抽样？（　　）
A. 简单随机抽样 B. 分层抽样
C. 系统抽样 D. 便利抽样
8. 产品定位的方法有哪些？（　　）
A. 特色定位法 B. 无差异定位法
C. 用途定位法 D. 利益定位法
9. 网络市场调研的步骤包括哪些？（　　）
A. 确定调研问题 B. 确定调研对象
C. 确定调研方法 D. 确定调研结果
10. 以下哪些属于市场细分的标准？（　　）
A. 地理因素 B. 人口因素
C. 心理因素 D. 行为因素

三、判断题

1. 市场细分是根据产品品种的差异将市场划分为不同的子市场。（　　）
2. 人口细分主要依据消费者的年龄、性别、职业等人口统计特征进行市场划分。
（　　）
3. 无差异市场营销策略适用于所有类型的企业。（　　）
4. 差异化市场营销策略的核心在于提供统一的产品和服务。（　　）
5. 探索性调研主要用于发现观点和启示，而不是提供精确的衡量标准。（　　）
6. 网络问卷调研法是最常用的网络市场调研方法。（　　）
7. 分层抽样能够确保各个层次在样本中都有代表性，提高样本的准确性。（　　）
8. 市场定位是企业确定产品价格的过程。（　　）
9. 网络市场调研的样本量越大，调研结果就越准确。（　　）
10. 市场细分是网络营销战略的第一步，也是制定营销策略的基础。（　　）

四、简答题

1. 什么是市场细分？市场细分在网络营销中有何重要性？
2. 简述网络目标市场选择的几种模式及其适用场景。

3. 网络市场调研相比传统市场调研有哪些优势？

4. 简述差异化市场营销策略的三种主要差异化方式，并分别举例说明每种方式的实际应用。

5. 在进行网络市场调研时，设计有效问卷时需要注意哪些问题？

五、论述题

1. 论述 STP 战略（市场细分、目标市场选择、市场定位）在网络营销中的应用及意义。

2. 结合具体案例，论述网络市场调研在企业网络营销决策中的作用和流程。

六、案例分析题

在移动互联网时代，随着短视频平台的兴起，内容营销成为品牌吸引用户、提升品牌知名度的重要手段。一家专注于高端智能家居产品的品牌"智尚生活"意识到，通过短视频平台进行内容营销，能够有效触达目标消费者，尤其是年轻、追求品质生活的群体。于是，"智尚生活"决定在抖音这一热门短视频平台上开展一系列内容营销活动。

活动准备阶段做的工作有：第一，市场调研。"智尚生活"首先对抖音平台上的智能家居产品相关内容进行调研，分析了目标用户的观看习惯、偏好类型及互动行为。调研发现，用户对智能家居产品的兴趣主要集中在产品功能展示、生活场景应用及科技前沿趋势等方面。第二，内容策划。基于市场调研结果，"智尚生活"策划了一系列短视频内容，包括产品功能演示、智能家居生活场景模拟、科技专家访谈等。内容形式丰富多样，既有短平快的 15 秒短视频，也有深入讲解的 3 分钟长视频，以满足不同用户的观看需求；第三，与 KOL 合作。"智尚生活"与抖音上的知名科技博主、家居达人等 KOL 合作，邀请他们体验并分享"智尚生活"的产品。KOL 们通过自己的账号发布体验视频，吸引大量粉丝的关注和互动。

活动执行阶段做的工作有：第一，内容发布。"智尚生活"按照策划好的内容计划，定期在抖音平台上发布短视频。每条视频都精心制作，确保画面清晰、音质优良，同时配以吸引人的标题和描述。第二，互动推广。在视频发布后，"智尚生活"积极与观众进行互动，回复评论、解答疑问，提高用户参与度。同时，利用抖音的广告投放系统，对目标用户进行精准推送，扩大视频曝光量。第三，数据分析。"智尚生活"对活动期间的各项数据进行实时监控和分析，包括视频观看量、点赞量、评论量、转化率等。根据数据分析结果，及时调整内容策略和推广方式，优化活动效果。

通过一系列内容营销活动，"智尚生活"在抖音平台上获得了极高的关注度和曝光量。视频观看量突破百万次，点赞和评论数量也显著增加。更重要的是，活动直接带动了产品销售，提升了品牌知名度和美誉度。

问题：请结合案例材料中关于网络营销市场定位、市场细分、目标市场选择及网络营销策略的内容，分析"智尚生活"品牌在抖音平台上开展内容营销活动的成功之处，并探讨其未来在网络营销方面可以进一步优化的方向。

参考答案

第4章　网络消费者

> **引导案例**

京东与家电品牌的合作营销

京东与美的、海尔等家电品牌（企业）携手，利用大数据和人工智能技术，对消费者行为进行深度分析，为家电品牌提供精准的用户画像和市场洞察，更好地了解消费者的需求和偏好，从而制定出更加有效的营销策略。同时，京东还通过直播带货、短视频营销等新兴渠道，为家电品牌提供了更多与消费者互动的机会，进一步提升了品牌的知名度和美誉度。

京东与美的、海尔等家电品牌合作，不仅包括简单的商品上架和销售，而且深入到品牌塑造、活动策划、用户互动等多个层面。例如，京东与海尔共同策划的给双胞胎大熊猫庆祝生日的活动，不仅吸引了大量关注大熊猫的粉丝，还巧妙地将海尔品牌与可爱、温馨的形象联系在一起，提升了品牌的亲和力和认知度。而海尔兄弟的跨界新潮服活动，则通过时尚与经典的碰撞，展现了海尔品牌的年轻活力和创新精神，进一步拉近了与年轻消费者的距离。

在欧洲杯期间，京东与家电品牌携手推出的多元体验活动更是将营销推向了新的高度。这些活动不仅为球迷们提供了观看比赛的便捷渠道和丰富互动，还将家电产品与体育赛事紧密结合，通过热门影视IP联动和文旅文化叙事，深化了品牌的情感价值。例如，京东与某家电品牌合作推出的"欧洲杯观赛神器"系列家电产品，不仅满足了球迷们在观赛过程中对舒适、便捷生活的需求，还通过独特的营销创意和故事讲述，让球迷们在享受比赛的同时，也对品牌产生了更深的情感认同。值得一提的是，京东与家电品牌的合作不仅仅停留在营销层面，还深入到了供应链、物流、售后等多个环节。京东通过优化供应链管理，降低了家电品牌的运营成本，提高了库存周转率。同时，京东的物流体系也为家电产品的快速配送和安装提供了有力保障。在售后服务方面，京东与家电品牌共同建立了完善的售后服务体系，为消费者提供了便捷、高效的售后服务体验。

综上所述，京东与美的、海尔等家电品牌的合作营销案例，不仅展现了京东作为电商平台的创新能力和市场洞察力，而且体现了这些家电品牌（企业）对于市场趋势的敏锐把

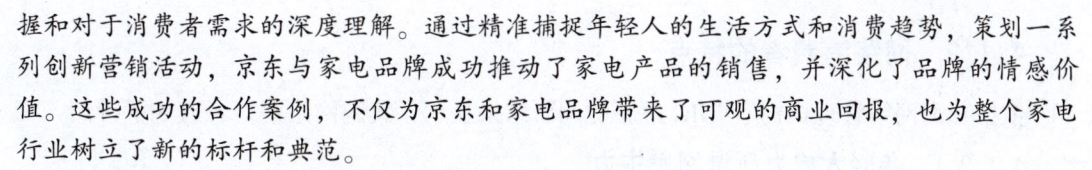

握和对于消费者需求的深度理解。通过精准捕捉年轻人的生活方式和消费趋势，策划一系列创新营销活动，京东与家电品牌成功推动了家电产品的销售，并深化了品牌的情感价值。这些成功的合作案例，不仅为京东和家电品牌带来了可观的商业回报，也为整个家电行业树立了新的标杆和典范。

资料来源：京东及家电品牌官方发布的公开报道。

4.1 网络消费者分析

4.1.1 我国网上顾客分析

4.1.1.1 我国网络用户总数快速增长

根据2024年6月中国互联网络信息中心（CNNIC）发布的《中国互联网络发展状况统计报告》显示，中国网民规模继续呈现持续快速发展的趋势。截至2024年6月底，中国网民数量达到11亿人，互联网普及率达78.0%。中国网民中使用手机上网的比例为99.7%，手机网民规模已达10.96亿人。2024年6月我国的域名总数为3 187万个，其中".cn"为后缀的域名数量为1 956万个。

随着移动互联网和智能设备的普及，人们获取信息和进行线上活动变得更加容易。同时，短视频平台、社交媒体、在线购物和移动支付等数字服务的兴起，也激发了用户对网络的需求，进一步推动了网民数量的增长，各年龄段尤其是年轻人和老年群体逐渐成为新增网民的主要来源。

4.1.1.2 现阶段网民特征及对在线销售的影响

根据2024年6月中国互联网络信息中心（CNNIC）发布的《中国互联网络发展状况统计报告》显示，35岁以下的年轻人以及未婚者仍然是主力军。新增网民中，10~19岁青少年占新增网民的49.0%，50~59岁、60岁及以上群体分别占新增网民的15.2%和20.8%，大学本科以下文化程度的人以及低收入者占据大多数，学生、专业技术人员比其他职业的人要多。从网民性别分布上看，男性依然占据网民主体，女性网民所占比例呈递增趋势，且增加显著。目前中国网民中女性比例已经上升到46.4%，比2007年12月42.8%的女性网民比例上升了3.6个百分点。这一变化趋势与我国互联网的普及有着密切关系；尽管我国的网民在结构分布上还不是十分合理，但正在向着合理的方向发展。可以预计，互联网在我国将越来越普及，越来越向普通人群发展、向大众化靠拢，网民在特征结构上也将更趋于合理。

从个人月收入来看，上网用户的个人月收入总体呈中低水平走势，显示出网民的购买力有待提高。这也暗示在线销售策略仍应把时尚的商品，如书籍、唱片、通信产品、新潮小家电等作为营销重点。同时，由于女性网络用户数量上升，在线销售品种应扩展到更多适合女性特点的商品，如香水、时装、化妆品等。

4.1.2 网络消费者的特点

依据我国网络管理机构 CNNIC 最新的调研结果显示，我国网络消费者有如下特点：

4.1.2.1 年轻人成为新增网民主力

截至 2024 年 6 月，我国网民规模近 11 亿人，互联网普及率达 78.0%。青少年成为新增网民主力，其中青少年占新增网民的 49.0%，这说明中国网络消费者以年轻人为主，他们成长于物质充裕、互联网普及的时代，习惯于通过互联网进行娱乐、消费、社交等活动。作为互联网原住民，他们对新技术、新平台有着极高的接受度和使用频率。

4.1.2.2 注重自我与追求个性化

网络消费者更加注重自我表达和自我实现，倾向于选择能够反映自己价值观和生活方式的产品。在消费行为中，他们追求个性化，希望产品能够体现自己的个性和品位，不再满足于标准化、大众化的产品。

4.1.2.3 购物消费更倾向理性分析

网络消费者在购物过程中表现出极高的主动性和理性，他们会主动搜索商品信息，进行比较分析，以做出最优的购买决策。这种理性消费的特点，使得网络消费者对价格、品质、服务等方面都有较高的要求。

4.1.2.4 追求方便、快捷的消费体验

对于网络消费者来说，购物的便利性和快捷性尤为重要。网络消费者倾向于选择能够提供快速、便捷购物体验的电商平台和支付方式，以满足他们惜时如金的生活节奏。同时他们也有躲避干扰的消费心理，希望在购物过程中保持心理状态的轻松及自由。

4.1.2.5 网络消费者将以女性为主导

根据 2024 年 QuestMobile "她经济" 调察报告显示，截至 2024 年 1 月，女性用户月活规模达到 6.08 亿，同比增长 1.9%，线上消费能力在 2 000 元以上的女性用户占比达到 32.8%，同比增长了 2.2%。女性用户在移动购物、数字阅读领域的月人均使用时长分别达到 13.9 小时和 13.2 小时，显示出女性用户在这些领域的高活跃度和偏好。综上所述，女性在互联网消费中占据重要地位。

4.1.3 网络消费者的需求特征

现代企业中，顾客资源是关系到企业发展乃至生死存亡的关键要素，企业必须采取相关措施，留住老客户并吸引新客户，这就要求企业必须和客户建立起联系，分析客户需求，按照客户需求改进产品或服务。随着电子商务的发展、网上市场的出现，市场形态已转为买方市场，而且顾客的购买行为特点、购买过程也有了质的变化。企业应借助网络这一全新工具去研究顾客，接近并把握顾客的行为特点，这是企业长期生存与发展的根本。

4.1.3.1 网络消费者的新需求

1) 兴趣

现实社会中，每个人都有自己各自的兴趣爱好。例如，社交媒体平台（如抖音、快手等）不仅提供丰富的视频内容，还通过 AI 推荐技术为用户推送定制化内容，满足不同兴

趣群体的需求。根据中文互联网数据资讯网报告，约78%的消费者更倾向于观看和参与符合其兴趣的内容，且个性化推荐提升了互动率。网民这种兴趣的产生，主要源自两种内在驱动力：第一种是网民探索网络的内在驱动力；第二种是向往成功的内在驱动力。此外，虚拟空间中对探索新事物的兴趣逐渐成为网络用户的驱动力。例如，元宇宙概念和虚拟现实（VR）应用的发展，让用户能够在虚拟环境中实现沉浸式探索。企业可以利用这些新技术来打造符合顾客兴趣的虚拟体验，进一步增强顾客黏性和品牌忠诚度。随着网络技术的发展，网民对网络的依赖程度在不断增加。

2）聚集

俗话说："物以类聚，人以群分。"兴趣爱好相同的人往往聚集在一起，形成某个组织或团队，探讨共同的话题。网络这个虚拟社会给那些具有相同兴趣爱好或相似经历的人提供了一个平台，在现实中，具有相似兴趣的个体会形成社群，在线上则有更强的聚集效应。用户可以通过社交平台、线上论坛、博客、直播平台等与兴趣相同的人互动。例如，知乎等平台为特定话题群体提供了互动空间，使用户能在不同领域进行深度交流。此外，品牌可以借助社交媒体和在线社区构建品牌社群，以增加用户参与度。数据显示，超过40%的消费者更倾向于参与品牌建立的在线社群，以了解产品更新或参与促销活动。

3）交流

在现实社会中人与人之间在不断地沟通交流。在网络这个虚拟社会里，聚集起来的网民，自然产生一种交流的需求。消费者的交流需求不再仅限于信息获取，而是更注重互动和参与感。例如在虚拟购物环境中，消费者可以通过实时聊天与客服或其他买家互动，了解商品的细节和用户反馈。社交电商和直播带货的出现也让消费者在互动中了解产品特点。数据表明，约70%的消费者在购买前会查阅其他消费者的评论和反馈。企业可以通过监测这些交流内容来了解顾客的真实需求，及时改进产品和服务，从而在市场中保持竞争力。

4.1.3.2 网络消费者的需求特征

由于互联网的发展和网上市场的出现，消费者的消费观念、消费方式及其地位正在发生重要的转变。随着电子商务的发展，商品的生产者、供给者与消费者之间的距离消失了，网上商品的信息极为丰富且极易传播，消费者主权的地位得到了很大的提高。市场已从卖方垄断向买方垄断演变，消费者主导的营销时代已经来临。客观现实和技术进步是市场营销理论赖以形成和发展的基础。网络强大的通信能力和网络商贸系统便利的商品交易环境，改变了传统市场营销理论的根基。在网络环境下，消费者的心理和行为已发生深刻变化，呈现出一种新的特点和趋势。

1）个性消费的回归

回归的含义是指在工业化时代以前的相当长历史时期内，工商业都是将消费者作为单独的个体进行服务的。那时，个性消费是主流。但是在大众营销时代，工业化和标准化的生产方式使消费者的个性消费被淹没在大量低成本、流水线式的生产、单一化的产品洪流之中。另外，在短缺经济或近乎垄断的市场中，消费者可挑选的产品本来就很少，其个性消费因此不得不被压抑。当消费品市场发展到今天，多数产品无论在数量还是品种上都已极为丰富。随着互联网和电子商务的发展，消费者可通过网上市场了解和购买商品，消费者可选择的商品范围都大大地扩展了。

目前，个性消费回归的现实条件已具备。更进一步说，消费者不仅能做出选择，而且渴望选择，他们的需求更多了、变化更大了。逐渐地，消费者开始制定自己的消费准则，他们向生产厂家提出挑战，这在传统营销时代是不可想象的。从消费心理学的角度分析，消费者所选择的已不仅是商品的使用价值或功能，而且选择其他的"延伸物"，包括品种、规格、着色、外观造型、包装等，这些"延伸物"及其组合可能各不相同。因而从理论上讲，没有一个消费者的心理是完全一样的，每一个消费者都是一个细分市场。心理上的认同感已成为消费者做出购买产品决策时的先决条件，个性化消费正在也必将再度成为消费的主流。

个性化消费使网络消费需求呈现出差异性，不同的网络消费者因所处的时代、环境不同也会产生不同的需求，不同的网络消费者在同一需求层次上的需求也会有所不同。这是因为网络消费者来自世界各地，来自四面八方，国别不同、民族不同、信仰不同、生活习惯也不同，因而产生了明显的需求差异性，这种差异性导致商务活动的差异。在当前网络环境中，消费者个性化需求的回归显著加快，主要体现在消费者对产品的多样化、定制化选择上。不同于过去的标准化生产模式，现代消费者渴望更多选择，并积极参与产品设计与个性化定制。例如，许多电商平台提供了个性化定制选项，如颜色、样式和包装等，以满足消费者的独特需求。此外，随着 AI 和数据分析技术的发展，个性化推荐成为消费者获得产品的主要方式，电商平台根据消费者的历史记录和偏好，推荐适合的产品，从而提升购买转化率。

2) 需求产品的层次具有逆向扩展性和交叉性

在传统的商业模式下，人们的需求一般是由低层次向高层次逐步延伸发展的，只有当低层次的需求满足之后，才会产生高一层次的需求。而在网络消费中，人们的需求具有逆向扩展性，即由高层次向低层次扩展。在网络消费的开始阶段，消费者侧重于精神产品的消费，如通过网络书店购书，通过网络光盘商店购买光盘。到了网络消费的成熟阶段，消费者在完全掌握了网络消费的规律，并且对网上购物有了一定的信任感后，才会从侧重于精神消费品的购买转向日用消费品的购买。

网络消费需求还具有交叉性。在网络消费中，各个层次的消费不是相互排斥的，而是具有紧密的联系，需求之间存在广泛交叉的现象。例如，在同一张购货单上，消费者可以同时购买最普通的生活用品和昂贵的饰品，以满足生理的需求和尊重的需求。这种情况的出现是因为网络虚拟商店可以囊括几乎所有商品，人们可以在较短的时间里浏览多种商品，因此产生交叉性的购买需求。

3) 需求产品更新速度加快

现代社会的发展和变化速度加快，新生事物不断涌现，网络消费者的主流是具有一定超前意识的中青年，他们对新事物反应灵敏，没有旧框框，接受速度很快。网络营销构造了一个世界性的虚拟大市场，在这个市场中，最先进的产品和最时髦的商品会以最快的速度与消费者见面。具有创新意识的网络消费者必然很快接受这些新的商品（包括国内的和国外的），从而带动周围消费者新的一轮消费热潮。电商平台借助大数据分析迅速捕捉消费者的需求变化，并通过新品上市、限量款、IP 联名等方式持续激发消费者的购买兴趣，这种对新品的快速反应也推动了整体消费趋势的加速。产品寿命周期的缩短反过来又会促使消费者心理转换速度进一步加快，消费者求新、求变的需求欲望进一步加强。从事网络营销的厂商应当充分发挥自身的优势，采用多种行销方法，启发、刺激网络消费者新的需求，唤起他们的购买兴趣，诱导网络消费者将潜在的需求转变为现实的需求。

4) 消费行为的理性化

尽管需求产品的更新速度加快，但网络消费者的消费行为却是理性的。这是由于在网络环境条件下，消费者面对的是网络系统，商品选择的范围可以不受地域和其他条件的约束。理性的消费行为主要表现在以下三个方面：

(1) 大范围地选择比较。对个体消费者来说，购买往往会"货比多家"，精心挑选。那种因信息来源和地理环境所限，不得已而为之的"屈尊"购物现象已不复存在。对单位采购进货人员来说，其进货渠道和视野也不会再局限于少数几个定时定点的订货会议或几个固定的供货厂家，而是会大范围地选择质量好、价格合理、信用条件最佳的厂家和产品。

(2) 理智的价格选择。虽然营销工作者倾向于以各种差别化来减弱消费者对价格的敏感度，避免恶性削价竞争，但价格始终对消费者心理有重要影响。对个体消费者来说，不再会被那些先是高位出价，然后再是没完没了的讨价还价的价格游戏弄得晕头转向，他们会利用手头的计算机快速算出商品的实际价格，然后再作横向的综合比较，以决定是否购买。对单位采购进货人员来说，他们会利用预先设计好的计算程序，迅速地比较进货价格、运输费用、优惠折扣、时间效率等综合指标，最终选择最有利的进货渠道和途径。也就是说，在网络环境条件下，人们必然会更充分地利用各种定量化的分析模型，更理智地进行购买决策，因为上网购物一般都是知识型的购买者。另外，消费者可以通过网络联合起来向厂商讨价还价，使消费者也具有过去单独个体不具有的要价能力，从企业定价转为消费者引导定价。

(3) 消费主动性增强。在社会分工日益细化和专业化的趋势下，即使在许多日常生活用品的购买中，大多数消费者也缺乏足够的专业知识对产品进行鉴别和评估，但他们对于获取与商品有关的信息和知识的心理需求却并未因此而消失，反而随着人文素质的普遍提高而增强。这是因为消费者对购买的风险感随选择的增多而上升，而且对传统营销单向的"填鸭式"的营销沟通感到厌倦和不信任。尤其在一些大件耐用品以及高技术含量产品的购买上，消费者会主动通过各种可能的途径获取与商品有关的信息并进行分析比较。这些分析也许不够充分和专业化，但消费者却可从中获得心理上的平衡，降低风险感和购后产生后悔感的可能，增加对产品的信任和争取心理上的满足感。消费主动性的增强来源于现代社会不确定性的增加和人类追求心理稳定和平衡的欲望，而且人天生就有很强的求知欲。

5) 对购买方便性的需求与购物乐趣的追求并存

一部分消费者由于生活和工作压力较大，更加注重购买的便捷性，他们希望尽可能节省时间和精力，尤其是在购买日常消费品时。这类消费者通常会使用"一键下单""快速配送"等功能。然而另一些消费者则恰好相反，由于劳动生产率的提高，人们可供自由支配时间的增加，一些自由职业者或家庭主妇希望通过购物消遣时间，寻找生活乐趣，保持与社会的联系，减少心理孤独感。因此他们愿意多花时间和精力去购物，而前提是购物能给他们带来乐趣，能满足这些人的心理需求。这两种相反的心理将在今后较长的时间内并存和发展，商家可以通过差异化服务来满足不同类型消费者的需求。

4.2 网络消费者的购买动机

动机是一种内在的心理状态，不容易被直接观察到或被直接测量出来，但它可根据人们的长期行为表现或自我陈说加以了解和归纳。对于企业促销部门来说，通过了解消费者的动机，就能有依据地说明和预测消费者的行为，采取相应的促销手段。而对于网络促销来说，因为网络促销是一种不见面的销售，网络消费者复杂的、多层次的、交织的和多变的购买行为不能直接被观察到，只能通过文字或语言的交流加以想象和体会，故而动机研究更为重要。在网上商务活动中，企业应当细心观察、深入分析，采用各种有效的营销措施和广告策略来刺激其购买心理，促进其购买行为，才能将更多的"眼球"引入网上商城。

网络消费者的购买动机基本上可以分为三大类：理智动机、感情动机和惠顾动机。

4.2.1 理智动机

理智动机建立在人们对在线商场推销的商品的客观认识的基础上，目前众多网上购物者的购买动机是在反复比较各个在线商场的商品之后才产生的，对所要购买的商品的特点、性能和使用方法，早已心中有数。理智动机具有客观性、周密性和控制性。这种购买动机的形成，基本上受控于理智，而较少受到外界气氛的影响。理智动机主要包括以下内容：

4.2.1.1 适用

适用即求实心理，是理智动机的基本点，即立足于商品的最基本效用。以追求商品的实际使用价值为主要目的，核心是实用和实惠。这类顾客注重经验，购买目的明确，到网上商城来购物多因熟人、同事的"口碑"而来，现在有一些电商平台引入了用户真实评价和"推荐好友"功能，进一步增强了品牌口碑的传播。另外，这类顾客选购时特别重视商品的质量、效用和售后服务，而不太强调商品的外观和造型，也不大容易受商品的命名、有奖与否以及广告宣传的影响。由于务实，进入网上商城后多比较、多思考，精打细算，量入为出，故在网上停留的时间相对较长，点击的次数也比较多，有时甚至将所感兴趣的商品的网页拷下来，下网后慢慢研究，然后再作购买决断。一般来说，他们是中档商品和大众商品的购买者，使用后觉得好，就往往成为某一品牌商品或某一网上商城的回头客。

4.2.1.2 经济

经济即求廉心理，价格不是决定消费者购买的唯一因素，但却是消费者购买商品时肯定要考虑的因素。在其他条件大体相同的情况下，价格往往成为左右顾客取舍某种商品的关键因素。折扣券、大拍卖之所以能牵动千万人的心，就是因为求廉心理。对一般商品来讲，价格与需求量之间经常表现为反比关系，同样的商品，价格越低，销售量越大。网上购物之所以具有生命力，重要的原因之一是网上打折销售的商品价格普遍低廉。现代网络购物平台以折扣、满减和优惠券等形式吸引消费者，尤其在"双十一"等促销活动中，消费者倾向于选择性价比更高的商品。许多平台还提供比线下更低的价格，增强消费者的购买欲望。价格的透明度使得消费者可以在不同平台间比较，从而选择最优的购物方案。

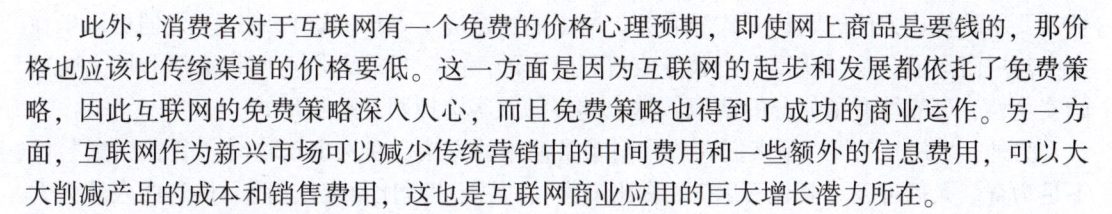

此外，消费者对于互联网有一个免费的价格心理预期，即使网上商品是要钱的，那价格也应该比传统渠道的价格要低。这一方面是因为互联网的起步和发展都依托了免费策略，因此互联网的免费策略深入人心，而且免费策略也得到了成功的商业运作。另一方面，互联网作为新兴市场可以减少传统营销中的中间费用和一些额外的信息费用，可以大大削减产品的成本和销售费用，这也是互联网商业应用的巨大增长潜力所在。

4.2.1.3 美感

求美心理动机以追求商品的欣赏价值为主要目的，核心是"装扮"和"美化"。消费者在网上商城选购商品时，特别重视商品本身的造型美、色彩美和艺术美，与自己的个性、气质、家庭环境是否"合而为一"。美感动机的核心在于消费者对产品外观、颜色和风格的追求，特别适合时尚和奢侈品类商品。白领和年轻消费者在电商平台上会重视商品的视觉效果，例如虚拟试穿、个性化搭配建议等，帮助他们找到符合个性的商品。越来越多的电商平台引入了增强现实（AR）技术，让消费者在购买前先看到商品实际使用效果。

由于具有一定的审美情趣，消费者进入网上商城后往往带着挑剔的眼光，选购商品特别精细。对感兴趣的商品，不仅点击出样品和说明等细细地研究，还不厌其烦地"试用""试穿""试尝"，在商品的个性和品格上反复斟酌之后，才作出购买决定，是网上工艺品和高档服饰的主要消费者。具有这种心理的顾客多为白领女士和文艺界人士。

4.2.1.4 安全可靠

网上购物另外一个必须考虑的是网上购买的安全性和可靠性问题。由于在网上消费，消费者一般需要先付款后送货，使过去购物的一手交钱一手交货的现场购买方式发生了变化，网上购物中的时空发生了分离，消费者有失去控制的感觉。因此，为减轻网上购物的这种失落感，在网上购物各个环节必须加强安全措施和控制措施，保护消费者购物过程的信息传输安全和个人隐私保护，树立消费者对网站的信心。

由于购物需要网上支付，因此确保消费者在网上支付的安全性是非常重要的，安全是消费者选择网上购物的基本前提。随着网络安全技术的进步，例如加密和身份验证技术的广泛应用，消费者对网上购物的信心逐步增强。许多电商平台通过实时跟踪和多重身份验证来保护用户信息，并通过电子邮件或短信通知客户订单状态，增强用户对购物体验的控制感。

4.2.1.5 便捷

购物便捷性是消费者选择购物渠道的重要考虑因素之一。购物便捷性包含两个方面：一是时间便捷性，可以不受时间的限制并节省时间；二是商品选择便捷性，即可以足不出户在很大范围内选择商品。

网上购物的时间便捷性使消费者可以随时随地购物，无须受营业时间的限制。传统的商店一般营业 10 小时，许多商店还有公休日。商店休息时，顾客买不到需要的东西，商店也失去了购物的顾客。而电商平台提供 24 小时服务，为消费者节省了时间成本，同时也使得货比百家变得可能。消费者可以利用搜索功能方便地浏览海量商品信息，甚至通过公告板发布自己的需求，从而让商家主动联系和提供符合需求的商品。

时间便捷性已成为现代消费者选择网络购物的重要动机之一，随着人们生活节奏的加快，时间对于每一个人来说都变得十分宝贵，人们用于外出购物的时间越来越少，他们迫切需要新的快速方便的购物方式和服务。网上购物适应了人们的这种愿望。人们可以坐在家中与厂商沟通，及时获得上门服务或得到邮寄的商品。目前人们对网络商店和网上购物的安全性、可靠性有了充分的认识，越来越多的顾客选择网上购物形式。

另外，"货比三家"是人们在购物时常常使用的方法。在网上购物时"货比三家"已不足为奇。人们可以"货比百家""货比千家"，甚至"货比万家"，商品挑选的余地大大扩展。而且，消费者可以从两个方面挑选商品，这是传统的购物方式难以做到的。一方面，网络为消费者提供了众多的检索途径，消费者可以通过网络，方便快速地搜寻全国乃至全世界相关的商品信息，挑选满意的厂商和满意的产品。另一方面，消费者也可以通过公告板，告诉千万个商家自己所需求的产品，吸引千万个商家与自己联系，从中筛选符合自己要求的商品或服务。在这样的商品选择便捷性下，消费者自然倾向于在网上选购商品。

4.2.2　感情动机

感情动机是指由于人的情绪和感情所引起的购买动机。这种购买动机还可以分为两种形态：一种是低级形态的感情购买动机，它是由于喜欢、满意、快乐、好奇而引起的。这种购买动机一般具有冲动性、不稳定性的特点。例如，在网络上突然发现一本好书、一个好的游戏软件、一件新产品，很容易产生冲动性的感情购买动机。还有一种是高级形态的感情购买动机，它是由于人们的道德感、美感、群体感所引起的，具有较大的稳定性、深刻性的特点。而且，由于在线商场提供异地买卖送货的业务，大大促进了这类购买动机的形成。例如，为网上所交朋友而通过在线商场购买馈赠礼品，为外地父母通过网络商场购买老人用品等，都属于这种情况。感情动机很难有一个客观的标准，但大体上可分为三种心理。

4.2.2.1　求新心理

求新心理反映了消费者对潮流、新奇商品的追求，尤其是在年轻人中。时尚和个性化是许多消费者的核心关注点，他们追求独特、前卫的设计和创新产品，并受到社交媒体和网红的强烈影响。例如，许多电商平台会实时追踪消费者的浏览记录，个性化推荐最新上市的产品以激发其好奇心。年轻消费者尤其倾向于短视频广告和直播带货中展示的产品，容易产生即兴购买的行为。这类消费者一般经济条件比较好，多为城市青年男女，他们是新式高档消费品、新式家具、时髦服装的主要消费者。网络营销通过具有双向交互功能的互联网，跟踪最新的消费潮流，适时地给消费者提供最直接的购买渠道，加上最新产品全方位的文字、图片和声音介绍，吸引这类消费者的购买。

4.2.2.2　求名心理

这种心理以显示自己的富有和地位为主要目的，核心是"显名"和"炫耀"。这多见于功成名就、收入丰盛的高收入阶层，也见于其他收入阶层中的少数人。对高端商品的追求通常源于消费者的求名心理，这种动机主要体现在追求品牌象征和身份展示的高收入人群中。他们更注重商品的品牌、地位象征，购物行为带有炫耀消费的性质，选择国际奢侈品牌、限量版商品等，以彰显个人的社会地位和审美品位。例如，奢侈品牌在官网上展示限量产品时，常通过会员限定销售或定制化服务来迎合这一动机。

4.2.2.3　从众心理

作为社会的人，总是生活在一定的社会圈子中，有一种希望与他应归属的圈子同步的趋向，不愿突出，也不想落伍。受这种心理支配的消费者构成后随消费者群。例如，当一种产品的销量达到一定程度时，社交媒体上的用户评论和推荐会极大地促进其他消费者的购买意愿。许多电商平台在产品页面上展示热销标签或"有多少人已购买"等信息，以利用从众效应，进一步提升销售。这是一个相当大的顾客群，研究表明，当某种产品消费率达到40%后，会产生该消费品的消费热潮。网络商品的购买者中也不乏此种心态的人。

4.2.3　惠顾动机

这是基于理智经验和感情之上的，对特定的网站、图标广告、商品产生特殊的信任与偏好而重复地、习惯性地前往访问并购买的一种动机。惠顾动机的形成，经历了人的意志过程。从它的产生来说，或者是由于搜索引擎的便利、图标广告的醒目、站点内容的吸引；或者是由于某一驰名商标具有相当的地位和权威性；或者是因为产品质量在网络消费者心目中树立了可靠的信誉。这样，网络消费者在为自己确立购买目标时，心中首先确立了购买目标，并在各次购买活动中克服和排除其他的同类产品的吸引和干扰，按照事先确定的计划进行购买。例如，消费者可能因电商平台的良好售后服务、品牌的优质口碑或满意的购物体验而多次光顾某一电商网站。许多电商平台利用会员积分、优惠券和折扣等激励手段增加消费者的重复购买率。忠诚的顾客不仅自己频繁购买，还会向亲友推荐该品牌，从而形成口碑效应和用户群体效应，进一步扩大品牌的影响力。具有惠顾动机的网络消费者，往往是某一站点的忠实浏览者。他们不仅自己经常光顾这一站点，而且对众多网民也具有较大的宣传和影响功能，甚至在企业的商品或服务一时出现某种过失的时候，也能予以谅解。

4.3　影响网络消费者购买行为的主要因素

分析影响消费者购买行为的因素，对于企业正确把握消费者行为，有针对性地开展市场营销活动，具有极其重要的意义。影响消费者购买行为的因素很多，针对网络消费的特性，主要介绍以下几种因素：

4.3.1　社会因素

4.3.1.1　文化因素

文化通常是指人类在长期生活实践中建立起来的价值观念、道德观念以及其他行为准则和生活习俗。它以特定的认同感和影响力将各成员联系在一起，使之持有特定的价值观念、生活格调与行为方式，是引发人们的愿望及行为的最根本原因。若不研究、不了解消费者所处的文化背景，往往会导致营销活动的失败。随着时代的发展，社会文化也在悄然转型。网络生活中集中的是深具活力、走在文化前沿的中青年消费者，因此，了解最新的文化动向成为网络营销人员必须考虑的因素。

4.3.1.2 社会相关群体

社会相关群体是指对消费者的态度和购买行为具有直接或间接影响的组织、团体和人群等。消费者作为社会的一员，在日常生活中要经常与家庭、学校、工作单位、左邻右舍、社会团体等发生各种各样的联系。由于群体具有强大的影响力，所以产品生产者必须找出接近相关参照群体中的观念领导者的方法。观念领导者是参照群体中的一员，能对他人产生影响。社会各个阶层都有观念领导者，而且可能在某种产品上一个人是"观念领导者"，但在另外一些产品上他又是观念追随者。网络营销者应努力找出他们产品的观念领导者，并把营销活动对准他们。

家庭是消费者最基本的相关群体，因而家庭成员对消费者购买行为的影响显然最强烈。现在大多数市场营销人员都很注意研究家庭的不同成员，如丈夫、妻子、子女在商品购买中所起的作用和影响。一般来说，夫妻购买的参与程度大都因产品的不同而有所区别，在购买过程中的不同阶段所起的作用也有很大不同。家庭主妇通常是一家的采购者，特别是在食物、家常衣着和日用杂品方面的购买，传统上更主要由妻子承担。但随着知识女性事业心的增强，男子参与家庭和家务劳动风气的逐步兴起，现在企业如果仍然认为妇女是其产品唯一的或主要的购买者，那将在市场营销决策中造成很大的失误。当然在家庭的购买活动中，其决策并不总是由丈夫或妻子单方面做出的，实际上有些价值昂贵或是不常购买的产品，往往是由夫妻双方包括已长大的孩子共同做出购买决定的。值得注意的是，网络社会里已长大的孩子在家庭消费中的作用举足轻重，调研数据显示，有相当高比例的家庭在接受新消费品时，会考虑家中子女的喜好与推荐。

亲戚、朋友、同学、同事、邻居等也是影响消费者购买行为的重要相关群体。这些相关群体是消费者经常接触、关系较为密切的一些人，由于经常在一起学习、工作、聊天等，使消费者在购买商品时，往往受到这些人对商品评价的影响，有时甚至是决定性的影响。

4.3.2 消费者自身因素

4.3.2.1 年龄

年龄对消费者的网购偏好和接受度具有显著影响。人们在一生中不断改变他们对产品和服务的选择。人们对食品、服装、家具及娱乐的品位常常和年龄有关。在不同年龄需要各种不同的商品，如在幼年期，需要婴儿食品、玩具等；而在老年期，则更多需要保健和延年益寿产品。年轻消费者（如"90后"和"00后"）对网络平台和新兴科技的接受度较高，追求个性化和新鲜的购物体验。他们热衷于通过短视频、直播带货等新兴社交工具了解商品，喜欢探索具有时尚和前卫设计的商品。对于这些年轻消费者而言，购物不仅是满足需求，更是一种体验，因而商家在设计产品和广告时常加入潮流元素和互动性以吸引他们的兴趣。购买行为还受到家庭生命周期不同阶段的影响，营销者通常确定其目标市场的家庭生命周期阶段并针对每一阶段提供适当的产品和营销计划。

4.3.2.2 性别

性别是影响网络购物行为的另一重要因素。男性消费者倾向于关注产品的功能、性能和技术创新，尤其在电子产品和科技类商品方面表现明显。许多男性消费者在购物时会详

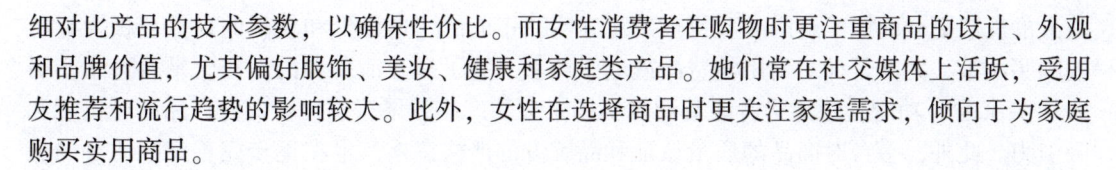

细对比产品的技术参数,以确保性价比。而女性消费者在购物时更注重商品的设计、外观和品牌价值,尤其偏好服饰、美妆、健康和家庭类产品。她们常在社交媒体上活跃,受朋友推荐和流行趋势的影响较大。此外,女性在选择商品时更关注家庭需求,倾向于为家庭购买实用商品。

4.3.2.3 职业

不同职业的消费者,对于商品的需求与爱好往往不尽一致。一个从事教师职业的消费者,一般会较多地购买书报杂志等文化商品;而对于时装模特儿来说,则更为需要漂亮的服饰和高雅的化妆品。另外,消费者的职业发展阶段也影响其网购行为。职业探索期的消费者通常年轻,追求潮流和新鲜事物,偏爱时尚服饰、电子产品等个性化消费品。相对而言,职业稳定期的消费者(多为中年人)更关注家庭和生活质量,网购需求集中在家庭、健康管理和教育相关产品。这种不同阶段的需求反映了职业因素对网购品类的影响,企业可以据此开发适合不同职业群体的产品。网络营销者应找出对其产品和服务更感兴趣的职业群体,甚至可以专门从事向某个特定职业群体提供产品的业务。另外,消费者的地位不同,也影响其对商品的购买。人们通常选择能代表自己身份的产品。

4.3.2.4 经济状况

收入水平直接影响消费者的购买力和消费决策。高收入消费者倾向于选择高端品牌,为更好的品质和体验支付溢价。例如,在奢侈品和科技产品的选择上,他们愿意为品牌和独特性额外付费。而低收入消费者则更加注重性价比,倾向于选择折扣力度大、价格实惠的商品。收入的变化还会导致消费倾向的波动,当收入预期上升时,消费者会增加网购支出;而在经济不确定时,消费者则倾向于缩减非必需品的购买。生产对收入敏感型的产品的企业应时刻关注个人收入、储蓄及利率的发展趋势,如果经济指标显示将要出现经济衰退,那么营销者就会采取相应行动对其产品重新设计、重新定位、重新定价。

4.3.2.5 生活形态

生活形态因素包括消费者的生活方式、价值观和兴趣爱好,这些因素共同影响消费者的购物偏好。例如,追求健康生活方式的消费者更倾向于购买健康食品、健身器材等产品,以支持其健康管理需求。而追求时尚和个性化的消费者则会偏爱服饰、美妆等能展现个人风格的商品。网络生活方式的形成使得消费者越来越习惯于在线购物,对购物平台的性能和服务体验也提出了更高要求,这推动了电商平台在个性化推荐和用户体验方面的不断创新。

通过对年龄、性别、职业、经济状况和生活形态五个维度的分析,人们可以更好地理解个人因素对网络消费行为的影响。这些因素决定了不同消费者的需求特征和购买偏好,企业可以据此制定更加精准的营销策略,满足多样化的消费需求。

4.3.3 产品因素

4.3.3.1 产品质量和口碑

产品质量是消费者在选择网络购物平台上最关心的因素之一。与传统购物不同,线上购物时消费者无法直接体验产品的质感、性能等具体细节,因此对产品质量的担忧更为明显。为了缓解这一顾虑,许多电商平台提供了详尽的评价和评分系统,让消费者可以通过他人的反馈更全面地了解产品质量。研究表明，正面的用户评价和较高的评分会极大地影响购买决策，尤其是针对耐用消费品或电子产品。为了提升消费者的信任，平台通常会引入"买家秀"功能，让消费者能看到真实场景中的产品效果，进一步提升产品的可信度和吸引力。此外，平台对商品的质量认证和品牌方的严格审核，也在逐步完善产品质量的保障体系。对于平台和品牌商而言，提供高质量产品和维护良好口碑已成为赢得消费者的关键策略。

4.3.3.2 价格和促销策略

价格是消费者购物决策中的核心考量因素之一，即使在营销技术日益发达的今天，价格优势仍是商家吸引客户的重要手段。许多电商平台通过大数据分析和用户行为预测，精确掌握市场供需关系和消费者心理，从而动态调整价格策略。例如，重要的购物节（如"双十一""黑色星期五"）期间，平台通过打折、满减、优惠券、积分返现等方式吸引消费者，提高销售额。促销策略的频繁使用不仅能增加短期销量，还能增强用户的价格敏感度，让消费者觉得平台商品更具性价比。此外，随着消费者对促销活动的期待逐渐增强，许多平台还推出会员专属折扣和限时秒杀等特色活动，增加消费互动性和平台黏性。价格和促销策略不仅为平台吸引了消费者，而且在逐步引导消费者形成价格敏感的消费习惯。

4.3.3.3 品牌影响力和信任度

在网络购物的环境中，品牌影响力和信任度尤为重要。随着互联网的普及和网购平台的多样化，消费者可选择的品牌和商家大幅增加，选择可信赖的品牌成为一种省心的决策。许多知名品牌通过线上广告、社交媒体推广、明星代言等方式持续增强品牌认知度，并利用 KOL（关键意见领袖）进行口碑推广，强化品牌形象。这种营销模式不仅帮助品牌在消费者心中树立权威形象，还能有效提高消费者的忠诚度。在一些平台，品牌还通过提供专属会员服务、延长保修期等手段，增加消费者对品牌的信任感。此外，品牌通过互动活动、公益项目等举措进一步增进消费者情感联系，让消费者在选择产品时优先考虑知名品牌。在网络购物环境中，品牌知名度和信任度常常直接影响消费者的购买决策。

4.3.3.4 产品的个性化和定制化

随着个性化需求的增长，越来越多的消费者在网络购物中寻求独一无二的产品体验。平台利用大数据和人工智能技术，根据用户的浏览记录、购买历史和喜好，推送符合其需求的个性化推荐，这不仅为消费者节省了挑选商品的时间，而且提升了消费的精准度。许多品牌也顺应这一趋势，提供个性化的定制服务。无论是产品的颜色、图案还是包装细节，消费者都可以根据个人喜好进行定制。比如，在一些知名品牌的旗舰店，消费者可以选择印有自己名字的商品，或者选择个性化的配件组合，使得产品更具专属意义。此外，个性化推荐和定制化选项不仅增加了购物的趣味性，还增强了消费者对品牌的好感度和忠诚度，进一步推动了消费的升级。

4.3.3.5 多媒体产品展示

在网络购物中，直观的产品展示至关重要，因为它帮助消费者弥补了无法直接接触商品的缺憾。电商平台为了提升用户体验，普遍采用高清图、视频展示、360度旋转视图等方式，给消费者提供更为全面的产品展示。这些内容帮助消费者更直观地了解产品的细节和使用效果,减少了选择时的疑虑。尤其是在短视频和直播带货盛行的今天,商家可以通过短视频动态展示产品的使用方法和特性,或者通过直播带货直接解答消费者的问题,创造一种"面对面"购物的氛围。这种展示方式不仅帮助消费者更好地理解产品,还增强了互动性和信任度。此外,良好的产品展示还能增加消费者的购买欲望,提高下单率,因此,优化产品展示已成为商家提高转化率的重要手段。

4.3.3.6 产品的创新性和时尚度

随着消费者需求的多元化,产品的创新性和时尚度越来越受到重视,尤其是在年轻消费群体中。创新性强、设计独特的产品往往更容易在网络上获得关注,并形成"自传播"效果。例如,一些品牌推出的限量款产品或者跨界合作产品,因其独特的设计和稀缺性,吸引了大量时尚导向的消费者。在社交媒体的推动下,创新性产品和流行元素迅速传播,带动了消费者的购买热情。电商平台通常通过专属活动(如新品首发、时尚潮流专区)和多样化的展示形式来吸引对创新性敏感的消费者,并且结合个性化推荐增强消费体验。随着年轻消费者成为主要的消费力量,产品的创新性和时尚性将成为未来电商发展的重要方向之一。

4.3.4 交易因素

4.3.4.1 商品价格

按照销售学的观点,影响消费者消费心理及消费行为的主要因素是价格,即使在如今互联网时代完备的营销体系和发达的营销技术面前,价格的作用仍是不可忽视的。只要价格降幅超过消费者的心理界限,消费者因此心动而改变既定的决策是难免的。对一般商品来说,价格与需求量常常表现为反比关系,同样的商品,价格越低,销售量越大。

网上销售的商品减少了许多中间环节,它的价格一般低于传统流通渠道的价格,因此会对消费者产生极大的吸引力。另外,电商平目前台利用"会员专属价"和"跨店满减"等优惠策略吸引消费者,从而增加平台的购买量。例如,当当网、京东等平台会提供大幅折扣,鼓励消费者通过促销活动进行囤货或一次性购物。此外消费者对于免费体验和低价折扣的预期更为普遍,一些电商平台还推出了先试后买功能,让用户更放心地尝试新产品。这种免费的心理预期和高性价比消费观念,使得消费者更倾向于通过电商购买。

4.3.4.2 购物时间

这里所说的购物时间包含两方面的内容:购物时间的限制和购物时间的节约。传统的商店,即使是小店,每天最多也只能营业10~14个小时,许多商店还有公休日。商店停业的日子里,顾客买不到需要的东西,商店也失去了购物的顾客。网上购物的情况就不一样了,网络虚拟商店一天24小时营业,随时准备接待顾客,没有任何时间限制,为人们上班前和下班后购物提供了极大的方便。

随着生活节奏加快,消费者希望在最短时间内获得商品。即时配送服务和短时间物流的兴起(如1小时达、次日达)满足了消费者对时间的需求,提升了购物体验。现代消费者期望能快速获得所需商品,因此许多电商平台将物流配送的时效性作为竞争优势。例如,京东物流和阿里菜鸟物流系统大幅度缩短了配送时间,甚至在一线城市实现了"半日达"和"夜间达"服务,以满足不同群体的需求。消费者可以在上下班途中随时随地购物，电子商务平台的时间灵活性正逐步取代传统的购物方式。

4.3.4.3 商品种类

现代电商的产品种类丰富，从时尚潮流到家居日用应有尽有，但不同品类的商品在线上的表现有所不同。数码产品、时尚配件、家居装饰品和电子书等产品在电商平台上尤为畅销。而对于高价商品（如高档家具、豪华家电等），消费者仍然偏好线下体验以确保质量。部分商品特别适合在线销售，例如：①软件。销售者可以借助网站来发布试用版本的软件，让消费者试用，然后在一定期限内提供服务，如果消费者满意就会购买。②图书和电子书。现在的电子书平台（如当当电子书）常提供部分试读内容，帮助消费者在购买前了解内容，更符合消费者的心理预期。③鲜花或礼品。网络是跨时间、跨地域性的媒体，顾客可以在网上订购任何地方的鲜花或礼品，并由商家负责送货上门。

这些商品都具有某些网络化的特点，都能借用网络变得更易传播和出售。消费者在经过比较后觉得，当网上购物的方便程度超过他亲自去商店的花费时，他当然愿意到网上购买。

4.3.4.4 安全性和可靠性

影响网络消费者购买行为的另一个必须考虑的因素是网上购物的安全性和可靠性，主要是网上支付的安全问题。由于互联网是为大众服务的开放性网络，网上交易面临着各种危险。随着支付方式的多样化（如微信支付、支付宝等）和数字钱包的普及，消费者的支付方式更灵活便捷，但对信息安全的需求也更高。目前电商平台采用了更高的安全技术（如区块链、防火墙、双重认证）来确保交易安全，并且提供购物保险来提升用户信任度。例如，淘宝和京东等平台通过多重加密和身份验证保障用户的支付信息安全，同时提供"7天无理由退货"等售后保障服务来降低消费者的购物风险。电商平台还不断优化隐私保护措施，以保护用户的个人信息，赢得消费者信任。

为了保证网上支付的安全和降低网上购物的不安感，必须在网上购物的各个环节加强安全措施和控制措施，保护消费者购物过程的信息传输安全和个人隐私安全，以树立消费者对网站的信心。

4.3.4.5 选择范围

在互联网这个全球化的市场中，商品挑选的余地大大扩展，这是传统的购物方式难以做到的。当今全球化和数字化使得消费者在电商平台上拥有了前所未有的选择范围。消费者不仅可以方便地浏览国内外商品，还可以通过大数据推荐和个性化定制选择符合个人需求的商品。AI技术的应用为消费者提供了便捷的商品筛选和个性化推荐，使购物体验更加精准。电商平台通过大数据分析和个性化推荐技术，为用户推荐符合其历史购买记录和偏好的商品。例如，亚马逊和淘宝的推荐算法能够根据消费者的购物习惯自动推荐商品，极大地提高了消费者的购买意向。消费者可以轻松对比多个品牌的同类产品，选择最具性价比的商品。

4.3.4.6 商品新颖性

由于网上市场不同于传统市场，网上消费者有着区别于传统市场的消费需求特征，因此，并不是所有的商品都适合在网上销售和开展网上营销活动的。根据网上消费者的特征，网上销售的商品一般要考虑商品的新颖性，即商品是新商品或者时尚类商品，这类商品比较容易吸引人们的注意。

追求商品的时尚和新颖是许多消费者，特别是青年消费者重要的购买动机。这类消费者一般经济条件比较好，他们特别重视商品的款式、格调和流行趋势，不太在意商品使用价值和价格的高低，他们是时髦服装、新潮家具和新式高档消费品的主要消费者。网上商店由于载体的特点，总是跟踪最新的消费潮流，适时地为消费者提供最直接的购买渠道，再辅以最新产品的全方位网上广告，因此，它对这类消费者所产生的吸引力越来越大。同时，网上商店常常营造一种购物的环境，以刺激消费者产生购买的欲望，它通常用不断弹出的广告窗口、美观的产品图片等手段来强化消费者的购买欲望。

4.4 网络消费者的购买过程

消费者在购买某种商品之前，是经过再三思考之后才会产生购买行为的。即使消费者购买了商品，他也会在使用商品的过程中，察看并了解此商品的性能如何，并对此产品做出一些评价，甚至提出一些意见和建议，等等。由此，企业应详细了解消费者的整个购买决策过程，从而制定一些策略来帮助消费者满足自己的需要。

网络消费者的购买过程就是网上购买行为形成和实现的过程。与消费者的传统购买行为相类似，网上消费者的购买行为早在实际购买之前就已经开始，并且延长到实际购买后的一段时间，有时甚至是一个较长的时期。从酝酿购买开始到购买后的一段时间，其购买过程大致可分为五个阶段：确定需求、收集信息、比较选择、购买决策与买后评价，如图4-1所示。

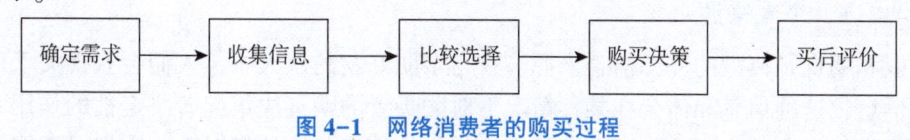

确定需求 → 收集信息 → 比较选择 → 购买决策 → 买后评价

图 4-1 网络消费者的购买过程

需要说明的是，图4-1中表示的只是消费者购买时所经历的一般步骤，在每次具体的购买中，消费者可能会省略其中几步，甚至颠倒次序。

4.4.1 确定需求

消费者首先要认识到自己需要某种商品的功能后，才会去选择和购买，因此，需求确认是消费者购买决策过程中的第一个阶段。在这个阶段里，消费者认识到自己的即时状态与理想中的状态的差距，所以就想消除这个差距。

在传统的购物过程中，诱发需求的动因是多方面的。如空了的酱油瓶和醋瓶会引起人们认识到需要一瓶新的酱油和一瓶醋。但对于网络营销来说，诱发需求的动因可能局限于视觉和听觉。文字的表述、图片的设计、声音的配置是网络营销诱发消费者购买的直接动因。从这方面讲，网络营销对消费者的吸引具有相当的难度。这就要求从事网络营销的企业或中间商注意了解与自己产品有关的实际需求和潜在需求，了解这些需求在不同时间的不同程度，了解这些需求是由哪些刺激因素激发的，进而巧妙地设计促销手段去吸引更多的消费者浏览网页，诱导他们的需求欲望。

4.4.2 收集信息

消费者认识到自己的需要以后,便会自动地进入购买决策过程中的另一个阶段——收集信息。当然,对于反复购买的商品,消费者会越过信息搜索阶段,因为所需信息已被消费者通过过去的搜索而掌握,这是不言而喻的。另外,对于一个消费者来说,越贵的商品越能使消费者重视信息搜索。

当然,不是所有的购买决策活动都要求同样程度的信息和信息搜寻,依据消费者对信息需求的范围和对需求信息的了解程度的不同,可以将购买决策情景划分为广泛的问题解决、有限的问题解决、惯常的问题解决三种模式。

其中,广泛的问题解决过程是指消费者尚未建立评判特定商品或特定品牌的标准,也不存在对特定商品或品牌的购买倾向,而是很广泛地收集某种商品的信息。处于这个层次的消费者,可能出于好奇、消遣或其他原因而关注自己感兴趣的商品。这个过程中收集的信息会对以后的购买决策提供经验;处于有限的问题解决的消费者已建立了对特定商品的评判标准,但尚未建立对特定品牌的倾向。这个层次的信息收集才真正且直接地影响了消费者的购买决策;而在惯常的问题解决中,消费者对将要购买的商品或品牌已有足够的经验和特定的购买倾向,他的购买决策所需要的信息较少。

购买前在搜寻信息的过程中,消费者首先在自己的记忆中搜寻可能与所需商品相关的知识经验,如果没有足够的信息用于决策,他便要在外部环境中寻找与此相关的信息。信息的外部来源有两种:

4.4.2.1 个人来源

亲戚和朋友是典型的外部信息来源。在与亲朋好友的谈天中,人们会获得关于商品的知识和信息,这种信息和体会在某种情况下对购买者的购买决策起着决定性的作用。网络营销绝不可忽视这一来源的作用。在没有实物作为信息载体的情况下,人们对于网上商品的质量、服务的评价主要是通过语言和电子邮件传递的。这种传递的范围可能是小范围的,如一个家庭、一个单位,也可能是很大范围的,如一个地区、一个国家或者是全世界。所以,一件好的商品、一次成功的销售可能带来若干新的顾客,一件劣质产品、一次失败的经历可能使销售商几个月甚至几年不得翻身。

4.4.2.2 公共来源

公共来源的范围较广,可以是政府或其他组织的评奖,也可以是报刊或杂志中关于产品的评论与介绍,还可以是广播电台或电视台组织的有关商品的节目。网络营销的信息传递主要依靠网络广告和检索系统中的产品介绍,包括在信息服务商网页上所做的广告、中介商检索系统上的条目以及自己主页上的广告和产品介绍。

一般来说,在传统的购买过程中,消费者收集信息大都是被动进行的。往往是看到别人买什么,自己再去注意;或者是看到了广告才注意到某种商品。与传统购买时收集信息不同,网络购买的收集信息带有较大的主动性。在网络购买过程中,收集商品信息主要是通过互联网进行的,主要包括三种方式:

1) 浏览

浏览没有特定的目标,完成任务的效率低且较大程度地依赖外部的信息环境,但能较好地形成关于整个信息空间结构的概貌。此时，用户在网络信息空间的活动就像随意翻阅一份报纸，他能大概了解报纸信息包括了哪些内容，能否详细地阅读某一消息就依赖于该信息的版面位置、标题设计等因素了。

2）搜索

即在一定的领域内找到新信息。搜索中收集到的信息都有助于达到发现新信息的最终目的，搜索时用户要访问众多不同的信息源，搜索活动对路标的依赖性较高。用户在网络信息空间的搜索，就如根据目录查阅报纸，获取某一类特定信息。

3）寻找

这是指在大信息量信息集里寻找并定位于特定信息的过程。寻找的目的性较强，活动效率最高。

在信息空间的活动中，这三种方式不是孤立进行的，而是交叉互动的，用户的任务或意图会在他的信息活动过程中逐渐变化而渐趋明晰。

4.4.3　比较选择

在深入探讨消费者的比较选择过程之前，我们有必要先理解消费者是如何认知产品的。产品在消费者眼中，并非仅仅是一个孤立的实体，而是由一系列具体且相互关联的属性所构成的集合体。这些属性，如品质、价格、外观、功能等，共同定义了产品的特性和价值，也为消费者的选择提供了丰富的维度和依据。

假定每位消费者都将产品视为由一系列具体属性所构成的集合体，这些属性不仅包括了产品本身的物理特性，还涵盖了与消费者使用体验相关的各个方面。消费者在购买产品时，会综合考虑这些属性，并根据自己的需求和期望进行权衡和取舍。接着消费者会根据自身独特的需求与期望，对这些产品属性的重要性进行个性化评估。不同的消费者，由于其背景、偏好和需求的差异，会对同一产品的不同属性赋予不同的权重。随后消费者会在心中形成一套关于各个品牌在不同属性上表现如何的信念体系。这些信念综合起来，就构成了人们所说的品牌形象。值得注意的是，消费者的这些信念可能受到个人经验、选择性注意、信息曲解及保留等因素的影响，因此可能与产品的实际属性存在一定差异。消费者对于产品整体满意度的期望，会随着不同属性水平的变化而波动。这意味着，即使在同一品牌下，产品属性的细微差别也可能导致消费者满意度的显著差异。最后消费者会通过某种评价程序，对各个品牌形成综合态度，并据此做出选择。在这个过程中，通常会有一个或几个关键因素成为决定消费者决策的决定性因素。这些决定性因素因商品类型、消费者个人特征（如感觉、生活方式、态度、需求等）的不同而有所变化。对于企业而言，仅仅让产品具备独特特色是远远不够的，更重要的是要确保这些特色与消费者眼中的决定性因素相契合，从而真正吸引并满足消费者的迫切需求。

4.4.4　购买决策

消费者经过搜索信息对产品进行了评价与选择后就会做出购买决定。购买决定是指消费者在购买动机的支配下，从两件或两件以上的商品中选择一件满意商品的过程。在选择评价步骤中，消费者对不同产品进行排序并形成了购买意向。一般来说，消费者的购买决定是购买他最爱的产品，但在购买意向和购买决定之间还可能受到两个因素的影响：第一个因素是他人的态度；第二个因素是不可预料情况因素。

当然，消费者也可能因为评价与选择过程中的问题推迟或取消购买决定，这时消费者购买的决策过程处于停滞状态。参与营销的企业不可能对消费者的购买决定做任何工作，因为消费者一旦做出购买决定，余下的只是在商店或其他什么地方完成交易，也就是付款、提货或安排交货地点等事宜。与传统的购买方式相比，网络购买者的购买决策有许多特点。首先，网络购买者的理智动机所占比重较大而感情动机所占比重较小。这是因为消费者在网上寻找商品的过程本身就是一个思考的过程。对任何一件新产品的出现，消费者都不用担心买不上。他有足够的时间仔细分析商品的性能、质量、价格和外观，从容地做出自己的选择。其次，网络购买受外界影响较小。购买者常常是独自坐在计算机前上网浏览、选择，与外界接触较少，因而决策范围有一定的局限性，大部分的购买决策是自己做出的或是与家人商量后做出的。正是因为这一点，网上购物的决策行为较传统的购买决策要快得多。

目前网络购物的决策过程更趋理性，消费者受情绪和外界影响较小。一般消费者在计算机前独自浏览和购买，决策时主要依赖自我判断。同时，线上购买的高透明性让消费者能轻松比价，理智的购买动机比重增加。商家通过优化购物流程和提供安全的支付方式来增强消费者信任。要在没有实物的情况下把消费者口袋里的钱掏出来，并非易事。网络消费者在决定购买某种商品时，一般必须具备三个条件：第一，对厂商有信任感；第二，对支付有安全感；第三，对产品有好感。所以，树立企业形象，改进货款支付办法和商品邮寄办法，全面提高产品质量，是每一个参与网络营销的厂商必须重点抓好的三项工作。这三项工作抓好了，才能促使消费者毫不犹豫地做出购买决策。

4.4.5 买后评价

将商品买回家以后，消费者的购买决策过程还没有终止，因为在最初使用商品的过程中，消费者会以购前的期望为标准来检查与衡量自己买回来的商品，为的是看看有没有什么问题或不满意的地方。因此，营销人员的工作也并未结束。决定消费者对购买是满意还是不满意的关键在于消费者期望和产品的被觉察到的性能之间的关系。如果产品未达到消费者期望，消费者就会失望；如果达到了期望，消费者就会满意；如果超出了期望，消费者就会惊喜。消费者的期望基于他们从销售商、朋友及其他来源处获得的信息，如果销售者夸大了产品的性能，消费者的期望就不会得到满足，必然导致不满意。期望和性能之间的差距越大，消费者的不满意程度就越高。这表明销售者应诚实地描述产品的性能以便让购买者满意。

几乎所有的购买都会引起认知分歧，或者说由于购买后冲突引起的不适。顾客购买之后，对所选品牌的好处感到满意并庆幸避免了未买品牌的缺点。不过，每次购买都存在折中的情形，消费者会因所选品牌的缺点及失去了未买品牌的益处而感到不安。因此在每次购买后消费者都会有某种程度的购买后分歧。让消费者满意是非常重要的，原因在于公司的销售额来自两个基本的群体：新顾客和回头客。吸引新消费者往往比挽留现有顾客要困难，而挽留现有顾客的最佳方式就是让他们满意。满意的顾客会重复购买，向他人推荐该产品，并且不留意竞争性品牌及广告，还会买该公司的其他产品。许多营销者不仅仅是满足顾客的期望，他们的目标是让顾客惊喜。惊喜的顾客更有可能重复购买并赞扬该公司及其产品。不满意的顾客反应就不同了。平均来说，满意的顾客会向 3 个人讲述买了件好产品，而不满意的顾客却会向 11 个人抱怨。实际中，一份研究显示，13% 对某个公司不满的人会向超过 20 个人抱怨。显然坏话比好话传得更快更远，并会迅速危及消费者对某个公司及其产品的态度。

因此，一个公司的明智之举应该是定期衡量顾客的满意程度，而不能坐等不满意的顾客自己提出抱怨。大约 96% 的不满意顾客不会向公司抱怨。公司应建立鼓励消费者进行投诉的机制或系统。这样做，公司可以了解到它做得怎么样及如何去提高。除了寻求抱怨并做出反应外，营销者还应采取额外的行动来减少顾客购买后的不满意程度并帮助顾客对其购买感觉良好。

互联网为网络营销者收集消费者购后评价提供了得天独厚的优势。方便、快捷、便宜的电子邮件紧紧连接着厂商和消费者。厂商可以在订单的后边附上一张意见表。消费者购买商品的同时，就可以同时填写自己对厂商、产品及整个销售过程的评价。厂商从网络上收集到这些评价之后，通过计算机的分析、归纳，可以迅速找出工作中的缺陷和不足，能够及时了解到消费者的意见和建议，从而及时改进自己的产品性能和售后服务。

本章小结

本章全面剖析了网络消费者的特征、需求、购买动机及决策影响因素。首先，通过引导案例揭示了企业与品牌如何利用大数据和新兴渠道深入了解消费者，实现精准营销。接着，系统阐述了网络消费者的分类、需求特征以及购买动机，指出个人、心理、社会和文化等多方面因素对网络消费者行为的影响。此外，还强调了网络消费者行为模式的复杂性和多样性，要求企业在制定网络营销策略时必须充分考虑这些因素。总之，本章内容强调了网络消费者在数字营销中的重要性，为进一步探讨网络营销实践奠定了坚实的基础。

复习与思考

一、单选题

1. 以下哪项不是网络消费者的特点？（　　）
   A. 年轻人成为新增网民主力　　　　B. 注重自我与追求个性化
   C. 购物消费倾向冲动型购买　　　　D. 追求方便、快捷的消费体验
2. 在网络消费者需求特征中，哪种需求体现了消费者对商品的多样化和定制化选择？（　　）
   A. 个性消费的回归
   B. 需求产品的层次具有逆向扩展性和交叉性
   C. 需求产品更新速度加快
   D. 消费行为的理性化
3. 下列哪一项不属于网络消费者的理智动机？（　　）
   A. 适用　　　　　　　　　　　　　B. 经济

C. 求新　　　　　　　　　　　　D. 安全可靠

4. 在网络营销中,哪个因素是影响消费者购买决策的重要社会因素?(　　)
   A. 产品质量　　　　　　　　　　B. 价格与促销策略
   C. 文化因素　　　　　　　　　　D. 产品个性化与定制化

5. 网络消费者在购买过程中,哪个阶段主要是确定自己需要某种商品的功能?(　　)
   A. 收集信息　　　　　　　　　　B. 比较选择
   C. 确定需求　　　　　　　　　　D. 购买决策

6. 在网络购物中,哪种展示方式能帮助消费者更直观地了解产品细节和使用效果?(　　)
   A. 文字描述　　　　　　　　　　B. 图片展示
   C. 短视频展示　　　　　　　　　D. 用户评价

7. 在网络营销中,哪个因素最能体现品牌的影响力和信任度?(　　)
   A. 产品价格　　　　　　　　　　B. 产品质量
   C. 品牌口碑　　　　　　　　　　D. 产品展示方式

8. 以下哪项不是网络消费者购买动机中的感情动机?(　　)
   A. 求新心理　　　　　　　　　　B. 求名心理
   C. 安全可靠　　　　　　　　　　D. 从众心理

9. 在网络购物中,哪种服务能有效提升消费者的购买体验和信任感?(　　)
   A. 快速配送　　　　　　　　　　B. 个性化推荐
   C. 售后保障服务　　　　　　　　D. 短视频营销

10. 哪项因素决定了网络消费者在购买过程中对产品属性和价值的综合评估?(　　)
    A. 产品价格　　　　　　　　　　B. 消费者个人偏好
    C. 品牌影响力　　　　　　　　　D. 产品展示方式

二、多选题

1. 以下哪些属于我国网络消费者的特点?(　　)
   A. 年轻人成为新增网民主力　　　　B. 注重自我与追求个性化
   C. 购物消费倾向冲动型购买　　　　D. 追求方便、快捷的消费体验

2. 影响网络消费者购买的主要社会因素包括哪些?(　　)
   A. 文化因素　　　　　　　　　　B. 社会相关群体
   C. 消费者年龄　　　　　　　　　D. 消费者经济状况

3. 网络消费者的理智动机主要包括哪些?(　　)
   A. 适用　　　　　　　　　　　　B. 经济
   C. 求新　　　　　　　　　　　　D. 安全可靠

4. 在网络营销中,影响消费者购买决策的产品因素有哪些?(　　)
   A. 产品质量和口碑　　　　　　　B. 价格与促销策略
   C. 品牌影响力与信任度　　　　　D. 消费者年龄

5. 以下哪些是影响网络消费者购买的主要交易因素?(　　)
   A. 商品价格　　　　　　　　　　B. 购物时间
   C. 商品种类　　　　　　　　　　D. 消费者性别

6. 网络消费者在购买过程中,哪些方式可以帮助他们更直观地了解产品?(　　)

A. 文字描述 B. 图片展示
C. 短视频展示 D. 用户评价
7. 网络消费者在购买后，哪些因素会影响他们的满意度？（　　）
A. 产品性能 B. 售后服务
C. 商品价格 D. 购物体验
8. 网络消费者在购买过程中，哪些因素会影响他们对产品属性和价值的综合评估？（　　）
A. 产品价格 B. 消费者个人偏好
C. 品牌影响力 D. 产品展示方式
9. 以下哪些因素决定了网络消费者在购买过程中对产品的好感度？（　　）
A. 产品质量 B. 品牌口碑
C. 促销策略 D. 购物时间
10. 网络消费者在选择购物渠道时，哪些因素是重要的考虑因素？（　　）
A. 商品价格 B. 购物时间
C. 商品种类 D. 消费者年龄

三、判断题

1. 网络消费者在购买过程中，理智动机所占比重通常大于感情动机。（　　）
2. 网络消费者的新需求中，兴趣的产生主要源自网民探索网络的内在驱动力和向往成功的内在驱动力。（　　）
3. 在网络营销中，价格是影响消费者购买决策的唯一因素。（　　）
4. 网络消费者在购买过程中，收集信息阶段主要是通过互联网进行的。（　　）
5. 网络消费者的感情动机中，求新心理主要体现在年轻消费者群体中。（　　）
6. 文化因素是影响网络消费者购买决策的重要社会因素之一。（　　）
7. 网络消费者在购买过程中，比较选择阶段主要是根据产品的价格、质量、外观等因素进行权衡和取舍。（　　）
8. 个性化推荐服务能有效提升网络消费者的购买体验和满意度。（　　）
9. 网络消费者在购买过程中，购买决策阶段主要是受到他人态度和不可预料情况因素影响。（　　）
10. 网络消费者在购买后，对产品满意度主要基于购前期望与产品被觉察到的性能之间的关系。（　　）

四、简答题

1. 简述网络消费者的主要特点及其对企业网络营销的影响。
2. 分析网络消费者需求特征中的"个性消费的回归"对企业网络营销的启示。
3. 列举并解释影响网络消费者购买行为的四个主要因素。
4. 描述网络消费者购买过程中的五个主要阶段，并说明每个阶段的特点。
5. 在京东与各家电品牌的合作案例中，有哪些成功的营销策略值得其他企业借鉴？

五、论述题

1. 论述网络消费者的购买动机对企业制定网络营销策略的影响。
2. 结合相关案例，分析论述企业在网络营销中如何提升消费者的购买体验和满意度。

六、案例分析题

欧莱雅作为全球最大的美妆集团之一,旗下拥有多个知名品牌,如兰蔻、巴黎欧莱雅、美宝莲等。随着数字化时代的到来,欧莱雅积极拥抱数字化转型,通过创新的数字营销策略和深入的消费者洞察,不断巩固和提升其在美妆市场的领先地位。

近年来,欧莱雅在数字化美妆营销领域进行了多项重要布局,具体包括以下几项:

第一,个性化美妆体验。欧莱雅利用大数据和人工智能技术,为消费者提供个性化的美妆建议和体验。例如,通过线上皮肤测试工具,消费者可以了解自己的肤质和需求,并获得针对性的产品推荐。此外,欧莱雅还推出了虚拟试妆功能,让消费者可以在线试妆,体验不同产品的效果。

第二,社交媒体与内容营销。欧莱雅充分利用社交媒体平台(如微博、微信、抖音、小红书等),发布高质量的美妆内容,包括美妆教程、产品评测、明星代言等。通过KOL(关键意见领袖)和网红合作,欧莱雅有效扩大了品牌曝光度,吸引了大量年轻消费者的关注。

第三,电商平台与直播营销。欧莱雅在各大电商平台(如天猫、京东、唯品会等)开设了官方旗舰店,提供全系列产品的在线购买服务。同时,欧莱雅还积极参与电商平台的直播营销活动,通过直播展示产品效果,与消费者实时互动,促进销售转化。

第四,消费者数据洞察。欧莱雅注重收集和分析消费者数据,通过数据洞察了解消费者的需求和偏好,为产品开发和营销策略提供科学依据。例如,欧莱雅通过分析消费者的购买记录和反馈,不断优化产品配方和包装设计,提升消费者满意度。

问题:请结合欧莱雅的数字化美妆营销与消费者的洞察策略,分析其在提升品牌吸引力、增强消费者参与感、促进销售增长方面的具体做法和成效,并探讨此策略对其他美妆品牌的启示。

参考答案

策略篇

第 5 章　网络营销产品策略

引导案例

小米 SU7 的网络营销产品策略

2024 年 3 月 28 日，小米 SU7 震撼登场，27 分钟预订破 5 万辆，24 小时预订量飙升至 88 898 辆，累计预订超 10 万辆，锁单量突破 4 万元，市场反响热烈。这一成绩的取得，离不开小米对产品策划的精心布局与对年轻消费者需求的深度挖掘。

第一，产品创新与智能化体验。小米 SU7 在产品设计上追求流线型美感与色彩多样性，9 种色系选择满足个性化需求。性能上，SU7 Pro 与 SU7 Max 版本搭载高性能电机及智能科技，满足用户对智能驾驶的期待。更重要的是，小米 SU7 深度融合小米生态，车机系统与小米 Pad 等智能设备无缝连接，打造极致智能化体验，引领行业潮流。

第二，精准定位与高性价比策略。小米 SU7 以"50 万元以内最美、最好开、最智能的高品质轿车"为定位，直击年轻消费者痛点。在定价上，小米巧妙运用"锚定价格"原理，基础版定价 21.59 万元，较特斯拉 Model 3 入门款低出近 3 万元，既符合年轻消费者的预算，又凸显了高性价比优势。同时，通过提供额外服务及雷军"卖一台亏一台"的诚恳表态，进一步增强了消费者的购买意愿和信任感。

第三，营销创新与用户情感连接。小米 SU7 的营销策略堪称"雷式营销"的典范。通过外观借势保时捷、售价对标特斯拉等策略，巧妙吸引市场关注。雷军作为品牌代言人，亲自参与营销活动，如首批交付时亲自为车主开门，增强了品牌亲和力和用户归属感。同时利用明星效应和路透式营销，持续制造话题，保持市场热度。在营销过程中，小米注重与用户建立情感连接，通过社交媒体、KOL 合作等方式，将产品优势转化为用户口碑，形成良性循环。

第四，全生命周期管理与生态拓展。小米 SU7 的产品策划不仅关注售前阶段，更注重全生命周期的管理。从产品开发到售后，小米都进行了精心规划，确保用户在整个使用过程中都能享受到优质的服务。同时，小米积极拓展汽车生态，与小米生态链企业深度合作，为用户提供更多元化的智能产品和服务。这种生态拓展策略不仅提升了产品的附加值，而且为小米汽车的未来发展奠定了坚实基础。

小米 SU7 的成功是产品策划与市场营销共同作用的结果。通过对年轻消费者需求的深度洞察和精准满足，小米成功打造了一款备受瞩目的高品质轿车。未来，小米将继续秉承"以用户为中心"的理念，不断创新产品与服务，深化与用户的情感连接，推动小米汽车品牌持续向前发展。

资料来源：恪尔品牌管理，案例链接：https://www.bilibili.com/read/cv33638372/

5.1 网络营销产品概述

网络营销产品的成功，往往在于其能否精准把握并满足消费者的核心需求。这要求企业在设计和推广产品时，不仅要注重产品的核心利益层次，即产品能够提供给消费者的基本效用或益处，还要深入挖掘并满足消费者的期望、延伸和潜在需求。

5.1.1 网络营销产品的内涵

网络营销产品是一个多维度、多层次的综合体，它不仅包含了传统实体商品，还广泛涵盖了虚拟产品、服务、思想、知识、信息、技术以及娱乐等有形和无形的产品。网络营销的实质是营销活动，其本质仍然是商品交换，但其营销手段则更多地依赖于互联网平台和工具。

在网络营销中，产品被赋予了更多的层次和内涵。具体来说，网络营销产品可以分为五个层次，如图 5-1 所示。

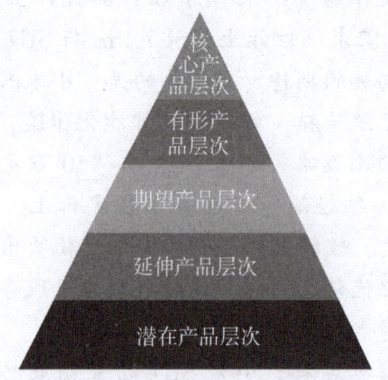

图 5-1 网络营销产品五个层次

5.1.1.1 核心产品层次

这是产品能够提供给消费者的基本效用或益处，是消费者真正想要购买的基本效用或益处，它构成了产品的核心价值。

5.1.1.2 有形产品层次

这是产品在市场上出现时的具体物质形态，包括产品的品质、特征、式样、商标、包装等方面。这一层次是核心利益的物质载体，也是消费者能够直接感知到的部分。

5.1.1.3 期望产品层次

在网络营销中，顾客处于主导地位，他们对产品有不同的期望和需求。因此，产品的设计和开发必须满足顾客的个性化消费需求,以达到他们的期望。

5.1.1.4 延伸产品层次

这是指产品的增值服务,即生产者或经营者为购买者提供的额外服务或产品,以帮助他们更好地使用核心利益和服务。

5.1.1.5 潜在产品层次

这是指在延伸产品层次之外,由企业提供能够满足顾客潜在需求的产品层次。它主要是产品的一种增值服务,但与延伸产品的主要区别在于,即使顾客没有潜在产品层次,他们仍然可以很好地使用产品的核心利益和服务。

此外,网络营销产品的内涵还包括了产品的特性,如新奇性、稀有性、质量容易控制、附加值较高、价格相对便宜、具有独特性和时尚性等。这些特性使得网络营销产品能够更好地满足消费者的需求,提升产品的市场竞争力。

> **资料分享**
>
> **设计延伸产品注意的事项**
>
> (1) 任何延伸产品都将增加企业的成本,因此营销人员在设计延伸产品时并非越多越好,而应考虑顾客是否愿意承担由此产生的额外费用。
>
> (2) 延伸产品给予顾客的利益将很快转化为顾客的期望利益。这种现象是竞争促成的,其原因是竞争者为了吸引顾客而不断地向顾客提供延伸产品。因而延伸产品的设计并不是一劳永逸的,而应该根据顾客的需要和竞争者的动态不断改进。
>
> (3) 由于延伸产品提高了产品的价格,因而促使了某些竞争者剔除了所有延伸产品,以求大幅度降低产品价格,吸引顾客。就像是与五星级豪华宾馆同时存在的设施简单的廉价旅馆一样,这些小旅店以低廉的价格满足了旅客在吃和住方面最基本的需要。
>
> 资料来源:产品延伸(百度百科)(baidu.com)

5.1.2 网络营销产品的特点

网络营销产品具有诸多显著特点,这些特点不仅使其区别于传统营销方式,还为企业提供了更广泛的市场机遇和高效的品牌推广策略。以下是网络营销产品的几个核心特点:

5.1.2.1 互动性

互动性是指网络营销产品能够提供用户与品牌之间的双向交流和沟通。通过在线客服、社交媒体、电子邮件等多种渠道,用户可以随时与品牌进行互动,提出问题、反馈意见或分享体验。这种互动性有助于增强用户对品牌的认知和信任感,提高用户忠诚度和参与度。

5.1.2.2 全球性

全球性是指网络营销产品能够覆盖全球范围内的潜在客户。通过互联网的全球覆盖,企业可以将产品或服务推广到世界各地,吸引全球范围内的潜在客户。这种全球性有助于企业拓展国际市场,提高品牌知名度和影响力。

5.1.2.3 低成本高效益

低成本高效益是指网络营销产品在推广过程中具有较低的成本和较高的回报率，相比传统营销方式，网络营销的成本较低，包括人力成本、广告费用等方面都较低，同时，网络营销的传播速度快、覆盖面广，能够迅速提高品牌知名度和销售额。

5.1.2.4 个性化与定制化

个性化与定制化是指网络营销产品能够根据用户的个性化需求进行定制化服务。企业可以通过收集用户数据和信息，了解用户的偏好和需求，为用户提供定制化的产品或服务。这种个性化与定制化服务能够满足用户的独特需求，提高用户满意度和忠诚度。

5.1.2.5 创新性与灵活性

网络营销产品还具备创新性与灵活性的特点。随着技术的不断进步和消费者需求的变化，网络营销产品需要迅速适应变化的市场需求。企业利用最新的互联网技术和工具，如人工智能、大数据等，不断创新营销手段和产品形式，以满足消费者日益增长的个性化需求。同时，网络营销的灵活性也体现在其能够快速调整营销策略和产品定位，以适应市场变化和消费者反馈。这种创新性与灵活性使得网络营销产品能够在激烈的市场竞争中保持领先地位，不断吸引和留住消费者。

5.1.2.6 数据驱动与实时反馈

数据驱动与实时反馈是指网络营销产品能够通过数据分析进行实时调整和优化。企业可以通过数据监测和分析工具，了解用户的行为和反馈，及时调整营销策略和优化产品。这种数据驱动与实时反馈有助于提高营销效果和用户体验。

5.1.3 网络营销产品的分类

网络营销产品的分类方式多样，如按创新程度分类，可分为新发明产品、改进产品、仿制产品、换代产品、重新定位的产品等；按服务对象和需求分类，可分为电商类产品、社交类产品、内容类产品、工具类产品和娱乐类产品等。按照产品性质不同，可分为实体产品和虚体产品，如表5-1所示。这些分类方式有助于企业更清晰地理解网络营销产品的特点和市场定位。

表5-1 网络营销产品的分类

产品形态	产品种类		具体产品
实体产品	普通产品		生活消费品、生产资料产品、一次性消耗品等实体产品
虚体产品	数字产品		电子书籍、网络游戏、在线课程等软件产品
	服务产品	普通服务	外卖服务、家政服务、维修服务、公共交通服务等
		信息咨询服务	管理咨询服务、技术咨询服务、市场调研服务、法律咨询服务等

5.1.3.1 实体产品

实体产品即具有具体物理形态的物质产品。网络上销售实体产品的流程相较于传统购物方式存在显著差异。传统的面对面交易模式被打破，取而代之的是买卖双方通过网络平

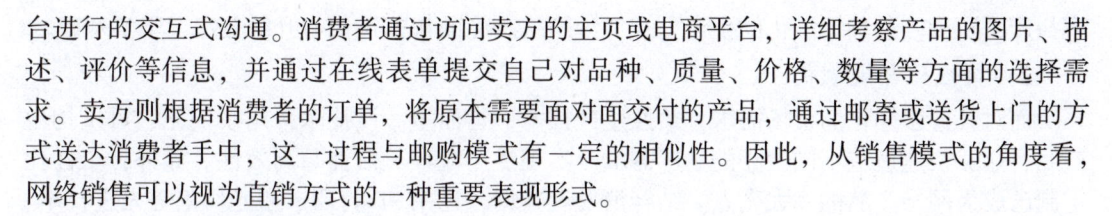

台进行的交互式沟通。消费者通过访问卖方的主页或电商平台，详细考察产品的图片、描述、评价等信息，并通过在线表单提交自己对品种、质量、价格、数量等方面的选择需求。卖方则根据消费者的订单，将原本需要面对面交付的产品，通过邮寄或送货上门的方式送达消费者手中，这一过程与邮购模式有一定的相似性。因此，从销售模式的角度看，网络销售可以视为直销方式的一种重要表现形式。

5.1.3.2 虚体产品

虚体产品与实体产品的本质区别在于虚体产品通常不具备具体的物理形态。即便它们在某些情况下呈现出一定的形态，那也是通过其载体（如光盘、数字平台等）来体现的，而产品本身的性质和性能则需要通过其他方式（如使用说明、演示视频等）来展现。在网络上销售的虚体产品，主要可以分为软件和服务两大类。软件类包括计算机系统软件、应用软件等，这些软件产品通常具有高度的技术性和功能性，能够满足消费者的特定需求。网上软件销售商往往会提供一段时间的试用期，让消费者能够充分体验软件的功能和性能，并根据试用反馈决定是否购买。优质的服务类产品同样能够迅速吸引并留住消费者，通过提供高效、便捷、个性化的服务体验，赢得消费者的青睐和信任。

综上所述，无论是实体产品还是虚体产品，网络营销都为其提供了更为广阔的市场空间和销售机会。同时，网络营销也需要充分考虑产品的特性和消费者的需求，制定合适的营销策略和销售方案，以实现最佳的市场效果和经济效益。

5.2 网络产品的设计生产

在数字化时代，网络产品的设计与生产领域正经历着前所未有的变革。这一过程不仅依赖于持续的技术创新，还深刻融入了可持续发展的理念。技术创新为网络产品带来了更高效、更智能的设计与生产方式，而可持续发展的原则确保了这些创新在环境保护、资源节约等方面取得平衡。

5.2.1 网络产品的技术创新

5.2.1.1 技术创新概述

当今网络产品的技术创新已经迈入了一个全新的阶段。随着大数据、人工智能、云计算、物联网以及5G通信技术的深度融合与快速发展，网络产品正经历着前所未有的变革。技术创新不仅体现在产品功能的丰富与性能的提升上，更在于通过算法优化、数据挖掘、智能分析等手段，为用户提供更加个性化、智能化的服务体验。网络产品的技术创新具体表现在三个方面。

1) 数字化与智能化

数字化设计已成为网络产品设计的重要趋势。利用CAD（计算机辅助设计）、BIM（建筑信息模型）等先进技术，设计师能够以前所未有的精准度和效率创建产品模型。这些技术不仅显著提升了设计效率，还为后期的生产与管理提供了极大便利。在智能化生产方面，物联网、大数据、人工智能等技术的融合应用，使得生产流程实现了高度自动化与智能化。智能工厂通过实时监控生产状态，能够自动优化资源配置，从而大幅提高生产效率与产品质量。这种智能化的生产方式，为网络产品的快速迭代与升级奠定了坚实基础。

2）柔性化与定制化

面对日益多样化的市场需求，柔性生产技术应运而生。该技术采用模块化、可重构生产线，能够快速适应不同产品的生产需求，实现生产流程灵活性与高效性。此外，个性化定制已成为网络产品的一大亮点。结合消费者数据，运用3D打印、激光切割等先进技术，企业能够为消费者提供独一无二的个性化产品，精准满足其独特需求。这种以消费者为中心的设计理念，不仅增强了产品的市场竞争力，而且促进了制造业的转型升级。

3）虚拟现实与增强现实

VR/AR技术在网络产品设计与营销阶段的应用日益广泛。通过虚拟现实（VR）技术，消费者可以在虚拟环境中体验产品的使用效果，从而获得更直观、真实的感受。而增强现实（AR）技术则能够将产品信息以三维图像的形式呈现在消费者眼前，极大提升了产品的吸引力与购买转化率。这种沉浸式体验方式，不仅为消费者带来了前所未有的购物体验，而且为网络产品的推广与销售开辟了新的途径。

在网络产品的技术创新中，C2M模式及个性化定制是网络产品设计生产中的两大创新模式。它们不仅提高了生产效率，降低了生产成本，还极大地满足了消费者的个性化需求。随着技术的不断进步和消费者需求的日益多样化，这两种模式将在未来发挥更加重要的作用，推动网络产品设计与生产行业的持续发展。

5.2.1.2　C2M模式：重塑生产流程

C2M模式，即顾客对工厂模式，是一种新型的电子商务互联网商业模式，它从根本上改变了传统供应链的结构，实现了从消费者到制造商的直接连接。C2M模式通过去除中间环节，使消费者能够直接参与到产品的设计和生产过程中，从而满足其日益增长的个性化需求。这一模式的核心在于用户直连制造商，即消费者直达工厂，强调制造业与消费者的直接衔接。在C2M模式下，消费者不再是被动接受者，而成了产品定制的主导者。

1）C2M模式重塑生产流程

C2M模式重塑生产流程表现在两个方面：一方面是需求收集与定制化生产。消费者通过在线平台提交自己的需求，这些需求涵盖了产品的功能、外观、性能等多个方面。平台利用大数据技术对消费者需求进行分析和预测，为制造商提供生产决策支持。制造商根据这些需求进行定制化生产，确保每一件产品都能精准满足消费者的期望。同时，利用人工智能技术对生产流程进行优化，提高生产效率和产品质量。另一方面是技术与管理革新。C2M模式需要在供给侧进行柔性生产改造，包括技术升级和管理革命。技术升级涉及数据打通、软件系统互联以及生产线数字化、智能化改造；管理革命则要求以更灵活、更动态的人员组织形态支撑柔性制造的实现。通过这些革新，C2M模式使得传统商品的生产制造能够像软件一样实现快速迭代升级，是对供给侧的深层次改造。

2）C2M模式优势

C2M模式优势表现在四个方面：

（1）减少库存积压与降低成本。C2M模式实现了按需生产，因此大大减少库存积压，降低生产成本。制造商可以根据消费者的实际需求进行生产，避免了过度生产和资源浪费。

（2）提高生产效率与响应速度。通过大数据和人工智能技术的应用，制造商可以更加高效地组织生产活动。同时C2M模式使得制造商能够快速响应消费者的需求变化，提高市场竞争力。

（3）满足个性化需求与提升用户满意度。C2M 模式允许消费者参与到产品的设计和生产过程中，从而满足其个性化需求。这种参与感不仅提升了用户的满意度，还增强了消费者对品牌的忠诚度。

（4）推动产业升级与变革。C2M 模式不仅提高了制造企业的生产率，还推动了企业生产线、供应链、内部管理制度乃至整个商业模式的变革。它使得制造业能够更直接地面对用户需求，实现快速迭代和升级。

C2M 模式已经在多个行业取得了显著成效，如家居建材、电子产品、食品饮料等。这些行业通过 C2M 模式实现了精准生产，提高了销售效率和用户满意度。未来，随着技术的不断进步和消费者需求的日益多样化，C2M 模式有望在更多领域得到广泛应用和推广，进一步推动电商与制造业的革新与发展。

5.2.1.3　个性化定制：满足独特需求

个性化定制是网络产品设计生产中的重要趋势，尤其在消费者需求日益多样化的今天，网络产品必须更加注重满足消费者的独特需求，提供个性化的产品和服务。

个性化定制的实现离不开先进的技术支持。例如，3D 打印技术能够根据消费者的具体需求，快速且精确地制造出个性化的产品，从汽车配件到珠宝饰品，3D 打印技术都展现了其在个性化定制方面的巨大潜力。同时，大数据分析技术在个性化定制中也扮演着至关重要的角色。通过分析消费者的购买历史、浏览行为、社交媒体活动等数据，制造商可以深入了解消费者的偏好和需求，从而设计出更符合消费者期望的产品。此外，人工智能技术的应用进一步提升了个性化定制的效率和质量。在生产过程中，人工智能技术可以进行智能调度和优化，确保产品能够按时、按质完成，同时减少资源浪费，提高生产效率。

个性化定制已经广泛应用于多个领域。在服装行业，消费者可以根据自己的身材尺寸、风格偏好甚至特定场合的需求，定制独一无二的服装。这种定制服务不仅满足了消费者对个性化的追求，还提升了购物体验，增强了品牌忠诚度。在家居领域，个性化定制同样受到了消费者的热烈欢迎。从家具到装饰品，消费者可以根据自己的家居风格、空间大小以及个人喜好进行定制，打造出既符合实用需求又具有个性特色的家居环境。此外，在电子产品领域，个性化定制也逐渐成为趋势。消费者可以选择不同的配置、颜色甚至外观材质，以满足自己的独特需求。

综上所述，个性化定制作为网络产品设计生产中的重要趋势，不仅满足了消费者的多样化需求，还推动了相关技术的创新和应用。随着技术的不断进步和消费者需求的持续升级，个性化定制将在更多领域展现出其巨大的市场潜力和价值。

资料分享

红领集团的个性化定制实践

红领集团是一家专注于服装个性化定制的企业。它利用 3D 量体技术、大数据分析技术等先进技术，为消费者提供精准的个性化定制服务。消费者可以通过在线平台提交自己的身材数据、喜好等信息，红领集团则根据这些信息为消费者量身定制服装。红领集团的个性化定制实践不仅提高了消费者的购物体验，还推动了服装行业的转型升级。它的成功经验表明，个性化定制是未来网络产品设计生产的重要发展方向。

5.2.2 网络产品的可持续发展

网络产品的可持续发展是指在产品的设计和开发过程中，需全面考虑产品的环境影响、资源利用效率以及社会经济效益，通过采用绿色技术、优化产品生命周期管理、增强产品的可扩展性和可升级性等措施，确保网络产品能够在满足当前用户需求的同时，减少对环境的不良影响，降低资源消耗，并为未来的技术创新和市场需求留下足够的空间，从而实现网络产品长期的、稳定的、环境友好的发展。具体内容包括两个方面：

5.2.2.1 绿色设计与生产

在网络产品的设计与生产过程中，环保材料的选择至关重要。采用可回收、可降解的材料进行生产，能够显著减少对环境的影响。同时，节能降耗也是实现绿色生产的关键。通过优化生产流程、提高能源利用效率、减少废弃物排放等措施，企业能够在保证产品质量的同时，降低对环境的负担。这种绿色设计与生产方式，不仅符合可持续发展的理念，而且有助于提升企业的社会形象和市场竞争力。

5.2.2.2 循环经济与再利用

建立产品回收机制是实现循环经济的重要手段之一。通过对废旧产品进行回收再利用，企业能够延长产品生命周期，减少资源浪费。此外，升级再造也是实现资源循环利用的有效途径。通过技术创新，将废旧产品升级为新产品或改造成其他用途的产品，不仅能够为企业创造新的价值，还能够促进资源的循环利用和经济的可持续发展。

随着互联网技术的不断进步和消费者需求的多样化，网络产品设计与生产模式正经历创新，C2M 模式及个性化定制成为两大亮点。C2M 模式直接连接消费者与制造商，消除中间环节，使产品快速响应市场需求并降低成本，同时让消费者参与产品设计，满足个性化需求。个性化定制则运用 3D 打印、激光切割等先进技术，结合大数据分析，为消费者提供独特产品体验。这些创新模式提升了消费者满意度和忠诚度，推动制造业转型升级和可持续发展。

5.3 网络产品的生命周期

5.3.1 产品生命周期的概念及其阶段划分

5.3.1.1 产品生命周期的概念

产品生命周期（Product Life Cycle，PLC）是指某产品从进入市场到被淘汰退出市场的全部运动过程，这一过程受需求与技术的生命周期的深刻影响。它反映了产品在市场上的存在时间及其价值变化，是企业制定营销策略、进行产品管理和资源分配的重要依据。

5.3.1.2 产品生命周期的四个阶段

产品生命周期通常分为以下四个阶段，如图 5-2 所示。

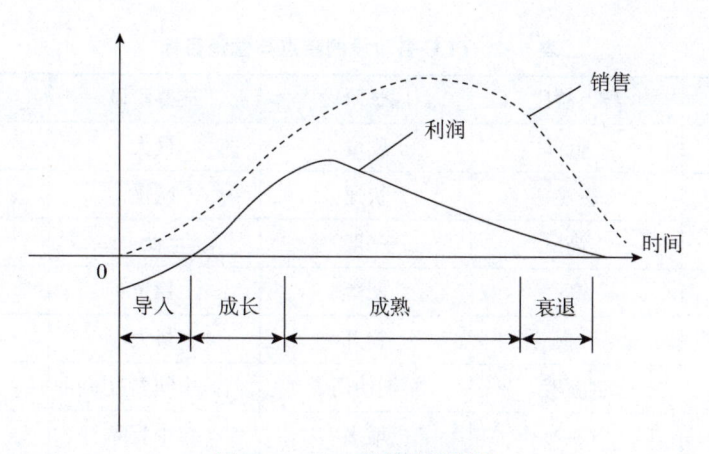

图 5-2 PLC 及其阶段划分

1) 导入阶段（Introduction Stage）

这是产品首次进入市场的阶段。在此阶段，产品可能还未被广大消费者熟知，销售量相对较低。企业需要投入大量的资源进行市场调研、产品推广和品牌宣传，以吸引消费者的注意力并建立产品形象。由于生产规模尚未形成，成本可能较高，因此企业可能面临亏损的风险。

2) 成长阶段（Growth Stage）

随着产品逐渐被市场接受，销售量开始迅速增长。此时，产品已经具备了一定的市场竞争力，企业开始扩大生产规模，降低成本，提高利润。同时，竞争对手也可能开始进入市场，企业需要密切关注市场动态，及时调整营销策略，以保持竞争优势。

3) 成熟阶段（Maturity Stage）

当产品进入成熟期时，市场需求趋于饱和，销售量增长缓慢甚至开始下降。此时，企业需要更加注重产品的品质和服务，以维持市场份额。同时，企业还需要通过创新来寻找新的增长点，如开发新功能、优化用户体验等。在这一阶段，竞争尤为激烈，企业需要密切关注竞争对手的动态，及时调整战略。

4) 衰退阶段（Decline Stage）

随着技术的发展和消费者需求的变化，产品可能逐渐失去市场竞争力，销售量急剧下降。此时，企业需要考虑是否继续投资该产品，或者转向新的产品领域。在衰退阶段，企业可能需要通过降价、促销等手段来清理库存，回收资金。同时，企业还需要关注新产品的研发和市场推广，以确保企业的持续发展。

综上所述，产品生命周期是企业制定营销策略、进行产品管理和资源分配的重要依据。企业需要密切关注产品生命周期的各个阶段，以及时调整战略，确保产品的市场竞争力和企业的持续发展。

5.3.2 产品生命周期各阶段的特征与营销策略

产品生命周期分为导入、成长、成熟和衰退四个阶段，每个阶段的特征与营销策略各不相同。各阶段的特点与营销目标如表 5-2 所示。

表 5-2　PLC 各阶段的特点与营销目标

阶段	导入阶段	成长阶段	成熟阶段	衰退阶段
售量	低	剧增	最大	衰退
销售速度	缓慢	快速	减慢	负增长
成本	高	一般	低	回升
价格	高	回落	稳定	回升
利润	亏损	提升	最大	减少
顾客	创新者	早期使用者	中间多数	落伍者
竞争	很少	增多	稳中有降	减少
营销目标	建立知名度，鼓励试用	最大限度地占有市场	保护市场，争取最大利润	压缩开支，榨取最后价值

5.3.2.1　导入阶段的特点与营销策略

1）导入阶段的特点

导入阶段是一个充满挑战与机遇并存的阶段。营销成本高昂，企业需要通过各种渠道和方式进行宣传推广，以提高产品知名度和吸引潜在用户。此外，市场需求尚未稳定，企业需要密切关注市场动态，及时调整策略以适应变化。尽管面临诸多挑战，但导入阶段也是企业迅速占领市场份额、建立品牌优势和塑造产品形象的关键时期，通过精准的市场定位和有效的营销策略，企业可以为后续的发展奠定坚实基础。导入阶段的市场主要有 7 个特点：

（1）消费者对该产品不了解。由于产品刚刚进入市场，大部分消费者对新产品持观望态度，不愿轻易放弃或改变自己以往的消费行为，因此销售量相对较小。这进一步增加了单位产品的成本，因为固定成本需要在较少的产品上分摊。

（2）尚未建立理想的营销渠道和高效率的分配模式。在导入阶段，企业往往还在摸索最适合的营销渠道和分配模式，这可能导致销售不畅和效率低下。

（3）价格决策难以确立。企业面临两难选择，高价可能限制购买量，而低价则可能难以覆盖成本。因此，价格决策成为导入阶段的一个关键挑战。

（4）广告费用和其他营销费用开支较大。为了迅速提高产品知名度和吸引消费者试用，企业需要投入大量资金进行广告宣传和促销活动。

（5）产品技术、性能还不够完善。导入阶段的产品往往还在不断迭代和优化中，技术性能和用户体验可能尚未完全成熟。

（6）利润较少，甚至出现经营亏损。由于销售量小、成本高以及营销费用大，企业在导入阶段往往难以实现盈利，甚至可能出现亏损，这使得企业承担的市场风险最大。

（7）市场竞争者较少。在导入阶段，由于新产品刚刚面世，市场上往往还没有出现直接的竞争对手，这使得企业有机会迅速占领市场份额。

从价格和促销费用考虑，导入阶段的营销策略需要精心策划，以平衡市场渗透与利润最大化。企业需要根据产品特性、市场需求、竞争环境以及企业的长远规划来综合考量营销策略，确保在导入阶段既能有效控制成本，又能为后续的市场增长奠定坚实基础。

2) 导入阶段的营销策略

（1）快速撇脂策略。即以高价格和高促销费用推出新产品。实行高价格是为了在每一单位销售额中获取最大的利润，而高促销费用则是为了引起目标市场的注意，加快市场渗透。

（2）缓慢撇脂策略。即以高价格和低促销费用将新产品推入市场。这种策略可以使企业在保持高价格的同时，减少促销费用的支出，从而获得更多利润。

（3）快速渗透策略。即以低价格和高促销费用推出新产品。这种策略的目的在于先发制人，以最快的速度打入市场，给企业带来最快的市场渗透率和最高的市场占有率。

（4）缓慢渗透策略。即企业以低价格和低促销费用推出新产品。低价格是为了促使市场迅速地接受新产品，而低促销费用则可以实现更多的利润。这种策略适用于市场需求价格弹性较高，而促销弹性较小的情况。

综上所述，企业在制定导入阶段的营销策略时，应综合考虑产品特性、市场需求、竞争状况以及企业自身的资源和能力，从而选择最适合的价格和促销费用组合。

5.3.2.2 成长阶段的特点与营销策略

1) 成长阶段的特点

在产品生命周期的成长阶段，市场呈现出一系列独特的特点，企业需要有针对性地制定营销策略以把握机遇、应对挑战。

（1）销售量增长迅速。随着消费者对新产品逐渐熟悉，其接受度和信任度增加，销售量迅速增长。这一阶段的消费者往往更愿意尝试新产品，并分享其使用体验，从而进一步推动市场扩张。

（2）市场竞争加剧。由于产品市场的潜力被广泛认可，大量竞争者涌入，包括新进入者和现有企业的产品线扩展。这导致市场份额争夺激烈，企业需要不断创新以保持竞争优势。

（3）产品技术成熟。经过初期的技术探索和试错，产品已逐渐定型，技术工艺趋于成熟稳定。这为大规模生产和成本控制提供了有利条件。

（4）营销渠道比较完善。随着市场的拓展，企业已建立起相对稳定理想的营销渠道，包括线上线下的销售网络、合作伙伴关系等，为产品推广提供了坚实基础。

（5）价格竞争加剧。随着市场竞争加剧和产能提升，产品价格趋于下降。企业需要寻找降低成本、提高效率的途径，以维持利润空间。

（6）促销费用占比下降。虽然促销费用绝对值可能保持稳定或略有增加，但由于销售额的大幅增长，促销费用占销售额的比率逐渐下降。这表明企业营销效率在提升，单位营销成本降低。

（7）利润峰值临近。由于单位生产成本的快速下降和销量的持续增长，企业利润逐步达到最高峰。然而，这也预示着市场即将进入成熟期，利润增长空间将逐渐缩小。

2) 成长阶段的营销策略

在成长阶段，企业的营销策略应聚焦于巩固和扩大市场份额，通过持续优化产品以满足消费者日益增长的多样化需求，强化品牌形象以建立品牌忠诚度和偏好，同时灵活调整价格策略以吸引更多顾客并保持竞争力。

(1) 提升产品质量与创新。根据用户反馈和市场趋势，不断优化产品性能，推出新款式、新型号，并探索产品的新用途。通过技术创新和差异化策略，满足消费者日益多样化的需求。

(2) 强化品牌形象建设。促销策略应从单纯的产品知名度提升转向品牌形象的塑造。通过高质量的广告、公关活动、社交媒体营销等手段，建立品牌偏好，增强消费者对品牌的忠诚度和信任感。同时，积极争取新顾客，扩大市场份额。

(3) 拓展销售渠道与市场。重新评估现有渠道的有效性，巩固并优化与关键渠道合作伙伴的关系。同时，积极探索新的销售渠道和市场机会，如线上电商平台、海外市场等，以扩大产品销售范围。

(4) 灵活调整价格策略。根据市场竞争态势和成本变化情况，适时调整产品价格。在保持利润水平的同时，通过价格优惠、捆绑销售等策略吸引更多消费者。同时，关注价格敏感度较高的消费者群体，制定差异化的价格策略。

(5) 加强客户关系管理。建立完善的客户关系管理系统，收集并分析客户数据，了解客户需求和偏好。通过个性化的营销服务和优质的售后服务，提高客户满意度和忠诚度，促进口碑传播和复购率提升。

5.3.2.3 成熟阶段的特点与营销策略

1) 成熟阶段的特点

在成熟阶段，市场和企业均呈现出一系列显著且独特的特点，这些特点对于制定有效的营销策略至关重要，以下是对成熟阶段特点的详细叙述。

(1) 市场规模稳定且增长放缓。在成熟期，市场上的消费者群体相对稳定，市场规模增长速度明显放缓或趋于平稳。此时各品牌之间的市场份额较为固定，竞争格局也相对明确。

(2) 消费者行为理性化。消费者对产品或服务的认知程度较高，购买决策更加理性化，他们往往会对产品的性能、价格、品牌、售后服务等因素进行全面比较，再做出购买决策。

(3) 竞争激烈且同质化严重。成熟期市场竞争异常激烈，产品同质化现象严重。各大品牌通过不断推陈出新、优化服务、加强宣传等手段争夺市场份额，这可能导致广告宣传、价格竞争等市场活动变得更为频繁和激烈。

(4) 价格战频繁且利润空间压缩。为争夺市场份额，企业间常进行价格战，导致利润空间被严重压缩。此时，企业需要寻找新的增长点，如拓展新的应用领域、开发新的用户群体等。

(5) 技术相对稳定且创新空间小。在产品成熟期，技术已经相对稳定，新的技术突破对产品的影响较小。因此，企业需要寻找其他方式来保持市场竞争力，如通过产品创新、品牌建设等手段来打破僵局。

2) 成熟阶段的营销策略

成熟阶段的营销策略主要是围绕维持并扩大市场份额，尽量延长产品市场寿命这一目标展开的，其核心在于对市场和产品进行持续改进和创新。在成熟阶段，市场呈现出竞争激烈、消费者行为理性化、增长速度放缓等特点。为了应对这些挑战，企业可采用下面的营销策略。

(1) 产品创新与优化。尽管在成熟期，创新空间相对较小，但企业仍需不断进行产品创新和优化。通过改进产品性能、增加新功能、优化用户体验等方式，企业可以保持产品的竞争力，吸引消费者。同时，创新也是打破市场僵局、寻找新增长点的关键。

（2）品牌建设与提升。品牌是企业在市场中的名片，对于维持和扩大市场份额至关重要。在成熟期，企业应加强品牌形象的塑造和传播，通过广告宣传、公关活动、口碑营销等手段提升品牌知名度和美誉度。同时，建立品牌故事，强化品牌与消费者之间的情感连接，增强消费者对品牌的信任感和忠诚度。

（3）市场营销组合优化。企业应通过市场调研了解消费者的需求和偏好，制定合理的价格策略。同时，拓展销售渠道，利用网络销售等新兴渠道增加市场份额。此外，开展有效的促销活动，如限时优惠、买赠活动等，刺激消费者的购买欲望。通过优化市场营销组合（产品、价格、渠道、促销），企业可以提高销售业绩，增强市场竞争力。

（4）提高客户服务水平。在成熟阶段，提高客户服务水平是提高市场份额和客户忠诚度的重要手段。企业应建立完善的客户服务体系，提供优质的售前、售中和售后服务。通过客户关怀计划、建立客户档案等方式，了解客户需求和反馈，及时解决客户问题，提升客户满意度和忠诚度。

（5）拓展市场和开发新用户。尽管成熟阶段的市场增长速度放缓，但企业仍需积极拓展市场和开发新用户。通过拓展国际市场、开发新细分市场或推出新产品线等方式，寻找新的增长点。同时，关注年轻消费者群体，了解他们的需求和消费习惯，开发符合他们需求的产品和服务，以保持企业的市场活力和竞争力。

5.3.2.4 衰退阶段的特点与营销策略

1) 衰退阶段的特点

在产品生命周期的衰退阶段，市场呈现出一系列显著的特点，这些特点不仅反映了产品市场地位的下滑，也预示着企业需要采取新的营销策略来应对。

（1）产品销售量急剧下降。随着消费者兴趣的转移和替代品的出现，产品销售量从缓慢下降逐渐转变为迅速下降。这一趋势表明产品已进入市场饱和或过时阶段，需求大幅减少。

（2）价格降至最低水平。为了刺激销售，企业往往不得不通过降价来吸引消费者。然而，这种降价策略往往只能带来短暂的销量提升，随后价格将稳定在较低水平，甚至可能进一步下滑。

（3）企业利润大幅缩减。由于销量下降和价格竞争，多数企业发现难以维持盈利，甚至开始亏损。这导致许多企业被迫退出市场，以减少损失。

（4）服务与促销预算削减。留在市场上的企业为了降低成本，往往被迫减少产品附加服务，如售后服务、技术支持等，并削减促销预算，以维持最低水平的经营。

2) 衰退阶段的营销策略

面对衰退阶段的市场特点，企业需要采取灵活有效的营销策略来应对，以下是常见策略：

（1）集中策略。企业应将资源集中在最有利的细分市场、最有效的销售渠道和最易销售的品种、款式上。通过精准定位，企业可以更有效地满足特定消费者的需求，提高市场占有率。

（2）维持策略。在某些情况下，企业可能选择保持原有的细分市场和营销组合策略，以维持销售在一个低水平上。这种策略比较适用于那些仍有一定市场需求,但增长潜力有限的产品。

(3) 榨取策略。为了增加眼前利润,企业可以大大降低销售费用,如减少广告投入、精简销售团队等。然而,这种策略往往以牺牲长期利益为代价,因此应谨慎使用。

综上所述,产品衰退阶段的市场特点要求企业采取灵活多变的营销策略来应对。通过集中资源、维持现状或榨取短期利润,企业可以在这一阶段找到适合自己的生存之道。然而,无论采取何种策略,企业都应密切关注市场动态和消费者需求的变化,以便及时调整策略并抓住新的市场机遇。

5.4　网络营销的品牌策略

在网络营销中,产品与品牌之间的关系是相辅相成、不可分割的。产品是品牌的基础和核心,其质量、功能、设计以及用户体验直接决定了品牌的市场竞争力和消费者口碑。品牌则是对产品特性和价值的集中体现。企业通过独特的品牌形象、故事和文化内涵,与消费者建立情感连接,增强产品的辨识度和记忆点。优质的产品能够支撑起品牌的正面形象,而强有力的品牌又能为产品提供信誉背书,促进销售转化和市场份额的提升,两者在网络营销中相互依存、共同推动企业的长期发展。

5.4.1　品牌与品牌价值

5.4.1.1　品牌概述

品牌是一种由名称、术语、标记、符号或图案相互组合而成的识别标志,它不仅是一种精神象征和价值理念,更是组织及其提供的产品或服务有形与无形的综合呈现。品牌是品质优异的核心体现,能够使企业与竞争对手的产品或服务区分开来。与品牌相关的概念包括品牌名称、品牌标志和商标。

品牌名称是品牌中可以用语言称呼的部分,由一个字或一组文字组成。例如,可口可乐、星巴克、无印良品等是外国著名的品牌名称,华为、海尔等则是我国著名的品牌名称。

品牌标志是品牌中易于记忆但不能用言语称谓的部分,包括符号、图案、明显的色彩或字体,是一种视觉语言,又称品标。它通过特定的图案和颜色向消费者传递信息,以实现品牌识别和促进销售的目的。例如,苹果电脑的被咬了一口的苹果标志、耐克品牌的红色一勾标志、海尔冰箱的两个小孩标志等。

商标是用于区别一个经营者的品牌或服务与其他经营者的品牌或服务的标记。商标经商标局核准注册,包括商品商标、服务商标、集体商标和证明商标。商标注册人享有商标专用权,受法律保护。如果是驰名商标,还将获得跨类别的商标专用权法律保护。

从上述几个概念可以看出,品牌与商标既有联系又有区别,商标是品牌的基本组成部分,是品牌的识别标识,二者是整体与部分的关系。

5.4.1.2　品牌价值

品牌价值是品牌管理的核心内容,它代表了品牌在市场中的竞争力和财务潜力。品牌价值的概念可以从以下几个方面理解：从财务角度看，品牌价值是指品牌所具有的财务价值，能够用货币金额表示，反映了品牌在市场交易中的价值。从竞争优势方面看，品牌价值体现在品牌与同类竞争品牌的差异上，是品牌资产的主要体现，也是品牌的核心竞争力所在。从消费者认知角度看，品牌价值基于消费者对品牌的认知，涵盖品牌在市场上的声誉、名称、调性、产品、信息传递以及消费者忠诚度等方面。从品牌建设方面看，品牌价值与品牌建设的四段里程相关，即品牌知名度、认知度、联想度和忠诚度，这些都是构建品牌价值的关键步骤。从品牌文化层面看，品牌价值观是品牌文化的核心，代表了品牌在追求经营成功过程中所推崇的基本信念和目标，被视为品牌的 DNA。

提高品牌价值对品牌至关重要，因为它能帮助品牌在市场中获得竞争优势、扩大市场份额、提高消费者忠诚度、提升营销效率，并最终增加利润空间。品牌价值的提升通常伴随着消费者使用体验的改善和口碑的传播，这是一个长期持续的过程。

资料分享

三只松鼠的品牌策略

作为一家电商起家的零食品牌，三只松鼠在网络营销方面表现出色。通过打造可爱的松鼠形象和有趣的品牌故事，三只松鼠在消费者心中树立了独特的品牌形象。在各大电商平台上，三只松鼠通过精美的产品图片、详细的产品介绍和用户评价，吸引消费者购买。同时，三只松鼠还积极利用社交媒体进行营销，与消费者互动，解答问题，收集反馈。例如，在微博上，三只松鼠经常发布有趣的内容和促销信息，吸引粉丝关注和转发。此外，三只松鼠还通过网络直播、短视频等形式，展示产品的制作过程和品质，增加消费者的信任度。通过这些网络营销手段，三只松鼠迅速成为国内知名的零食品牌，品牌价值不断提升。

5.4.2 网络对企业品牌的影响

网络对企业品牌的影响深远且多面。它不仅极大地提升了品牌的全球知名度和认可度，缩短了品牌塑造的时间周期，还丰富了品牌形象，使品牌能够更直接地与全球消费者互动，但同时也增加了品牌形象整合的难度。此外，网络还使企业品牌面临更复杂的舆论环境，要求企业具备更强的品牌管理和危机应对能力。网络对企业品牌的影响是多方面的，具体表现在以下几个方面：

5.4.2.1 品牌知名度的提升

网络给予企业品牌前所未有的曝光契机。借助搜索引擎优化（SEO）、内容营销以及社交媒体推广等方式，品牌能够在网络空间获取更高的曝光度，进而迅速提升其可见性与认知度。例如，蜜雪冰城凭借简洁的歌词与旋律，在抖音等平台迅速蹿红，极大地提高了品牌知名度。

5.4.2.2 品牌形象的塑造与优化

网络不但丰富了品牌形象，还为企业搭建了与消费者直接互动的平台。企业可通过网络平台发布高质量内容，展现品牌故事与理念，并积极回应消费者的反馈和建议，以此塑造并维护积极的品牌形象。同时，网络也使得品牌形象整合的难度加大，企业需更加审慎地管理品牌形象，防止负面信息的传播。

5.4.2.3 用户互动与参与度的提升

网络营销凭借各种互动形式，如社交媒体上的评论、分享以及在线活动等，提升了用户的参与度，使用户更易转化为品牌的忠实拥趸。这种互动不但增强了品牌与消费者之间的联系，还为企业提供了宝贵的市场反馈和消费者洞察，有助于企业更好地调整市场策略和产品方向。

5.4.2.4 市场渠道的拓宽

网络使企业品牌能够直面全球范围内的目标受众，打破地域限制，为企业开辟了新的市场渠道。通过电子商务平台和社交媒体营销，企业能够轻松地将产品和服务推向全球市场，实现品牌国际化。

5.4.2.5 品牌竞争力的增强

网络营销不但提高了品牌知名度，还通过优化用户体验、提供个性化服务等途径，增强了品牌的竞争力。企业可以利用网络平台收集和分析消费者数据，了解消费者需求和偏好，从而提供更为精准的产品和服务。此外，网络营销还可通过创新营销手段和活动策划，吸引消费者的关注和兴趣，提高品牌的市场占有率。

然而，网络也给企业品牌带来了一定的挑战。一方面，网络上的信息错综复杂，品牌需要在众多信息中脱颖而出，吸引消费者的注意力；另一方面，网络上的负面信息也可能对品牌形象造成损害，企业需要积极应对并妥善处理。

5.4.3 网络营销品牌策略的内容

网络营销品牌策略是企业在网络营销活动中，为了塑造、提升和维护品牌形象而采取的一系列策略。这些策略旨在通过互联网这一平台，有效地传达品牌信息，增强品牌认知度，提高品牌忠诚度和美誉度。网络营销品牌策略的内容包括以下几个方面：

5.4.3.1 明确品牌定位

1) 目标受众分析

进行市场调研，了解目标受众的年龄、性别、兴趣爱好、消费习惯等特征。根据受众特征确定品牌的目标市场和定位，明确品牌要满足哪些消费者的需求。例如，苹果公司将目标受众定位为追求时尚、科技感和高品质的消费者，其品牌定位为高端、创新、简洁。

2) 品牌价值主张

确定品牌的核心价值和独特卖点，即品牌能够为消费者带来哪些独特的利益和价值。品牌价值主张应该简洁明了、易于理解和记忆，能够与消费者产生共鸣。例如，可口可乐的品牌价值主张是"快乐、分享"，通过广告和营销活动传达给消费者，让消费者在享受可口可乐的同时，感受到快乐和分享的氛围。

5.4.3.2 塑造品牌形象

1) 品牌名称和标志设计

选择一个简洁、易记、富有创意的品牌名称，能够准确传达品牌的核心价值和定位。设计一个独特、美观、富有识别性的品牌标志，能够在消费者心中留下深刻的印象。例如，星巴克的品牌名称和标志都非常具有识别性，绿色的标志和美人鱼图案让人一眼就能认出是星巴克。

2）品牌视觉形象设计

确定品牌的主色调、字体、图像、风格等视觉元素，形成统一的品牌视觉形象。品牌视觉形象应该与品牌定位和价值主张相符合，能够传达品牌的个性和风格。例如，小米的品牌视觉形象以橙色为主色调，简洁的字体和图形设计，传达出年轻、时尚、科技的品牌形象。

3）品牌故事和文化建设

讲述一个富有情感、引人入胜的品牌故事，能够让消费者更好地了解品牌的历史、文化和价值观。建设品牌文化，通过品牌活动、员工行为等方式传达品牌的价值观和文化内涵，增强品牌的凝聚力和认同感。例如华为的品牌故事讲述了华为从一家小公司成长为全球领先的通信技术企业的历程，传达出华为创新、奋斗、拼搏的精神。

5.4.3.3 网络品牌传播

1）搜索引擎优化（SEO）

通过优化网站内容和结构，提高网站在搜索引擎中的排名，增加品牌的曝光度。选择合适的关键词，优化网站标题、描述、内容等，提高网站的相关性和质量。例如，企业可以通过优化网站内容，提高在百度、谷歌等搜索引擎中的排名，让更多的消费者能够找到自己的品牌。

2）社交媒体营销

利用社交媒体平台，如微信、微博、抖音等，进行品牌传播和推广。发布有趣、有价值的内容，吸引用户关注和分享，提高品牌的知名度和美誉度。与用户进行互动，回复用户的评论和私信，增强用户的参与感和忠诚度。例如，企业可以在微信公众号上发布品牌故事、产品介绍、优惠活动等内容，吸引用户关注和分享，提高品牌的知名度和美誉度。

3）内容营销

创作有价值、有趣、引人入胜的内容，如文章、视频、图片等，吸引用户关注和分享，提高品牌的知名度和美誉度。内容营销应该与品牌定位和价值主张相符合，能够为用户提供有价值的信息和服务。例如，企业可以制作一些关于产品使用方法、行业动态、生活小贴士等内容的视频，发布在抖音、B站等平台上，吸引用户关注和分享，提高品牌的知名度和美誉度。

4）网络广告投放

选择合适的网络广告平台，如百度推广、微信广告、今日头条广告等，进行品牌广告投放。制定合理的广告投放策略，根据目标受众、广告形式、投放时间等因素进行选择和优化。监测广告效果，根据数据分析结果进行调整和优化，提高广告的投资回报率。例如，企业可以在百度推广上投放关键词广告，当用户搜索相关关键词时，企业的广告就会出现在搜索结果页面上，提高品牌的曝光度。

5.4.3.4 网络品牌管理

1）品牌声誉管理

监测网络上的品牌声誉，及时发现和处理负面信息，维护品牌的良好形象。积极回应用户的投诉和建议，解决用户的问题，提高用户的满意度和忠诚度。例如，企业可以通过百度指数、微博热搜等工具监测网络上的品牌声誉，及时发现和处理负面信息，维护品牌的良好形象。

2）品牌授权管理

对品牌授权进行严格管理，确保授权商的产品和服务质量符合品牌标准，维护品牌的声誉。签订明确的授权协议，规定授权商的权利和义务，加强对授权商的监督和管理。例如，迪士尼对其品牌授权进行严格管理，确保授权商的产品和服务质量符合迪士尼的标准，维护了迪士尼的品牌声誉。

3）品牌创新管理

不断进行品牌创新，推出新的产品和服务，满足消费者的需求和期望，保持品牌的竞争力。关注市场动态和消费者需求变化，及时调整品牌策略和产品服务，适应市场变化。例如，华为公司不断推出新的产品和服务，如手机、电脑等，满足了消费者的需求和期望，保持了华为的品牌竞争力。

总之，网络营销的品牌策略是一个系统工程，需要企业从品牌定位、形象塑造、传播推广、管理维护等方面进行全面规划和实施。只有通过不断的努力和创新，才能在网络环境中树立起强大的品牌形象，赢得消费者的信任和支持。

5.4.4 网络营销品牌管理策略

数字化时代，互联网已成为企业展示自身形象、推广产品和服务的重要渠道。网络营销品牌管理策略，作为连接企业与消费者之间的桥梁，其重要性不言而喻。一个成功的网络营销品牌管理策略不仅能够帮助企业在激烈的市场竞争中脱颖而出，还能够提升品牌知名度和美誉度，进而实现市场份额的扩大和业务的持续增长。

5.4.4.1 品牌定位与形象塑造

1）明确品牌定位

明确品牌定位包括三个方面：

（1）确定目标受众。通过市场调研，了解目标客户的年龄、性别、兴趣、需求等特征，以便更好地满足他们的期望。例如，苹果公司将目标受众定位为追求时尚、科技感和高品质的消费者。

（2）定义品牌价值主张。明确品牌的核心价值、独特卖点和使命。例如，可口可乐的价值主张是快乐、分享和活力。

（3）差异化竞争。找出与竞争对手的差异点，突出品牌的独特优势。例如，特斯拉以其先进的电动汽车技术和可持续发展的理念在汽车市场中脱颖而出。

2）塑造品牌形象

塑造品牌形象包括三个方面：

（1）设计品牌标识。包括标志、颜色、字体等，确保品牌形象的一致性和识别性。例如，星巴克的绿色标志和独特的字体在全球范围内都具有很高的辨识度。

（2）打造品牌个性。赋予品牌独特的个性特点，如友好、专业、创新等。例如，迪士尼以其欢乐、梦幻的品牌个性吸引了全球消费者。

（3）传播品牌故事。通过讲述品牌的起源、发展历程和成功故事，增强品牌的情感吸引力。例如，耐克的品牌故事激励着无数消费者追求运动梦想。

5.4.4.2 内容营销

1) 制定内容策略

制定内容策略包括三个方面：

（1）确定内容主题。根据品牌定位和目标受众，确定内容的主题和方向。例如，一个健身品牌可以围绕健身技巧、营养知识、运动装备等主题创作内容。

（2）规划内容形式，包括文章、图片、视频、音频等多种形式，以满足不同受众的需求。例如，小红书上的品牌可以通过图文并茂的笔记和短视频来展示产品和服务。

（3）制定发布计划。合理安排内容的发布时间和频率，保持品牌的活跃度。例如，每周发布一定数量的优质内容，定期推出专题活动。

2) 创作优质内容

创作优质内容包括三个方面：

（1）提供有价值的信息。内容应具有实用性、趣味性或启发性，能够满足受众的需求。例如，一个美妆品牌可以提供化妆教程、产品评测和护肤小贴士等内容。

（2）保持内容的原创性。避免抄袭和重复，展现品牌的独特视角和创造力。例如，一些知名的博客作者通过原创的文章和观点吸引了大量的粉丝。

（3）优化内容质量。注意语言表达、排版设计和图片质量，提高内容的可读性和吸引力。例如，使用清晰的标题、段落分明的结构和高质量的图片可以提升内容的品质。

3) 内容分发与推广

内容分发与推广包括三个方面：

（1）利用社交媒体平台。根据目标受众的特点，选择适合的社交媒体平台进行内容分发。例如，微信适合与消费者进行深度沟通，微博则更适合传播热点话题和品牌动态。

（2）合作与互推。与相关领域的博主、网红、媒体等进行合作，互相推广品牌内容。例如，品牌可以邀请知名博主进行产品试用和推荐，扩大品牌的影响力。

（3）搜索引擎优化（SEO）。通过优化内容的关键词、标题、描述等，提高在搜索引擎中的排名，增加内容的曝光度。例如，在文章中合理使用关键词，提高内容与用户搜索需求的匹配度。

5.4.4.3 社交媒体营销

1) 选择合适的社交媒体平台

选择合适的社交媒体平台包括两个方面：

（1）分析目标受众的社交行为。了解他们经常使用的社交媒体平台，以便更好地与他们互动。例如，年轻人可能更倾向于使用抖音、B站等平台，而商务人士则更关注领英等专业社交平台。

（2）考虑品牌特点和营销目标。不同的社交媒体平台具有不同的特点和优势，选择与品牌形象和营销目标相契合的平台。例如，时尚品牌可以在蝶讯网等上面展示产品图片和时尚搭配，科技品牌则可以在钛媒体等上面分享行业动态和技术创新。

2) 建立品牌社交媒体账号

建立品牌社交媒体账号包括两个方面：

（1）完善账号信息。包括品牌名称、简介、头像、联系方式等，确保账号的真实性和专业性。例如,在账号简介中明确品牌的定位和价值主张,吸引用户关注。

(2)制定社交媒体策略。明确品牌在社交媒体上的目标、定位和内容方向,制定相应的发布计划和互动策略。例如,定期发布品牌动态、产品信息和用户故事,积极回复用户的评论和私信。

3)互动与用户参与

互动与用户参与包括三个方面:

(1)回复用户评论和私信。及时回复用户的问题和反馈,建立良好的沟通和互动关系。例如,对于用户的投诉和建议,要认真对待并及时解决,提高用户满意度。

(2)举办互动活动。如抽奖、问答、投票等,鼓励用户参与,增强用户黏性。例如,品牌可以在社交媒体上举办产品试用活动,邀请用户分享使用体验,提高品牌的口碑。

(3)引导用户生成内容(UGC)。鼓励用户创作与品牌相关的内容,并进行分享和传播。例如,举办 UGC 大赛,邀请用户提交照片、视频或故事,优秀作品可以获得奖励,同时也为品牌带来了更多的曝光度。

5.4.4.4 口碑管理

1)监测品牌口碑

检测品牌口碑包括两个方面:

(1)使用社交媒体监测工具。实时监测品牌在社交媒体上的评论和评价,了解用户的反馈和意见。例如,通过监测工具可以及时发现用户的投诉和负面评价,以便采取相应的措施进行处理。

(2)关注在线评论和评级网站。定期查看用户在产品评论网站、行业论坛等平台上的评价,了解品牌的口碑状况。例如,对于电商品牌来说,关注用户在淘宝、京东等平台上的评价非常重要。

2)处理负面口碑

处理负面口碑包括三个方面:

(1)及时回应。对于用户的负面评价和投诉,要及时回应并表示歉意,表明品牌解决问题的态度和决心。例如,在 24 小时内回复用户的投诉,让用户感受到品牌的重视。

(2)解决问题。积极与用户沟通,了解问题的具体情况,并采取有效的措施解决。例如,对于产品质量问题,可以提供退换货服务或进行补偿,以提高用户满意度。

(3)改进产品和服务。根据用户的反馈和意见,及时改进产品和服务,提高品牌的质量和竞争力。例如,对于用户提出的产品功能需求,可以在后续的产品升级中改进。

3)积极塑造正面口碑

积极塑造正面口碑包括三个方面:

(1)提供优质的产品和服务。这是塑造正面口碑的基础,只有让用户满意,才能获得他们的好评和推荐。例如,华为公司以其高品质的产品和优质的售后服务赢得了全球消费者的高度评价。

(2)鼓励用户评价和分享。在产品包装、网站、社交媒体等渠道上,鼓励用户对产品和服务进行评价和分享。例如,提供评价奖励机制,如积分、优惠券等,激励用户积极参与。

(3)与用户建立良好的关系。通过互动、关怀和回馈等方式,与用户建立长期的良好关系,提高用户的忠诚度和口碑传播意愿。例如,在用户生日或重要节日时,送上祝福和小礼物，让用户感受到品牌的关怀。

5.4.4.5　广告推广

1）搜索引擎广告（SEM）

搜索引擎广告包括两个方面：

（1）关键词广告。选择与品牌相关的关键词进行广告投放，当用户在搜索引擎上搜索这些关键词时，品牌的广告就会展示在搜索结果页面上。例如，一个旅游品牌可以选择"旅游目的地""旅游攻略"等关键词进行广告投放。

（2）竞价排名。通过出价竞争，使品牌的广告在搜索结果页面上获得更高的排名。例如，出价更高的广告主可以在搜索结果页面上获得更靠前的位置，从而提高广告的曝光度和点击率。

2）社交媒体广告

社交媒体广告有两种形式：

（1）平台广告。利用社交媒体平台提供的广告投放功能，如 Facebook 广告、微信广告等，根据目标受众的特征进行定向投放。例如，可以选择特定的年龄、性别、地域、兴趣等条件进行广告投放，提高广告的精准度。

（2）网红合作广告。与社交媒体上的网红、博主等合作，进行产品推广和品牌宣传。例如，品牌可以邀请网红进行产品试用和推荐，通过他们的影响力吸引更多的用户关注。

3）内容营销广告

内容营销广告包括两个方面：

（1）原生广告。将广告融入内容中，使其看起来更加自然和不突兀。例如，在一篇旅游文章中插入旅游品牌的广告，或者在一个视频中进行产品植入。

（2）赞助内容。赞助相关领域的优质内容，如博客文章、视频节目等，提高品牌的曝光度和知名度。例如，一个运动品牌可以赞助体育赛事的直播或报道，展示品牌的形象和产品。

4）电子邮件营销

电子邮件营销包括三个方面：

（1）建立电子邮件列表。通过网站注册、活动报名等方式，收集用户的电子邮件地址，建立电子邮件列表。例如，在网站上设置注册表单，邀请用户订阅品牌的新闻通讯或优惠信息。

（2）发送个性化邮件。根据用户的兴趣、行为和购买历史等信息，发送个性化的电子邮件，提高邮件的打开率和转化率。例如，对于购买过某款产品的用户，可以发送相关产品的推荐和优惠信息。

（3）举办电子邮件营销活动。如促销活动、抽奖活动等，吸引用户参与，提高品牌的互动性和忠诚度。例如，发送限时折扣的电子邮件，鼓励用户尽快购买产品。

5.4.4.6　数据分析与优化

1）建立数据分析体系

建立数据分析体系包含两步：

（1）确定关键指标。根据品牌的营销目标，确定关键的数据分析指标，如网站流量、社交媒体粉丝数、转化率、口碑评价等。例如，对于电商品牌来说，转化率是一个非常重要的指标，它反映了网站的销售效果。

（2）选择数据分析工具。根据品牌的需求和预算，选择适合的数据分析工具，如谷歌分析、百度统计、社交媒体分析工具等。例如，谷歌分析可以提供全面的网站数据分析功能，帮助品牌了解用户行为和流量来源。

2）定期分析数据

定期分析数据包含两步：

（1）监测数据变化。定期查看关键指标的数据变化，了解品牌的营销效果和用户行为趋势。例如，通过分析网站流量数据，可以了解用户的访问来源、停留时间和浏览页面等信息，从而优化网站的内容和结构。

（2）深入分析用户行为。通过数据分析工具，深入了解用户的行为特征和需求，为品牌的营销策略提供依据。例如，分析用户在社交媒体上的互动行为，可以了解用户对品牌的兴趣点和关注点，从而优化品牌的内容创作和互动策略。

3）优化营销策略

根据数据分析结果，及时调整品牌的营销策略，提高营销效果。例如，如果发现某个广告渠道的转化率较低，可以考虑调整广告投放策略或更换广告渠道；如果发现用户对某个产品的需求较高，可以加大该产品的推广力度；通过用户反馈和数据分析，不断优化品牌的形象和用户体验，提高用户满意度和忠诚度。例如，根据用户的意见和建议，改进产品的设计和功能，提高产品的质量和竞争力。

网络营销品牌管理策略需要综合考虑品牌定位、形象塑造、内容营销、社交媒体营销、口碑管理、广告推广、数据分析与优化等多个方面，不断优化和创新，才能在数字化时代建立和维护强大的品牌形象，提高品牌的知名度、美誉度和忠诚度。

本章小结

本章深入探讨了网络营销产品的全方位策略。从小米 SU7 的成功案例出发，揭示了产品创新与智能化体验、精准定位与高性价比策略、营销创新与用户情感连接以及全生命周期管理与生态拓展的重要性。进而详细阐述了网络营销产品的内涵、特点与分类，指出其互动性、全球性、低成本、高效益等核心优势。在产品设计生产方面，介绍了技术创新、C2M 模式及个性化定制的趋势。同时，分析了产品生命周期各阶段的特征与营销策略，为企业制定营销策略提供了重要依据。最后，强调了品牌策略在网络营销中的关键作用，包括品牌定位、形象塑造、传播与管理，旨在帮助企业树立强大的品牌形象，赢得市场竞争。

复习与思考

一、单选题

1. 网络营销产品的哪个层次构成了产品的核心价值？（　　）
A. 有形产品层次　　　　　　　　　　B. 核心利益层次

C. 期望产品层次　　　　　　　　D. 延伸产品层次

2. 下面哪一项不是网络营销产品的特性？（　　）

A. 新奇性　　　　　　　　　　　B. 高成本

C. 附加值较高　　　　　　　　　D. 具有独特性

3. 在网络营销中，哪种技术有助于实现生产流程的柔性与高效？（　　）

A. 5G 通信技术　　　　　　　　 B. 云计算技术

C. 物联网技术　　　　　　　　　D. 虚拟现实技术

4. C2M 模式的核心在于什么？（　　）

A. 提高产品价格　　　　　　　　B. 增加中间环节

C. 消费者直达工厂　　　　　　　D. 减少产品功能

5. 产品生命周期的哪个阶段是企业利润逐步达到最高峰的阶段？（　　）

A. 导入阶段　　　　　　　　　　B. 成长阶段

C. 成熟阶段　　　　　　　　　　D. 衰退阶段

6. 在网络营销中，哪个阶段的市场特点是竞争激烈且同质化严重？（　　）

A. 导入阶段　　　　　　　　　　B. 成长阶段

C. 成熟阶段　　　　　　　　　　D. 衰退阶段

7. 在网络营销品牌策略中，哪个环节有助于增强品牌的凝聚力和认同感？（　　）

A. 品牌声誉管理　　　　　　　　B. 品牌授权管理

C. 品牌故事和文化建设　　　　　D. 网络广告投放

8. 在网络营销中，哪个阶段的企业营销策略主要是围绕维持并扩大市场份额展开的？
（　　）

A. 导入阶段　　　　　　　　　　B. 成长阶段

C. 成熟阶段　　　　　　　　　　D. 衰退阶段

9. 在网络营销品牌管理策略中，哪个环节涉及监测网络上的品牌声誉？（　　）

A. 品牌定位与形象塑造　　　　　B. 内容营销

C. 口碑管理　　　　　　　　　　D. 广告推广

10. 在网络营销品牌策略中，哪个层次是生产者或经营者为购买者提供的额外服务或产品？（　　）

A. 核心利益层次　　　　　　　　B. 有形产品层次

C. 期望产品层次　　　　　　　　D. 延伸产品层次

二、多选题

1. 下面哪些是网络营销产品的特性？（　　）

A. 新奇性　　　　　　　　　　　B. 高成本

C. 附加值较高　　　　　　　　　D. 具有独特性

2. 网络营销产品的层次包括哪些？（　　）

A. 核心利益层次　　　　　　　　B. 有形产品层次

C. 期望产品层次　　　　　　　　D. 延伸与潜在产品层次

3. 网络营销产品的分类方式有哪些？（　　）

A. 按创新程度分类　　　　　　　B. 按服务对象和需求分类

C. 按产品材质分类　　　　　　　D. 按产品性质分类

4. C2M 模式的核心优势体现在哪些方面？（　　）
   A. 减少库存积压与降低成本　　　　B. 提高生产效率与响应速度
   C. 满足个性化需求与提升用户满意度　D. 推动产业升级与变革
5. 品牌价值体现在哪些方面？（　　）
   A. 品牌文化　　　　　　　　　　　B. 竞争优势
   C. 产品价格　　　　　　　　　　　D. 消费者认知
6. 网络营销品牌策略的内容包括哪些？（　　）
   A. 明确品牌定位　　　　　　　　　B. 塑造品牌形象
   C. 网络品牌传播　　　　　　　　　D. 网络品牌管理
7. 网络营销品牌传播的方式有哪些？（　　）
   A. 搜索引擎优化（SEO）　　　　　B. 网络广告投放
   C. 社交媒体营销　　　　　　　　　D. 内容营销
8. 在网络营销中，哪些阶段的市场特点是竞争激烈？（　　）
   A. 导入阶段　　　　　　　　　　　B. 成长阶段
   C. 成熟阶段　　　　　　　　　　　D. 衰退阶段
9. 在网络营销品牌管理策略中，哪些环节涉及品牌声誉管理？（　　）
   A. 监测网络上的品牌声誉　　　　　B. 及时回应负面评价
   C. 签订授权协议　　　　　　　　　D. 进行品牌创新
10. 网络营销产品的特点包括哪些？（　　）
    A. 互动性　　　　　　　　　　　　B. 全球性
    C. 数据驱动与实时反馈　　　　　　D. 个性化与定制化
11. 以下哪些属于网络营销品牌策略的内容？（　　）
    A. 设计品牌名称和标志　　　　　　B. 制定内容策略
    C. 举办线下活动　　　　　　　　　D. 进行网络广告投放

三、判断题

1. 网络营销产品的核心价值主要体现在其外观和包装上。（　　）
2. 网络营销产品的延伸产品层次是指产品的增值服务。（　　）
3. C2M 模式通过增加中间环节来降低成本。（　　）
4. 品牌价值主要体现在品牌的市场知名度和美誉度上。（　　）
5. 在网络营销品牌策略中，塑造品牌形象需要设计独特的品牌名称和标志。（　　）
6. 搜索引擎优化是网络营销品牌传播的方式之一。（　　）
7. 在产品生命周期的成熟阶段，企业需要更加关注新用户的开发。（　　）
8. 个性化定制的实现完全依赖于 3D 打印技术。（　　）
9. 在网络营销品牌管理策略中，品牌声誉管理需要监测网络上的品牌声誉。（　　）
10. 网络营销产品的特性之一是其成本较低。（　　）
11. 产品生命周期的衰退阶段是企业考虑是否继续投资该产品或转向新产品领域的阶段。（　　）
12. 品牌价值的高低与企业的利润水平直接相关。（　　）

四、简答题

1. 简述网络营销产品的五个层次，并解释每个层次的含义。

2. 解释 C2M 模式的核心内涵，并说明其在网络产品设计与生产中的应用。
3. 阐述产品生命周期的四个阶段及其主要特点。
4. 列出并解释网络营销品牌策略的主要内容。
5. 简述网络营销产品相比传统营销产品的优势。

五、论述题

1. 论述产品生命周期各阶段的特点与营销策略，并探讨企业在不同阶段应如何调整策略以应对市场变化。
2. 对于企业来说，如何在产品设计和开发过程中更好地满足不同层次的消费者需求？
3. 探讨企业如何提前布局，以适应网络营销产品的未来发展变化？

六、案例分析题

某知名时尚品牌"风尚潮品"近年来积极进军网络营销领域，致力于通过线上渠道拓展其市场份额。该品牌以其独特的设计理念、高品质的产品质量和贴心的客户服务在市场中赢得了一定的口碑。然而，随着市场竞争的日益激烈和消费者需求的不断变化，"风尚潮品"面临着诸多挑战。为了保持品牌竞争力，该品牌决定在产品设计和开发过程中进行一系列创新，并制定相应的网络营销策略以适应未来发展。具体内容如下：

（1）市场调研与消费者洞察。"风尚潮品"首先进行了深入的市场调研，通过问卷调查、社交媒体分析、竞争对手分析等多种方式，全面了解了不同层次消费者的需求和偏好。调研结果显示，年轻消费者群体对时尚、个性化、高性价比的产品有着较高的需求，同时他们更加注重产品的智能化体验和便捷性服务。

（2）产品设计与开发。基于市场调研结果，"风尚潮品"进行了产品设计与开发的创新。该品牌推出了多款符合年轻消费者需求的时尚单品，如智能穿戴设备、个性化定制服装等。在产品设计上，该品牌注重流线型美感和色彩多样性，同时融入了智能科技元素，如通过 App 控制智能穿戴设备的颜色、亮度等。此外，"风尚潮品"还与多家科技企业合作，共同研发具有创新性的产品，以满足市场的不断变化。

（3）网络营销策略。为了提升品牌知名度和市场份额，"风尚潮品"制定了全面的网络营销策略。该品牌利用社交媒体平台（如微博、微信、抖音等）进行品牌推广，通过发布时尚资讯、产品介绍、用户评价等内容吸引粉丝关注。同时，"风尚潮品"还与多位知名博主、网红合作，通过直播带货、产品试用等方式提升品牌曝光度和销量。此外，该品牌还注重与用户的互动和沟通，通过在线客服、社交媒体评论回复等方式及时解决用户问题，提升用户满意度和忠诚度。

（4）未来布局与发展。面对未来市场的变化，"风尚潮品"进行了提前布局。该品牌计划加大在技术研发和创新方面的投入，不断提升产品的智能化水平和用户体验。同时，"风尚潮品"还将拓展新的市场渠道和合作伙伴关系，如与电商平台、线下实体店等合作，实现全渠道营销。此外，该品牌还将继续关注可持续发展和环保理念，在产品设计和生产过程中采用环保材料和节能降耗技术，为品牌的长期发展奠定坚实基础。

问题：请分析"风尚潮品"在产品设计和开发过程中是如何满足不同层次的消费者需求的。阐述"风尚潮品"的网络营销策略及其对未来市场变化的适应性。

参考答案

第6章　网络营销定价策略

引导案例

特斯拉的网络营销定价策略

特斯拉的网络营销定价策略案例是一个很好的示例，展示了如何通过创新和差异化定价来吸引消费者并提升品牌价值。特斯拉从一开始就将自己定位为高端电动汽车品牌，专注于打造高品质、高性能的电动汽车。这种定位使得特斯拉在价格上能够保持相对较高的水平，同时满足消费者对豪华、舒适、安全和科技的需求。特斯拉的差异化定价策略体现在其产品线中，不同车型（如 Model S、Model 3、Model X 和 Model Y）根据功能、性能和目标客户群体的不同，制定了不同的价格策略。

虽然特斯拉主打高端市场，但它也采用了市场渗透策略，通过在某些市场或产品线上以相对较低的价格快速占领市场，扩大品牌知名度。同时，特斯拉还利用心理定价策略，如整数定价或尾数定价，来影响消费者的购买决策。例如，特斯拉可能会将某些车型的价格设定为整数或接近整数的数字，以营造一种高端、专业的品牌形象。特斯拉还根据不同地区、不同消费群体制定不同的价格策略，以满足市场需求。这种差别定价策略有助于特斯拉更好地适应不同市场的经济环境和消费者购买水平。此外，特斯拉还采用动态定价策略，根据供求关系、市场状况等因素灵活调整产品价格，以保持市场竞争力。

特斯拉充分利用社交媒体平台（如 Twitter、Facebook 等）进行品牌宣传和产品推广。通过发布创新技术、产品更新和用户体验等内容，特斯拉吸引了大量粉丝和关注者，提高了品牌知名度和美誉度。同时，特斯拉还通过线上渠道（如官方网站和移动应用）提供产品信息和购车服务，进一步扩大了销售覆盖面。

特斯拉的网络营销定价策略是一个多维度、全方位的体系，涵盖了产品定位、差异化定价、市场渗透、心理定价、动态定价以及附加服务与金融方案等多个方面。这些策略不仅帮助特斯拉在竞争激烈的电动汽车市场中脱颖而出，还为其带来了持续的增长和成功。

资料来源：知乎，案例链接：https://zhuanlan.zhihu.com/p/677956194

第6章 网络营销定价策略

6.1 网络营销定价概述

互联网时代，企业利用网络平台，根据市场需求、竞争状况以及产品特性等因素，为产品或服务制定价格，这是企业在网络营销环境中实现营销目标的重要手段之一。与传统营销价格相比，网络营销价格具有更大的灵活性和动态性。企业可以根据市场变化和消费者需求的波动，及时调整产品价格，以实现利润最大化和市场份额的提升。

6.1.1 互联网对企业定价策略的影响

互联网确实对企业的价格策略产生了深远的影响。以下是对这种影响的详细分析：

6.1.1.1 成本透明化

互联网使得交易变得更为透明，消费者能够更容易地比较不同供应商的价格，从而推算出产品的成本。这种成本透明化现象不仅威胁到零售商，也威胁到生产商。企业原本模糊的成本结构被互联网揭示，商品的价格底线暴露无遗，这严重限制了企业自主定价的空间。

6.1.1.2 市场竞争激烈化

互联网为同业竞争者提供了更为便捷的相互了解渠道，使得市场竞争更为激烈。企业间的价格竞争更加直接和明显，消费者可以轻松地在不同平台间切换，寻找价格更为优惠的产品。这种竞争压力促使企业不得不更加谨慎地制定定价策略，以应对市场的变化。

6.1.1.3 消费者行为变化

互联网的普及改变了消费者的购物习惯和行为模式。消费者通过互联网发布供需信息，对各种商品有了更全面且充分的认识，对价格也有了更深刻的理解。这种变化使得消费者对价格的敏感度提高，更容易损害企业的价格公道形象，从而弱化了客户对产品的忠诚度。

6.1.1.4 定价策略的创新

随着互联网技术的飞速发展，市场环境变得日益复杂多变，传统定价策略已难以满足现代企业的竞争需求。面对互联网的冲击，企业必须勇于创新定价策略，以灵活多变的方式适应市场的快速变化。议价定价策略、拍卖定价、折扣定价、个性化定价是一些企业常用的定价策略。

资料分享

亚马逊的定价策略

作为全球最大的电商平台之一，亚马逊充分利用互联网改变了图书及各类商品的定价策略。对于图书销售，亚马逊通过数据分析用户的购买行为和偏好，对不同的图书实行差别定价。对于畅销书籍和热门商品，可能会以较低的价格吸引消费者，增加流量和销量；对于一些小众或专业性较强的书籍，价格可能会根据市场需求和供应情况进行调整。同时，亚马逊还推出了会员制度（Amazon Prime），会员可以享受免费的快速配送、独家折扣等服务。通过这种方式，亚马逊提高了用户的忠诚度和购买频率，扩大了市场份额。在其他商品销售方面，亚马逊也会根据竞争对手的价格、库存情况等因素进行动态定价，以确保在价格上具有竞争力。

6.1.2　网络营销定价与价格概念

6.1.2.1　网络营销定价

网络营销定价是指利用互联网平台，根据市场需求、竞争状况以及产品特性等因素，为产品或服务制定价格的过程。企业网络营销定价是一个复杂而精细的过程，它不仅仅是简单地设定一个价格数字，而是企业为了达到其长期或短期的定价目标，在综合考虑多方面因素的基础上，为产品或产品组合制定价格的过程。这个过程的核心在于平衡企业的总体战略目标、产品定位以及消费者心理预期这三者之间的关系。

企业网络营销的定价策略需要紧密围绕其总体战略目标展开。无论是追求市场份额的扩张、品牌形象的塑造，还是利润的最大化，定价策略都应与之相匹配，确保企业的每一步都朝着既定的目标迈进。同时，产品定位也是定价策略中不可或缺的一环。不同的产品定位对应着不同的消费群体和市场需求，因此，定价策略也需要根据产品定位进行相应的调整，以确保产品的市场竞争力。

此外，消费者心理预期也是企业网络营销定价中不可忽视的因素。一个合理的定价策略应该能够充分反映消费者的价值感知和支付意愿，从而激发消费者的购买欲望，提高产品的销量和市场份额。因此，企业在制定网络营销定价时，需要深入了解消费者的需求和偏好，以及他们对价格的敏感度和接受程度，以确保定价策略能够符合消费者的心理预期。

6.1.2.2　网络营销价格

网络营销价格的定义可以从狭义和广义两个角度进行阐述，这两个角度共同构成了网络营销价格的完整内涵。从狭义的角度来看，网络营销价格是指人们为得到某种商品或服务所支出的货币数量，也就是产品的标价或售价。这是消费者在购买过程中需要直接支付的费用，也是企业网络营销中最直观的价格表现形式。狭义的网络营销价格主要体现了产品的经济价值，是消费者在购买决策中最为关注的因素之一。从广义的角度来看，网络营销价格则涵盖了消费者为获得某种商品或某项服务与销售者所作的交换中所涉及的所有成本。这些成本不仅包括可以量化的货币成本（即产品的标价或售价），还包括了难以量化的无形成本。无形成本主要包括消费者在交易过程中所付出的时间成本、购买精力成本、生活方式变更成本以及心理成本等。这些成本虽然难以用具体的货币数值来衡量，但它们同样是消费者在购买决策中需要考虑的重要因素。因此，广义的网络营销价格是一个综合性的概念，它涵盖了消费者在购买商品或服务过程中所需支付的所有成本，包括货币成本和无形成本。

企业在制定网络营销价格时，需要充分考虑这些成本因素，以确保定价策略合理性和有效性。通过深入了解消费者的需求和偏好，以及他们对价格敏感度和接受程度，企业可以制定出既符合市场需求又能满足消费者心理预期的价格策略，从而实现企业的长期发展目标。

6.1.3 网络营销定价的特点

产品或服务的价格是企业与消费者双方均极为关注的敏感网络营销问题。企业通常试图采用恰当的价格策略，以吸引更多消费者，获取更大利益。而合适的价格策略首先源于企业定价人员对定价环境的精准分析与判断。与传统营销相比，网络营销定价具有以下特点。

6.1.3.1 全球性

网络营销面向的是开放且全球化的市场，用户能够在世界各地直接通过 Internet 选购商品，无须考虑网站所属的国家或地区。在网络营销条件下，企业的目标市场从过去受时空限制的局部市场拓展至范围广泛的全球市场。这是因为随着网络的普及，价格越发透明，厂商利用供需双方信息不对称获取超额利润的难度增大。目前消费者不仅可以将网上商店的价格与传统零售商的价格进行比较，还能通过价格比较网站和购物代理商轻松比较各种商品的价格与特色。

6.1.3.2 低价位

网上产品定价低于传统定价，是因为其具有成本费用较低的优势。前文已分析了互联网发展可从多方面帮助企业降低成本费用，从而使企业有更大的降价空间以满足顾客需求。因此，若网上产品定价过高或降价空间有限，在现阶段最好不要在消费者市场上销售。倘若面对的是工业、组织市场，或者产品是高新技术的新产品，网上顾客对产品价格不太敏感，主要考虑方便与新潮，这类产品则不一定需要考虑低价定价策略。

6.1.3.3 动态性与灵活性

网络营销允许企业根据市场反馈迅速调整价格策略。由于网络信息的即时性，企业可以实时监控销售数据、竞争对手定价以及消费者行为，从而快速响应市场变化。这种动态定价策略有助于企业保持竞争力，吸引更多消费者，并最大化利润。例如，通过数据分析，企业可以在需求高峰期适度提价，而在需求低谷期降价促销，以平衡供需关系。

6.1.3.4 个性化定价

网络营销使得个性化定价成为可能。企业可以利用大数据和人工智能技术，分析消费者的购买历史、偏好和行为模式，为不同消费者提供定制化的价格和服务。这种个性化定价策略不仅提高了消费者的满意度和忠诚度，还有助于企业实现精准营销和差异化竞争。例如，通过用户画像，企业可以为高价值客户提供更多优惠和专属服务，以增强其品牌忠诚度。

6.1.3.5 价格透明化与比较便利性

网络营销环境下，价格信息更加透明，消费者可以轻松比较不同产品或服务的价格和质量。这种价格透明化促使企业更加注重性价比和品牌形象，以避免在价格战中陷入恶性循环。同时，价格比较网站的兴起为消费者提供了更多选择和便利，也促使企业不断创新和优化产品，以满足消费者的多样化需求。

综上所述，网络营销定价环境具有全球性、低价位、动态性与灵活性、个性化定价、价格透明化与比较便利性等特点。这些特点要求企业在制定定价策略时，必须充分考虑市场环境、消费者需求、竞争对手情况以及自身资源和能力等因素，以实现可持续发展和竞争优势。

6.1.4 网络营销定价的基础

从企业内部说,企业产品的生产成本总体是呈下降趋势,而且成本下降趋势越来越快。在网络营销战略中,可以从降低业务管理成本费用和销售成本费用两个方面分析网络营销对企业成本的控制和节约。下面将全面分析一下,互联网应用将对企业其他职能部门业务带来哪些成本费用节约。

6.1.4.1 降低采购成本费用

采购过程中之所以经常出问题,是过多的人为因素和信息闭塞造成的,通过互联网可以减少人为因素和信息不畅通的问题,最大程度地降低采购成本。首先,利用互联网可以将采购信息进行整合和处理,统一从供应商订货,以求获得最大的批量折扣。其次,通过互联网实现库存、订购管理的自动化和科学化,可最大限度地减少人为因素的干预,同时能以较高效率进行采购,可以节省大量人力和避免人为因素造成不必要损失。最后,通过互联网可以与供应商进行信息共享,可以帮助供应商按照企业生产的需要进行供应,同时又不影响生产和不增加库存产品。

6.1.4.2 降低库存

利用互联网将生产信息、库存信息和采购系统连接在一起,可以实现实时订购,企业可以根据需要订购,最大限度地降低库存,实现"零库存"管理。这样的好处是:一方面减少资金占用和减少仓储成本,另一方面可以避免价格波动对产品的影响。正确管理存货能为客户提供更好的服务并为公司降低经营成本,加快库存核查频率会减少与存货相关的利息支出和存储成本。减少库存量意味着现有的加工能力可更有效地得到发挥,更高效率的生产可以减少或消除企业和设备的额外投资。

6.1.4.3 生产成本控制

利用互联网可以节省大量生产成本,首先利用互联网可以实现远程虚拟生产,在全球范围内寻求最适宜的生产厂家生产产品;另一方面,利用互联网可以大大缩短生产周期,提高生产效率。使用互联网与供货商和客户建立联系使公司能够比从前大大缩短用于收发订单、开发票和运输通知单的时间。有些部门通过增值网共享产品规格和图纸,以提高产品设计和开发的速度。互联网发展和应用将进一步减少产品生产时间,其途径是通过扩大企业电子联系的范围,或是通过与不同研究小组和公司进行的项目合作来实现。

6.1.5 网络营销定价应考虑的因素

网络营销产品的定价策略受到多种因素的影响,主要包括内部因素和外部因素。

6.1.5.1 内部因素

企业制定价格时应考虑的内部因素,包括SWOT分析得出的优势和劣势、厂商总体的定价目标、营销组合策略、成本因素等。

1) SWOT分析的优势和劣势

在网络产品定价的SWOT分析中,优势因素包括成本控制更灵活,网络销售减少了实体店面等成本,可降低价格提升竞争力;价格调整迅速,能根据市场变化及时调整定价策

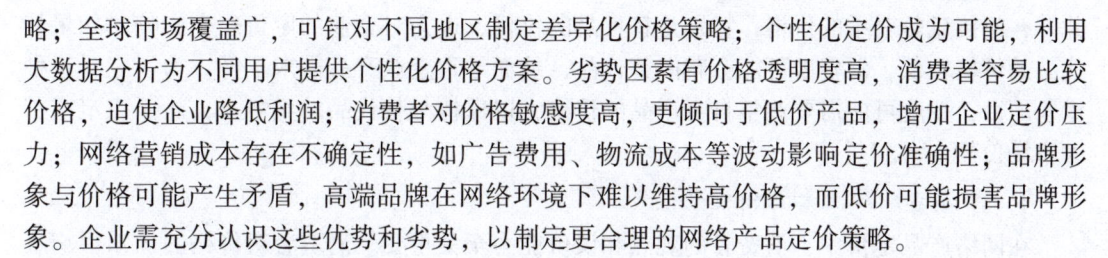

略；全球市场覆盖广，可针对不同地区制定差异化价格策略；个性化定价成为可能，利用大数据分析为不同用户提供个性化价格方案。劣势因素有价格透明度高，消费者容易比较价格，迫使企业降低利润；消费者对价格敏感度高，更倾向于低价产品，增加企业定价压力；网络营销成本存在不确定性，如广告费用、物流成本等波动影响定价准确性；品牌形象与价格可能产生矛盾，高端品牌在网络环境下难以维持高价，而低价可能损害品牌形象。企业需充分认识这些优势和劣势，以制定更合理的网络产品定价策略。

2) 厂商总体的定价目标

厂商在网络产品定价时，其总体定价目标受多种因素影响。以利润最大化为目标时，需考量成本与预期收益，平衡长期和短期利润。若以市场份额为目标，要考虑竞争压力和市场地位，利用低价吸引用户以扩大规模，发挥网络效应。为塑造品牌形象，高价格可传达高端品质，稳定价格能增强品牌信任。而在生存目标下，应对市场变化和危机时，可能调整价格，削减成本，确保企业能维持运营和现金流。

3) 营销组合策略

在网络产品定价中，营销组合策略的各个因素紧密关联。产品策略方面，产品定位决定价格区间。高端定位的网络产品，如专业设计软件，凭借独特功能和品牌优势可定高价；中低端产品则以性价比吸引用户，价格较为亲民。产品差异化也影响定价，独特价值能让消费者接受更高价格，如个性化在线教育服务。渠道策略中，在线销售减少中间环节，可适当降低价格以提升竞争力，且能快速调整价格和开展促销。与合作伙伴合作分销时，需考虑对方利益和市场定位来定价。促销策略上，价格促销如限时折扣可短期提升销量，但过度使用会影响品牌形象。非价格促销如免费试用、线上活动等能增加产品附加值，支持较高价格。综合考虑这些营销组合因素，才能制定出合理的网络产品定价策略。

4) 成本因素

成本因素应包括原材料、劳动力、设备等直接用于生产产品的生产成本，网络广告投放、搜索引擎优化、社交媒体推广等费用的营销成本，产品运输、仓储等费用的物流成本，为客户提供售后支持所产生的售后服务成本。

6.1.5.2 外部因素

企业制定价格时应考虑的外部因素包括市场需求、消费者的观点和议价能力、竞争产品的价格、国家的政策法规等，都会对网上定价产生较大影响。

1) 市场需求因素

消费者的需求弹性是影响企业定价的关键因素之一。当产品需求弹性较大时，意味着消费者对价格变化非常敏感，即使价格稍有变动，也可能导致需求量的显著波动。因此，企业在定价时需要格外谨慎，避免过高的价格引发消费者需求的大幅下降，从而影响销售量和市场份额。同时，市场竞争状况也是企业定价时不可忽视的因素。在同类产品众多的市场中，为了吸引消费者并保持竞争力，企业可能需要采取降价策略。相反，如果产品具有独特性或在市场中竞争优势明显，企业则可以适当提高价格，以获取更高利润。

2) 竞争对手价格因素

在定价过程中，企业必须密切关注直接竞争对手的产品价格。直接竞争对手的价格策略直接影响企业的市场份额和盈利能力，因此，保持价格竞争力是企业定价的重要考量。

此外，间接竞争对手的价格，特别是替代品的价格，也会对企业的定价产生影响。如果替代品的价格较低，消费者可能会转向替代品，从而导致企业产品需求下降。为了应对这种竞争压力，企业可能需要调整自身产品的价格，以保持与替代品的竞争力，从而稳定或扩大市场份额。

3) 消费者的观点和议价能力

在网络产品定价中，消费者的观点和议价能力至关重要。消费者对价格的认知影响着他们的购买决策，若认为价格过高可能放弃购买。同时，消费者在网络上可轻松比较不同产品价格，对价格敏感度提升。其议价能力也在网络环境下增强，可通过信息获取、选择多样性及团购等方式与企业议价。企业需考虑消费者观点，提供合理价格以体现产品价值。面对消费者的议价能力，企业可优化产品服务、参与团购活动等，以平衡价格与市场需求，提高产品竞争力。

4) 国家的政策法规

国家的政策法规对网络产品定价有重要影响。税收政策方面，不同的税率会直接影响企业成本，进而影响产品定价。反垄断法规能防止企业操纵价格，促进市场公平竞争，利于合理定价。消费者权益保护法规要求准确披露价格信息，规范退换货政策，促使企业制定更合理价格。行业监管政策对特定行业网络产品定价进行限制，网络平台监管规定也间接影响企业定价成本。企业在网络产品定价时必须充分考虑国家政策法规，确保合规经营与合理定价。

6.2 网络营销定价策略

企业制定价格的目标一般有生存定价、获取当前最高利润定价、获取当前最高收入定价、销售额增长最大量定价、最大市场占有率定价和最优异产品质量定价。企业制定价格的目标一般与企业的战略目标、市场定位和产品特性相关。传统企业在制定价格时，主要是依据产品的生产成本，这是从企业局部来考虑的。网络企业制定价格则更主要是从市场整体来考虑的，它取决于需求方的需求强弱程度和价值接受程度，再就是来自替代性产品（也可以是同类的）的竞争压力程度；需求方接受价格的依据则是商品的使用价值和商品的稀缺程度，以及可替代品的机会成本。下面是几种常用的网络营销定价策略：

6.2.1 免费定价策略

免费定价策略（也叫免费价格策略）是市场营销中常用的营销策略，就是将企业的产品或服务以零价格或近乎零价格的形式提供给顾客使用，满足顾客需求。在传统营销中，免费定价策略一般是短期和临时性的；在网络营销中，免费定价策略还是一种长期并行之有效的企业定价策略。

采用免费定价策略的产品一般都是利用产品成长推动占领市场，帮助企业通过其他渠道获取收益，为未来市场发展打下基础的产品。但是，并不是所有的产品都适合于免费定价策略。受企业成本影响，如果产品开发成功后，只需要通过简单复制就可以实现无限制的生产，使免费商品的边际成本趋近于零，或通过海量的用户使其沉没成本摊薄，这就是最适合用免费定价策略的产品。免费定价策略如果运用得当,便可以成为企业的一把营销利器。

6.2.2 低价渗透性定价策略

低价渗透性定价策略(简称低价策略),就是企业把产品以较低的价格投放到网上市场,以吸引网上顾客,抢占网上市场份额,提高网上市场占有率,以增强网上市场竞争优势。低价能使企业取得网上市场大销量,并且能够有效阻碍竞争者的跟进与加入。采取这种策略的条件是市场规模足够大且存在着较多的潜在竞争者;产品无明显特色,需求弹性大,低价会有效刺激需求增长;大批量销售会使企业成本显著下降,企业总利润明显增加。低价渗透性定价策略有三种形式:

6.2.2.1 直接低价策略

直接低价策略是指产品价格在公布时就比同类产品定的价格要低。它一般是制造商在网上进行直销时采用的定价方式,Dell 公司的电脑定价相较于同性能的其他公司产品低 10%~15%。采用低价策略的前提是开展网络营销、实施电子商务为企业节省了大量的成本费用。

在运用这一策略时,需注意三点:

(1) 在网上不宜销售那些顾客对价格敏感,而企业又难以降价的产品。

(2) 在网上公布价格时,要注意区分消费对象,针对不同的消费对象提供不同的价格信息发布渠道。

(3) 由于消费者可以在网上轻而易举地搜索到价格最低的同类产品,所以在网上发布价格时要注意与同类站点公布的价格进行比较,否则,价格信息的公布可能会起到反作用。

6.2.2.2 折扣低价策略

折扣低价策略是指企业发布的产品价格是网上和网下销售通行的统一价格,而对于网上顾客,又在原价的基础上标明一定的折扣率来定价的策略。这种定价方式可以让顾客直接了解产品的低价幅度,明确网上购物获得的实惠,以吸引并促进顾客的购买。这类价格策略常用在一些网上商店的营销活动中,它一般按照市面上的流行价格进行折扣定价。例如,亚马逊网站的图书价格一般都要打折,而且有些折扣达到 3 折以下。

6.2.2.3 促销低价策略

促销低价策略是指企业虽然以通行的市场价格将商品销售给顾客,但为了达到促销的目的,还要通过某些方式给顾客一定的实惠,以变相降低销售价格。如果企业为了达到迅速拓展网上市场的目的,而产品价格又不具有明显的竞争优势,那么由于某种考虑不能直接降价时,则可以考虑采用网上促销低价策略。例如,许多企业为了打开网上销售局面和推广新产品,常常采用临时促销低价策略。比较常用的促销低价策略有有奖销售和附带赠品销售等策略。

6.2.3 个性化定制生产定价策略

个性化定制生产定价策略(简称个性化定价策略)通过数字化工具和网络平台,利用网络技术和辅助设计软件,帮助消费者选择配置或者自行设计能满足自己需求的个性化产品,同时承担自己愿意付出的价格成本。这种策略借助先进的网络技术和辅助设计软件,消费者可以参与到产品的设计、配置和定价过程中，从而实现"按需生产"和"按价值付费"的模式。这种策略不仅能够满足消费者对独特性和个性化的追求，还能有效减少库存压力和资源浪费，提升企业的运营效率。同时，个性化定制生产定价策略通过动态调整价格，能够更好地反映产品的附加价值和消费者的支付意愿，从而为企业创造更高的利润空间。

此外，个性化定制生产定价策略的成功实施依赖于大数据的深度分析和人工智能技术的支持。通过对消费者行为数据的挖掘和分析，企业可以更精准地预测市场需求，优化产品设计和定价模型。网络的互动性使得消费者能够实时反馈自己的偏好和支付意愿，从而帮助企业动态调整定价策略，增强市场竞争力。这种策略不仅提升了消费者的参与感和满意度，还为企业在激烈的市场竞争中提供了差异化的竞争优势，成为未来网络营销中不可或缺的重要组成部分。

6.2.4 使用定价策略

6.2.4.1 使用定价策略的定义

使用定价策略是一种特定的定价方式，它允许顾客通过互联网注册后直接使用某公司的产品或服务，并根据实际使用次数或使用量付费，而不需要一次性购买整个产品或服务。这种策略的核心在于将产品或服务的所有权与使用权分离，顾客只需为实际使用的部分付费，从而降低了购买门槛，提高了产品的可及性和灵活性。

6.2.4.2 使用定价策略的优势

使用定价策略的优势在于以下几点：

1) **降低了顾客的购买风险**

顾客无须承担购买整个产品或服务的全部成本，只需为实际使用的部分付费，从而降低了购买风险。

2) **提高了产品的灵活性**

顾客可以根据自身需求灵活选择使用量，避免了资源浪费。

3) **吸引了更多潜在顾客**

对于那些对产品价格敏感或只需偶尔使用产品的顾客来说，该策略更具吸引力。

4) **促进了资源的有效利用**

企业可以根据实际使用情况来调整生产和服务水平，避免了过度生产和库存积压。

使用定价策略需要企业具备一定的技术和管理能力，以确保能够准确计量顾客的使用量，并及时收取费用。同时，企业还需要考虑如何平衡成本与收益，确保定价策略能够覆盖成本并获得合理的利润。使用定价策略是一种灵活且有效的定价方式，能够满足不同顾客的需求，促进资源的有效利用，并为企业带来更多的商业机会。

6.2.5 拍卖定价策略

网上拍卖是目前发展较快的领域，是一种最市场化、最合理的方式。随着互联网市场的拓展，将有越来越多的产品通过互联网拍卖竞价。由于目前购买群体主要是消费者市场，个体消费者是目前拍卖市场的主体，因此，这种策略并不是目前企业首要选择的定价方法，因为它可能会破坏企业原有的营销渠道和价格策略。比较适合网上拍卖竞价的是企业的一些原有积压产品，企业的一些新产品，也可以通过拍卖展示起到促销作用。

网上拍卖定价的方式有以下三种：

6.2.5.1 竞价拍卖

网上竞价拍卖一般属于 C2C 交易，主要是二手货、收藏品或者一些普通物品等在网上以拍卖的方式进行。

6.2.5.2 竞价拍买

网上竞价拍买是竞价拍卖的反向操作，它是由买方引导卖方竞价实现产品销售的过程。若在拍买过程中，用户提出计划购买商品或服务的质量标准、技术属性等要求，并提出一个大概的价格范围，大量的商家可以以公开或隐蔽的方式出价，消费者将与出价最低或最接近要价的商家成交。

6.2.5.3 集体竞价

集合竞价是一种由消费者集体议价的交易方式。提出这一模式的是美国著名的普利斯林（Priceline）公司。这在目前的国内网上竞价市场中，还是一种全新的交易方式。如在中国，雅宝已经率先将这一全新的模式引入自己的网站。根据交易双方的关系，拍卖交易的模式一般有四种，即"1 对 1"的交易模式、"1 对多"的交易模式、"多对 1"的交易模式、"多对多"的交易模式。

6.2.6 声誉定价策略

声誉定价策略是指企业利用买方仰慕品牌的心理来制定大大高于其他同类商品的价格。在市场上有许多商品在消费者心中有极高的声望，如名牌工艺品、名牌高级轿车等，消费者购买这些商品，目的在于通过消费此类产品获得极大的心理满足。他们重视的是商品的商标、品牌及价格是否能炫耀其"豪华"，重视商品能否显示他们的身份和地位。因此，可以按照消费者对这类商品的期望价值，制定出高于其他同类产品几倍，甚至十几倍的声望价格。这样既可以满足消费者的心理需要，又能增加企业盈利，促进销售。

"借声誉定高价，以高价扬声誉"是该定价方法的基本要领，这种定价方法主要抓住了消费者崇尚名牌的心理。该定价方法主要有两种目的：一是提高产品形象；二是满足某些消费者对地位和自我价值的欲望。

6.2.7 差别定价策略

6.2.7.1 差别定价策略的定义

差别定价策略，也称为歧视性定价，是指企业对同一产品或服务针对不同的顾客、不同的市场制定不同的价格的策略。这种策略能够满足顾客的不同需求，并为企业带来更多的利润。

6.2.7.2 差别定价策略的形式

1) 顾客差别定价

即企业按照不同的价格把同一种产品或劳务卖给不同的顾客。这种价格歧视表明，顾客的需求强度和商品知识有所不同。

2) 产品形式差别定价

即企业对不同型号或形式的产品分别制定不同的价格,但不同型号或形式产品的价格之间的差额与成本费用之间的差额并不成比例。

3) 产品部位差别定价

即企业对于处在不同位置的产品或服务分别制定不同的价格,即使这些产品或服务的成本费用没有任何差异。

4) 销售时间差别定价

即企业对于不同季节、不同时期甚至不同时间段的产品或服务,分别制定不同的价格。

实施差别定价策略时,企业必须具备一定的条件,例如对价格有一定的控制能力、市场能够细分且不同细分市场之间的需求存在差异、不同市场的价格弹性不同等。

6.2.8 组合定价策略

组合定价策略(也叫价格组合策略)是指企业将多种产品或服务组合在一起销售,并据此制定相应的价格。这种策略通过将互补性产品或服务进行捆绑销售,不仅能够降低消费者的选择成本,还能提升整体购物体验,从而刺激消费者的购买欲望。例如,将高利润产品与低利润产品组合销售,既能提高低利润产品的销量,又能通过高利润产品实现整体利润的提升。此外,组合定价策略还可以通过设置不同的套餐选项,满足不同消费层次的需求,进一步扩大目标客户群体,增强市场渗透力。

从企业运营的角度来看,组合定价策略能够优化资源配置,降低库存压力,并提高资金周转效率。通过分析消费者的购买行为和偏好,企业可以设计出更具吸引力的产品组合,从而提升交叉销售和追加销售的机会。同时,这种策略还能够增强客户的黏性和忠诚度,因为消费者在享受一站式购物便利的同时,也会对品牌产生更强的依赖感。在网络营销中,组合定价策略还可以通过数据驱动的动态调整,实时优化产品组合和价格结构,最大化企业的利润空间,并在竞争激烈的市场中占据优势地位。

资料分享

小米价格策略

小米自成立以来,一直将性价比作为核心价格策略理念。以小米手机为例,在智能手机市场竞争激烈的初期,各大品牌手机价格普遍较高,而小米以接近成本的价格推出配置较高的手机产品,迅速吸引了大量对价格敏感且追求高性能的消费者。通过大规模采购零部件、优化供应链管理以及采用互联网直销模式等方式,小米成功降低了生产和销售成本,从而能够在保证产品质量的前提下,将价格定在一个极具竞争力的水平。例如小米手机发布时,其配置与当时市场上同价位段的手机相比优势明显,但价格却低很多,这使得小米手机一经推出便在市场上引起轰动。

在新产品发布的前期预热阶段,小米善于利用价格悬念进行营销。在产品发布前,官方会透露一些关于产品性能和特点的信息,但对价格保持神秘,引发消费者的猜测和讨论,从而提高产品的关注度和话题度。这种方式不仅能够吸引消费者的注意力,还能让消费者在等待价格公布的过程中,对产品产生更高的期待值。比如小米在推出一些新系列手机或新的智能产品时,会提前很长时间在官方微博、论坛等平台发布产品的谍照、部分功能介绍等信息,但价格信息往往要到临近发布时才会揭晓,营造出一种神秘的氛围。

  小米还经常采用限量抢购的方式来销售产品。这种策略一方面可以制造产品的稀缺感,激发消费者的购买欲望;另一方面也有助于小米根据市场的反馈及时调整生产和销售策略。在抢购活动中,消费者为了能够买到心仪的产品,会积极参与抢购,并且在这个过程中会不断关注小米的官方信息,进一步提高了品牌的曝光度和用户黏性。例如小米手机的首发销售,往往都是限量抢购,消费者需要在特定的时间登录小米官网或电商平台抢购,很多时候产品在短时间内就会被抢购一空。

  在价格调整方面,小米会根据产品的生命周期和市场情况灵活变动。当一款产品推出一段时间后,随着技术的进步和成本的降低,小米会适时降低产品的价格,以吸引更多的消费者购买。同时,对于一些旧款产品,小米也会通过降价清库存的方式,为新产品的推出腾出市场空间。例如小米的一些老款手机,在上市几个月后价格会有所下降,这不仅能够提高产品的销量,还能让消费者感受到小米产品的价格优势。

  此外,小米还注重产品的价格组合策略。除了单品销售外,小米会推出产品套餐或组合销售的方式,给予消费者一定的价格优惠。比如购买手机时搭配手机壳、耳机、充电器等配件一起购买,总价会比单独购买这些产品更加划算。这种价格组合策略不仅能够提高消费者的购买意愿,还能增加产品的销售额。

  在小米汽车的营销中,也体现出了其独特的价格策略。在发布前,雷军通过言论引导消费者对价格的预期,先打破消费者对小米低价的固有印象,然后建立新的价格锚点。将小米汽车定位为"50万元以内最好开的车",让消费者的心理预期价格上移。最终公布的价格低于消费者的预期,使得消费者觉得产品具有较高的性价比。例如小米 SU7 标准版售价 21.59 万元,PRO 版售价 24.59 万元,MAX 版售价 29.99 万元,这样的价格组合在市场上具有很强的竞争力。

6.3　网络营销定价的实施步骤

6.3.1　市场调研与数据分析

  在制定网络营销定价策略之前,企业必须通过系统化的市场调研,全面了解行业趋势、竞争对手的定价策略以及目标消费者的需求与支付意愿。市场调研不仅包括定量数据的收集(如市场规模、增长率等),还应涵盖定性分析(如消费者偏好、购买动机等)。通过大数据分析和人工智能技术,企业可以深入挖掘消费者行为模式,识别潜在的市场机会和风险,从而为定价决策提供科学依据。此外,社交媒体、搜索引擎和电商平台的数据也为企业提供了丰富的消费者洞察,帮助企业更精准地定位目标市场。

  数据分析在网络营销定价中的作用不可忽视。通过实时监测市场动态和竞争对手的价格变化，企业可以快速响应市场变化，避免定价过高或过低的风险。同时，数据分析还能帮助企业识别不同消费者群体的价格敏感度，从而制定差异化的定价策略。例如，通过A/B测试和价格弹性分析，企业可以找到最优价格点，既能吸引消费者，又能最大化利润。数据驱动的定价策略不仅提升了决策的科学性，还增强了企业在市场中的灵活性和竞争力。

资料分享

A/B 测试和价格弹性分析

A/B 测试（也称为拆分测试）是一种通过对比两个或多个版本的变量（如价格、页面设计、广告文案等）来确定哪个版本更有效的实验方法。在网络营销中，A/B 测试被广泛应用于优化定价策略、提升转化率和改善用户体验。其核心原理是将目标受众随机分为两组或多组，分别展示不同的版本，然后通过数据分析比较各版本的表现，从而确定最优方案。

价格弹性分析是研究价格变化对需求量影响的一种经济学方法，通常通过计算价格弹性系数（Price Elasticity of Demand，PED）来衡量。价格弹性系数反映了需求量对价格变化的敏感程度，其公式为：

$$PED = 需求量变动的百分比 / 价格变动的百分比$$

其中有三种：

弹性需求（PED>1）：需求量对价格变化高度敏感，价格下降会显著增加销量，反之亦然。例如，奢侈品或非必需品通常具有较高的价格弹性。

非弹性需求（PED<1）：需求量对价格变化不敏感，价格变化对销量影响较小。例如，生活必需品（如食品、药品）通常具有较低的价格弹性。

单位弹性（PED=1）：需求量与价格变化成比例变动，价格变化对总收入无影响。

6.3.2　成本分析与预算制定

成本分析是定价策略的基础，企业需要全面评估产品或服务的直接成本（如原材料、生产成本）和间接成本（如管理费用、物流费用）。此外，网络营销中的数字化成本（如广告投放、技术支持）也应纳入考量范围。通过精细化的成本核算，企业可以确保定价能够覆盖所有成本并实现预期利润。同时，成本分析还能帮助企业识别成本控制的潜在空间，从而在保证质量的前提下降低价格，提升市场竞争力。

在成本分析的基础上，企业需要制定合理的预算，以确保定价策略的可行性和可持续性。预算制定不仅要考虑当前的营销目标和资源分配，还应预留一定的灵活性以应对市场变化。例如，在促销活动期间，企业可能需要调整预算以支持临时的价格折扣或广告投放。通过科学的预算管理，企业可以在实现短期销售目标的同时，确保长期的财务健康。此外，预算制定还应与企业的整体战略目标保持一致，确保定价策略能够支持品牌定位和市场扩展。

6.3.3　定价模型的选择与应用

定价模型的选择直接影响企业的盈利能力和市场表现。常见的定价模型包括成本加成定价、价值定价、竞争定价和动态定价等。成本加成定价适用于成本结构清晰的产品，而价值定价则更适合高端品牌或差异化产品，因为它基于消费者对产品价值的感知。竞争定价则适用于竞争激烈的市场，企业需要根据竞争对手的价格水平调整自身定价。动态定价则利用实时数据和技术手段，根据市场需求和供应情况动态调整价格，常见于电商平台和共享经济领域。

在实际应用中，企业可以根据产品特性、市场环境和消费者行为选择合适的定价模型，或者将多种模型结合使用。例如，企业可以在基础定价上采用成本加成定价，同时根据市场反馈引入动态定价。此外，定价模型的选择还应考虑企业的长期战略目标。例如，如果企业的目标是快速占领市场份额，可以采用渗透定价策略；如果目标是塑造高端品牌形象，则可以采用撇脂定价策略。通过科学的定价模型应用，企业可以在满足消费者需求的同时，实现利润最大化。

6.3.4 定价策略的调整与优化

网络营销定价策略需要具备高度的灵活性，以适应快速变化的市场环境。企业应建立实时监测机制，跟踪市场反馈、竞争对手动态和消费者行为变化。例如，通过分析销售数据和消费者评论，企业可以及时发现定价策略的不足，并做出相应调整。此外，季节性因素、经济环境变化和突发事件（如供应链中断）也可能影响定价策略的有效性，企业需要提前制定应对方案。

优化定价策略是一个持续的过程，企业可以通过数据分析和消费者调研不断改进定价模型。例如，利用机器学习算法，企业可以预测不同价格点对销量的影响，从而找到最优定价区间。同时，企业还可以通过个性化定价策略，针对不同消费者群体制定差异化的价格，以提升转化率和客户满意度。此外，A/B测试和价格弹性分析也是优化定价策略的有效工具。通过不断调整和优化，企业可以在激烈的市场竞争中保持优势，并实现可持续增长。

6.4 网络营销定价的挑战与未来趋势

6.4.1 网络营销定价的挑战

6.4.1.1 价格战风险

在激烈的市场竞争中，企业可能面临价格战的风险。过度降价往往伴随着产品成本的压缩，这很可能导致产品质量下降。在网络营销时代，消费者获取信息的渠道更加广泛，产品质量一旦出现问题，将迅速在社交媒体等平台上传播，进而严重损害企业的品牌形象。此外，长期的价格战还可能削弱企业的盈利能力，影响企业的研发投入和市场扩张计划，最终阻碍企业的长期发展。更为严重的是，价格战可能引发整个行业的恶性竞争。当多家企业为了争夺市场份额而不断降价时，整个行业的利润空间将被严重压缩，甚至可能导致部分企业因无法承受亏损而退出市场。这种局面不仅不利于行业的健康发展，还可能破坏市场秩序，损害消费者利益。

企业在面临价格战风险时，需要谨慎使用低价策略，避免陷入价格战。价格战虽然能在短期内吸引价格敏感型消费者，但长期来看会削弱品牌的溢价能力，甚至导致行业利润空间被压缩。企业应通过差异化竞争策略，如提升产品创新性、优化用户体验或提供增值服务，来避免单纯依赖价格竞争。例如，苹果公司通过技术创新和品牌塑造，成功避免了与安卓手机厂商的价格战，保持了高利润率和品牌忠诚度。

此外，企业可以通过数据分析和市场调研，深入了解目标客户的需求和支付意愿，制定更具针对性的定价策略。例如，采用分层定价模式，推出基础版、标准版和高端版产品，满足不同消费层次的需求。同时，企业应注重品牌价值的传递，通过内容营销、社交媒体互动和口碑传播，强化消费者对品牌的情感认同，从而减少对价格的过度依赖。通过建立长期的市场战略，企业可以在避免价格战的同时，实现可持续增长。

6.4.1.2　消费者心理预期管理

消费者的心理预期对定价策略的制定具有重要影响。在网络营销时代，消费者的心理预期更加复杂多变，企业需要通过有效的营销手段，引导消费者的心理预期，使其接受并认可企业的定价。例如，通过锚定效应，企业可以展示高价参考产品或服务，使消费者对实际价格产生更高的价值感知。此外，企业还可以通过限时优惠、捆绑销售或会员专属折扣等方式，创造稀缺感和紧迫感，从而提升消费者的购买意愿。例如，电商平台"双十一"大促活动通过限时折扣和预售机制，成功激发了消费者的购买热情。

同时，企业还需要关注消费者的反馈和投诉，及时调整定价策略以满足消费者需求。通过社交媒体、用户评论和客户服务渠道，企业可以实时收集消费者对价格和产品的看法，并快速响应。例如，美国奈飞公司通过用户数据分析，发现消费者对分级定价的接受度较高，因此推出了不同价位的订阅方案，既满足了多样化需求，又提升了用户满意度。此外，企业应注重与消费者的情感连接，通过品牌故事、社会责任活动和个性化服务，增强消费者的品牌认同感，使其更愿意为品牌溢价买单。通过持续优化消费者体验，企业能够在竞争激烈的市场中建立稳固的客户关系，从而实现长期盈利。

资料分享

锚定效应

锚定效应（Anchoring Effect）是行为经济学中的一个重要概念，指的是个体在做出判断或决策时，过度依赖最先获得的初始信息（即"锚"），导致后续判断偏离合理范围的现象。这一效应由心理学家丹尼尔·卡尼曼和阿莫斯·特沃斯基提出，揭示了人类认知中的一种系统性偏差。例如，在价格评估中，如果消费者首先看到一个较高的价格（锚点），即使后续价格较低，他们仍可能认为这是一个"划算"的交易，因为他们的判断被初始高价所影响。锚定效应不仅影响经济决策，还广泛存在于谈判、风险评估和日常判断中。在网络营销中，锚定效应常被用于定价策略，以引导消费者的购买决策。例如，电商平台会展示一个较高的"原价"作为锚点，旁边标注一个较低的"折扣价"，从而让消费者感知到更大的价值感。这种策略利用了消费者对初始价格的依赖，使其认为折扣价更具吸引力。通过巧妙设置锚点，企业可以优化价格结构，提升转化率和利润。

6.4.2 网络营销定价的未来趋势

6.4.2.1 智能化定价技术的发展

随着大数据、人工智能等技术的不断发展，智能化定价技术将逐渐成为网络营销定价的重要趋势。企业可以利用这些技术实现精准定价、动态调整等功能，提高定价的效率和准确性。智能化定价技术的核心在于通过机器学习算法分析海量数据，包括历史销售数据、竞争对手定价、市场需求变化、消费者行为模式等，从而生成最优定价策略。例如，动态定价算法可以实时监测市场供需关系，自动调整价格，以最大化收益或市场份额。此外，预测性分析技术能够帮助企业提前预判市场趋势，制定前瞻性的定价策略。

未来，智能化定价技术将进一步与物联网、区块链等新兴技术融合，实现更高级别的定价智能化。例如，通过物联网设备收集的产品使用数据，企业可以推出基于使用量的定价模式。同时，区块链技术的应用可以确保定价过程的透明性和可追溯性，增强消费者对定价机制的信任。随着技术的不断成熟，智能化定价将不仅限于价格设定，还将扩展到价格沟通、价格解释等环节，形成完整的智能化定价生态系统。

6.4.2.2 消费者参与定价的兴起

越来越多的消费者参与到产品的定价过程中来，表达自己的需求和意愿。未来网络营销定价将更加注重消费者的参与和反馈，实现更加民主和透明的定价机制。消费者参与定价的模式包括拍卖式定价、众筹定价、价格协商等。例如，拍卖模式允许消费者通过竞价获得商品，而众筹定价则让消费者通过支持项目来影响最终产品的定价。这些模式不仅能够满足消费者的参与感，还能帮助企业更准确地捕捉市场需求。

此外，社交媒体的普及为消费者参与定价提供了新的渠道。企业可以通过社交媒体平台发起定价讨论，收集消费者的意见和反馈，甚至让消费者投票决定产品的价格区间。这种互动式定价策略不仅能够增强消费者的品牌忠诚度，还能为企业提供宝贵的市场洞察。未来，随着消费者主权意识的进一步增强，企业需要更加注重定价过程的开放性和互动性，通过技术手段实现与消费者的深度协作，构建共赢的定价生态。

6.4.2.3 跨境电商定价的挑战与机遇

随着跨境电商的快速发展，企业将面临更加复杂和多变的定价环境。不同国家和地区的文化差异、消费习惯、法律法规等因素都可能对定价产生影响。例如，某些市场对价格敏感度较高，需要采取低价策略以吸引消费者；而在高端市场，消费者可能更注重品牌价值和产品质量，愿意支付溢价。此外，汇率波动、关税政策、物流成本等外部因素也会对跨境电商定价产生重大影响。企业需要建立灵活的定价机制，能够快速响应市场变化。

跨境电商也为企业带来了巨大的机遇。通过大数据分析和人工智能技术，企业可以精准识别不同市场的价格弹性，制定差异化的定价策略。例如，利用地理定位技术，企业可以根据消费者的所在地区自动调整价格，以适应当地的消费水平。同时，跨境电商平台为企业提供了全球化的市场覆盖，使其能够通过规模效应降低单位成本，从而在定价上获得更大优势。未来，企业需要加强本地化运营能力，深入了解目标市场的文化背景和消费心理，制定既符合当地需求又具有竞争力的定价策略，以在全球市场中脱颖而出。

本章小结

本章全面剖析了网络营销环境下的定价策略与实施路径。通过特斯拉的成功案例，展示了差异化定价、市场渗透、心理定价等多种策略的综合运用。详细阐述了网络营销定价的特点与基础，指出其全球性、低价位、动态灵活等优势，并强调了成本分析、市场需求、竞争环境等因素对定价决策的关键影响。深入介绍了免费定价策略、低价渗透性定价策略、个性化定制生产定价策略、使用定价策略、拍卖定价策略等多种定价策略，以及它们在不同市场情境下的应用。最后，提出了网络营销定价的实施步骤，包括市场调研、成本分析、定价模型选择及策略调整优化，为企业在复杂多变的市场环境中制定科学合理的定价策略提供了有力指导。

复习与思考

一、单选题

1. 网络营销的核心目标是什么？（　　）
   A. 提升企业形象　　　　　　　　B. 增加网站流量
   C. 满足消费者需求　　　　　　　D. 提高产品价格

2. 下列哪一项不属于网络营销产品五个层次中的内容？（　　）
   A. 核心利益层次　　　　　　　　B. 有形产品层次
   C. 附加产品层次　　　　　　　　D. 虚拟产品层次

3. 企业在制定网络营销定价策略时，首先应进行哪一步工作？（　　）
   A. 确定定价目标　　　　　　　　B. 进行市场调研
   C. 分析成本结构　　　　　　　　D. 选择定价模型

4. 以下哪种定价策略通过以零价格或近乎零价格的形式提供产品或服务，满足顾客需求？（　　）
   A. 低价渗透性定价策略　　　　　B. 免费定价策略
   C. 个性化定制生产定价策略　　　D. 拍卖定价策略

5. 在产品生命周期中，销售量增长迅速、市场竞争加剧的阶段是哪个阶段？（　　）
   A. 导入阶段　　　　　　　　　　B. 成长阶段
   C. 成熟阶段　　　　　　　　　　D. 衰退阶段

6. 下列哪一项不属于网络营销定价应考虑的内部因素？（　　）
   A. 市场需求　　　　　　　　　　B. 厂商总体的定价目标
   C. 营销组合策略　　　　　　　　D. 成本因素

7. 声誉定价策略主要利用了消费者的哪种心理？（　　）
   A. 价格敏感心理　　　　　　　　B. 崇尚名牌心理
   C. 实惠心理　　　　　　　　　　D. 从众心理

8. 企业在网络营销定价过程中，通过 A/B 测试找到最优价格点，这体现了网络营销定价的哪个特点？（　　）

A. 动态性与灵活性　　　　　　　　B. 价格透明性
C. 个性化定价　　　　　　　　　　D. 比较便利性
9. 网络营销定价相较于传统营销定价，更强调哪个特点？（　　）
A. 地域性　　　　　　　　　　　　B. 静态性
C. 动态性　　　　　　　　　　　　D. 单一性
10. 企业在实施个性化定制生产定价策略时，主要依赖于什么技术？（　　）
A. 传统市场调研　　　　　　　　　B. 大数据和人工智能技术
C. 广告投放　　　　　　　　　　　D. 实体店面销售

二、多选题

1. 网络营销定价相较于传统营销定价的主要特点有哪些？（　　）
A. 全球性　　　　　　　　　　　　B. 低价位
C. 价格透明化　　　　　　　　　　D. 个性化定价
2. 企业在制定网络营销定价策略时，应考虑的内部因素有哪些？（　　）
A. 市场需求　　　　　　　　　　　B. 厂商总体的定价目标
C. 营销组合策略　　　　　　　　　D. 成本因素
3. 以下哪些策略属于网络营销定价策略？（　　）
A. 低价渗透性定价策略　　　　　　B. 免费定价策略
C. 个性化定制生产定价策略　　　　D. 拍卖定价策略
4. 产品生命周期包括哪些阶段？（　　）
A. 导入阶段　　　　　　　　　　　B. 成长阶段
C. 成熟阶段　　　　　　　　　　　D. 衰退阶段
5. 企业在产品生命周期的导入阶段可能采取的营销策略有哪些？（　　）
A. 快速撇脂策略　　　　　　　　　B. 缓慢撇脂策略
C. 快速渗透策略　　　　　　　　　D. 缓慢渗透策略
6. 网络营销定价的数据分析与优化过程中，可能涉及哪些方法？（　　）
A. A/B 测试　　　　　　　　　　　B. 价格弹性分析
C. 市场调研　　　　　　　　　　　D. 成本分析
7. 企业在网络营销中，若希望吸引价格敏感型消费者，可能会采用哪些策略？（　　）
A. 低价渗透性定价策略　　　　　　B. 折扣低价策略
C. 免费定价策略　　　　　　　　　D. 声望定价策略
8. 企业在制定网络营销定价策略时，需要考虑哪些外部因素？（　　）
A. 市场需求　　　　　　　　　　　B. 竞争对手价格
C. 消费者的观点和议价能力　　　　D. 国家的政策法规
9. 以下哪些定价策略体现了企业对市场需求的灵活响应？（　　）
A. 动态定价策略　　　　　　　　　B. 个性化定制生产定价策略
C. 免费定价策略　　　　　　　　　D. 渗透性定价策略
10. 在网络营销定价中，哪些策略有助于企业应对市场变化？（　　）
A. 动态定价策略　　　　　　　　　B. 个性化定制生产定价策略
C. 拍卖定价策略　　　　　　　　　D. 固定定价策略

三、判断题

1. 网络营销定价策略不受国家政策法规的影响。（　　）
2. 免费定价策略在网络营销中只能是短期和临时性的。（　　）
3. 产品生命周期的成熟阶段，市场规模稳定且增长放缓，竞争激烈且同质化严重。（　　）
4. 使用定价策略允许顾客根据实际使用次数或使用量付费，降低了购买门槛。（　　）
5. 在网络营销中，企业可以通过提高产品价格来增加品牌形象和消费者忠诚度。（　　）
6. 在产品生命周期的导入阶段，企业通常面临较大的营销成本和市场风险。（　　）
7. 在网络营销定价的数据分析与优化过程中，企业不需要考虑竞争对手的价格变化。（　　）
8. 声誉定价策略主要利用了消费者的价格敏感心理。（　　）
9. 组合定价策略通过捆绑销售互补性产品或服务，提升整体购物体验。（　　）
10. 在网络营销中，企业可以忽略成本因素，只根据市场需求和竞争状况来定价。（　　）

四、简答题

1. 简述网络营销定价与传统营销定价的主要区别。
2. 企业在产品生命周期的不同阶段可以采取哪些营销策略？
3. 在网络营销定价的数据分析与优化过程中，企业需要考虑哪些因素？
4. 简述免费定价策略在网络营销中的应用场景及优势。
5. 企业在实施个性化定制生产定价策略时，需要具备哪些条件？

五、论述题

1. 论述网络营销定价策略在网络营销中的重要性及其对企业发展的影响。
2. 企业在制定网络营销产品定价目标时，如何平衡市场整体需求与企业自身的成本和利润？举例说明不同类型企业的定价目标选择。
3. 消费者行为在互联网环境下发生了哪些变化？这些变化对企业制定价格策略提出了哪些新要求？

六、案例分析题

"绿意生活"是一家专注于环保家居用品的创业公司，致力于提供可持续、高质量的环保产品，如可降解垃圾袋、竹制餐具、环保清洁用品等。在当今社会，随着人们环保意识的日益增强和线上购物习惯的广泛普及，"绿意生活"敏锐地捕捉到了这一市场趋势，决定大力拓展其线上业务，通过网络营销手段进一步提升品牌知名度和销售额。"绿意生活"深知，在环保家居用品这一细分领域，其产品的高品质和环保特性是其核心竞争优势。因此，在制定网络营销定价策略时，公司希望定价能够充分反映这些特性，从而维持并提升品牌形象。同时，线上市场的竞争态势日益激烈，消费者的价格敏感度也越来越高，这要求"绿意生活"在定价时必须充分考虑市场因素和消费者心理预期，确保产品的市场竞争力。为了制定出一套既符合品牌形象又能满足市场需求的定价策略，"绿意生活"进行了深入的市场调研和数据分析。他们发现，当前市场上的环保家居用品价格参差不齐，消费者在选择时往往会综合考虑价格、品质、环保性能等多个因素。因此，"绿意生活"决定采取一种综合性的定价策略，即结合成本加成、竞争导向和消费者心理预期等多种方法来确定最终价格。

具体来说，"绿意生活"的定价策略包括以下几个方面：

（1）成本加成定价。首先，公司会详细核算产品的生产成本，包括原材料成本、加工成本、包装成本等。在此基础上，根据公司的目标利润率和市场定位，确定一个合理的加成比例，从而得出产品的基本售价。

（2）竞争导向定价。"绿意生活"会密切关注市场上同类产品的价格水平，特别是那些与自己产品定位相近、品质相当的产品。通过对比分析，公司会根据自身产品的独特卖点和品牌优势，制定出一个既具有竞争力又能体现品牌溢价的价格。

（3）消费者心理预期定价。"绿意生活"深知消费者在购买环保家居用品时，往往期望获得高品质、安全、可持续的产品，同时也愿意为这些特性支付一定的溢价。因此，公司会通过市场调研和消费者访谈等方式，了解消费者对产品的价值感知和支付意愿，从而制定出一个既符合消费者心理预期又能体现产品价值的价格。

（4）差异化定价策略。针对不同类型的产品和不同的消费群体，"绿意生活"会采取差异化的定价策略。例如，对于高端产品系列，公司会采用较高的定价策略，以体现其卓越的品质和独特的环保性能；而对于中低端产品系列，则会采用更为亲民的定价策略，以吸引更多的消费者。

（5）促销活动和价格优惠。为了吸引更多的消费者并提升品牌知名度，"绿意生活"会定期举办各种促销活动，如限时折扣、满减优惠、赠品活动等。同时，公司还会根据节假日、季节性变化等因素，适时调整产品价格，以满足消费者的购买需求。

在实施上述定价策略的过程中，"绿意生活"还会密切关注市场反馈和消费者行为变化，及时调整和优化定价策略。通过不断的学习和改进，"绿意生活"相信能够制定出一套既符合品牌形象又能满足市场需求的网络营销定价策略，从而在激烈的市场竞争中脱颖而出。

问题：请分析"绿意生活"在制定环保家居用品的网络营销定价策略时，应如何综合考虑产品特性、市场需求、竞争环境以及消费者心理预期等多方面因素，并提出具体的定价策略建议。

参考答案

第7章　网络分销渠道策略

引导案例

元气森林的网络营销渠道管理

元气森林在成立初期，便采用了与传统饮料厂商不同的渠道布局。它以年轻人作为重点消费人群，重点布局一、二线城市的连锁便利店和线上电商平台，而后再借助市场知名度，吸引经销商和超市等其他渠道加入。元气森林凭借其独特的渠道模式，为其快速打开市场奠定了重要基础。具体做法主要有三点：

首先，元气森林的产品特点和目标人群决定了大城市的连锁便利店是有利的分销渠道。元气森林产品主打的健康0糖迎合了Z世代年轻人的消费观念。根据统计显示，元气森林的消费者，"85后""90后"的占比达94%，从性别来看，女性占比60%。可以看出，愿意购买元气森林产品的消费群体具有两个特点：一是对健康关注度较高；二是愿意为爱好付出更高的价格。元气森林气泡水的价格为4~5元，契合了这类年轻女性群体的消费观念。

其次，连锁便利店和线上电商这类渠道对新品牌有着较高的包容度，引进新品牌产品有助于丰富产品SKU，通过借助新品的高毛利率提高自身的营收。据统计，2015年，全国便利店销售额仅为1 181亿元，到2020年，全国便利店销售额达到2 961亿元。同时，连锁便利店和电商渠道避免了与传统饮料领域品牌商直接交锋，为元气森林的品牌建设赢得了时间。

最后，因连锁便利店和电商渠道具有高度的数字化特点，元气森林可以借助大数据平台搜集消费者意见和分析消费者习惯，有助于产品迭代和推广。产品上线前期，元气森林便通过公司内部小规模调研验证、再上架到局部市场的多轮验证，通过数据分析新品是否达到了规模化上线标准，最终决定是否在线下渠道铺开。同时，在数据采集方式上，元气森林一方面与数据服务商合作；另一方面积极推进企业数字化建设，通过使用数字化工具如数字化巡店系统、智能冰柜等，实时采集用户画像，为企业决策提供依据。截至2020年，元气森林借助连锁便利店增加超过30%的收入，在电商平台，多次在"双十一"购物节获得天猫和京东饮品类销量第一的称号。

截至 2022 年，元气森林线下经销商从 2021 年年初的 500 余家增加至 1 000 家以上，线下终端数量超过了 100 万个，覆盖全国 800 多个城市。

资料来源：https://www.fx361.cc/page/2023/1227/22872887.shtml

7.1　网络分销渠道概述

7.1.1　网络分销渠道的概念

7.1.1.1　分销渠道的概念

分销渠道是整个营销系统的重要组成部分，它对降低企业成本和提高企业竞争力具有重要意义。随着市场发展进入新阶段，企业的分销渠道不断发生新的变革，旧的渠道模式已不能适应形势的变化。

分销渠道是指某种货物或劳务从生产者向消费者移动时，取得这种货物或劳务所有权或帮助转移其所有权的所有企业或个人。简而言之，分销渠道就是商品和服务从生产者向消费者转移过程的具体通道或路径。

传统分销渠道主要是指在传统分销模式中，产品从研发生产到最终消费者手中所经过的渠道。它建立在传统传播与交易工具的基础上，如百货业态性质的商场、连锁渠道、经销商渠道等。传统分销渠道按照有无中间环节可以分为直接分销渠道（直销渠道）和间接分销渠道（分销渠道）。直销渠道两端为生产者和消费者，没有中间商，而分销渠道则根据中间环节的多少分为一级、二级、三级甚至多级渠道。

7.1.1.2　网络分销渠道的定义

网络分销渠道是网络经济时代的一种崭新的营销理念和模式，是指借助于互联网、电脑通信技术和数字交互式媒体来实现营销目标的一种营销方式。

7.1.1.3　网络分销渠道的特点

网络分销渠道同样具备传统分销渠道的功能，如信息沟通、资金转移和事物转移等，同时也有其独特的特点。

1) 双向信息沟通

由于网络具有实时性和交互性的功能，网络分销渠道可以实现双向直接信息沟通，对销售商品的数量几乎没有限制，查找非常方便，且每天 24 小时都可进行交易。

2) 完善的相关服务

生产者可以通过互联网提供产品服务，顾客可以直接在网上订货和付款，享受送货上门服务。同时，生产者还可以提供网上售后服务和技术支持。

3) 便捷高效

网络分销渠道大大减少了传统分销渠道的流通环节，有效降低了成本，实现零库存管理，并最大限度地控制了营销成本。

综上所述，分销渠道是商品和服务流通的重要路径，传统分销渠道和网络分销渠道各有其特点和优势，企业应根据自身情况和市场环境选择合适的分销渠道策略。

7.1.2 互联网对企业分销渠道的影响

互联网的普及和发展极大地改变了企业的分销模式。通过互联网，企业可以直接与消费者建立联系，减少中间环节，降低成本，提高效率。同时，互联网也为企业提供了更广阔的市场和更多的销售渠道，促进了市场范围的急剧扩张以及销售渠道的多元化。

7.1.2.1 分销渠道结构的革新

互联网极大地简化了传统分销渠道的复杂层级，将之转化为一个电子化、互动性强且高效运作的渠道系统。这一变革催生了两种主要渠道类型：一是网络直接销售渠道，它允许企业直接与消费者建立联系，中间商的角色逐渐转变为提供服务的中介，而非简单的商品转手；二是网络间接销售渠道，其中传统中间商融合了互联网技术，实现了交易效率、专业化和规模经济水平的显著提升。这些变化共同促进了渠道结构的扁平化，增强了市场的响应速度。

7.1.2.2 中间商角色的转变与功能升级

在网络分销渠道中，电子中间商如电商平台和社交媒体平台的兴起，彻底改变了中间商的传统面貌。电子中间商不仅降低了交易成本，还通过提供媒介和场所、高效传递信息，促进了生产者与消费者之间的交易实现。值得注意的是，电子中间商主要进行的是信息交换，即提供媒介和场所，提供和传递信息，高效促成生产者和消费者具体交易的实现，具体的物质、资金交换等实体交易活动则由生产者和消费者直接进行，这在一定程度上降低了分销成本。

7.1.2.3 分销成本的显著降低

互联网销售渠道通过跨越时间和空间的信息交换，实现了交易费用的大幅降低。企业可以利用网上订货系统灵活组织生产和配送，同时利用互联网的交互性和多媒体特性进行高效促销，显著降低促销费用。此外，通过网络信息技术实现各环节的自动化管理，也有效减少了销售管理费用。

7.1.2.4 分销效率大幅提升

网络分销模式大大缩短了传统分销渠道中的流通环节，提高了分销效率。对于网上直接销售渠道，企业可以根据顾客订单按需生产，实现零库存管理。而网上间接销售渠道则通过信息化的网络分销中间商，如先进的电商平台，进一步提升了信息透明度，优化了物流运转，从而提高了整体分销效率。

7.1.2.5 构建高效的订货、配送与结算系统

互联网的广泛应用使得订货、配送与结算系统实现了全面升级。订货系统能够自动接收和处理订单，实现信息的实时沟通与传递；结算系统则支持网上直接付款，大大节省了时间，提升了用户体验；配送系统则针对无形产品实现了即时网络配送，而对于有形产品，专业物流配送机构提供的完善服务确保了物流的高效与便捷。

近年来，随着大数据、人工智能和物联网等技术的快速发展，企业的网络分销渠道将进一步智能化和个性化。大数据分析帮助企业更精准地洞察消费者需求，实现精准营销；人工智能技术则优化了用户体验，提升了服务效率；物联网技术则推动了供应链管理的透

明化和智能化，进一步降低了成本并提高了效率。

7.1.3 网络分销渠道的分类

网络分销渠道是指借助互联网将产品从生产者转移到消费者的中间环节，包括所有网上企业及个人。它作为一架连接企业与消费者的桥梁，具有直接、快捷、灵活等优点，是企业提高市场竞争力的关键途径之一。网络分销渠道主要分为两大类：网络直销渠道和网络间接分销渠道。

7.1.3.1 网络直销渠道

网络直销渠道是指生产者通过互联网直接把产品销售给顾客的销售渠道。这种渠道方式减少了中间环节，使得企业与消费者之间的交易更加直接和高效。网络直销渠道的具体形式包括两种：

1) 企业网站直销

企业通过自己的官方网站直接展示和销售产品。这种方式便于企业建立品牌形象，提供全面的产品信息，并通过在线支付、物流配送等服务实现交易闭环。

2) 店中店直销

企业在第三方销售平台上开设店铺，直接取得客户或消费者的订单。这种方式能够借助第三方平台的用户流量和信誉保障，扩大销售渠道，提高产品曝光度。

7.1.3.2 网络间接分销渠道

网络间接分销渠道是指生产者通过融入互联网后的网络中间商把商品销售给最终用户的分销渠道。这种渠道增加了中间环节，但能够借助网络中间商的资源、技术和经验，实现更广泛的市场覆盖和更高效的分销。网络间接分销渠道的具体形式包括三种：

1) 电商平台分销

企业在电商平台（如淘宝、京东等）上开设店铺或参与平台分销活动，借助平台的用户流量和交易系统实现产品销售。这种方式能够降低企业的分销成本，提高销售效率。

2) 网络联盟分销

企业与其他网站或平台建立合作关系，通过联盟网站展示广告或链接，引导用户访问并购买产品。这种方式能够拓宽销售渠道，增加产品曝光度，并通过佣金分成等方式实现共赢。

3) 社交媒体分销

企业在社交媒体平台（如微信、微博等）上发布产品信息或链接，引导用户访问并购买产品。这种方式能够借助社交媒体的互动性和传播性，提高品牌知名度和用户参与度。

综上所述，网络分销渠道具有多种分类方式，每种分类方式都有其独特的特点和优势。企业在选择网络分销渠道时，应根据自身情况、产品特性和市场需求进行综合考虑，制定合适的分销策略，以实现分销目标。

7.2 企业营销网站建设

企业直销是指企业借助于计算机网络技术、计算机通信技术和数字交互式媒体且不通过其他中间商，将网络技术的特点和直销的优势巧妙地结合起来销售商品，直接实现营销目标的一系列市场行为。目前企业开展网络直销的方法有两种：第一种是企业建立自己的营销网站，由专人专门处理有关产品的销售事务。第二种是委托信息服务商在其网点发布信息，企业利用有关信息与客户联系，直接销售产品。

在企业直销中，企业营销网站是必要的工具。企业营销网站作为现代营销体系中的重要组成部分，已经逐渐成为企业展示品牌形象、推广产品服务、吸引潜在客户和建立客户关系的关键平台。下面深入探讨企业营销网站建设的必要性，企业营销网络的定义与功能，企业营销网站的构建策略、关键要素以及建设的步骤，以帮助企业更好地利用这一数字营销工具，提升市场竞争力。

7.2.1 企业营销网站建设的必要性

企业营销网站能够作为全天候、全球化的营销平台，有效拓宽企业的营销渠道，实现线上线下融合，提升营销效率并降低成本，同时通过增强客户互动与数据收集能力，帮助企业精准定位目标客户，优化营销策略，从而构建强有力的品牌形象，增强市场竞争力。

7.2.1.1 拓宽营销渠道，实现线上线下融合

在数字化时代，企业营销网站成为连接企业与消费者的重要桥梁。通过建设一个功能完善、信息丰富的营销网站，企业能够突破传统营销渠道的局限，实现线上线下的无缝融合。这不仅意味着企业可以通过网站向全球范围内的潜在客户展示产品和服务，还能够借助网站的交互功能，与消费者进行实时互动，收集反馈，优化产品和服务。这种线上线下融合的全渠道营销策略，有助于企业更好地满足消费者的多样化需求，提升品牌影响力和市场竞争力。

7.2.1.2 提升营销效率，降低渠道成本

企业营销网站的建设，能够显著提升营销效率，同时降低渠道成本。与实体店面、广告投放等传统营销渠道相比，网站具有覆盖范围广、传播速度快、成本低廉等优势。通过搜索引擎优化、社交媒体推广等网络营销手段，企业可以精准定位目标客户群体，实现精准营销，提高转化率。此外，网站还能够实现24小时不间断的在线服务，降低人工成本，提升客户满意度。因此，建设企业营销网站，是企业提升营销效率、降低渠道成本的有效途径。

7.2.1.3 增强客户互动，提升用户体验

企业营销网站不仅是展示产品和服务的平台，更是与客户进行互动和沟通的重要渠道。通过网站上的在线客服、留言板、用户评论等功能，企业可以实时了解客户需求，提供个性化的服务和解决方案。这种互动和沟通，有助于增强客户黏性，提升用户体验。同时，企业还可以通过网站收集客户反馈，优化产品和服务，不断提升客户满意度和忠诚度。因此，建设企业营销网站，是企业增强客户互动、提升用户体验的重要手段。

7.2.1.4 数据驱动营销，优化渠道策略

在数字化时代，数据成为企业营销决策的重要依据。企业营销网站能够收集和分析大量的用户数据，包括访问量、浏览行为、购买记录等。这些数据为企业制定营销策略提供了宝贵的信息支持。通过数据分析，企业可以深入了解客户偏好、购买习惯等关键信息，从而优化渠道策略，提高营销效果。此外，企业还可以利用数据分析工具进行市场趋势预

测，制定前瞻性的营销策略，抢占市场先机。因此，建设企业营销网站，是企业实现数据驱动营销、优化渠道策略的关键。

7.2.1.5　构建品牌形象，增强市场竞争力

企业营销网站是企业品牌形象的重要展示窗口。一个专业、美观、易于使用的网站，能够极大地提升企业的品牌形象。通过网站展示企业的文化、价值观、产品特色等，企业可以在消费者心中树立独特的品牌形象，增强市场竞争力。同时，网站还能够通过提供优质的在线服务，提升客户满意度和口碑传播效应，进一步巩固企业的品牌形象和市场地位。因此，建设企业营销网站，是企业构建品牌形象、增强市场竞争力的有力工具。

综上所述，企业营销网站的建设在拓宽营销渠道、提升营销效率、增强客户互动、数据驱动营销以及构建品牌形象等方面都具有不可替代的必要性。通过建设一个功能完善、信息丰富、易于使用的营销网站，企业能够更好地满足消费者的多样化需求，提升品牌影响力和市场竞争力，实现可持续发展。

7.2.2　企业营销网站的定义与功能

7.2.2.1　企业营销网站的定义

企业营销网站是指企业为全面展现自身品牌形象、介绍产品与服务、传播企业文化及价值观、有效实施在线营销策略、优化客户服务体验及深化客户关系管理而专门构建的互联网平台。此平台不仅是企业在网络世界的"虚拟门面"，更是推动网络营销战略落地、促进业务增长的关键枢纽。

7.2.2.2　企业营销网站的功能

1) 品牌塑造与展示

企业营销网站通过精心设计的网站界面、高质量的内容策划与呈现，全方位展示企业的品牌形象、核心价值、历史沿革及企业文化，增强品牌识别度与美誉度。

2) 产品与服务推广

企业营销网站能提供详尽的产品与服务介绍，包括但不限于高清产品图片、详细规格参数、使用指南、客户案例、用户评价及比较工具，助力消费者做出购买决策。

3) 营销活动策划与执行

企业营销网站发布并更新企业的各类营销活动、限时优惠、会员特权等信息，利用互动元素（如倒计时、限量抢购提示）激发用户兴趣，促进转化与销售。

4) 客户服务与关系管理

企业营销网站设立在线客服系统、FAQ 知识库、售后服务专区及投诉反馈渠道，确保快速响应客户需求，提升客户的满意度与忠诚度，同时收集客户反馈信息以持续优化服务。

5) 数据收集与分析

企业营销网站利用先进的网站分析工具，全面收集并分析用户访问行为、偏好、转化率等关键数据，构建用户画像，评估营销活动的成效，为精准营销与策略调整提供数据支持。

6) 社群建设与互动

企业营销网站鼓励用户通过评论区、论坛、社交媒体分享按钮等参与互动，形成用户社群，增强用户黏性，同时利用社群营销手段扩大品牌影响力。

综上所述，企业营销网站作为数字营销的核心组成部分，其设计与实施需紧密围绕企业战略目标，综合运用设计美学、用户体验设计、数据分析及营销策略，以实现品牌提升、市场拓展与客户关系深化的多重目标。

7.2.3 企业营销网站的构建策略

企业营销网站的构建策略应聚焦于明确网站定位与目标受众，优化网站设计与功能布局，强化内容营销与搜索引擎优化策略以吸引并留住目标用户，同时整合社交媒体与多渠道营销资源，形成协同作战的营销体系，从而全面提升网站的品牌影响力、用户参与度和销售转化率。

7.2.3.1 明确网站定位与目标受众

在构建企业营销网站之前，首要任务是明确网站定位与目标受众。这包括确定网站的核心功能（如品牌展示、产品推广、客户服务等）、目标用户群体（如年龄、性别、职业、兴趣等特征）、内容策略（如教育性内容、娱乐性内容、促销信息等）以及期望达到的营销目标（如提高品牌知名度、增加网站流量、促进销售转化等）。通过精准的定位和目标受众分析，可以确保网站的设计和内容更加贴合企业的营销需求，有效提升用户体验和营销效果。

7.2.3.2 优化网站设计与功能布局

网站设计是吸引并留住用户的关键，企业需注重网站的整体布局、色彩搭配、字体选择等视觉元素，以打造美观、专业且符合品牌形象的网站界面。同时，用户体验至关重要，需确保网站导航结构清晰、内容层次分明、加载速度迅速、交互设计友好，以提升用户的浏览便捷性和购买体验。此外，还应考虑响应式设计，确保网站在不同设备上都能提供优质的浏览体验。

7.2.3.3 强化内容营销与搜索引擎优化

内容是网站吸引用户的核心。企业应制定全面且有针对性的内容营销策略，提供有价值、有吸引力的内容，如行业资讯、产品教程、用户案例等，以建立品牌权威性和用户信任度。同时，搜索引擎优化不可或缺，需通过关键词研究、内容优化、内链布局、外链建设等手段，提升网站在搜索引擎中的自然排名，增加网站的曝光率和流量。此外，还需关注网站的技术，如网站速度优化、移动友好性、结构化数据标记等，以提升搜索引擎的抓取效率和索引质量。

7.2.3.4 整合社交媒体与多渠道营销资源

企业营销网站不应孤立存在，而应与其他营销渠道紧密整合，形成协同作战的多渠道营销体系。社交媒体是连接用户、扩大品牌影响力的关键平台。企业需制定社交媒体营销策略，通过定期发布有价值的内容、开展互动活动、与意见领袖合作等方式，吸引用户关注并提升用户参与度。同时，将社交媒体与电子邮件营销、线下活动、线上广告等渠道相结合，形成全方位的营销攻势，以扩大网站的传播范围、提升品牌知名度和促进销售转化。

此外，还需利用数据分析工具监测各渠道的营销效果，不断优化营销策略和渠道组合。

7.2.4 构建企业营销网站的关键要素

成功构建企业营销网站需综合考虑下面的关键要素，并通过精准定位、高质量内容、强大的数据安全措施以及数据驱动的持续优化等手段，构建出高效、精准且富有吸引力的营销网站，为企业的数字营销战略提供有力支撑。

7.2.4.1 网站规划与目标设定

在构建企业营销网站之初，核心在于明确界定网站的目标，如提升销售额、增强品牌认知度等，并确保所有设计和功能均紧密围绕此目标展开。同时，通过市场调研和用户画像技术深入了解目标受众，为网站设计提供坚实的用户导向基础，确保网站能够满足用户需求并激发其兴趣。

7.2.4.2 域名与服务器选择

选取与企业品牌紧密相关、易于记忆的域名，并部署稳定、高效且安全的服务器，是提升品牌在线可见度和确保网站访问速度、稳定性及数据安全的关键。这为用户提供了流畅的浏览体验，并为优质用户体验奠定了坚实基础。

7.2.4.3 网站架构与导航设计

构建清晰、逻辑严密的网站架构，并设计直观、简洁的导航栏，有助于用户快速定位所需信息，同时提升搜索引擎的抓取和索引效率。响应式设计确保网站在不同设备上均能良好展现，而符合用户浏览习惯的页面布局和与企业品牌形象一致的视觉元素则增强了品牌识别度。此外，通过图片压缩、代码精简等手段显著提升页面加载速度，进一步优化用户体验。

7.2.4.4 内容建设与搜索引擎优化

编写原创、相关性强、价值高的内容，如文章、视频等，结合深入研究并合理运用的关键词策略，将关键词自然融入网站内容中，以提升搜索引擎排名。同时，完善页面标题、元描述等搜索引擎优化元素，进一步提升网站搜索可见度，从而吸引并留住更多用户。

7.2.4.5 数据安全与隐私保护

采用 SSL 证书、数据加密等技术手段强化数据安全，制定并公布详细的隐私政策，明确用户数据收集、使用及保护措施，以确保用户数据安全无虞并遵守相关法律法规，增强用户信任度。

7.2.4.6 数据分析与监控

集成相关数据分析工具，实时监测网站流量、用户行为等数据，为制定和调整营销策略提供有力支持。通过数据驱动决策，企业能够更精准地把握市场动态和用户需求，提升营销效果。

7.2.4.7 持续优化与迭代

通过对比不同版本的页面设计、内容等元素，找出最优方案以提升转化率。同时，根据用户反馈和数据分析结果持续优化网站功能、内容和用户体验，实现长期效益最大化。这种持续优化与迭代的精神是企业营销网站保持竞争力和吸引力的关键所在。

企业营销网站是企业数字营销体系中的重要组成部分。通过关注域名与服务器选择、网站架构与导航设计、数据分析与监控工具等关键要素，企业可以构建出高效、精准、有吸引力的营销网站。同时，通过持续的优化和改进，不断提升网站的效果和价值，为企业的长期发展奠定坚实的数字营销基础。

7.2.5 企业网络营销网站建设的步骤

企业网络营销网站的建设是一个系统而精细的过程。企业通过以下步骤的细致规划和严谨执行，旨在构建一个高效、精准、富有吸引力的网络营销平台，有力支撑企业的数字营销战略。

7.2.5.1 前期准备与规划

在企业网络营销网站建设的初期，明确目标与定位至关重要。这包括确定网站旨在提升品牌知名度、增加销售额或提高客户黏性等核心目标，并根据企业特点和市场需求，明确网站的B2B、B2C、电商或资讯平台等定位。随后，通过深入的市场调研与竞品分析，了解目标受众的需求、偏好和行为模式，同时研究竞争对手的网站特点，为制定科学合理的网站规划方案提供有力依据。该方案将详细规划网站的整体架构、功能布局和页面设计，并制定项目时间表、预算和资源分配计划，确保网站建设工作的有序进行。

7.2.5.2 域名与服务器选择

域名注册是网站建设的重要环节，应选择与企业品牌紧密相关、易于记忆且具有一定搜索权重的域名，并确保其合法性和可用性，避免潜在的版权或商标纠纷。同时，根据网站规模和访问量，选择合适的服务器配置，确保服务器的稳定性、安全性和可扩展性，为网站未来的业务增长奠定坚实基础。

7.2.5.3 网站设计与开发

网站设计与开发阶段，需注重UI/UX设计，打造符合用户浏览习惯和品牌形象的页面布局，同时确保页面加载速度、导航便捷性和交互友好性。前端开发将利用HTML等技术实现页面的静态展示和交互功能，并确保网站在不同设备和浏览器上的兼容性和响应速度。后端开发则专注于开发网站的管理系统、数据库和服务器端逻辑，确保网站数据的安全性、稳定性和可扩展性。

7.2.5.4 内容建设与优化

内容建设与优化是提升网站吸引力的关键。需编写原创、相关性强、价值高的文章、视频、图片等内容，并确保内容的准确性和时效性，以提升用户体验和搜索引擎排名。同时，进行搜索引擎优化，包括优化页面标题、元描述、关键词密度等元素，建立内部链接和外部链接，提高网站的权重和流量。

7.2.5.5 测试与上线

在网站上线前，需对各项功能进行全面测试，确保无漏洞和错误，并根据用户反馈及时调整和优化功能。同时，进行性能测试，测试网站的访问速度、负载能力和稳定性，并根据测试结果进行性能调优。在确保网站稳定可靠的前提下，正式上线发布，并制定上线后的运维计划和应急预案，确保网站持续稳定运行。

7.2.5.6 运营与推广

网站上线后，需定期更新内容，保持网站的活跃度和吸引力，并维护网站的稳定性和安全性，及时处理用户反馈和问题。同时，利用 SEO、SEM、社交媒体、电子邮件等渠道进行网站推广，制定详细的推广计划和预算，监测推广效果并及时调整策略。通过集成数据分析工具，实时监测网站流量、用户行为等数据，根据数据分析结果不断优化网站内容、功能和用户体验。

7.2.5.7 持续优化与迭代

为了保持网站的竞争力和吸引力，需进行持续优化与迭代。根据测试结果调整网站设计，提升转化率和用户满意度。同时，根据用户反馈和市场需求，不断优化网站功能、内容和用户体验，并引入新技术和新功能，确保网站始终保持在行业前沿。

7.3 网络分销渠道策略影响因素

掌握有效的渠道是企业赢得市场的关键，尤其在渠道战略日益重要的当下。对企业来说，渠道涉及产品从生产到消费的完整流通链条。随着全球化和规模经济的发展，企业竞争焦点转向通过优化分销渠道来降低成本、提升效率，获取市场竞争优势。因此，分销渠道的设计与管理至关重要，包括对现有渠道的评估、改进、必要时重建，以及加强与渠道伙伴的合作，以提升渠道效能和活力。

7.3.1 市场因素

在市场营销中，制定网络分销渠道策略深受市场因素的影响，这些因素主要包括目标市场范围、顾客的集中程度、消费季节性和竞争状况。

7.3.1.1 目标市场范围的宽广度直接决定了渠道的长短与宽窄

当目标市场范围宽广时，企业倾向于采用长而宽的渠道以覆盖更广泛的地区和消费群体；相反，在狭窄的市场中，短而窄的渠道更为高效。

7.3.1.2 顾客的集中程度也是一个关键因素

顾客高度集中的市场适合采用短而窄的渠道，以便更直接、高效地服务目标客户。而在顾客分散的市场中，长而宽的渠道能够更好地覆盖广泛的地理区域，满足不同地点的顾客需求。

顾客的购买量与购买频率同样影响渠道的选择。对于购买量小且购买频率高的产品，长而宽的渠道能够提供更多购买点和便利性，满足消费者的频繁购买需求。相反，对于购买量大且购买频率低的产品，短而窄的渠道可能更为经济高效。

7.3.1.3 消费季节性也对制定渠道策略产生影响

无季节性的产品通常采用长渠道，以维持稳定的生产和分销。而对于季节性强的产品，企业可能需要采用更灵活的短渠道，以快速响应市场需求的变化。

7.3.1.4 竞争状况也是制定渠道策略不可忽视的因素

在竞争激烈的市场中，企业往往需要与竞争对手采用相似或相同的销售渠道，以保持竞争力。除非企业拥有独特的竞争优势，否则遵循行业惯例通常更为明智。

综上所述，企业在制定网络分销渠道策略时，应综合考虑市场因素，包括目标市场范围、顾客集中程度、消费季节性和竞争状况，以确保渠道策略与市场需求和竞争环境相匹配。

7.3.2 产品因素

在制定网络分销渠道策略时，产品因素起着至关重要的作用。

7.3.2.1 产品的物理化学性质对渠道选择具有直接影响

体积庞大、重量较重、易腐烂或易损耗的产品，由于其运输和储存的特殊性，更适合采用短渠道或直接渠道、专用渠道，以确保产品的快速流通和减少损耗。相反，对于体积小、不易损耗的产品，长而宽的渠道能够更有效地覆盖广泛的市场区域。

7.3.2.2 产品价格也是决定渠道策略的关键因素

通常，价格较高的工业品和耐用消费品，由于购买决策过程相对复杂，消费者更倾向于在专业渠道或通过直接销售进行购买，因此适用短而窄的渠道。相反，价格较低的日用消费品，由于购买频率高且决策过程简单，更适合通过长而宽的渠道进行分销，以便消费者能够方便快捷地购买到所需产品。

7.3.2.3 产品的时尚性也对渠道策略产生影响

时尚性程度高的产品，如流行服饰、配饰等，由于市场寿命短且更新速度快，更适合采用短渠道，以便快速响应市场趋势和消费者需求。而款式不易变化的产品，如经典家具、耐用工具等，则更适合通过长渠道进行分销，以稳定市场需求和品牌形象。

7.3.2.4 产品的标准化程度同样重要

标准化程度高、通用性强的产品，如标准件、通用设备等，由于市场需求稳定且消费者群体广泛，适合采用长而宽的渠道进行分销。相反，非标准化产品，如定制家具、艺术品等，由于其独特性和个性化需求，更适合采用短而窄的渠道，以便更好地满足消费者的定制需求和服务要求。

7.3.2.5 产品的技术复杂程度也是决定渠道策略的关键因素之一

技术越复杂的产品，如高科技设备、精密仪器等，由于其对售后服务的要求较高，更适合采用直接渠道或短渠道进行分销，以便企业能够直接提供技术支持和售后服务。相反，技术简单、易于操作的产品则更适合通过长渠道进行分销。

综上所述，企业在制定网络分销渠道策略时，应综合考虑产品的物理化学性质、价格、时尚性、标准化程度和技术复杂程度等因素，以确保渠道策略与产品特性相匹配，从而实现最佳的市场覆盖和销售效果。

7.3.3 企业自身因素

在制定网络分销渠道策略时，企业自身因素起着决定性的作用。

7.3.3.1 财务能力是企业选择渠道长度和宽度的重要考量

财力雄厚的企业通常拥有更多的资源和自主权，因此更倾向于选择短渠道，以便更直接地控制市场和销售过程，减少中间环节，提高效率和利润。相反，财力薄弱的企业可能无法承担短渠道带来的高成本，因此更依赖于中间商来拓展市场，选择长渠道以分摊成本和风险。

7.3.3.2　渠道的管理能力也是影响企业渠道策略的关键因素

拥有较强渠道管理能力和丰富经验的企业，通常能够更好地掌控渠道运作，协调各个环节，因此更适合采用短渠道。这样的企业能够更有效地与消费者建立联系，提供个性化的服务和支持。而管理能力较低的企业，则可能面临渠道混乱、效率低下等问题，因此更适合选择长渠道，通过中间商来管理分销过程，降低自身的运营风险。

7.3.3.3　企业对控制渠道的愿望也直接影响其渠道策略的选择

一些企业希望更紧密地控制渠道，以便更好地维护品牌形象、保持市场一致性，因此会选择短而窄的渠道。这些企业通常对渠道运作有更高的标准和要求，希望通过直接管理来确保渠道的质量和效率。而另一些企业则可能更注重市场的广泛覆盖和快速响应，因此会选择长而宽的渠道，以便更好地满足消费者的多样化需求，提高市场占有率。

综上所述，企业在制定网络分销渠道策略时，应综合考虑自身的财务能力、渠道管理能力以及对控制渠道的愿望，以确保选择的渠道策略与企业的实际情况和发展目标相匹配。

7.3.4　中间商因素

在制定网络分销渠道策略时，中间商因素是企业不可忽视的关键考量之一。

7.3.4.1　合作的可能性是基础

中间商是否愿意与企业合作，直接关系到渠道的选择。若中间商缺乏合作意愿，企业将面临渠道受限的困境，此时，选择短而窄的渠道成为更为稳妥的选择，以确保产品能够顺利进入市场，尽管这可能限制了市场的广泛覆盖。

7.3.4.2　费用方面也是一个重要的考量因素

利用中间商进行分销往往需要支付一定的费用，包括佣金、市场推广费用等。当这些费用过高时，企业可能会面临成本压力，从而倾向于选择成本相对较低的短而窄的渠道。这样的选择有助于企业控制成本，保持盈利能力，但也可能限制了市场的拓展速度和广度。

7.3.4.3　中间商的服务质量同样重要

如果中间商能够提供优质的服务，包括市场推广、售后服务等，这将极大地增强企业产品在市场上的竞争力。因此，当中间商服务优质时，企业更倾向于采用长而宽的渠道，以便更广泛地覆盖市场，提高品牌知名度和市场份额。相反，如果中间商服务质量不佳，企业可能会选择缩短渠道长度和宽度，以减少潜在的风险和负面影响。

综上所述，中间商合作的可能性、费用以及服务质量是企业制定网络分销渠道策略时需要综合考虑的关键因素。企业应根据自身实际情况和市场环境，权衡利弊，选择最适合的渠道策略，以实现最佳的市场表现和经济效益。

> **资料分享**
>
> **爱普生公司更换中间商**
>
> 爱普生公司某段时间发现其原有中间商在经营新产品和拓展新渠道方面能力不足。为了提升市场表现，公司决定秘密招聘新的中间商。他们明确要求申请者需具备

> 在电视机、冰箱等家电产品方面的分销经验，并愿意建立自己的分销系统。经过严格筛选，最终选择了一批具有领袖风格、资金实力和丰富市场经验的申请者作为新的中间商。这些新中间商不仅愿意投入资金，还获得了公司的股份，从而形成了紧密的合作关系。这一案例表明，企业在选择中间商时，应重视其合作意愿、资金实力和市场经验，以确保渠道的高效运作。

7.3.5 环境因素

在制定网络分销渠道策略时，环境因素也具有深远影响。

7.3.5.1 经济形势是一个不可忽视的重要因素

在经济萧条或衰退阶段，企业面临更大的市场压力和资金约束，因此更倾向于采用短渠道，以减少中间环节、降低成本并快速响应市场需求。相反，在经济形势向好的阶段，企业拥有更多的资源和市场机会，可以考虑采用长渠道来拓展市场、增加销售覆盖率和提高品牌影响力。

7.3.5.2 有关法规是影响企业渠道策略的关键因素

专卖制度、进出口规定、反垄断法和税法等法律法规对企业的分销活动具有直接的制约作用。企业必须在遵守法律法规的前提下，选择符合规定的分销渠道和合作伙伴，以确保合法合规经营。

7.3.5.3 网络销售环境是重要因素

在网络销售环境中，企业面临的市场环境更加复杂多变。鉴于目标受众和企业经营特色的差异，开展网络分销的企业需要综合考虑自身实际情况、产品特性、目标市场定位及整体战略，精心选择合适的分销渠道和合作伙伴。这一过程要求企业具备敏锐的市场洞察力和灵活的战略调整能力，以便根据市场变化及时调整渠道策略，确保渠道选择既符合目标客户的需求，又与企业整体营销策略相协同。

综上所述，企业在制定网络分销渠道策略时，应综合考虑经济形势、法律法规以及网络销售环境等环境因素，以确保选择的分销渠道既符合市场需求，又符合法律法规要求，同时与企业整体营销策略保持一致，共同推动业务的持续增长。

7.4 网络分销渠道管理

7.4.1 渠道政策制定

在企业的营销战略中，渠道政策制定是确保分销渠道高效运作的关键环节。

7.4.1.1 价格政策

价格政策是渠道政策中的基础，它直接关系到产品的市场竞争力、消费者的购买意愿

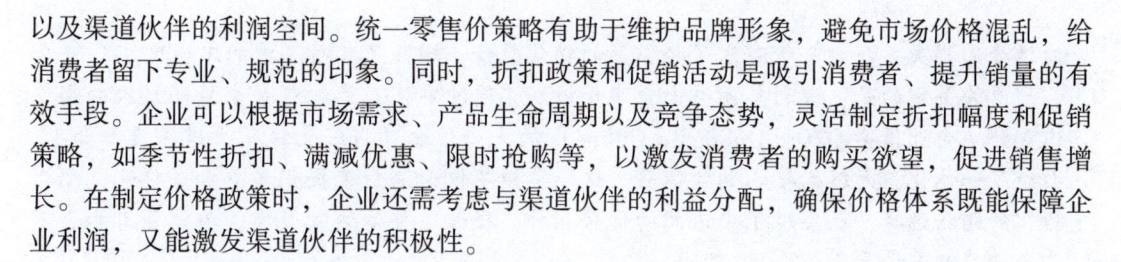

以及渠道伙伴的利润空间。统一零售价策略有助于维护品牌形象，避免市场价格混乱，给消费者留下专业、规范的印象。同时，折扣政策和促销活动是吸引消费者、提升销量的有效手段。企业可以根据市场需求、产品生命周期以及竞争态势，灵活制定折扣幅度和促销策略，如季节性折扣、满减优惠、限时抢购等，以激发消费者的购买欲望，促进销售增长。在制定价格政策时，企业还需考虑与渠道伙伴的利益分配，确保价格体系既能保障企业利润，又能激发渠道伙伴的积极性。

7.4.1.2 渠道激励政策

为了激发渠道伙伴的积极性和忠诚度，企业需要制定一套完善的渠道激励政策。返点政策是一种常见的激励方式，它根据渠道伙伴的销售业绩给予一定比例的利润返还，从而激励渠道伙伴加大销售力度，提高市场占有率。佣金政策则是根据渠道伙伴的销售额或销售利润，按照一定的比例支付报酬，这种方式有助于吸引更多有实力的渠道伙伴加入。此外，企业还可以设立奖励机制，如年度销售冠军奖、最佳市场开拓奖等，以表彰和奖励在销售、市场推广等方面表现突出的渠道伙伴。这些激励政策不仅有助于提升渠道伙伴的业绩，还能增强企业与渠道伙伴之间的合作关系，共同推动业务发展。

7.4.1.3 渠道冲突解决机制

在分销渠道中，由于各渠道伙伴之间的利益诉求、市场定位、资源分配等方面的差异，难免会出现渠道冲突。为了维护渠道秩序，确保各渠道伙伴的合法权益，企业需要建立一套明确的渠道冲突解决机制。首先，要明确各渠道的职责和利益分配，确保各渠道伙伴在职责范围内开展工作，避免因职责不清导致的冲突。其次，建立有效的沟通机制，鼓励渠道伙伴之间开展积极、坦诚的沟通，及时发现问题并寻求解决方案。当渠道冲突发生时，企业应迅速介入，通过调解、协商等方式妥善处理，避免冲突升级。最后，企业还应加强对渠道伙伴的培训和管理，提升渠道伙伴的综合素质和业务能力，减少因能力不足导致的渠道冲突。通过这些措施，企业可以构建一个和谐、稳定的分销渠道体系，为企业的持续发展提供有力保障。

资料分享

伊利集团多渠道冲突解决方案

随着电子商务的蓬勃发展，伊利集团紧跟时代步伐，积极开拓线上渠道，以期实现销售与品牌影响力的双重飞跃。然而，这一进程中不可避免地遭遇了线上线下渠道冲突的难题，特别是价格差异和经销商利益受损两大痛点，严重制约了企业的进一步发展。

面对这一挑战，伊利集团展现出了深厚的市场洞察力和卓越的危机处理能力。首先，在价格策略上，企业果断采取了价格统一措施，通过精细的市场调研和成本分析，科学合理地调整了线上线下的产品价格，有效缩小了价格差异，从而避免了消费者因价格因素而过度倾向于线上渠道，确保了各渠道间的公平竞争。

在维护经销商利益方面，伊利集团同样不遗余力。企业深知经销商作为连接产品与消费者的桥梁，其稳定与否直接关系到市场的长远发展。因此，伊利集团通过提供销售返利、活动支持等一系列优惠政策，不仅有效补偿了经销商因线上渠道拓展而可能遭受的损失，还进一步激发了经销商的销售热情，增强了其对品牌的忠诚度。

更为关键的是，伊利集团并未止步于缓解渠道冲突，而是积极寻求更高层次的渠道整合。企业借鉴O2O（Online To Offline）的先进理念，将线上线下渠道深度融合，打造了一体化、无缝衔接的购物体验。这一举措不仅为消费者提供了更加多样化、便捷化的购物选择，还实现了渠道间的优势互补，提升了整体运营效率，为消费者和企业创造了双赢的局面。

最终，通过这一系列多渠道冲突解决方案的实施，伊利集团成功化解了线上线下渠道之间的矛盾，实现了渠道的和谐共生。这一成果不仅体现在销量的稳步增长上，更在于企业市场地位的进一步巩固，为伊利集团在未来的市场竞争中奠定了坚实的基础。这一系列举措为消费品市场提供了宝贵的借鉴和启示。

7.4.2 渠道成员管理

在企业的营销体系中，渠道成员管理有着至关重要的作用。一个高效、专业的渠道成员管理团队，不仅能够确保企业的产品或服务顺利抵达目标市场，还能提升品牌形象，增强市场竞争力。下面详细阐述渠道成员管理中几个核心环节：

7.4.2.1 渠道成员选择

渠道成员的选择是企业营销战略中的第一步，也是至关重要的一步。在选择渠道成员时，企业需要进行严格的资质审核，确保候选成员具备合法的经营资质和良好的商业信誉。这包括对候选成员的营业执照、税务登记证等基本证件的审核，以及对候选成员过往经营记录的考察，以避免与不良商家合作带来的潜在风险。除了资质审核，企业还需要对渠道成员的信誉进行评估。这可以通过查询候选成员的信用记录、了解其在行业内的口碑，以及与现有合作伙伴的交流等方式进行。一个信誉良好的渠道成员，不仅能够遵守商业道德，维护品牌形象，还能在市场竞争中保持诚信经营，赢得消费者的信任。此外，合作意向也是选择渠道成员时需要考虑的重要因素。企业需要了解候选成员对企业产品或服务的兴趣程度、合作意愿以及长期合作的潜力。通过深入的沟通与交流，企业可以筛选出那些真正认同企业文化、愿意与企业共同成长、共同面对市场挑战的优质渠道成员。

7.4.2.2 渠道成员培训

渠道成员的培训是提升渠道整体实力、确保产品或服务质量的关键环节。在培训过程中，企业需要向渠道成员传授产品知识，包括产品的功能、特点、优势以及使用方法等。这有助于渠道成员深入了解产品，更好地向消费者介绍和推荐。同时，销售技巧的培训也是必不可少的。企业需要教授渠道成员如何与客户建立信任、如何挖掘客户需求、如何有效沟通以及如何处理客户异议等销售技巧。这些技巧能帮助渠道成员提升销售能力，提高成交率，从而为企业创造更多的销售额。此外，随着电子商务的蓬勃发展，线上平台的规则和操作方式也成为渠道成员必须掌握的技能。企业需要向渠道成员详细介绍线上平台的注册流程、商品上架规则、营销推广方式等，以确保渠道成员能够顺利地在平台上开展业务，提升线上销售业绩。

7.4.2.3 渠道成员考核

渠道成员的考核是评估渠道表现、优化渠道结构的重要手段。在考核过程中，企业需要关注渠道成员的销售业绩，包括销售额、市场份额、增长率等指标。这些指标能够直观地反映渠道成员的销售能力和市场拓展效果，为企业制定下一步的渠道策略提供依据。除了销售业绩，服务质量也是考核渠道成员时需要关注的重要因素。企业需要了解渠道成员在售前咨询、售中服务以及售后支持等方面的表现，以确保消费者在购买和使用产品或服务的过程中能够获得满意的体验。这有助于提升品牌形象，增强消费者对企业的忠诚度。此外，市场推广能力也是考核渠道成员时需要考虑的因素。企业需要评估渠道成员在市场推广方面的投入和效果，包括广告投放、活动策划、社交媒体营销等。一个具备强大市场推广能力的渠道成员，不仅能够帮助企业提升品牌知名度，还能在市场竞争中占据有利地位。

综上所述，渠道成员管理是企业营销战略中的重要组成部分。通过严格的渠道成员选择、全面的渠道成员培训以及科学的渠道成员考核，企业可以构建一个高效、专业的渠道体系，为企业的持续发展提供有力支持。

7.4.3 渠道数据监控

在当今数字化营销的时代，渠道数据监控成为企业制定和优化营销策略的重要依据。下面详细阐述渠道数据监控的两大核心内容：

7.4.3.1 建立渠道数据监控体系

渠道数据监控体系是企业实现精准营销和高效运营的基础。首先，企业需要建立一套完整的数据采集机制，确保能够实时、准确地捕捉到各渠道的销售数据、流量数据以及用户行为数据。销售数据涵盖了不同渠道的产品销量、销售额、订单转化率等关键指标，它们直接反映了渠道的市场表现和销售效率。流量数据则包括了网站访问量、页面浏览量、用户停留时间等，这些数据能够揭示渠道吸引力和用户活跃度。而用户行为数据，如点击率、转化率、用户路径等，更是企业洞察用户需求、优化用户体验的重要线索。为了确保数据的准确性和时效性，企业还需要搭建高效的数据处理和分析平台。这要求企业不仅要具备强大的数据处理能力，能够处理海量、异构的数据，还要建立灵活的数据模型，以适应不同渠道和业务场景的需求。同时，数据的安全性和隐私保护也是企业在建立数据监控体系时不可忽视的重要方面。

7.4.3.2 利用数据分析工具对渠道效果进行评估和优化

有了渠道数据监控体系提供的丰富数据基础，企业就可以利用数据分析工具对渠道效果进行深入评估和优化。数据分析工具能够帮助企业从海量数据中提取有价值的信息，揭示数据背后的规律和趋势。通过对销售数据、流量数据和用户行为数据的综合分析，企业可以准确评估各渠道的市场表现、用户黏性以及销售转化率等关键指标。在评估渠道效果的基础上，企业还可以利用数据分析工具进行渠道优化。例如，对于表现不佳的渠道，企业可以通过分析用户行为数据，找出用户流失的关键环节，进而调整营销策略或优化用户体验。同时，企业还可以利用数据分析工具进行渠道组合优化，通过对比不同渠道之间的协同效应和互补性，实现资源的最优配置，提升整体营销效果。此外，数据分析工具还能够为企业带来更深层次的洞察。通过对用户行为数据的持续监控和分析，企业可以发现新的市场机会和潜在用户群体，为企业的产品创新和市场拓展提供有力支持。同时，数据分析工具还能够帮助企业进行精细化运营，实现用户画像的精准构建和个性化营销策略的精准推送，提升用户满意度和忠诚度。

综上所述，建立渠道数据监控体系并利用数据分析工具进行评估和优化，是企业实现精准营销和高效运营的重要手段。这不仅要求企业具备强大的数据处理和分析能力，还需要企业具备敏锐的市场洞察力和创新的营销策略思维。只有这样，企业才能在激烈的市场竞争中脱颖而出，实现持续稳健的发展。

7.5　网络分销渠道评估与优化

网络分销渠道（以下简称渠道）作为连接企业与消费者的桥梁，其效率和效果直接影响企业的市场拓展能力、客户获取成本以及客户满意度。评估网络分销渠道，需要对渠道的各个方面进行全面、细致的审视，进行科学的评估，基于评估结果，对渠道进行策略性调整和改进。

7.5.1　评估指标

评估网络分销渠道的表现是一个系统而复杂的过程，这一过程必须依靠一系列科学、客观且全面的指标来进行。

7.5.1.1　销售额

销售额作为衡量渠道直接经济效益的核心指标，其重要性不言而喻。它不仅反映了渠道在特定时期内的销售能力，还间接体现了渠道的市场吸引力、产品竞争力以及营销策略的有效性。通过对销售额的持续追踪和分析，企业可以及时了解渠道的销售动态，为后续的销售策略调整提供数据支持。

7.5.1.2　利润率

利润率是进一步揭示渠道盈利能力的关键指标。在评估网络分销渠道时，仅仅关注销售额是不够的，因为高销售额并不一定意味着高利润。利润率的高低直接反映了渠道在销售过程中的成本控制能力、产品定价策略以及盈利模式是否具有可持续性。因此，企业必须同时关注销售额和利润率，以确保渠道在实现销售增长的同时，也能保持良好的盈利水平。

7.5.1.3　市场占有率

市场占有率是衡量渠道在整体市场中份额的重要指标，它直接反映了渠道的市场竞争力和市场地位。通过市场占有率的分析，企业可以了解自己在市场中的相对位置，以及与竞争对手的差距。这对于企业制定市场策略、调整产品定位以及优化营销组合都具有重要的指导意义。

7.5.1.4　客户满意度

客户满意度作为衡量消费者对渠道服务认可程度的指标，其重要性同样不容忽视。在客户至上的市场环境下，客户满意度直接关系到客户忠诚度和口碑传播。一个满意的客户不仅会成为企业的回头客，还会通过口碑传播吸引更多的潜在客户。因此，企业必须高度重视客户满意度，将其作为评估网络分销渠道表现的重要指标之一。

在评估过程中，企业应综合考虑上述各项指标，以全面、客观地评价网络分销渠道的表现。同时，由于不同业务的特点和市场环境的变化，各指标的权重也应相应调整。例如，在市场竞争激烈的情况下，市场占有率可能成为企业更为关注的指标；而在产品同质化严重的情况下，客户满意度则可能成为企业区分自身与竞争对手的关键因素。因此，企业应根据实际情况灵活调整评估指标的权重，以更准确地反映渠道的实际状况，为渠道的优化和调整提供有力的决策支持。

7.5.2　数据分析

为了对网络分销渠道进行深入、细致的评估，企业必须充分利用先进的数据分析工具和技术，帮助其洞察渠道运营的方方面面，从多个维度对渠道效果进行全面剖析。具体来说，数据分析工具能够追踪和记录销售渠道的来源，让企业清晰了解哪些渠道带来了最多的流量和转化，从而优化资源分配，加大对高效渠道的投入。同时，这些工具还能深入剖析客户行为，包括他们的浏览路径、停留时间、购买偏好等。通过这些数据，企业可以构建出客户画像，更好地理解客户需求，个性化地推荐产品和服务，提升客户满意度和忠诚度。

交易转化率是衡量渠道效果的关键指标之一，数据分析工具能够精确计算并追踪这一指标的变化趋势。通过深入分析转化过程中的各个环节，企业可以找出影响转化的关键因素，如页面加载速度、支付流程便捷性、产品描述吸引力等，进而进行有针对性的优化，提升转化率。

在数据分析过程中，数据的准确性和时效性至关重要。企业必须确保所收集的数据真实可靠，能够准确反映渠道的实际状况。为此，企业需要建立严格的数据采集和验证机制，对数据源进行筛选和清洗，排除异常值和错误数据，确保数据的准确性和可靠性。

同时，市场环境和渠道状况是不断变化的，因此企业必须及时更新数据，以便及时捕捉市场动态和渠道变化。这意味着企业需要建立实时或近乎实时的数据更新机制，确保决策所依据的数据是最新的、最准确的。只有这样，企业才能迅速响应市场变化，抓住潜在的增长机会，及时调整策略以应对挑战。

综上所述，充分利用数据分析工具对网络分销渠道进行深入、细致的评估，是提升渠道运营效率、优化资源配置、抓住市场机遇的关键。企业必须注重数据的准确性和时效性，确保决策所依据的数据是可靠且最新的，为渠道的持续优化和发展提供有力支持。

7.5.3　优化策略

根据数据分析结果，企业可以精准地制定一系列有针对性的优化策略，以全面提升网络分销渠道的整体表现，确保其在激烈的市场竞争中保持领先地位。

7.5.3.1　调整渠道策略是优化工作的关键所在

企业需要深入洞察市场需求变化和竞争动态，根据这些信息对渠道的定位进行适时调整。这可能涉及重新定位目标消费群体、调整产品组合以满足不同客户群体的需求，或是灵活调整价格策略以应对市场竞争。通过精准的渠道定位，企业能够更好地满足消费者的需求，提升市场竞争力，从而在市场中脱颖而出。

7.5.3.2 优化资源配置也是优化策略中不可或缺的一环

企业需要对各渠道的表现和潜力进行全面评估，根据评估结果合理分配营销预算、人力资源等关键资源。对于表现优异的渠道，企业可以加大投入，进一步巩固其市场地位；对于具有潜力的渠道，企业可以给予适当的支持，促进其快速发展。通过优化资源配置，企业能够确保资源得到充分利用，并发挥最大效益，提升整体渠道的表现。

7.5.3.3 提升渠道效率是优化策略的核心目标

企业需要不断优化渠道运营流程，消除冗余环节，提高运营效率。同时，积极引入新技术，如人工智能、大数据等，为渠道运营提供有力支持。此外，加强员工培训也是提升渠道效率的重要手段。通过培训，企业可以提升员工的专业素养和服务意识，从而提高渠道的服务质量。通过这些措施，企业能够显著提升渠道的运营效率和服务质量，进而提高客户满意度和忠诚度，为渠道的长期发展奠定坚实基础。

综上所述，网络分销渠道的评估与优化是一个持续不断的过程。企业需要定期评估渠道表现，根据数据分析结果制定优化策略，并不断调整和完善渠道运营方案，以确保业务在激烈的市场竞争中保持持续增长和领先地位。

7.6 跨越渠道壁垒的新零售模式

跨越渠道壁垒的新零售模式，深度整合了线上线下的各类资源，充分利用互联网、大数据、人工智能等先进技术，打破了传统零售渠道之间的界限和限制。这一模式实现了线上线下的全渠道融合，让消费者无论在任何时间、任何地点，都能享受到一致且高质量的购物体验。通过无缝对接各个购物场景，提供便捷、个性化的服务，跨越渠道壁垒的新零售模式极大地满足了现代消费者的多元化需求，提升了购物的便捷性和满意度。

7.6.1 新零售模式的定义和优势

7.6.1.1 新零售模式的定义

新零售模式是指借助互联网、大数据、人工智能等前沿技术，对传统零售模式进行全面改造和升级，实现线上线下深度融合，旨在提升消费者购物体验，并显著提高零售效率的一种创新零售模式。这一模式的涌现，是科技进步与消费升级相互作用的必然产物，也标志着零售业迈入了一个全新的发展阶段。新零售模式不仅关乎流通层面的变革，而且其核心在于全渠道供应链的深度整合与一体化，它打破了线上线下之间的传统界限，促使全渠道供应链界限变得模糊，加速了线上线下的跨界融合，形成了线上线下协同发展的新格局。

7.6.1.2 新零售模式的优势

1) 提供更优质的顾客服务

新零售模式以消费者为核心，消费者既可以通过网络平台轻松搜寻心仪商品，也能在实体店中亲身体验。这种融合方式不仅极大地提升了购物效率，还显著增强了消费者的满意度。同时，零售企业通过创新内容、形式和服务体验，打造独特场景、商品和个性化服务，充分满足消费者的多元化需求，尤其注重线下消费者的实际体验，力求为消费者带来最直接、最卓越的购物享受。

2) 实现更高效的物流配送

新零售模式的关键在于推动线下实体店与线上平台的一体化进程。随着新零售企业大量布局线下实体店，"线上下单，门店发货"已成为新零售模式的常态。配送时间从过去的 2 小时、1 小时缩短至"分钟级"，物流效率显著提升，展现了新零售物流的高效与便捷，新零售模式下的高速物流配送速度是传统物流难以比拟的。

3) 更智能的数据运用

新零售模式的发展离不开大数据的支持。大数据不仅涉及商品信息的采集，更重要的是对消费者信息的全面收集。利用大数据技术，零售企业能够挖掘出不同商品之间的关联性，对商品销量进行精准预测。同时通过收集消费者信息，零售企业能够深入了解不同消费者的个性化需求，并通过线上平台向消费者提供定制化推荐，从而有效缩短购物时间，提高购物效率。

7.6.2 新零售模式的发展历程

早在 1999 年，美国生鲜企业 Webvan 便率先尝试了 O2O（从线上到线下）的经营模式，尽管最终未能成功，但为后来的新零售模式提供了宝贵的经验和教训。2002 年，英国主要经营超市业务的 B2C 网站 Ocado（网上零售超市）正式运营，通过优化物流成本和配送效率，尽管初期经历持续亏损，但后期与莫里森连锁超市（Morrisons）的合作使其成功扭亏为盈，为新零售模式在物流创新方面提供了借鉴。

在中国市场，自 2013 年起，本地化生活圈的概念型创业如社区服务、订餐外卖、到家服务等风起云涌，展开了千团大战。美团等企业在此期间脱颖而出，凭借强大的地推团队和产品线扩展，成为团购模式的领军者。2016 年，马云在云栖大会上首次提出"新零售"概念，标志着新零售模式在中国正式兴起。随后，阿里巴巴集团进行了一系列业务整合和战略投资，如成立天猫超市、投资喵鲜生、入股联华超市等，并全资孵化以"吃"为主的盒马鲜生超市，这些举措为新零售模式的发展奠定了坚实基础。

7.6.3 新零售模式的特点

"新零售"概念自 2016 年由马云提出后，京东随后提出"无界零售"，苏宁提出"智零售"，这些不同称谓实则都指向同一个核心概念——融合。一方面，传统零售需要数字化赋能以提升竞争力；另一方面，消费者对购物体验的升级需求以及场景本地化的诉求也促使电商企业重新审视并探索线上线下的深度融合。新零售在分销渠道方面正逐步打破边界，推动渠道的扁平化和融合化。

7.6.3.1 分销渠道逐步扁平化

在当前新零售背景下，产业融合趋势日益明显，电商平台和物流商也纷纷加入快消品渠道的竞争。如顺丰优选、天猫超市分别在解决信息不对称和物流环节上占据优势地位，使传统渠道模式面临严峻挑战。在激烈的市场竞争环境下，市场饱和、销售增速放缓、产品竞争加剧、电商渠道快速冲击以及成本不断上升等因素的共同作用，使品牌厂商利润率持续下降。这一变化使得渠道中间环节的利润空间越来越小，无法维持多层经销渠道网，导致某些中间环节不断退出，整个分销渠道逐步向扁平化方向发展。

分销渠道扁平化带来规模化效应。在分销渠道扁平化的过程中，市场从分散走向集中，市场的集中则带来了规模化效应。资本市场的参与也加速了这一集中化、规模化进程。例如，传统供应链龙头怡亚通通过控股各地有影响力的经销商，打造380深度分销平台，并利用"采购执行+分销执行"模式，打通核心客户上下游合作商，使150万家分销门店能够实现集中采购，不断增值供应链效益，使市场呈现规模化发展。传统分销渠道网络层级繁多、数量庞大，几乎每个具有一定规模的参与者都需要建立自己的仓储和物流配送体系。仓储物流体系的割裂及重复建设大大增加了整个供应链体系的成本。而扁平化、规模化的分销渠道有助于构建一体化仓储物流体系，实现对品牌厂商与终端小店的直接服务连接。

7.6.3.2 线上线下分销渠道融合

当前我国消费升级趋势明显，新渠道和新业态不断涌现。一方面，供给侧改革与"互联网+"战略等相关政策的出台和实施，推动着商品平台通过移动互联网信息技术改变渠道及供给端；另一方面，传统流通渠道已不再适应新零售模式下的零售发展，倒逼商品平台借助大数据、物联网等高新技术提升整体供应链的效率。分销渠道的线上线下融合化已成为不可逆转的趋势。

企业在布局线上线下融合时需注意几个关键问题：

1) **全局筹划**

企业对于新零售线上线下融合的基本规划应立足全局，为了企业的长远发展，不能仅局限于眼前的得失。企业应主动进行自我颠覆，重新梳理和分配企业利益和格局，改革和创新企业体制，将电子商务销售融入企业各部门，从而实现线上线下的更好融合，促进企业全面发展。

2) **大数据支撑**

企业在实施新零售线上线下融合时，应将数据置于核心位置，即大数据先行。利用大数据对电商销售和实体零售的边界进行全面分析，实现线上线下销售渠道的互补。同时，对不同地区消费者的差异进行深入分析和研究，然后进行产品差异化布局。例如，在北上广等地区消费者需求较大时，应加大产品投放力度。通过产品差异化布局，最大限度地减少企业库存，提高销售率。

3) **资源整合**

企业实现线上线下融合的基本方法是进行资源整合。传统企业销售和电商企业销售在销售资源方面各自具有一定的优势和瓶颈。因此，无论是传统企业由线下转线上，还是电商企业由线上转线下，都需要进行一次资源整合，以确保企业顺利转型。

4) **全网协同**

企业实现新零售线上线下融合的基本目标应是协同互补。通过线上线下跨界融合，实现企业价值的增长，而非简单替代销售。以三只松鼠为例，其创始人指出实体零售的核心在于解决虚拟空间下无法提供的线下体验问题。企业应充分利用线下资源的优势，加速线上线下资源的融合。

5) **客户体验**

企业实现线上线下融合的根本途径应围绕企业价值主张展开。企业应真正做到以客户为中心，通过结合互联网信息技术和线下整体布局，实现从单纯消费产品到消费产品+消费者服务相结合的转变。通过提高服务水平，改善消费者的购物体验。

7.6.4 新零售模式未来的发展趋势

7.6.4.1 无人零售模式

随着科技的飞速发展，无人结账机、自动咖啡机等人工智能设施在日常生活中已屡见不鲜。在众多零售实体店中，人工智能设施不仅为企业节省了人工成本，更为消费者带来了便捷高效的购物体验。在未来新零售模式中，人工智能设施将承担起值守、管理、供应、运营等一系列工作，无人零售模式将成为一种不可或缺的零售补充形式。

7.6.4.2 全渠道零售模式

全渠道零售模式打破了时间、空间和购物手段的限制，通过整合实体渠道、电子渠道和移动电子商务渠道，为消费者提供全方位的销售和服务。在全渠道零售模式下，消费者拥有绝对的主动权，可以根据自己的喜好选择不同渠道进行交易。这一模式不仅有效整合了线上线下多种渠道，优化了渠道间的关系，还为消费者提供了一体化服务，提高了购物效率，并确保了无差别的购物体验。

7.6.4.3 圈层化会员制模式

会员制是一种传统的商业模式，是企业与消费者建立联系和沟通的重要桥梁。零售企业选择会员制发展模式，是因为在为消费者提供更大优惠的同时，能够增加有效用户数量，并不断刺激消费者消费，促进复购行为。当今社会，圈层化现象日益显著，这意味着新零售企业不仅要提供优质服务，更要精准把握不同圈层人群的特点，并针对这些特点制定差异化的销售和服务方案。未来，新零售将从大众消费转向圈层消费，随着建立有效用户成本的提高，会员制将成为零售企业的优选。因此，"圈层化+会员制"将具有相同需求和特点的人群归为一个群体，这既是消费者的需求，也是新零售企业的需求。可见，新零售企业的圈层化会员制模式将成为未来发展的重要趋势。

7.6.4.4 5G+智能物流模式

在2018年8月召开的首届中国国际智能产业博览会上，5G技术无疑成为热议的焦点。5G的诞生让所有行业都迎来了全新的变革，也让人们对未来的智能物联网充满了期待。高通预测，5G将创造智能互联未来，包括精细农业实时运输、智能物流、无人驾驶、沉浸式购物、协作工作空间、灵活制造、无人机运输、沉浸式娱乐和可持续发展的社会（智慧城市）。5G助力智能物流，将在物流的无人机、无人车、仓配一体化等方面得到广泛应用。新零售与智能物流相辅相成，智能物流的发展将伴随新零售的发展，智能物流的优化也将推动新零售的优化。5G技术的出现推动了智能物流的升级换代，也必将助力新零售打造更加高效便捷的物流服务。

本章小结

本章全面系统地阐述了网络分销渠道的重要性及其策略。通过元气森林的成功案例，展示了新型渠道布局对企业快速打开市场的关键作用。详细分析了网络分销渠道的概念、分类及互联网对企业分销渠道的影响,强调了渠道结构革新、中间商角色转变等趋势。接着,深入探讨了企业营销网站建设的必要性与构建策略,为企业构建网络分销渠道提供了实践指导;此外,还介绍了制定网络分销渠道策略的影响因素、管理及评估、优化方法,包括市场、产品、企业、中间商及环境因素的综合考量。最后介绍了新零售模式的发展趋势,为企业在未来市场竞争中制定高效的分销渠道策略提供了有力支持。

复习与思考

一、单选题

1. 网络营销的核心目标是什么?(　　)
   A. 提升企业形象　　　　　　B. 增加网站流量
   C. 满足消费者需求　　　　　D. 提高产品价格

2. 以下哪个不是企业营销网站的主要功能?(　　)
   A. 品牌塑造与展示　　　　　B. 产品与服务推广
   C. 物流配送　　　　　　　　D. 客户服务与关系管理

3. 网络分销渠道按照有无中间环节可以分为哪两种类型?(　　)
   A. 直销和分销　　　　　　　B. 网络直销和实体店销售
   C. B2B 和 B2C　　　　　　　D. 线上和线下

4. 网络间接分销渠道不包括以下哪种形式?(　　)
   A. 企业网站直销　　　　　　B. 电商平台分销
   C. 网络联盟分销　　　　　　D. 社交媒体分销

5. 渠道成员管理中,对渠道成员进行考核哪个不是必需的?(　　)
   A. 销售业绩　　　　　　　　B. 服务质量
   C. 员工忠诚度　　　　　　　D. 市场推广能力

6. 下面哪个不是新零售模式的核心优势?(　　)
   A. 提供更优质的顾客服务　　B. 实现更高效的物流配送
   C. 降低商品质量以降低成本　D. 更智能的数据运用

7. 渠道数据监控体系中,下面哪项不是核心数据?(　　)
   A. 销售数据　　　　　　　　B. 流量数据
   C. 用户行为数据　　　　　　D. 员工出勤数据

8. 在评估网络分销渠道时,下面哪个不是主要评估指标?(　　)
   A. 销售额　　　　　　　　　B. 利润率
   C. 客户满意度　　　　　　　D. 广告投入

二、多选题

1. 网络分销渠道相较于传统分销渠道,其优势包括哪些?(　　)
   A. 双向信息沟通　　　　　　B. 便捷高效
   C. 需要大量中间商　　　　　D. 完善的相关服务

2. 企业营销网站的功能主要包括哪些?(　　)
   A. 品牌塑造与展示　　　　　B. 产品与服务推广
   C. 物流配送　　　　　　　　D. 客户服务与关系管理

3. 在制定分销渠道策略时，需要考虑的市场因素有哪些？（　　）
   A. 目标市场范围　　　　　　　　B. 顾客的集中程度
   C. 产品价格　　　　　　　　　　D. 消费季节性
4. 网络间接分销渠道的具体形式包括哪些？（　　）
   A. 企业网站直销　　　　　　　　B. 电商平台分销
   C. 网络联盟分销　　　　　　　　D. 社交媒体分销
5. 企业营销网站建设的必要性体现在哪几个方面？（　　）
   A. 拓宽营销渠道　　　　　　　　B. 提升营销效率
   C. 增加企业固定资产　　　　　　D. 数据驱动营销
6. 渠道政策制定的主要内容包括哪些？（　　）
   A. 价格政策　　　　　　　　　　B. 渠道激励政策
   C. 渠道冲突解决机制　　　　　　D. 产品研发政策
7. 新零售模式有哪些优势？（　　）
   A. 提供更优质的顾客服务　　　　B. 实现更高效的物流配送
   C. 降低商品质量　　　　　　　　D. 更智能的数据运用
8. 在评估网络分销渠道时，常用的评估指标有哪些？（　　）
   A. 销售额　　　　　　　　　　　B. 利润率
   C. 客户满意度　　　　　　　　　D. 广告投入
9. 企业在选择网络分销渠道时，应综合考虑的因素有哪些？（　　）
   A. 产品特性　　　　　　　　　　B. 市场环境
   C. 企业自身情况　　　　　　　　D. 竞争对手渠道策略
10. 构建企业营销网站的关键要素包括哪些？（　　）
    A. 网站规划与目标设定　　　　　B. 域名与服务器选择
    C. 网站架构与导航设计　　　　　D. 产品定价
11. 企业在制定分销渠道策略时，需要考虑的产品因素有哪些？（　　）
    A. 产品的物理化学性质　　　　　B. 产品价格
    C. 产品的时尚性　　　　　　　　D. 销售渠道的长度

三、判断题

1. 网络分销渠道不能实现双向信息沟通。（　　）
2. 企业营销网站只能用于品牌塑造与展示，不能进行产品推广。（　　）
3. 渠道激励政策中，返点政策是根据渠道伙伴的销售业绩给予一定比例的利润返还。（　　）
4. 渠道成员管理中，对渠道成员的考核只需关注其销售业绩。（　　）
5. 在评估网络分销渠道时，广告投入是一个重要的评估指标。（　　）
6. 企业营销网站的建设对提升企业形象和市场竞争力具有实质性帮助。（　　）
7. 新零售模式未来的发展趋势一定包括无人零售模式。（　　）
8. 互联网的发展增加了企业的分销成本。（　　）
9. 渠道冲突解决机制是渠道政策制定的重要内容之一。（　　）
10. 企业在选择网络分销渠道时，无须考虑竞争对手的渠道策略。（　　）

四、简答题

1. 简述网络分销渠道的概念及其特点。

2. 企业营销网站在网络营销中的作用是什么？
3. 制定分销渠道策略时需要考虑哪些市场因素？
4. 简述新零售模式的特点及其发展历程。
5. 在渠道数据监控中，数据分析工具的作用是什么？

五、论述题

1. 论述企业如何选择合适的网络分销渠道，并说明选择过程中需要考虑的因素。
2. 论述新零售模式对企业分销渠道的影响，并探讨企业在实施新零售模式时应采取的策略。

六、案例分析题

随着电子商务的蓬勃发展，消费者的购物习惯发生了显著变化，线上购物成为主流趋势。面对这一变化，Nike（耐克）公司深刻意识到传统分销渠道已难以满足市场需求，因此，决定对网络分销渠道策略进行革新，以更好地适应数字化时代的要求。

在网络分销渠道革新之前，Nike公司主要依靠线下门店、百货商场及专业体育用品店等传统分销渠道进行销售。这些渠道虽然能够为消费者提供实体试穿和体验的机会，但受限于地理位置和营业时间，无法满足全球范围内消费者的即时购物需求。此外，传统渠道还存在库存成本高、响应速度慢等问题，难以适应快速变化的市场需求。

针对传统渠道存在的问题，Nike公司推出了网络分销渠道革新举措，主要内容如下：

（1）建立官方电商平台。Nike公司推出了官方网站和移动应用，提供全面的产品展示、在线购买和订单跟踪服务。通过官方网站和移动应用，消费者可以随时随地浏览和购买Nike产品，享受便捷的购物体验。

（2）拓展第三方电商平台合作。Nike公司与全球领先的电商平台（如亚马逊、天猫、京东等）建立了深度合作关系，将Nike公司产品引入这些平台，进一步拓宽了销售渠道，提升了品牌曝光度和市场覆盖率。

（3）利用社交媒体营销。Nike公司充分利用社交媒体平台（如微博、微信、Instagram、Facebook等）进行品牌推广和产品营销。通过发布吸引人的内容、开展互动活动、与意见领袖合作等方式，Nike公司成功吸引了大量年轻消费者的关注和喜爱。

（4）实施数字化供应链管理。Nike公司引入先进的数字化工具和技术，实现了供应链的智能化管理。通过实时数据分析和预测，Nike公司能够更准确地把握市场需求变化，优化库存结构，提高物流效率，降低运营成本。

经过网络分销渠道策略的革新，Nike公司成功实现了线上线下渠道的融合，提升了品牌竞争力和市场份额。官方电商平台和第三方电商平台的销售额持续增长，成为Nike公司业绩增长的重要驱动力。社交媒体营销的成功实施，使Nike公司品牌形象更加年轻化、时尚化，吸引了大量年轻消费者的关注和喜爱。数字化供应链管理的引入，提高了Nike公司的运营效率和响应速度，降低了运营成本，为企业的可持续发展奠定了坚实基础。

问题：Nike为何要进行网络分销渠道策略的革新？它在网络分销渠道革新中采取了哪些具体措施？网络分销渠道策略的革新对其业务发展产生了哪些积极影响？

参考答案

第8章 网络营销促销策略

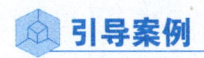

引导案例

海尔的微博互动营销

海尔集团，作为全球家电行业的领军者，始终秉持技术创新与品质提升的核心理念。然而，在传统家电市场竞争日趋激烈的背景下，海尔深刻认识到，仅凭产品优势已难以全面满足市场的多元化与个性化需求。为更紧密地贴近年轻消费群体，进一步提升品牌形象，海尔决定充分利用微博这一社交媒体平台，以更加年轻化、趣味化的策略与消费者展开互动。

海尔具体实施的策略如下：

（1）去官方化互动策略。海尔官方微博摒弃了传统企业账号的刻板严肃形象，转而采用更加亲民、幽默的风格与网友互动。通过积极参与节日庆典、社会热点、流行文化等热门话题的讨论，发表有趣且富有见地的评论，成功吸引了大量网友的关注与参与。同时，海尔还推出了一系列趣味互动活动，如问答、猜谜、挑战赛等，鼓励网友积极参与，有效增强了与消费者的互动性和黏性。

（2）联合热点事件营销策略。海尔密切关注微博上的热门事件和话题，及时捕捉营销契机。在热门微博事件中，海尔以独特的品牌视角和幽默的表达方式发表评论，巧妙地将品牌信息融入其中，引发了网友的广泛共鸣和关注。此外，海尔还与热门IP、明星或意见领袖展开合作，共同打造话题热点，有效扩大了品牌的曝光度和影响力。

（3）持续内容输出策略。海尔官方微博保持高频次的内容更新，确保与网友的持续互动。内容既充分展示了海尔的品牌实力和文化底蕴，又紧密贴近了消费者的日常生活和兴趣点。通过精心策划的内容系列，如"海尔小课堂""产品使用秘籍"等，海尔为消费者提供了有价值的信息和服务，进一步增强了品牌的实用性和亲和力。

经过上述策略的实施，海尔取得了显著的成效。首先，微博曝光度大幅提升。海尔官方微博粉丝数量和互动量显著增长，品牌知名度得到了进一步巩固和提升；其次，品牌形象实现年轻化与趣味化。通过年轻化、趣味化的互动方式，海尔成功塑造了更加亲民、时尚的品牌形象，赢得了大量年轻消费者的喜爱和认可；最后，品牌忠诚度得到提升。通过与消费者持续互动和贴心服务，海尔成功拉近了与消费者的距离，增强了消费者品牌忠诚度和归属感。

从海尔的微博互动营销案例中，人们可以得到以下启示：第一，打破了传统营销的局限性。利用社交媒体平台进行互动营销，可以突破传统营销的时空限制和单向传播模式，以更加灵活、多元的方式与消费者建立联系，实现更高效的品牌传播。第二，贴近消费者需求是关键。通过年轻化、趣味化的互动方式和持续的内容输出，可以更加贴近消费者的生活和兴趣点，满足他们的多元化需求，从而提升品牌形象和用户黏性。第三，创新营销策略是保持竞争力的关键。在社交媒体时代，企业需要不断创新营销策略和手段，紧跟时代潮流和消费者变化，才能保持品牌竞争力和市场地位。海尔的微博互动营销案例为其他企业提供了有益的借鉴和启示，值得各行业深入学习和探索。

资料来源：海尔——以无界生态共创无限可能（haier.com）

8.1 网络营销促销策略概述

8.1.1 网络营销促销的定义

网络营销促销是指企业借助互联网平台，运用各种网络营销手段，通过精心策划和执行一系列营销活动，旨在激发消费者的购买兴趣，激发其购买欲望，并最终实现销售目标的营销活动。在数字化时代，网络营销促销具有成本低、覆盖广、互动性强等特点，它已成为企业整体营销计划中不可或缺的一部分，其重要性不仅体现在对传统营销模式的革新上，更在于它为企业带来了前所未有的市场洞察力和营销效率。

8.1.2 网络营销促销策略的重要性

网络营销促销策略在整体营销计划中的重要性主要体现在以下几点：

8.1.2.1 更精准的目标受众定位

网络营销促销策略借助大数据和人工智能技术，能够深入分析消费者的行为模式、兴趣偏好和购买历史，从而帮助企业实现前所未有的目标受众精准定位。这种精准定位不仅提高了营销信息的相关性，减少了无效信息的传播，还确保了营销资源的高效利用。

8.1.2.2 提高营销信息传播效率和覆盖范围

数字化平台如社交媒体、搜索引擎优化、电子邮件营销和内容营销等，为网络营销促销提供了广泛的传播渠道。这些渠道不仅传播速度快，而且能够覆盖全球范围内的潜在客户。通过优化营销策略，企业可以确保营销信息在目标受众中最活跃的时间段和平台上获得最大曝光，从而提高传播效率和覆盖范围。

8.1.2.3 降低营销成本

与传统的营销手段相比，网络营销促销策略在成本上具有显著优势。数字化营销工具如自动化营销软件、社交媒体广告平台等，使得企业能够以较低的成本实现大规模营销。此外，通过数据分析和精准定位，企业能够减少不必要的营销支出，将资源集中在最有可能产生回报的领域，进一步降低成本。

8.1.2.4　增强与消费者的互动和黏性

网络营销促销策略强调与消费者的双向沟通。通过社交媒体互动、在线评论、用户生成内容（UGC）等方式，企业能够实时了解消费者的需求和反馈，及时调整营销策略。这种即时互动不仅增强了消费者的参与感和归属感，还提高了他们对品牌的忠诚度和黏性。

8.1.2.5　提升客户满意度和忠诚度

网络营销促销策略注重个性化营销和定制化服务。通过数据分析，企业能够识别消费者的独特需求和偏好，为他们提供量身定制的促销信息和产品推荐。这种个性化体验不仅提高了消费者的满意度，还增强了他们对品牌的信任度和忠诚度。此外，通过积分系统、会员特权等激励措施，企业能够进一步巩固消费者的忠诚度，促进长期客户关系的建立。

综上所述，网络营销促销策略在数字化时代的重要性不仅体现在它提高营销效率和降低成本上，更在于它为企业带来了前所未有的市场洞察力和消费者互动能力。通过精准定位、高效传播、降低成本、增强互动和提升满意度与忠诚度等方面的综合作用，网络营销促销策略已成为企业整体营销计划中不可或缺的一部分。

8.2　网络促销的作用与方式

8.2.1　网络促销的作用

网络促销在数字化营销环境中扮演着至关重要的角色，其作用具体体现在以下几个方面：

8.2.1.1　信息告知与吸引关注

网络促销通过多渠道、多媒体的形式，高效地将企业的产品、服务、价格及促销信息传递给目标受众，迅速吸引其注意力。这种即时性和广泛覆盖的特性，有助于企业在竞争激烈的市场中脱颖而出。

8.2.1.2　增强说服力与消除疑虑

通过详尽的产品介绍、用户评价、专家推荐等方式，网络促销能够有效解除目标受众对产品或服务的疑虑，增强其购买信心。特别是针对同类产品的细微差别，企业可通过网络促销活动深入阐述自身产品的独特优势和利益点，从而说服潜在客户做出购买决定。

8.2.1.3　实时反馈与持续优化

网络促销借助大数据和人工智能技术，能够实时收集、分析顾客的需求和意见，并快速反馈给企业管理层。这种即时反馈机制有助于企业及时调整营销策略，优化产品和服务，以满足市场变化和客户需求。

8.2.1.4　创造与激发需求

运作良好的网络促销活动不仅能够诱导现有需求，还能通过挖掘潜在顾客、创造新的市场需求来扩大产品销量。通过创新的产品展示、互动体验、限时优惠等手段，企业能够激发消费者的购买欲望，实现销量的持续增长。

8.2.1.5 稳定销售与塑造形象

针对市场地位不稳或销量波动较大的产品，企业可通过网络促销活动来树立良好的产品形象和企业品牌形象。通过传递一致的品牌信息和价值观，企业能够增强消费者对品牌的信任度和忠诚度，从而达到稳定销售的目的。

8.2.2 网络促销的方式

网络促销的方式多种多样，每种方式都有其独特的优势和适用场景。以下是几种常见的网络促销方式：

8.2.2.1 网上折价式促销

网上折价式促销是吸引消费者关注并促使其做出购买决定的有效手段。企业应合理设定折扣幅度，确保既能吸引消费者又能保持利润空间。同时，折价促销应与其他营销策略相结合，如限时抢购、满减优惠等，以形成综合促销效果。

8.2.2.2 网上赠品式促销

网上赠品式促销能够提升消费者的购买体验并增加其忠诚度。企业应精心选择赠品，确保其品质与品牌形象相符并能吸引目标受众。此外，赠品的选择还应考虑时机和市场需求，以最大化促销效果。

8.2.2.3 网上抽奖式促销

网上抽奖式促销能够激发消费者的参与热情和购买欲望。企业应确保抽奖活动的公正性和透明度，以维护品牌形象和消费者信任。同时，抽奖活动的奖品应具有吸引力且易于获得，以吸引更多消费者参与。

8.2.2.4 网上积分式促销

网上积分式促销能够鼓励消费者多次购买或参与活动，从而提升其对网站的忠诚度和访问频率。企业应合理设定积分规则和兑换标准，确保积分的价值和吸引力。同时，积分促销还可与其他营销策略相结合，如会员特权、积分商城等，以形成综合营销效果。

8.2.2.5 网上联合式促销

网上联合式促销能够发挥不同企业的资源和品牌优势，实现互利共赢。企业应选择与自身品牌形象、目标客户群相匹配的合作伙伴进行联合促销，以确保促销活动的协同性和有效性。同时，联合促销的策划和执行应充分考虑市场需求和消费者的行为特点，以实现最佳促销效果。

在制定网络促销策略时，企业应充分考虑目标市场的特点和目标受众的需求，结合不同促销手段的优势和局限性，选择最适合的促销工具和组合。例如，针对年轻人群体，企业可结合社交媒体营销和内容营销，通过有趣、互动性强的内容吸引其关注并促使其参与促销活动；对于 B2B 企业，电子邮件营销和联盟营销是有效的促销手段。通过定向发送促销邮件和与合作伙伴共同开展促销活动，企业能够精准触达目标客户并提升销量。此外，企业还应注重促销活动的创意性和执行力，确保促销活动新奇、富有销售力和影响力。通过综合运用多种促销手段，形成综合性的促销策略，企业能够在激烈的市场竞争中脱颖而出，实现销量的持续增长和品牌价值的提升。

8.3 促销活动策划与执行

8.3.1 设计具体的促销活动

在设计促销活动时,企业需注意以下几点:

8.3.1.1 活动要具有创意与吸引力

结合市场趋势、消费者偏好及企业产品特点,设计新颖、独特的促销活动,如限时折扣、满减优惠、赠品赠送、积分兑换、抽奖活动等,确保活动能够吸引目标受众的注意力,激发其购买欲望。

8.3.1.2 活动规则清晰

制定明确、简洁的活动规则,确保消费者能够轻松理解并快速参与。避免使用过于复杂或模糊的条款,以免引发消费者的误解或不满。

8.3.1.3 活动的可持续性

在设计活动时,考虑其长期效益和可持续性。确保活动不仅能在短期内提升销量,还能增强品牌忠诚度,为未来的营销活动奠定基础。

8.3.1.4 活动的可复制性与灵活性

设计易于复制和推广的活动模板,以便在不同市场、不同时间段进行类似活动时能够快速响应。同时,保持活动的灵活性,根据市场反馈及时调整和优化活动方案。

8.3.2 制定促销活动实施策略

为确保促销活动的顺利执行,企业需确定促销活动开始和结束的时间,以及活动期间的各个阶段和时间节点。制定详细的预算计划,包括人力、物力、财力等方面的投入,确保活动有足够的资源支持。同时,合理分配资源,确保活动各个环节都能得到充分的关注和支持。

8.3.2.1 时间表

明确促销活动的开始和结束时间,以及活动期间的各个阶段和时间节点。这有助于企业合理安排各项工作,确保活动按时推进。

8.3.2.2 预算计划

制定详细的预算计划,包括人力、物力、财力等方面的投入。确保活动有足够的资源支持,避免资源短缺导致的活动效果不佳。同时,预算计划应具有弹性,以应对可能出现的意外情况。

8.3.2.3 资源分配

根据活动的规模和需求,合理分配资源。确保活动的关键环节得到充分的关注和支持,同时避免资源浪费。在资源分配过程中,注重团队协作和沟通,确保各项工作顺利进行。

8.3.3 实施促销活动

在执行活动的过程中，企业需密切关注活动的进展和效果，确保活动的顺利执行。实施促销活动包括四部分：

8.3.3.1 实时监控与调整

通过数据分析工具实时监控活动的进展和效果，及时发现问题并调整优化活动方案。这有助于企业更好地满足消费者需求，提升活动效果。

8.3.3.2 宣传与推广

加强活动宣传和推广，提高活动的知名度和参与度。利用社交媒体、电子邮件、短信等多种渠道进行宣传，确保目标受众能够及时了解并参与活动。

8.3.3.3 明确参与规则与流程

设置清晰的参与规则和流程，方便消费者参与并确保活动顺利进行，确保消费者在参与过程中能够轻松理解并遵守规则，提升活动体验。

8.3.3.4 客户反馈与数据分析

活动结束后，及时跟进客户反馈和意见，收集数据和信息。通过数据分析工具对活动效果进行深入分析，总结成功经验和不足之处，为未来的促销活动提供参考和借鉴。同时，将客户反馈作为改进产品和服务的重要依据，不断提升客户满意度和忠诚度。

8.4 促销效果评估与优化

8.4.1 建立促销效果评估指标

在评估促销活动时，设定明确、可衡量的评估指标至关重要，这些指标应全面反映促销活动的成效，为后续的优化提供坚实的数据基础。主要评估指标如下：

8.4.1.1 销售额增长率

销售额增长率可直接用来衡量促销活动对销售收入的提升效果，通过对比活动前后的销售额变化，评估活动对提升销量的直接贡献。

8.4.1.2 转化率

分析从浏览到购买的转化率变化，反映促销活动在吸引潜在客户并促使其采取行动方面的有效性。

8.4.1.3 客户留存率

考察实施促销活动后一段时间内客户的留存率（或称复购率）或持续参与度，评估活动对增强客户忠诚度的长期影响。

8.4.1.4 提升品牌知名度

通过市场调研获得社交媒体互动量、搜索引擎排名等指标，间接衡量促销活动对提升品牌认知度和形象的贡献。

8.4.1.5　客户反馈满意度

通过问卷调查、在线评论等方式收集客户对促销活动的直接反馈，量化满意度水平，评估活动在客户体验方面的表现。

8.4.2　收集和分析促销活动数据

为了全面评估促销活动的实际效果，必须系统地收集并分析相关数据。通过数据分析工具和技术，收集促销活动的相关数据和信息，并对这些数据进行深入分析和挖掘，了解促销活动的实际效果和影响力，以及存在的问题和不足。具体的步骤如下：

8.4.2.1　数据收集

利用网站分析工具、社交媒体监测工具、CRM系统等，全面捕捉访问量、点击率、购买量、客户行为路径等关键数据。同时，重视收集客户反馈，包括在线评论、客服记录等。

8.4.2.2　数据分析

运用统计学方法、数据挖掘技术，深入剖析数据背后的趋势、关联性和影响因素。识别活动的高亮时刻与低潮期，理解客户购买等行为模式，发现潜在的市场机会和挑战。

8.4.2.3　问题诊断

基于数据分析结果，识别促销活动中的瓶颈和问题，如目标客户群体定位不准确、活动信息传递效率低、用户参与度不高、活动规则不清晰、宣传不够充分、参与流程烦琐等。

8.4.3　优化和调整促销策略

根据评估结果和数据分析得到的问题和不足，对促销策略进行优化和调整。同时，总结成功经验和教训，为未来的促销活动提供借鉴和参考，不断提高促销效果和效率。基于详细的评估与数据分析，促销策略的优化可聚焦于以下几种方法：

8.4.3.1　活动规则与流程优化

针对客户反馈和数据分析揭示的问题，如活动规则复杂、参与流程烦琐，简化流程、明确规则，提升用户体验。

8.4.3.2　宣传策略强化

根据活动传播效果的分析，调整宣传渠道、内容和时机，确保信息精准触达目标客户，提高活动曝光度和参与度。

8.4.3.3　个性化与差异化策略

基于客户细分和市场趋势分析，实施更加个性化和差异化的促销策略，以满足不同客户群体的需求，提升活动吸引力。

8.4.3.4　技术与工具应用

利用最新的营销技术和工具，如AI辅助的个性化推荐、自动化营销流程等，提升活动执行效率和精准度。

8.4.3.5 持续学习与迭代

建立促销活动复盘机制，定期回顾活动表现，总结经验教训，不断优化促销策略，形成持续改进的闭环。同时将成功案例和最佳实践记录下来，为未来活动提供宝贵的参考和灵感。

8.5 网络营销渠道

8.5.1 SEM（搜索引擎营销）

8.5.1.1 SEM 基础概述

1) SEM 的概念及重要性

SEM（Search Engine Marketing），即搜索引擎营销，是网络营销的一个重要分支，它专注于利用搜索引擎平台来实现企业的推广和营销目标。具体来说，SEM 通过一系列策略和技术手段，使得企业的网站、产品或服务能够在用户用搜索引擎查询时获得更高的曝光度和点击率。这一过程包括了关键词的选择与优化、广告创意的设计、竞价排名的管理以及广告投放效果的监测与分析等多个环节。

从技术层面来看，SEM 主要依赖于搜索引擎的广告系统（如 Google Ads、百度推广等）来实现精准投放。企业可以通过这些系统设定关键词、出价以及广告展示的条件，从而确保在目标用户搜索相关信息时，企业的广告能够适时出现。此外，SEM 还涉及对搜索引擎自然排名的优化，通过提升网站内容的质量和相关性，使其在搜索引擎结果页中获得更好的排名，从而吸引更多的有机流量。

在营销策略上，SEM 强调数据驱动和效果导向。企业需要通过不断的数据分析和优化调整来确保广告投放的效率和效果。这包括对关键词表现的监测、广告点击率的优化、转化率的提升等多个方面。通过持续的优化和迭代，SEM 能够帮助企业实现更精准的营销定位和更高的投资回报率。

SEM 的重要性主要体现在提升品牌知名度、增加网站流量及促进销售这三个方面。

（1）SEM 在提升品牌知名度方面的作用不容忽视。当用户在搜索引擎中输入与品牌或产品相关的关键词时，通过搜索引擎广告，企业的品牌信息能够即时展现给用户，这种即时性和相关性极大地增加了品牌的曝光机会。这种有针对性的展示策略，不仅限于品牌名称，更包括品牌故事、产品特色、用户评价等多元化内容，从而全方位地提升用户对品牌的认知度和记忆点。此外，SEM 广告通常具有视觉吸引力，如精美的图片、动态的视频或引人入胜的文案，这些元素共同作用于用户，激发他们的兴趣和好奇心，促使他们主动深入了解品牌，形成积极的品牌形象。

（2）在增加网站流量方面，SEM 同样具有显著效果。通过竞价排名和自然排名优化，企业的网站能够在搜索引擎结果页中获得更高的排名和点击率。这意味着更多的潜在用户能够通过搜索引擎找到并访问企业的网站，从而增加网站的访问量和用户互动。这些流量的增加不仅为企业带来了更多的潜在客户，还为网站的内容推广、产品展示等提供了更多的机会。

（3）更重要的是，SEM 在促进销售方面表现出色。通过精准的广告投放和数据分析，企业能够准确地识别出目标用户的需求和偏好，从而为他们提供个性化的产品和服务。这种精准营销不仅能够提高用户的购买意愿和满意度，还能够促进销售转化率的提升。在现代营销体系中，SEM 已经成为企业实现数字化转型和营销升级的重要手段之一。它不仅能够帮助企业更好地适应互联网时代的营销环境，还能够为企业的长期发展提供有力的支持。

2）SEM 的运作机制

SEM 的运作机制主要基于搜索引擎平台的广告投放系统。其核心是通过付费和非付费的手段，提高网站在搜索引擎结果页面上的可见性和流量，从而达到品牌推广、产品宣传、增加网站访问量及提升销售转化的目的。具体来说，SEM 的运作机制包括以下几个关键环节：

（1）关键词研究与选择。

关键词研究与选择是 SEM 的基础，对于广告活动的成功与否起着至关重要的作用。作为广告主，深入了解目标受众的搜索习惯和需求是第一步。这意味着需要深入研究潜在客户在搜索引擎中输入哪些词汇来寻找相关产品或服务。这不仅要求对目标市场有深入的了解，还需要利用市场调研数据和消费者行为分析来辅助判断。

为了实现这一目标，广告主通常会借助专业的关键词工具和分析软件。这些工具能够提供大量的数据，包括关键词的搜索量、竞争程度、相关关键词建议等。通过这些数据，广告主可以筛选出与产品或服务高度相关且具有较高搜索量的关键词。这些关键词不仅反映了用户的搜索需求，而且代表了潜在的市场机会。

在选择关键词时，广告主需要兼顾多个因素。首先是搜索量，高搜索量的关键词意味着更多的曝光机会，但也可能伴随着更高的竞争。其次是竞争程度，选择竞争适度的关键词可以在保证曝光的同时，降低广告成本。最后是购买意图，即关键词是否直接反映了用户的购买意愿。选择具有高购买意图的关键词可以提高广告的转化率，因为这类关键词通常与用户的实际需求更加贴近。

综上所述，关键词研究与选择是 SEM 活动中不可或缺的一环。通过深入了解目标受众、利用专业工具进行数据分析，并兼顾搜索量、竞争程度和购买意图等多个因素，广告主可以更加精准地选择关键词，从而提高广告的触达率和转化率。

（2）广告创意与撰写。

在 SEM 中，广告创意与撰写是至关重要的一环。基于精心选定的关键词，广告主需要匠心独运，撰写出既吸引人眼球又富有实效性的广告文案。这不仅是对文字功夫的考验，更是对市场营销策略和消费者心理的深刻理解。

撰写广告文案要围绕标题、描述和展示链接等核心元素展开。标题是广告的第一印象，必须简洁明了，能够迅速抓住用户注意力。一个好的标题不仅能概括广告的核心内容，还能激发用户的好奇心或需求，引导他们进一步了解。描述部分则是对标题的补充和延伸，需要更加详细地介绍产品或服务的优势和特点，同时保持语言的精练和流畅。展示链接则是用户点击广告后进入的页面，必须确保链接的有效性和相关性，以提供用户期望的信息或体验。

在撰写广告文案时，广告主需要时刻牢记几个原则。首先，文案要突出产品的优势，明确告诉用户选择这个产品或服务能带来什么好处。其次，文案要与关键词紧密相关，确保用户在搜索时能够准确匹配到他们的需求。最后，文案要具有吸引力和说服力，能够激发用户的购买意愿或行动。

为了提高广告的点击率和转化率，广告主还需要不断测试和优化广告文案。通过 A/B 测试等方法，比较不同文案版本的表现，找出最受欢迎的元素和组合。同时，也要密切关注市场动态和消费者需求的变化，及时调整文案策略，保持广告的新鲜感和时效性。

（3）广告投放与竞价排名。

广告投放与竞价排名是 SEM 的核心策略之一。广告主通过搜索引擎提供的广告平台，精心创建广告活动，这一过程中，关键词的选择、出价的设定以及预算的分配，都是至关重要的环节。

广告主在创建广告活动时，需要细致入微地设定一系列参数。关键词作为连接广告主与潜在客户的桥梁，其选择必须精准而富有针对性。出价则是广告主对关键词价值的直接体现，它决定了广告在竞价排名中的竞争力。预算的设定则需要广告主根据自身的营销目标和财务状况来权衡，既要确保广告的充分展示，又要避免不必要的浪费。

当用户在搜索引擎中输入与广告主设定的关键词相关的查询时，搜索引擎会根据广告主的出价、广告质量以及其他一系列因素，如广告的相关性、点击率等，综合决定是否展示该广告以及广告的排名位置。这一过程中，出价无疑是一个重要的考量因素，但并非唯一决定因素。广告质量同样至关重要，它体现了广告的相关性、吸引力和用户体验，是搜索引擎衡量广告价值的重要指标。

因此，广告主在参与竞价排名时，不仅要关注出价，更要注重广告质量的提升。通过优化广告文案、提高广告与关键词的相关性、改善用户体验等方式，广告主可以提升广告的质量得分，从而在竞价排名中获得更有利的位置。出价越高，广告质量越好，广告就越有可能在搜索结果中获得更高的排名和曝光，进而吸引更多的潜在客户点击访问，实现营销目标。

（4）广告效果监测与优化。

在 SEM 的实践中，广告效果监测与优化是确保广告活动持续高效运行的关键环节。广告主需要充分利用专业的 SEM 工具，对广告的展现量、点击量、转化率等关键指标进行实时监测和深入分析。这些数据不仅是广告活动效果的直观反映，更是广告主调整策略、优化广告的重要依据。

通过细致的数据分析，广告主可以清晰地了解到广告的优势和不足。例如，展现量高但点击率低的广告可能说明标题或描述不够吸引人；点击量高但转化率低的广告可能意味着落地页与广告内容不匹配，或用户体验不佳。基于这些洞察，广告主可以及时调整关键词选择、优化广告创意，或调整出价策略，以确保广告能够更加精准地触达目标客户，提高广告效果和投资回报率。

此外，广告主还可以利用 A/B 测试等科学方法，对不同的广告版本进行直接比较。A/B 测试通过随机展示两个或多个版本的广告，并收集数据来分析哪个版本的表现更佳。这种方法能够帮助广告主直观地了解到不同广告元素（如标题、图片、文案等）对广告效果的影响，从而进一步优化广告策略。

(5)再营销与受众拓展。

在 SEM 中,再营销与受众拓展是两项极为重要的策略,它们分别着眼于提升转化率和扩大品牌影响力,为广告主带来更多的营销可能。

再营销技术作为 SEM 中的一大利器,其核心价值在于对潜在客户的深度挖掘。我们知道,初次访问网站的用户可能由于种种原因并未立即转化,但他们仍然对广告主的产品或服务保持着一定的兴趣。通过再营销技术,广告主可以精准地追踪到这些用户,并向他们展示定制化的广告。这些广告基于用户之前的浏览行为、兴趣偏好等信息进行个性化定制,因此更具吸引力和针对性,能够有效提高转化率,将潜在的客户转化为实际的购买者。

与此同时,受众拓展功能则是 SEM 中广度拓展的重要手段。搜索引擎平台通过强大的数据分析和算法能力,能够为广告主找到与现有客户相似的新受众。这些新受众在兴趣、行为、人口统计特征等方面与现有客户具有高度相似性,因此更有可能对广告主的产品或服务产生兴趣。通过将广告展示给这些新受众,广告主可以扩大品牌的影响力,吸引更多的潜在客户,进而拓展市场份额。

再营销与受众拓展是 SEM 中不可或缺的两部分。再营销技术通过深度挖掘潜在客户,提高转化率;受众拓展功能则通过广泛拓展新受众,扩大品牌影响力和市场份额。两者相辅相成,共同为广告主带来更多的营销机会和可能性。

综上所述,SEM 的运作机制是一个复杂而精细的过程,涉及关键词研究与选择、广告创意与撰写、广告投放与竞价排名、广告效果监测与优化以及再营销与受众拓展等多个环节。通过不断优化这些环节,广告主可以提高广告的精准度和效果,实现品牌推广和销售转化的目标。

3)SEM 的优势

从专业角度详细分析,SEM 相较于其他营销方式,具有以下独特优势:

(1)精准定位与高效转化。SEM 通过关键词匹配技术,能够精准地将广告展示给正在搜索相关产品或服务的潜在客户。这种"一对一"的营销方式,大大提高了广告的曝光率和转化率。相比之下,传统营销方式如电视广告、报纸广告等,往往难以准确锁定目标受众,投放效果难以衡量。SEM 广告通常出现在搜索结果页面的显眼位置,用户点击广告后可以直接跳转到产品或服务的详情页面,简化了购买流程,提高了转化效率。同时,SEM 平台提供了丰富的数据分析工具,广告主可以实时监控广告效果,包括点击率、转化率等关键指标,从而及时调整投放策略,优化广告效果。

(2)成本灵活可控与效益高。SEM 广告的投放策略非常灵活,广告主可以根据自身需求和预算,随时调整关键词、出价、广告文案和投放时间等参数。这种灵活性使得 SEM 广告能够适应不同市场环境和竞争态势,实现精准营销。SEM 广告采用按点击付费的计费模式,广告主只需在用户实际点击广告时支付费用。这种计费模式有效避免了无效曝光和浪费,提高了广告费用的利用效率。同时,通过优化关键词和广告文案,广告主可以进一步提高广告的点击率和转化率,降低单次点击成本。

(3)数据驱动与智能优化。SEM 平台提供了丰富的数据分析工具,广告主可以实时获取广告的展现量、点击量、转化率等数据,了解用户的搜索行为和消费习惯。这些数据为广告主提供了宝贵的市场反馈,有助于制定更为精准的营销策略。借助人工智能和机器学习技术，SEM 平台能够自动分析广告数据，识别出表现优异的关键词和广告文案，并自动优化广告策略。这种智能优化能力使得 SEM 广告的效果能够持续提升，为广告主带来更高的投资回报率。

（4）品牌曝光与市场份额提升。SEM 广告不仅能够帮助广告主直接获取潜在客户，还能够通过展示广告品牌信息，提高品牌的知名度和曝光率。这对于新兴品牌或需要提升品牌形象的广告主来说尤为重要。通过 SEM 广告，广告主可以迅速抢占市场份额，特别是在竞争激烈的市场环境中。通过精准投放广告和优化营销策略，广告主可以吸引更多潜在客户的关注和兴趣，进而增加销售机会和市场份额。

综上所述，SEM 相较于其他营销方式，具有精准定位、高效转化、成本灵活可控、效益高、数据驱动与智能优化等优势，能够更准确地触达目标客户，提高广告的点击率和转化率，为广告主带来更高的投资回报率。因此，SEM 已成为当今企业营销策略中不可或缺的一部分。

8.5.1.2 关键词策略

在网络营销中，关键词策略是 SEM 的核心组成部分，它直接关系到广告的曝光率、点击率和转化率。以下从关键词研究与选择、关键词匹配与优化以及负面关键词管理三个方面进行详细阐述。

1) 关键词研究与选择

关键词研究是制定有效 SEM 策略的基础。企业可以利用专业的关键词研究工具，如 Google Keyword Planner、百度指数等，进行深入挖掘。这些工具能够提供关键词的搜索量、竞争程度、趋势变化等宝贵数据。在研究方法上，首先需要确定目标市场和受众群体，然后输入相关种子关键词，通过工具拓展出更多相关关键词。此外，还可以分析竞争对手的关键词策略，发现潜在的优质关键词。在选择关键词时，应综合考虑多个因素。搜索量是衡量关键词热度的重要指标，但并非搜索量越大越好，因为高搜索量往往伴随着激烈的竞争。竞争度反映了广告主对该关键词的争夺程度，选择竞争度适中的关键词有助于在有限的预算内获得更好的广告排名。相关性是确保广告与用户需求匹配的关键，高度相关的关键词能够提高广告的点击率和转化率。商业意图则决定了关键词是否值得投入广告预算，具有明确购买意图的关键词更有可能带来直接的销售转化。

2) 关键词匹配与优化

关键词匹配类型是影响广告展示效果的重要因素。广泛匹配能够覆盖更多潜在的搜索查询，但可能带来较多不相关的点击，增加广告成本。短语匹配则相对精准，能够确保广告在包含特定短语的搜索查询中展示，提高广告的相关性。精确匹配则最为严格，只有当搜索查询与关键词完全一致时，广告才会展示，这有助于控制广告的展示范围，提高广告的转化率。在关键词优化方面，需要定期更新关键词列表，删除表现不佳的关键词，添加新的潜在优质关键词。同时，根据广告效果和数据分析，调整关键词的匹配类型，以平衡广告的曝光率和点击率。此外，提高关键词的质量得分也是优化的重要方向，质量得分越高，广告的排名越靠前，点击成本也越低。这可以通过优化广告文案、提高着陆页的相关性和质量等方式来实现。

3) 负面关键词管理

负面关键词是 SEM 策略中不可或缺的一部分。它们用于排除与广告不相关或可能产

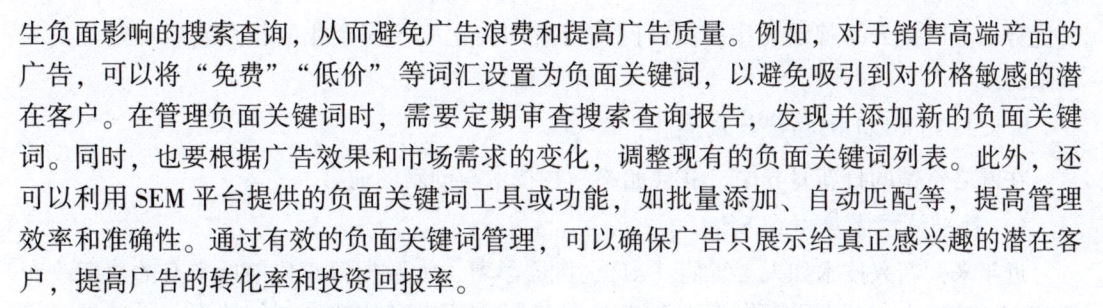

生负面影响的搜索查询，从而避免广告浪费和提高广告质量。例如，对于销售高端产品的广告，可以将"免费""低价"等词汇设置为负面关键词，以避免吸引到对价格敏感的潜在客户。在管理负面关键词时，需要定期审查搜索查询报告，发现并添加新的负面关键词。同时，也要根据广告效果和市场需求的变化，调整现有的负面关键词列表。此外，还可以利用 SEM 平台提供的负面关键词工具或功能，如批量添加、自动匹配等，提高管理效率和准确性。通过有效的负面关键词管理，可以确保广告只展示给真正感兴趣的潜在客户，提高广告的转化率和投资回报率。

8.5.1.3　SEM 与 SEO 整合

在网络营销的领域里，搜索引擎营销（SEM）和搜索引擎优化（SEO）是两种至关重要的策略。它们各有千秋，但又相辅相成，共同为提升网站可见性、吸引流量贡献力量。

1）SEM 与 SEO 的异同

SEM 和 SEO 在提升网站可见性、吸引流量等方面有着共同的目标。无论是通过付费广告排名还是自然排名，两者都致力于使网站在搜索引擎结果页面（SERP）中获得更高的曝光率，从而吸引更多潜在用户的点击和访问。它们都是搜索引擎营销体系中的重要组成部分，对于扩大品牌影响力、提升网站知名度具有不可替代的作用。

然而，SEM 和 SEO 在策略、成本、效果等方面也存在着明显的差异。在策略上，SEM 主要通过竞价排名、关键词广告等方式来快速获得流量，需要制定精准的关键词策略和出价策略；而 SEO 则更注重网站内容、结构、链接等方面的优化，以提升网站的自然排名和权重。在成本上，SEM 是一种付费营销方式，需要投入一定的广告预算；而 SEO 则主要是一种长期的投资，通过持续的优化和维护来提升网站排名，成本相对较低，但效果需要时间来积累。在效果上，SEM 能够迅速带来流量和转化，但一旦停止投放广告，流量也会随之减少；而 SEO 则能够持续为网站带来稳定的流量和转化，但效果提升的速度相对较慢。

2）整合策略与实施

将 SEM 和 SEO 整合起来，可以充分发挥它们的各自优势，提升品牌曝光率，提高网站流量和转化率。整合的优势在于，SEM 能够迅速为网站带来流量和转化，为 SEO 的优化提供数据支持和市场反馈；而 SEO 则能够提升网站的自然排名和权重，为 SEM 的广告投放提供更多的优质关键词和更低的点击成本。

在实施 SEM 和 SEO 整合策略时，企业需要遵循一定的步骤。

（1）制定整合策略，明确 SEM 和 SEO 的目标、预算、关键词等要素，确保两者在策略上的一致性和协调性。

（2）协调资源，合理分配人力、物力、财力等资源，确保 SEM 和 SEO 的实施能够顺利进行。例如，可以安排专业的 SEM 专员负责广告投放和优化，同时安排 SEO 专员负责网站内容和结构的优化。

（3）监测效果，通过数据分析工具实时监测 SEM 和 SEO 的效果，及时调整策略和优化方案。例如，可以定期分析关键词的搜索量、点击率、转化率等指标，根据数据反馈调整关键词策略和出价策略；同时，也可以监测网站的自然排名、流量、跳出率等指标，根据数据反馈优化网站内容和结构。

综上所述，SEM 和 SEO 整合是网络营销中的重要策略之一。通过充分发挥它们各自的优势，可以提升品牌曝光率，提高网站流量和转化率，为企业的长期发展奠定坚实的基础。

8.5.1.4 SEM 的趋势与发展

在网络营销的日新月异中，SEM 始终站在技术与创新的前沿。

1) 新兴技术深度融合 SEM

近年来，新兴技术如人工智能（AI）、机器学习、大数据等正以前所未有的速度改变着 SEM 的格局。AI 的智能化算法为 SEM 带来了前所未有的精准度和效率。通过深度学习，AI 能够分析海量数据，识别用户意图，为广告主提供更为精准的投放策略。机器学习技术则使 SEM 系统能够自动优化广告出价、定位目标受众，甚至预测广告效果，大大降低了人工操作的成本和时间。大数据的应用更是让 SEM 如虎添翼，通过对用户行为、兴趣偏好、购买历史等数据的深度挖掘，广告主能够更全面地了解用户需求，制定个性化的营销策略。这些技术在 SEM 中的应用场景广泛且影响深远。例如，AI 可以用于优化广告创意，通过分析用户反馈和互动数据，自动生成更吸引人的广告文案和图像。机器学习则能够实时调整广告出价，确保广告在竞争激烈的市场中获得最佳展示位置。大数据则可以帮助广告主精准定位目标受众，提高广告的点击率和转化率。

2) 搜索行为变革下的 SEM 策略革新

随着技术的不断进步，用户的搜索行为也在发生着深刻的变化。语音搜索、图像搜索、个性化搜索等新型搜索方式的兴起，对 SEM 提出了新的挑战和机遇。语音搜索的普及使得用户能够更自然地表达需求，这要求广告主在关键词策略上做出调整，更加注重长尾关键词和口语化表达。图像搜索的兴起则让视觉内容成为吸引用户的重要手段，广告主需要优化图像标签和描述，提高图像在搜索结果中的可见度。为了应对这些变化，SEM 策略也需要不断创新。优化关键词列表，包含更多与语音搜索和图像搜索相关的关键词；调整广告创意，使其更加符合用户的搜索习惯和期望；提高用户体验，确保网站或应用能够快速、准确地响应用户的搜索请求。这些应对策略都有助于广告主在变化的搜索环境中保持竞争力。

8.5.2 社交媒体营销（SMM）

社交媒体营销（Social Media Marketing，SMM）是指利用社交媒体平台（如微信、微博、抖音、快手、Facebook、Twitter、Instagram 等）进行品牌推广、内容营销、用户互动、产品销售等一系列营销活动的过程。它是现代企业进行网络营销的重要手段之一，旨在通过社交媒体平台与目标受众建立联系，提高品牌知名度、用户参与度和忠诚度，进而促进产品销售和品牌发展。社交媒体营销作为数字营销领域的重要组成部分，正以其独特的魅力和无限的潜力，吸引着越来越多的企业和品牌投入其中。SMM 不仅仅是一种营销手段，更是一种与消费者建立深度连接、传递品牌价值、推动产品销售的全方位策略。

8.5.2.1 内容营销

内容营销是 SMM 的核心之一。在社交媒体平台上，优质、有趣、有价值的内容是吸引用户关注、提升用户黏性的关键。企业需要通过深入了解目标受众的兴趣偏好和需求，创作出与他们生活息息相关、能够引发共鸣的内容。这些内容可以是文章、图片、视频、直播等多种形式，通过精心策划和创意呈现，让用户在享受娱乐的同时，也能感受到品牌的魅力和温度。实施内容营销主要有三个步骤，具体如下：

1）制定内容营销计划，明确内容主题、发布频率和目标受众

制定一个详尽的内容营销计划是至关重要的第一步。这要求网络营销专家深入理解品牌的核心价值与市场定位，明确内容营销的主题方向，确保所发布的内容与品牌形象及营销目标高度契合。同时，合理规划内容的发布频率，既能保持与用户的持续互动，又能避免信息过载导致用户疲劳。此外，明确目标受众是内容营销成功的关键，通过细分受众群体，可以更加精准地推送符合其兴趣和需求的内容，提高内容的吸引力和转化率。

2）利用社交媒体平台的分析工具，了解用户兴趣和内容互动情况，优化内容策略

在实施内容营销计划的过程中，充分利用社交媒体平台提供的分析工具显得尤为重要。这些工具能够实时追踪和分析用户的行为数据，包括他们的兴趣偏好、内容互动情况（如点赞、评论、分享等）以及转化路径。通过对这些数据的深入挖掘，网络营销专家可以及时调整内容策略，优化内容形式、发布时间和推广方式，以确保内容营销的效果最大化。

3）鼓励用户生成内容（UGC），增加用户参与度和品牌忠诚度

为了进一步提升用户参与度和品牌忠诚度，鼓励用户生成内容（UGC）是一种有效手段。UGC 不仅丰富了内容营销的素材库，还能增强用户的归属感和参与感。网络营销专家可以通过设置话题挑战、举办线上活动或提供奖励机制等方式，激励用户积极评论、分享和创作与品牌相关的内容。这些用户生成的内容往往更具真实性和感染力，能够引发其他用户的共鸣和模仿，从而形成口碑传播效应，进一步提升品牌知名度和影响力。

8.5.2.2 与 KOL（关键意见领袖）合作

与 KOL（关键意见领袖）合作是 SMM 中的另一大亮点。KOL 在社交媒体上拥有庞大的粉丝群体和高度的影响力，他们的推荐和分享往往能够迅速引发用户的关注和讨论。因此，与 KOL 建立合作关系，通过他们来传播品牌信息、推广产品，已经成为许多企业 SMM 策略中的重要一环。企业需要谨慎选择与自己品牌定位相契合的 KOL，确保合作能够带来积极的效果。实施 KOL 合作主要有三个步骤，具体如下：

1）研究并分析 KOL 的粉丝群体、互动率和内容风格，选择与品牌相匹配的 KOL

深入研究并分析 KOL 的粉丝群体、互动率和内容风格是选择合作对象的关键步骤。网络营销专家需要细致剖析 KOL 的粉丝构成，包括年龄、性别、地域、兴趣、爱好等多维度数据，以确保 KOL 的粉丝群体与品牌的目标受众高度契合。同时，评估 KOL 的互动率，如点赞、评论、分享等指标的活跃度，能够反映其内容的吸引力和粉丝的忠诚度。此外，内容风格的分析也至关重要，它决定了 KOL 传递品牌信息的方式和效果。通过综合考量这些因素，网络营销专家能够精准选择与品牌形象、产品特性及营销目标相匹配的 KOL，为合作奠定坚实基础。

2）与 KOL 建立长期合作关系，共同策划活动或内容，确保品牌信息的自然融入

与 KOL 建立长期合作关系是提升合作效果的重要保障。网络营销专家应与 KOL 保持密切沟通，共同策划活动或内容，确保品牌信息能够自然、巧妙地融入其中，避免生硬植入导致用户反感。通过深度合作，KOL 能够更好地理解品牌理念，以更加真实、自然的方

式传递品牌价值，从而增强用户对品牌的认知和信任。

3）监测 KOL 合作的效果，包括曝光率、互动率和转化率，及时调整合作策略

在合作过程中，监测 KOL 合作的效果是不可或缺的一环。网络营销专家应密切关注合作活动的曝光率、互动率和转化率等关键指标，通过数据分析及时评估合作效果。一旦发现合作效果未达预期，应立即调整合作策略，如优化内容形式、调整发布时间或探索新的合作方式，以确保合作能够持续为品牌带来正面影响。

8.5.2.3 社群营销

社群营销也是 SMM 中不可或缺的一部分。社群是社交媒体上用户自发形成的群体，他们有着共同的兴趣、爱好或需求。企业可以通过加入相关社群，与用户进行互动交流，了解他们的需求和反馈，进而调整自己的营销策略。同时，企业也可以自己创建社群，围绕品牌或产品构建用户社区，通过持续的内容输出和活动策划，增强用户的归属感和忠诚度。

1）确定目标社群，了解社群规则和成员需求，积极参与讨论和互动

确定目标社群是网络营销的关键一步。网络营销专家需要深入市场调研，明确品牌的核心受众群体，并找到他们聚集的社群平台。了解社群的规则、文化以及成员的需求和兴趣点至关重要，这有助于品牌更好地融入社群，避免因不了解社群规范而产生的误解或冲突。积极参与社群的讨论和互动，不仅能够建立品牌与潜在客户的联系，还能通过倾听用户的声音，及时捕捉市场动态和消费者需求的变化，为后续调整营销策略提供有力依据。

2）创建并管理品牌社群，制定社群规则，定期发布有价值的内容和活动

创建并管理品牌社群是网络营销中的重要环节。品牌社群是品牌与消费者之间直接沟通的桥梁，也是品牌文化和价值观传播的阵地。网络营销专家需要制定清晰的社群规则，确保社群的健康有序发展。同时，定期发布有价值的内容，如行业资讯、品牌故事、产品知识、优惠活动等，能够吸引用户的关注，增强用户的黏性和参与度。通过组织线上线下的社群活动，如话题讨论、问答互动、线下聚会等，可以进一步加深品牌与用户的联系，提升品牌知名度和影响力。

3）利用社群数据进行用户画像和需求分析，为营销策略提供数据支持

利用社群数据进行用户画像和需求分析是网络营销的精准化策略。社群数据中蕴含着丰富的用户信息，包括用户的兴趣偏好、消费行为、社交关系等。网络营销专家可以通过数据分析工具，对这些信息进行深入挖掘和分析，构建用户画像，了解用户的真实需求和潜在需求。这些数据为营销策略的制定提供了有力的数据支持，使营销更加精准、有效，通过不断优化营销策略，满足用户的个性化需求，提升用户的满意度和忠诚度，进而推动品牌的持续发展。

8.5.2.4 病毒性营销

病毒性营销（Viral Marketing）（简称病毒营销）作为一种高效的网络营销方法，其核心在于利用用户间的口碑传播机制，使有价值的信息像病毒一样迅速扩散，从而实现网站或品牌的广泛推广。这种营销方式不仅具有强大的传播力，还具备几何倍数的增长速度、高效率的接收度以及快速的更新能力。在美国及全球范围内，众多传统企业已深刻认识到病毒性营销的巨大影响力，并将其与传统营销模式相结合，部分企业甚至将其视为产品推广和品牌建设的核心战略。

1) 病毒性营销的优点

（1）有吸引力的"病原体"。病毒性营销中的"病原体"通常指具有吸引力的内容或信息，如有趣的视频、引人深思的文章或独特的创意，这些都能激发用户的分享欲望。

（2）几何倍数的传播速度。一旦"病原体"被用户接受并分享，其传播速度将呈几何级数增长，迅速覆盖大量潜在受众。

（3）高效率的接收。由于信息是通过用户间的信任关系进行传播，因此接收者往往对信息持有较高的信任度和接受度。

（4）更新速度快。病毒性营销的内容和信息能够迅速更新，紧跟时事热点，保持与用户兴趣的同步。

尽管病毒性营销具有诸多优势，但对其的理解和实施仍需避免误区。例如在邮件底部添加"请访问我们的网站"或"请将此邮件转发给你的同事和朋友"等字样，并不构成真正的病毒性营销。真正的病毒性营销需要有价值的内容、创新的传播方式和用户自发的分享行为。

另外，病毒性营销需要遵循一定的度，过度的营销方案可能引发用户反感，甚至被视为真正的"病毒"。成功的病毒性营销应包含六个基本要素：有价值的产品或服务、便捷的传递方式、易于扩展的信息传递范围、利用公众的积极性和行为、利用现有的通信网络以及利用他人资源进行信息传播。

对于大型公司而言，提供免费资源如免费邮箱、即时通信服务等，是实现病毒性传播的有效手段。然而，这些方法对于小型网站可能并不适用，因为小型网站在资源、品牌影响力和用户基础方面存在局限。因此，小型网站在制定病毒性营销策略时，需要更加注重创意、精准定位和目标受众的细分。

病毒性营销作为一种高效的网络营销方式，需要企业在理解和遵循其基本规律的基础上，结合自身特点和目标受众的需求，制定和实施具有创意和有针对性的营销方案。通过精准定位、创新传播和有效管理，企业可以充分利用病毒性营销的优势，实现品牌影响力的快速提升和市场份额的有效扩大。

2) 病毒性营销的步骤

成功实施病毒性营销一般有五个步骤：

（1）方案的整体规划和设计。明确营销目标、受众定位、传播内容和渠道选择等关键要素，确保方案具有可行性和针对性。

（2）独特的病毒性营销创意。设计具有吸引力和创新性的"病原体"，激发用户的分享欲望和传播行为。

（3）合理设计网络营销信息源和信息传播渠道。选择与目标受众高度匹配的信息源和渠道，确保信息的有效传递和接收。

（4）在易于传播的小范围内发布和推广。通过小范围的测试和推广，验证方案的可行性和效果，逐步扩大传播范围。

（5）跟踪和管理病毒性营销的效果。利用数据分析工具跟踪营销活动的表现，及时调整策略，确保营销目标的实现。

在实施 SMM 策略时，企业需要注重数据的分析和运用。通过社交媒体平台提供的数据分析工具，企业可以实时了解用户的互动情况、内容传播效果等关键指标，为后续的策略调整提供有力支持。同时，企业也需要保持对社交媒体趋势的敏锐洞察，及时调整自己的营销策略，以适应不断变化的市场环境。

8.5.3 电商平台营销

电商平台营销是指通过电子商务平台进行商品销售和推广的一种网络营销方式。它利用互联网的便利性，将商品信息、广告宣传等传递给潜在消费者，通过一系列营销策略和手段，提升品牌知名度，吸引目标客户，促进销售和推动业绩增长。电商平台营销已经成为现代商业中不可或缺的一部分，对于企业的发展和竞争力具有重要影响。电商平台营销的方法主要有平台活动营销、直播营销、个性化推荐营销、付费推广营销等。

8.5.3.1 平台活动营销

在网络营销中，电商平台活动营销是一种重要的方式，其核心在于通过电商平台举办各类创意丰富、吸引力强的营销活动，如限时折扣、秒杀活动、满减促销、团购等，来有效吸引潜在顾客的关注，提升品牌在目标市场中的知名度和影响力，并最终促进销售的增长。这些活动不仅为顾客提供了更多元化的购物体验，还为企业创造了与顾客互动、建立品牌忠诚度的机会。常见活动类型有限时折扣、秒杀活动、满减促销、团购等。

1) 限时折扣

限时折扣是一种常见的电商平台活动营销类型。商家在特定时间段内，对选定的商品提供一定比例的折扣优惠，以此营造一种时间上的紧迫感，促使消费者在限定时间内做出购买决策。这种策略不仅能够有效提升商品的销量，还能增强消费者的购物体验，让他们感受到抢购的乐趣和实惠。

2) 秒杀活动

秒杀活动是一种极具刺激性的电商平台活动营销。商家在极短的时间内（如几分钟或几个小时）提供数量有限的商品，并以超低折扣价格出售。这种活动通过制造稀缺性和紧迫感，激发消费者的购买欲望，促使他们迅速下单。秒杀活动不仅能够迅速提升商品销量，还能有效增加品牌的曝光率和话题性。

3) 满减促销

满减促销是一种旨在刺激消费者增加购买的电商平台活动营销。商家设定一个特定的消费金额门槛，当消费者的购物金额达到或超过这个门槛时，即可享受一定的金额减免或赠品等优惠。这种策略通过鼓励消费者购买更多商品来达到销售增长的目的，同时也有助于提升消费者购物的满意度和忠诚度。

4) 团购

团购是一种集合多人力量共同购买同一商品的电商平台活动营销。通过团购，消费者可以享受到比单独购买更优惠的价格，而商家则能够通过批量销售来降低成本、提高销量。团购活动不仅促进了消费者之间的社交互动，还增强了消费者对品牌的信任感和归属感，是一种双赢的营销策略。

电商平台活动营销具有诸多优势。首先，通过举办各类吸引人的活动，商家能够迅速提升商品的销量，实现短期内的销售爆发。其次，这些活动有助于提升品牌在目标市场中的知名度，让更多消费者了解品牌的存在和价值。最后，通过不断提供优质的购物体验和优惠活动，商家可以增强客户的黏性，促使他们成为品牌的忠实顾客，为长期的销售增长奠定坚实基础。

8.5.3.2 直播营销

直播营销作为一种新兴的网络营销方式，其核心在于通过直播平台实时展示产品，同时与观众进行直接的、即时的互动。主播或品牌代表会在直播中详细介绍产品的功能、特点、使用方法等，观众则可以通过弹幕、评论等方式即时反馈自己的疑问和看法，形成一种高度互动的营销环境。这种实时的、动态的展示和互动方式，不仅增强了观众的参与感和代入感，还有效促进了销售转化，成为众多品牌和企业网络营销的重要手段。直播营销具有实时性、互动性和能直观展示产品特点和使用效果的特点。

1) 直播营销具有实时性

实时性体现在直播内容的即时传播上。在直播过程中，主播所展示的产品信息、进行的促销活动以及现场的氛围都是实时传递给观众的。这种即时性使得观众能够第一时间了解产品最新动态，无论是新品发布、限时折扣还是限量抢购，观众都能迅速获取到相关信息，感受到直播现场的紧张与热烈。这种即时传播方式大大增强了营销时效性和紧迫感，促使观众在有限的时间内做出购买决策，从而提高销售转化率。

2) 直播营销具有互动性

互动性体现在观众与主播之间的即时沟通上。在直播过程中，观众可以通过弹幕、点赞、评论等多种方式与主播互动。他们可以提出疑问、分享看法，甚至参与直播中的互动环节，如抽奖、问答等。这种高度的互动性不仅提升了观众的参与感和代入感，使他们更加投入地观看直播，还使主播能够及时了解观众的需求和反馈。主播可以根据观众的互动情况调整直播内容和策略，如针对观众关心的问题进行详细解答，或根据观众的喜好调整产品展示的方式，从而更好地满足观众的需求，提高直播的营销效果。

3) 直播营销能直观展示产品特点和使用效果

通过主播的现场演示和解说，观众可以更清晰地了解产品的功能、优势和使用方法。主播可以实时展示产品的外观、材质、工艺等细节，让观众对产品有更直观的认识。同时，主播还可以现场演示产品的使用方法，展示产品的实际效果，让观众更加直观地感受产品的魅力和价值。这种直观展示方式能够增强观众的购买意愿，促使他们在观看直播的过程中直接下单购买，从而提高直播的销售转化率。

直播营销通过直播平台的广泛传播和主播的吸引力，直播内容可以迅速触达大量潜在观众，形成庞大的观众群体。这些观众在观看直播的过程中，不仅能够了解到产品的详细信息，还能够感受到品牌的魅力和文化，从而加深对品牌的认知和记忆。同时，直播营销还能够通过主播的推荐、演示和优惠活动等方式，有效激发观众的购买欲望，促进销售转化。这种集品牌曝光、产品展示和销售促进于一体的营销方式，使得直播营销成为众多品牌和企业网络营销的首选策略。

8.5.3.3 个性化推荐营销

个性化推荐营销是一种高度定制化的网络营销策略，它依托于大数据分析和先进算法技术，深入挖掘和分析用户的个体行为、偏好、需求以及消费习惯等多维度信息。通过这些信息，系统能够构建出独特的用户画像，并据此为每位用户提供量身定制的商品或服务推荐。

这种策略的核心在于其个性化与精准性，确保每个用户接收到的推荐内容都是根据其个人特征和行为习惯特别定制的，旨在提升用户体验，增强用户黏性，并最终促进销售转化。

1) 个性化推荐营销的步骤

（1）数据收集与整合。

数据收集与整合是个性化推荐营销的基础和关键步骤。首先，企业需要明确数据收集的目标，确定需要收集的数据类型，这包括用户的基本信息、浏览行为、购买记录以及社交数据等，这些都是构建用户画像和进行精准推荐的重要依据。同时，要识别数据的来源，数据可能来自用户注册信息、网站分析工具以及第三方数据源等多个渠道。

在收集数据时，企业需运用各种技术和工具，如问卷调查、表单填写来直接获取用户信息，利用网站分析工具来追踪用户行为，通过 API 接口来整合第三方数据等。在这个过程中，必须确保数据收集的合规性，严格遵守相关法律法规和隐私政策，保护用户的个人隐私和数据安全。数据收集完成后，接下来是数据整合与清洗。企业需要将来自不同渠道的数据进行整合，形成统一的用户数据视图，这样才能更全面地了解用户。同时，要对数据进行清洗，去除重复、错误、不完整或无效的数据，确保数据的质量和准确性。只有经过这样严谨的数据处理流程，才能为后续的个性化推荐营销提供有力支持。

（2）用户画像构建。

用户画像是对用户特征和行为的高度概括，它涵盖了用户的基本信息、兴趣偏好、消费习惯等多个维度，为深入了解用户提供了全面的视角。在构建用户画像的过程中，企业首先对收集到的海量数据进行分析，提取出能够反映用户特征的关键信息。其次运用数据挖掘、机器学习等先进的数据分析工具和技术，构建出用户画像模型。这个模型能够帮助企业系统、准确地描述用户的各方面特征。最后根据这个模型，企业可以生成具体的用户画像实例，为后续的营销活动提供有力的数据支持。

用户画像的应用场景非常广泛，它可以运用于个性化推荐、精准营销、用户服务等多个方面。通过用户画像，企业能够更准确地把握用户的需求和偏好，从而提供更加贴心、个性化的服务。同时，企业也需要定期评估用户画像的准确性和有效性，因为用户的行为和市场趋势是在不断变化的。只有不断优化和完善用户画像，才能确保它始终能够准确地反映用户的特征，为企业的营销活动提供有力的支持。

（3）推荐算法选择与调优。

推荐算法的类型多种多样，每种都有其独特的优势。基于协同过滤的推荐算法，通过深入分析用户之间的相似性，能够智能地向用户推荐其他具有相似喜好的用户所钟爱的商品或服务。而基于内容的推荐算法，则侧重于商品或服务的内容特征，确保推荐的内容与用户的兴趣点高度契合。此外，混合推荐算法巧妙融合了多种算法的优点，不仅提升了推荐的准确性，还极大地丰富了推荐的多样性。更为前沿的是深度学习推荐算法，它利用神经网络等先进技术，对用户和商品的数据进行深度建模，从而精准预测用户的购买意图。

在实际应用中，企业需根据具体的业务场景和用户特征，精心选择最合适的推荐算法。随后，利用历史数据对选定的算法进行充分训练，并严格评估其准确性和性能。这一过程中，企业需要密切关注评估结果和用户的实际反馈，据此对推荐算法进行细致的调优，力求不断提升推荐的准确性和用户满意度，为个性化营销注入更强的动力。

（4）个性化推荐实施。

个性化推荐实施的关键在于策略的制定、系统的开发以及结果的展示。

①企业需根据精心构建的用户画像和高效的推荐算法，制定个性化的推荐策略。这一策略将明确推荐的商品或服务类型、数量以及展示方式等关键要素，确保推荐内容既符合用户的兴趣偏好，又能满足业务目标。

②企业需着手开发或集成个性化推荐系统，以实现推荐策略的自动化执行。在系统的开发过程中，需严格把控技术细节，确保推荐系统的稳定性，从而满足实时推荐的需求。这样，用户无论在何时何地，都能享受到流畅、准确的个性化推荐服务。

③企业会将个性化推荐结果巧妙地展示在用户界面上，如网站首页、商品详情页、购物车页面等关键位置。同时，企业还会提供推荐理由和反馈机制，增加推荐的透明度和用户参与度。这样，用户不仅能了解到推荐的原因，还能根据自己的喜好和需求进行反馈，进一步提升推荐的准确性和用户满意度。

(5) 效果监测与优化。

为了全面评估推荐系统的表现，需设定一系列关键绩效指标，如点击率、转化率、用户满意度等，并通过数据分析工具和技术对推荐效果进行实时跟踪和评估。这样就能及时掌握推荐系统的运行状况，确保它始终保持在最佳状态。

在效果分析阶段，需深入挖掘收集到的数据，细致分析推荐效果的影响因素和存在的瓶颈。通过这一过程，能够准确识别出潜在的问题和改进空间，并提出切实可行的优化建议。这些建议将为后续的策略调整提供有力支持。基于效果分析和用户反馈，需及时对推荐策略进行优化调整。需要持续优化推荐算法和用户画像模型，以提高推荐的准确性和多样性，确保用户能够接收到更加符合其兴趣和需求的推荐内容。同时保持对新技术的敏锐洞察力，勇于尝试新的推荐技术和方法，不断探索个性化推荐的创新应用。通过这样的持续优化和创新，不断提升个性化推荐营销的效果，为企业创造更大的价值。

(6) 跨渠道与个性化体验。

在跨渠道整合方面，将个性化推荐策略扩展到多个渠道，包括网站、App、社交媒体以及电子邮件等，确保用户无论在哪个渠道都能享受到一致且贴心的推荐服务。同时严格保证不同渠道之间的推荐策略和数据的一致性，以避免给用户带来困惑或不一致的体验，从而整体提升用户的满意度和忠诚度。

在个性化体验提升方面，始终密切关注用户的行为和反馈，据此提供个性化的服务和支持。不断优化用户界面和交互设计，力求每一个细节都符合用户的习惯和期望，从而提高用户的易用性和满意度。此外还要加强与用户的互动和沟通，通过及时响应用户的需求和反馈，建立长期稳定的客户关系。通过跨渠道整合与个性化体验提升，为用户创造更加便捷、高效且愉悦的营销体验，进而推动企业的持续发展。

通过以上步骤，企业可以实施个性化的推荐营销策略，提升用户体验和满意度，促进销售转化和业绩增长。同时，随着技术的不断进步和市场趋势的变化，企业需要持续关注和创新个性化推荐营销的方法和策略，以保持竞争优势。

2) 个性化推荐营销在现代网络营销中展现出的优势

(1) 极大地提升了用户体验。通过精准把握用户的兴趣和需求，个性化推荐营销能够为用户提供定制化的内容，这不仅减少了用户寻找商品的时间，提高了购物效率，还因为推荐了用户真正感兴趣的商品，从而增加了用户的满意度和忠诚度。

(2) 个性化推荐营销显著提高了销售转化率。它能够精准匹配用户的购买意图，使商品获得更高的曝光率和点击率，有效促进销售转化。同时，通过推荐相关商品或配套商品，进一步增加了用户的购买数量和购买频率，为企业带来更多收益。

（3）个性化推荐营销还增强了用户黏性。用户感受到被关注和重视，从而增强了他们对品牌的认同感和归属感。持续提供符合用户兴趣的推荐内容，保持了用户的活跃度和参与度，使企业与用户之间建立了更加紧密的联系。

（4）个性化推荐营销优化了营销资源的分配。它能够更精准地定位目标用户群体，提高营销活动的针对性和有效性。通过实时数据分析，企业可以及时了解推荐效果，从而优化营销资源的分配和投入，实现营销效率的最大化。

（5）个性化推荐营销促进了数据驱动的决策。它能够收集和分析大量用户数据，为企业的决策提供坚实的数据支持。通过深入分析用户行为和市场需求，企业可以更加准确地指导产品开发和市场营销策略，确保企业在激烈的市场竞争中保持领先地位。

综上所述，个性化推荐营销是一种高效、精准的网络营销策略，它能够通过深度挖掘和分析用户数据，为用户提供个性化的商品或服务推荐，从而提升用户体验、提高销售转化率、增强用户黏性，并优化营销资源分配。随着大数据和人工智能技术的不断发展，个性化推荐营销将在未来发挥更加重要的作用。

8.5.3.4 付费推广营销

付费推广营销，简称付费推广，又称按效果付费广告（Pay Per Click，PPC），是电商平台营销中常用的一种手段。它是指商家通过向电商平台支付一定费用，以获得在平台内部或合作渠道上展示广告的机会，从而吸引潜在客户访问自己的店铺或商品详情页，进而实现销售转化或品牌宣传的目的。付费推广营销的核心在于精准定位目标受众，通过付费的方式提高广告的曝光率和点击率，最终带动销售增长。

1) 付费推广营销的几种方式

在电商平台中，付费推广营销的方法多种多样，下面介绍几种主要的方法：

（1）直通车推广。直通车推广是电商平台提供的一种高效关键词竞价广告服务，它为商家提供了一个精准触达目标消费者的强大工具。商家通过精心设置关键词出价和预算，能够使自己的商品在搜索结果或相关页面中脱颖而出，获得更高的曝光率，从而吸引更多潜在顾客的关注。直通车推广的核心特点在于其精准定位能力。商家可以根据自身商品的特点和目标受众的搜索习惯，选择最相关的关键词进行投放，确保广告能够精准地展示给对商品有兴趣的潜在顾客。这种精准定位不仅提高了广告的投放效率，也大大提升了商家的营销效果。此外，直通车推广采用按点击付费的模式，这意味着商家只需为实际产生的点击量付费，无须为广告展示次数买单。这种付费方式对于有一定销售基础和明确目标受众的商家来说，无疑是一种更加经济、高效的营销选择。商家可以根据自身的预算和营销需求，灵活调整关键词出价和投放策略，实现最佳的投入产出比。

（2）钻展推广。钻展推广是电商平台为商家量身打造的一种高效展示广告服务，它以其独特的广告形式和灵活的投放策略，为商家的品牌宣传和推广活动提供了强有力的支持。商家可以根据自身的需求，选择电商平台上的特定广告位和投放时间，以图片、视频等多媒体形式展示广告，从而吸引潜在顾客的眼球。钻展推广的一大显著特点是其强烈的视觉冲击力。通过精心设计的图片和视频广告，商家可以直观、生动地展示商品的特色和优势，迅速抓住消费者的注意力，激发他们的购买欲望。这种视觉上的吸引，对于提升品牌知名度和促进销售转化具有显著效果。此外，钻展推广还具有覆盖范围广的优势。电商平台拥有庞大的用户群体和丰富的流量资源，商家可以通过钻展推广将广告展示给更多潜在顾客，扩大品牌的影响力和市场份额。无论是新品上市、促销活动还是品牌升级，钻展推广都能为商家提供全方位的宣传支持，助力商家实现营销目标。

（3）淘宝客推广。淘宝客推广是电商平台为商家提供的一种创新且灵活的推广方式，其核心在于基于成交佣金来激励第三方推广者（即淘宝客）积极参与商品推广。商家只需设定合理的佣金比例，就能吸引众多淘宝客利用其自有的渠道和资源，为商品带来广泛的曝光和潜在的销售机会。这一推广方式的最大特点在于其风险低和成本可控。对于预算有限的小商家或正在推广新品的商家而言，淘宝客推广无疑是一种理想的营销策略。因为商家无须预先支付大量的广告费用，而是根据实际的销售成果来支付佣金，这样既能有效控制成本，又能确保每一分投入都能带来实实在在的回报。此外，淘宝客推广还充分利用了互联网的广泛性和多样性，通过淘宝客的多元化推广渠道，如社交媒体、博客、论坛等，将商品信息传递给更多潜在消费者，从而大大提升了商品的知名度和市场影响力。这种基于成交佣金的合作模式，不仅激发了淘宝客的推广热情，也为商家带来了更多的销售机会和市场份额。

（4）付费广告。在付费广告领域，电商平台提供了多种高效且灵活的广告形式，以满足不同商家的营销需求。其中，开屏广告以其独特的展示方式和强烈的视觉冲击力，成为品牌宣传和推广活动的首选。当用户打开电商平台应用时，开屏广告瞬间映入眼帘，凭借其高品牌曝光率，能够迅速吸引用户的注意力，为商家带来宝贵的曝光机会。信息流广告则是另一种备受青睐的付费广告形式。它巧妙地融合在电商平台的信息流中，与平台内容浑然一体，使得用户在浏览信息时几乎感受不到广告的突兀。这种原生性强的广告形式，不仅提升了用户体验，还能够在潜移默化中提高品牌的知名度，并促进销售转化。对于希望以更自然、更贴近用户的方式推广商品的商家来说，信息流广告无疑是一个绝佳的选择。此外，搜索广告也是电商平台付费广告中不可或缺的一部分。当用户在电商平台搜索特定内容或关键词时，搜索结果中会展示相关的推广信息。这种精准定位的广告形式，能够直接触达有明确购买意向的用户，大大提高了广告的投放效率。同时，按点击付费的模式也使得商家能够更灵活地控制广告成本，确保每一分投入都能带来实实在在的回报。

2）付费推广营销的优势

付费推广营销在电商平台的营销策略中展现出了诸多显著优势。

（1）精准定位目标受众。借助电商平台庞大的用户数据和先进的算法技术，商家能够精准定位目标受众。这极大地提高了广告的曝光率和点击率，确保广告内容能够触达最有可能产生兴趣的潜在客户群体。

（2）提高品牌曝光率和知名度。付费推广是提升品牌曝光率和知名度的有效途径。商家通过电商平台展示广告，能够吸引更多潜在客户的注意，进而扩大品牌的市场影响力。这种广泛的曝光不仅增强了品牌认知度，还为后续的销售转化奠定了坚实的基础。

（3）促进销售转化。付费推广能够直接引导潜在客户访问店铺或商品详情页，通过精准的广告内容和吸引人的展示方式，激发客户的购买意愿，从而提高转化率。这种直接的引导机制使得付费推广成为推动销售增长的重要驱动力。

（4）数据驱动优化。电商平台提供丰富的数据分析工具，商家可以依据这些数据反馈，实时调整推广策略，优化广告效果。这种基于数据的决策过程确保了推广活动的针对性和有效性，使商家能够不断提升广告的投资回报率。

（5）灵活控制成本。付费推广赋予了商家灵活控制成本的能力，商家可以根据自己的预算和推广目标，灵活选择推广方式和投放时间。这种灵活性不仅有助于商家合理控制成本，还能确保每一分投入都能产生最大的效益，实现投资回报率的最大化。

电商平台营销方法多种多样，每种方法都有其独特的优势和适用场景。企业在制定电商平台营销策略时，需要根据自身的产品特点、目标受众和市场环境等因素综合考虑，选择适合的营销方法，并结合多种策略进行综合运用，以实现最佳的营销效果。

8.5.4 电子邮件营销

电子邮件并非为营销目的而诞生，但随着其逐渐成为大众信息传播的主要工具，其潜在的营销价值也逐渐显现。那么何为真正的电子邮件营销（Email 营销）呢？按照赛斯·高汀（Seth Godin）的阐述，许可营销的原理颇为直观，即企业在推广其产品或服务时，需事先征得顾客的明确"许可"。在获得潜在顾客的许可之后，企业方可以电子邮件的方式，向顾客发送产品、服务等相关信息。因此，许可营销实质上就是许可 Email 营销。许可营销的主要实施方式包括邮件列表、新闻邮件、电子刊物等多种形式，这些形式在向用户提供有价值信息的同时，也会附带一定数量的商业广告。

综合有关 Email 营销的研究成果，本书对 Email 营销给出了如下定义：Email 营销是在用户事先许可的前提下，通过电子邮件方式向目标用户传递有价值信息的一种网络营销手段。这一定义强调了三个基本要素：基于用户许可、通过电子邮件传递信息和信息对用户具有价值。这三个要素缺一不可，否则不能称为有效的 Email 营销。

获得用户许可的方式多种多样，如用户为获取某些服务而主动注册成为会员，或用户自愿订阅新闻邮件、电子刊物等。许可营销的核心在于，它是以向用户提供具有明确且实际价值的信息或服务为前提的，这种价值交换是建立用户信任和促进长期关系的基础。

8.5.4.1 开展 Email 营销的基础条件

1) Email 营销的三个核心问题

开展 Email 营销，尤其是内部列表 Email 营销，是网络营销领域中的一项长期且系统的任务。要成功开展 Email 营销，企业必须全面且妥善地解决三个核心问题：

（1）向哪些用户发送电子邮件。这涉及目标受众的确定和细分，企业需要明确其目标市场，了解潜在客户的兴趣、需求和行为，以便精准地定位并发送相关邮件。

（2）发送何种内容的电子邮件。邮件内容的设计至关重要，它不仅需要具备对用户而言的实际价值，如提供有用的信息、优惠或独家内容，还要与企业的营销目标相契合。同时，内容应具备吸引力，能够引起用户的兴趣和共鸣，促使他们采取行动。

（3）如何高效发送这些邮件。这涉及邮件发送的技术和策略，企业需要确保邮件能够准确、及时地送达用户收件箱，并避免被标记为垃圾邮件。此外，还应考虑邮件的发送频率、时间以及个性化设置等因素，以提高邮件的打开率和点击率。

2) Email 营销的三大基础要素

以上三个问题可以进一步概括为 Email 营销的三大基础要素：

（1）Email 营销的技术基础。技术上需确保用户能够便捷地加入或退出邮件列表，实现用户资料的有效管理和更新。同时，应保障邮件的准确发送、跟踪和分析功能，如打开率、点击率、转化率等指标的监测。这是 Email 营销顺利进行的技术支撑。

（2）用户的 Email 地址资源。在用户自愿加入邮件列表的前提下，积累足够数量的合法、有效用户 Email 地址资源是 Email 营销发挥效力的必要条件。企业应以合法、正当的方式获取用户地址，如通过注册表单、订阅页面等渠道，并尊重用户的隐私权和数据保护法规。

（3）Email 营销的内容设计。如前所述，邮件内容的设计是 Email 营销成功的关键前提。除了具备实际价值和吸引力外，内容还应符合品牌形象和语调，保持一致性和专业性。同时，应考虑不同受众群体的需求和偏好，提供个性化的内容推荐和定制服务。

综上所述，开展 Email 营销需要坚实的技术基础、合法的用户地址资源以及精心设计的内容。此外，企业还应注重邮件营销的合规性，遵守相关法律法规和行业标准，确保营销活动的合法性和可持续性。同时，应不断优化和调整邮件营销策略，根据市场反馈和用户行为数据进行迭代和改进，以最大化营销效果并提升用户满意度。

8.5.4.2 Email 营销的一般过程

开展 Email 营销的前提是有用户 Email 地址，Email 地址是企业重要的营销资源，根据对用户 Email 地址资源的所有形式，可将 Email 营销分为内部 Email 营销和外部 Email 营销，或者内部列表和外部列表。内部列表（Email 营销）是指企业利用自身积累的用户数据资源，通过电子邮件方式向这些用户发送营销信息的一种营销策略。这些用户数据通常来自企业的网站注册、产品购买、服务订阅等渠道，是企业宝贵的营销资产。外部列表（Email 营销）是指企业通过第三方邮件营销服务提供商或购买邮件列表的方式，向非自身积累的用户发送营销信息的营销策略。企业并不拥有用户的 Email 地址资料，也无须管理维护这些用户资料。

开展 Email 营销的过程，也就是将有关营销信息通过电子邮件的方式传递给用户的过程，为了将信息发送到目标用户电子邮箱，首先应该明确，向哪些用户发送这些信息，发送什么信息，以及如何发送信息。基于此，开展 Email 营销有以下几个主要步骤：

1）确定目标顾客群

分析目前所拥有的 Email 营销资源，首先考虑是建立自己的邮件列表，还是利用第三方提供的邮件列表服务，这两种方式都可以实现 Email 营销的目的，但各有优缺点。如果公司本身拥有用户的 Email 地址资源，首先应利用内部资源，因为用户资料是重要资产和营销资源，因而许多公司都希望拥有自己的用户资料，并将建立自己的邮件列表作为一项重要的网络营销策略。如果公司的内部资源不够，可以考虑利用外部列表，即利用第三方提供的邮件列表服务，这种方式费用较高，很难了解潜在客户的资料，事先很难判断定位的程度如何，还可能受到发送时间、发送频率等因素的制约。

2）设计邮件内容

电子邮件应该有明确的主题，邮件的主题是收件人最早看到的信息，邮件内容是否能引人注意，主题起到相当重要的作用。邮件主题应言简意赅，以便收件人决定是否继续阅读。电子邮件应力求用最简单的内容表达出你的诉求点，如果必要，可以给出一个关于详细内容的链接，收件人如果有兴趣，会主动点击链接的内容，否则，内容再多也没有价值，只能引起收件人的反感。要用通俗易懂的语言介绍你的产品能为客户带来什么好处，特别是你的产品与你的竞争对手有什么不同，或许在功能上，或许是在服务上，必须与众不同。内容一定以客户为中心，让人感到你在实实在在地为他着想。公司如果允许内部和外部邮件列表同时使用的话，就要注意两者的区别。邮件格式要清楚，作为一封商业函件,应该参考普通商务信件的格式,包括对收件人的称呼、邮件正文、发件人签名等因素。邮件要能够方便顾客阅读。

3) 制定发送方案

可以选定群发邮件,也可针对某些顾客单独发送。发送 Email 联系的频率应该与顾客的预期和需要相结合,这种频率预期因时因地因产品而异,从每小时更新到每季度的促销诱导。千万不要认为发送频率越高,收件人的印象就越深。过于频繁的邮件"轰炸",会让人厌烦。研究表明,同样内容的邮件,每个月至多以发送 2~3 次为宜。

4) 更新邮件列表

根据从顾客那儿得到的信息进行整理,更新邮件列表,创建一个与产品和服务相关的客户数据库,增加回应率,同时了解许可的水平。客户许可的水平有一定的连续性,每封发送的邮件中都应该包含允许加入或退出营销关系的信息,没有必要用某些条件限制顾客退出营销关系。通过这些信息,加深个性化服务,增强顾客的忠诚度。根据计划向潜在用户发送电子邮件信息。

5) 分析总结效果

通过对 Email 营销活动的打开率、点击率、转化率等关键指标进行全面数据分析,同时收集用户反馈意见以了解满意度和建议,最后根据这些分析结果和用户反馈对后续的营销策略和执行措施进行调整和优化。

这是 Email 营销一般过程,但并非每次活动都要经过这些步骤,并且不同的企业、在不同的阶段,Email 营销的内容和方法也都有所区别。一般说来,内部列表(Email 营销)是一项长期性工作,通常在企业网站的策划建设阶段就已经纳入了计划,内部列表的建立需要相当长时间的资源积累,而外部列表(Email 营销)可以灵活地采用,因此这两种 Email 营销的过程有很大差别。

8.5.4.3 Email 营销的实施技巧

在当今数字化时代,Email 营销作为一种高效、直接的客户沟通方式,正被越来越多的企业所采用。其优势在于能够迅速触达大量潜在及现有客户,并产生显著的互动效果。据研究显示,80%的互联网用户在 36 小时内会对电子邮件做出回应,相比之下,传统直接邮寄活动的平均回应率仅为 2%。此外,Email 营销在"点击通过率"这一关键指标上,也远超其他在线营销方式。然而,要充分发挥 Email 营销的潜力,营销人员必须掌握一系列精细化的实施技巧,并严格遵守相关法律法规与道德规范。

1) 营销合法合规,尊重用户意愿

在进行 Email 营销之前,企业必须确保已获得用户的明确同意,这是开展此类活动的基石。这不仅符合法律法规要求,而且是建立用户信任、提升品牌形象的关键。企业可以通过网站注册、订阅服务、参与活动等方式,明确告知用户将收到哪些类型的邮件,并提供便捷的退订机制,确保用户随时可以选择停止接收邮件。

2) 激发用户兴趣,创造回应动力

企业设计具有吸引力的主题行和正文内容,可以包括创新的营销活动,如小游戏、抽奖、限时优惠等,从而提供吸引人的内容,激发用户的好奇心和参与热情,吸引用户打开并阅读邮件。例如某广告公司通过设计有趣的电子邮件广告和网上广告,成功吸引了大量用户关注。另外在邮件中明确告知用户,如果他们做出回应(如点击链接、填写问卷、购买产品等），将获得何种具体奖励或优惠。这有助于增加用户的回应意愿，提升邮件的转化率。

3）个性化定制，提升用户体验

利用大数据和人工智能技术，分析用户的购买历史、浏览记录、兴趣偏好等信息，从而精准推送符合其需求的个性化邮件。这不仅可以提高邮件的打开率和阅读率，还能增强用户的满意度和忠诚度。如亚马逊根据用户的购物历史记录发送个性化推荐邮件，IBM 则通过"聚焦于你的新闻文摘"提供用户感兴趣的话题内容。这些做法都有效提升了邮件的吸引力和用户参与度。

4）快速提供时间敏感信息

由于 Email 营销的实施速度远快于传统直接邮寄活动，企业可以充分利用这一优势，提供具有时间敏感性的信息。例如，旅游公司通过邮件提供最后一分钟的廉价机票信息，美特俱乐部则利用电子邮件向用户推送尚未售罄的折价度假方案。这些即时信息往往能够激发用户的购买欲望，提升转化率。另外根据用户的活跃时间和阅读习惯，选择合适的邮件发送时间，这有助于提高邮件的打开率和阅读率，进而提升营销效果。

5）持续优化内容，提升营销效果

利用专业的 Email 营销平台或工具，对邮件的发送、打开、点击、转化等数据进行实时监测和分析，了解用户的偏好和行为模式，从而不断优化邮件内容和发送策略。另外根据数据分析结果，及时调整邮件的标题、内容、发送频率等要素，不断提升邮件的吸引力和转化率。同时，也要关注行业动态和竞争对手的营销策略，保持敏锐的市场洞察力。

综上所述，Email 营销作为一种高效、灵活的营销方式，在数字化时代具有广阔的应用前景。然而，要想充分发挥其潜力，企业必须掌握一系列精细化的实施技巧，并持续优化营销策略。只有这样，才能确保 Email 营销成为企业最热门、最有效的营销载体之一。

本章小结

本章探讨了网络营销促销的多元化策略与实战技巧，内容涵盖了网络促销的概念、特点及其在整体营销计划中的重要性，强调了精准定位、高效传播、降低成本等优势。随后，深入介绍了网上折价、赠品、抽奖、积分等多种促销方式，以及促销活动策划、执行、效果评估与优化的全流程管理。同时，还重点讨论了搜索引擎营销、社交媒体营销、电商平台营销及电子邮件营销等关键促销工具的应用策略，为企业在网络营销中制定有效的促销策略提供了全面指导和实战参考，助力企业在激烈的市场竞争中脱颖而出。

复习与思考

一、单选题

1. 搜索引擎营销（SEM）的主要目的是什么？（　　）
   A. 提升网站美观度　　　　　　　　B. 增加网站访问量
   C. 降低产品成本　　　　　　　　　D. 提高产品质量
2. 企业在制定网络营销促销策略时，首要考虑的是什么因素？（　　）

A. 产品价格 B. 渠道选择
C. 目标受众定位 D. 促销活动形式

3. 以下哪项不属于内容营销的实施步骤？（ ）
A. 制定内容营销计划 B. 发布广告
C. 监测用户反馈 D. 优化内容策略

4. 在电子商务平台中，直通车推广的核心特点是什么？（ ）
A. 低成本 B. 高曝光率
C. 精准定位 D. 广泛传播

5. 病毒营销利用什么机制进行传播？（ ）
A. 广告推广 B. 口碑传播
C. 社交媒体 D. 搜索引擎优化

6. 搜索引擎优化的主要目的是提高网站在搜索引擎中的什么？（ ）
A. 点击率 B. 转化率
C. 自然排名 D. 访问速度

7. 在制定网络促销活动时，企业应首先明确的是什么？（ ）
A. 活动预算 B. 活动时间
C. 活动目标受众 D. 活动奖品设置

8. 在社交媒体营销中，KOL指的是什么？（ ）
A. 关键意见领袖 B. 关键客户
C. 关键合作伙伴 D. 关键影响者

9. 企业在构建网络分销渠道时，应优先考虑哪个因素来提高渠道效率？（ ）
A. 增加渠道层级 B. 减少中间环节
C. 提高产品价格 D. 增加渠道数量

二、多选题

1. 网络营销促销策略的主要特点有哪些？（ ）
A. 成本低 B. 覆盖广
C. 互动性强 D. 效果立竿见影

2. 搜索引擎营销的优势有哪些？（ ）
A. 精准定位目标受众 B. 灵活控制成本
C. 立即提高品牌知名度 D. 数据驱动优化

3. 网络分销渠道主要包括哪些类型？（ ）
A. 网络直销渠道 B. 线下实体渠道
C. 网络间接分销渠道 D. 社交媒体分销

4. 内容营销在实施过程中需要考虑哪些因素？（ ）
A. 目标受众的兴趣偏好 B. 内容的创新性
C. 渠道的选择 D. 产品的价格

5. 社交媒体营销的主要方法包括哪些？（ ）
A. 搜索引擎优化 B. KOL合作
C. 社群运营 D. 内容营销

6. 在电商平台营销中，哪些方法可以有效提升销量？（ ）

A. 限时折扣 B. 秒杀活动
C. 付费推广 D. 产品演示视频
7. 个性化推荐营销的优势有哪些？（　　）
A. 提升用户体验 B. 提高销售转化率
C. 增强用户黏性 D. 降低运营成本
8. 企业在进行网络营销时，需要关注哪些方面的数据？（　　）
A. 网站流量 B. 用户行为
C. 转化率 D. 产品库存
9. 以下哪些因素会影响企业选择网络分销渠道？（　　）
A. 产品特性 B. 渠道成本
C. 消费者偏好 D. 企业规模
10. 搜索引擎优化的主要工作内容包括哪些？（　　）
A. 关键词研究 B. 网站内容优化
C. 外部链接建设 D. 广告投放
11. 在制定网络促销活动时，企业需要考虑哪些因素？（　　）
A. 活动目标 B. 目标受众
C. 活动预算 D. 活动效果评估指标
12. 病毒营销的成功要素包括哪些？（　　）
A. 有吸引力的内容 B. 用户的自发传播
C. 精准的目标定位 D. 大量的广告投放
13. 构建企业营销网站的关键要素有哪些？（　　）
A. 网站规划与目标设定 B. 用户体验设计
C. 数据安全与隐私保护 D. 广告投放策略
14. 网络营销的成功实施需要哪些方面的支持？（　　）
A. 专业的团队 B. 丰富的产品线
C. 充足的资金 D. 先进的技术

三、判断题

1. 网络分销渠道只包括网络直销渠道和网络间接分销渠道两种类型。（　　）
2. 内容营销只适用于B2C企业，不适用于B2B企业。（　　）
3. 社交媒体营销主要通过广告投放来实现品牌推广。（　　）
4. 在电商平台营销中，限时折扣和秒杀活动都可以有效提升销量。（　　）
5. 个性化推荐营销依赖于用户的购买历史和行为数据，不需要考虑用户的其他信息。（　　）
6. 企业在进行网络营销时，只需要关注网站流量和转化率这两个指标。（　　）
7. 产品特性是影响企业选择网络分销渠道的因素之一。（　　）
8. 在制定网络促销活动时，企业不需要考虑活动效果评估指标。（　　）
9. 病毒营销的核心在于利用用户间的口碑传播机制，自发分享有价值的内容。（　　）
10. 企业营销网站只需要具备美观的界面和丰富的内容即可吸引用户。（　　）
11. 新兴技术如人工智能、大数据等在网络营销中的应用越来越广泛。（　　）

12. 网络营销的成功实施需要专业的团队和先进的技术支持。（   ）

四、简答题

1. 简述网络营销促销策略的主要特点及其在现代企业营销中的重要性。
2. 请列举并解释搜索引擎营销中的关键词策略主要包括哪些方面。
3. 社交媒体营销（SMM）中有哪些主要的营销方法？请简要说明。
4. 请描述电商平台营销中直播营销的特点及其优势。
5. 简述个性化推荐营销的工作原理及其在现代网络营销中的应用价值。

五、论述题

1. 论述网络营销促销策略在提升企业品牌知名度和用户忠诚度方面的作用，并举例说明。
2. 详细论述搜索引擎营销（SEM）与搜索引擎优化（SEO）的异同点，并探讨它们在网络营销中的整合策略。

六、案例分析题

知名运动品牌速跑者为了在激烈的市场竞争中脱颖而出，决定采用网络营销促销策略来提升品牌知名度并促进销售增长。速跑者品牌以年轻、活力、时尚为品牌理念，目标受众主要是18~35岁的年轻人群体。近年来，随着电子商务和社交媒体的兴起，速跑者意识到传统营销方式已难以满足市场需求，因此决定加大在网络营销方面的投入。具体内容如下：

（1）社交媒体营销。速跑者选择与微博、抖音、小红书等年轻人常用的社交媒体平台合作。在微博上，速跑者建立了官方账号，通过发布运动知识、明星代言、产品使用教程等内容，吸引粉丝关注。同时，速跑者还与微博上的知名运动博主、网红合作，通过他们发布产品体验和推荐，扩大品牌曝光度。在抖音上，速跑者推出了系列短视频，展示产品的功能和特点，同时结合热门话题和挑战赛，增加用户参与度和互动性。在小红书上，速跑者则通过发布时尚穿搭、运动搭配等内容，吸引年轻女性的关注。

（2）搜索引擎营销。速跑者利用百度、谷歌等搜索引擎的关键词广告服务，针对与运动相关的关键词进行精准投放。通过设定合理的出价和预算，速跑者的广告能够在用户搜索相关运动产品时获得较高的曝光率和点击率。同时，速跑者还优化了网站内容，提高自然排名，以获取更多的有效流量。

（3）电商平台营销。速跑者在天猫、京东等主流电商平台开设官方旗舰店，并通过限时折扣、满减优惠、赠品促销等方式吸引消费者购买。此外，速跑者还与电商平台合作，参与平台举办的各类营销活动，通过大促活动提高销量和品牌知名度。

（4）电子邮件营销。速跑者通过收集用户注册信息、购买记录等数据，建立了庞大的用户数据库。定期向用户发送电子邮件，内容包括新品推荐、优惠活动、会员特权等。通过个性化的邮件内容和精准的推送时机，速跑者提高了邮件打开率和点击率，增强了用户黏性。

问题：请结合上述案例，分析速跑者品牌网络营销促销策略的成功之处，并探讨其在实施过程中可能面临的挑战及应对策略。

参考答案

应用篇

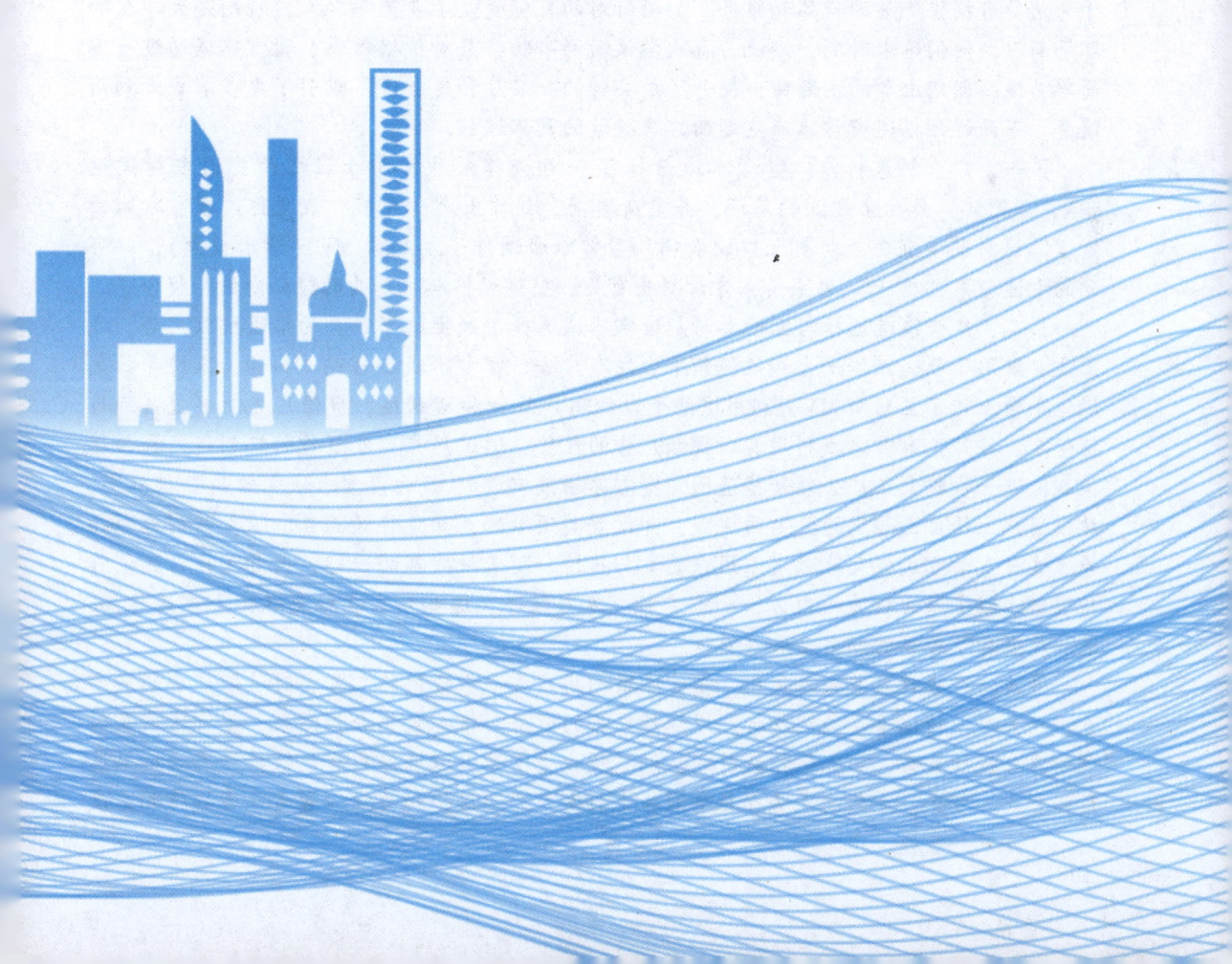

第9章 网络广告

引导案例

蜜雪冰城网络广告

蜜雪冰城是一家知名的饮品连锁品牌，以提供高性价比的饮品和冰激凌而闻名。公司自成立以来，一直秉持着"让全球每个人都能享受到高质平价的美味"的企业使命，致力于为消费者提供优质的产品和服务。公司针对的目标受众主要为年轻人，特别是大学生和职场新人，他们追求时尚、潮流，喜欢尝试新鲜事物，且对价格敏感。蜜雪冰城通过一首简单易懂、朗朗上口的主题曲，提升了该品牌的知名度和美誉度，吸引了更多消费者到店消费。下面详细描述蜜雪冰城主题曲广告投放的具体过程。

第一，广告创意制作。蜜雪冰城选择了一首旋律欢快、易于记忆的美国乡村民谣《哦，苏珊娜》作为主题曲的基调，并重新填词，创作出"你爱我，我爱你，蜜雪冰城甜蜜蜜"这种简单直白、朗朗上口的歌词。蜜雪冰城制作了主题曲MV（音乐视频），以可爱的卡通形象"雪王"为主角，背景明亮有趣，整体风格与主题曲的轻松愉快相契合。

第二，广告渠道选择与互动参与。蜜雪冰城选择了线上线下融合的渠道投放广告，线上主要采用了社交媒体平台和短视频平台发布广告。蜜雪冰城在B站、抖音、微博等社交媒体平台上传了主题曲MV，利用这些平台的用户基数和活跃度，确保广告能够覆盖到目标受众。另外，蜜雪冰城利用其短视频广告的优势，通过用户自发创作的二创视频和话题挑战，进一步扩大了广告的传播范围。蜜雪冰城发起了"唱响蜜雪冰城主题曲"挑战赛，鼓励用户上传自己演唱的主题曲视频，并设置奖项激励，如免费饮品券、限量版周边商品等。这种互动方式极大地激发了用户的参与热情。随着挑战赛的进行，大量用户自发创作与蜜雪冰城主题曲相关的内容，如方言版、鬼畜版等，这些内容在社交媒体上广泛传播，进一步提升了品牌的知名度和美誉度。

第三，广告效果监测与优化。蜜雪冰城利用广告平台提供的工具实时追踪广告的展示量、点击率、转化率等关键指标，以评估广告的效果。根据数据分析结果，蜜雪冰城及时调整广告投放策略，如优化投放时间、调整投放渠道等，以确保广告能够持续有效地触达目标受众。可见，主题曲广告在社交媒体上引发了广泛讨论和关注，蜜雪冰城品牌知名度显著提升。随着主题曲广泛传播，蜜雪冰城门店客流量和线上订单量均实现了大幅增长。大量用户参与"唱响蜜雪冰城主题曲"挑战赛，生成了大量 UGC 内容，进一步提升了品牌知名度和用户黏性。

综上所述，蜜雪冰城主题曲广告的投放过程是一个精心策划、多渠道投放、鼓励用户互动参与并实时监测优化的过程。这一过程不仅提升了品牌的知名度和美誉度，还带来了显著的销售增长。

资料来源：蜜雪冰城爆火背后的秘密（baidu.com）及"蜜雪冰城"魔性出圈（sohu.com）

9.1 网络广告概述

1994 年 10 月 14 日，美国知名的《连线》杂志在其网络版上首次推出了包含 AT&T 公司等 14 家客户在内的旗帜（Banner）广告，这一事件标志着网络广告正式登上历史舞台并迅速成为网络世界的焦点。相比之下，中国的网络广告起步较晚，其里程碑事件是 1997 年 3 月由 ChinaByte（比特网）网站发布的互联网广告，该广告以 468×60 像素的动画旗帜形式呈现，这不仅宣告了中国网络广告的诞生，而且为其后续发展奠定了坚实的基础。当前，网络广告市场正以惊人的速度膨胀，众多业界专家普遍认为，互联网会成为继广播电视、报纸杂志、广告牌之后的第四大广告媒体。鉴于此，众多国际顶级广告公司纷纷设立专门的"网络媒体分部"，以期在网络广告这一巨大市场中占据一席之地。

9.1.1 网络广告的概念

网络广告（Web AD），作为一种新兴的广告形态，是指广告主通过付费方式，利用互联网媒体向公众传递信息的一种劝说活动。关于网络广告的定义，学界和业界存在多种说法。美国著名传媒研究者霍金斯将其定义为电子广告，即通过电子信息服务传播给消费者的广告。中国广告商则强调网络广告是在互联网上传播、发布的广告，其形式、收费模式及特点均与传统广告存在显著差异。另有人主张，网络广告是指在互联网站点上发布的以数字代码为载体的经营性广告。实质上，网络广告是建立在计算机、通信等多种网络技术和多媒体技术基础上的产物，是互联网经济迅猛发展的直接结果。

本书综合上面有关网络广告的定义，将网络广告定义如下：网络广告是指广告主利用受众密集或有特定特征的网站展示商业信息，并设置链接至目标网页的过程。其基本特征包括两个：一是利用数字技术制作和呈现；二是具有可链接性。只要被链接的主页被网络用户点击，广告信息必将呈现，这是传统广告无法比拟的。

9.1.2 网络广告的现状及发展

9.1.2.1 我国网络广告的现状

1997 年 3 月，ChinaByte 上首次出现商业性网络广告，标志着中国网络广告业的起步。历经十余年的快速发展，网络广告已逐渐受到社会各界的广泛关注，其影响力已可与电视、广播、报纸、杂志等传统广告媒体相媲美。中国互联网络信息中心 2024 年年底在北京发布的第 55 次《中国互联网络发展状况统计报告》（以下简称《报告》）显示，截至 2024 年 12 月，我国网民规模达 11.08 亿人，较 2023 年 12 月增长 1 608 万人，互联网普及率达 78.6%。2024 年是我国全功能接入国际互联网 30 周年。《报告》显示，30 年间，我国互联网实现了从无到有、从小到大、从大到强的跨越式发展，建成了全球规模最大、技术领先的互联网基础设施，构建起全球最大的网络零售市场和网民群体。

近年来，我国网络广告市场规模持续扩大，并保持稳定的增长态势。2023 年，我国互联网广告市场规模已达到约 5 732 亿元人民币，同比增长 12.66%，显示出市场的强劲恢复性和增长潜力。预计 2025 年我国互联网广告市场规模将继续保持增长态势，这一增长主要得益于移动互联网用户的持续增长、用户黏性的提高、数字化进程的推进以及广告主投放策略的优化。另外，网络广告市场呈现出较高的市场集中度，特别是在我国互联网广告行业中，头部企业如阿里巴巴、腾讯、字节跳动、百度等占据了较大的市场份额。这些企业凭借雄厚的资本、广泛资源、前沿技术和成熟的运营体系，持续扩大市场份额。按收入计，2023 年中国互联网广告行业 CR4（即前四名企业市场份额之和）约为 76%，显示出头部企业的强大竞争力。未来，随着网络技术的不断进步和消费者需求的多样化，网络广告市场规模有望继续扩大。

9.1.2.2 我国网络广告的发展趋势

我国网络广告的发展趋势呈现多元化、智能化与合规化并进的态势。随着技术的进步和消费者行为的变化，网络广告更加注重用户体验和个性化需求，通过大数据和人工智能技术实现精准投放。同时，跨平台、跨媒介的组合营销将成为常态，推动网络广告形式和内容不断创新。此外，随着政策法规的逐步完善，网络广告行业将更加注重合规经营，打击虚假广告、保护消费者权益，促进整个行业的健康可持续发展。在这个过程中，企业需不断提升自身的技术实力和创新能力，以适应快速变化的市场环境。

1) 投放渠道多元化

网络广告的投放渠道将更加多元化，不再局限于传统的搜索引擎、社交媒体等平台。随着短视频、直播等新兴媒体形式的兴起，这些平台将成为网络广告的重要投放渠道。同时，电商平台也将继续发挥其在网络广告领域的优势，通过精准的用户画像和购物场景优势，为广告主提供更高效的广告投放服务。

2) 广告形式多样化

网络广告的形式将更加多样化，以满足不同广告主的需求和消费者的审美偏好。除了传统的横幅广告、弹窗广告等，视频广告、信息流广告、原生广告等新型广告形式将逐渐占据主导地位。这些新型广告形式不仅具有更高的用户参与度，还能更好地融入用户的浏览体验，提高广告的转化效果。

3) 个性化与精准化营销

随着大数据和人工智能技术的广泛应用，网络广告将更加注重个性化和精准化营销。广告主可以根据用户行为特点、兴趣爱好、地理位置等多维度信息，制定个性化广告策略，实现精准投放。这不仅可以提高广告的转化率，还能提升用户体验，增强用户对品牌的忠诚度。

4) 跨平台与跨媒介整合营销

未来，网络广告将趋向于跨平台与跨媒介的整合营销。广告主将不再局限于单一的平台或媒介进行广告投放，而是根据不同平台的用户特点和媒介优势，制定综合性的广告策略，实现多渠道、全方位的覆盖。这将有助于提升广告的传播效果，扩大品牌的影响力。

5) 合规化与规范化经营

随着网络广告市场的不断扩大和竞争的加剧，合规化和规范化经营将成为行业发展的必然趋势。政府将加强对网络广告行业的监管力度，打击虚假广告、违法广告等行为，保护消费者的合法权益。同时，行业内部也将加强自律和规范化管理，推动网络广告行业向更加健康、有序的方向发展。

6) 国际化趋势明显

随着全球化的深入发展，我国网络广告市场将呈现出国际化趋势。跨国企业之间的合作将更加频繁，共同开拓全球市场。同时，本土企业也将积极寻求国际合作，提升国际竞争力。这将有助于推动我国网络广告行业的国际化进程，促进国内外市场的交流与融合。

9.1.3 网络广告的沟通模式

从本质上讲，所有广告都是与目标受众进行信息沟通的一种形式，旨在促使目标消费者购买广告所宣传的商品。一个有效的沟通过程必须符合"5W"要求，即谁（Who）、说什么（What）、通过什么渠道（Which Channel）、对谁说（Whom）以及产生什么效果（What Effect）。因此，有效沟通必须考虑三个基本因素：信息源（信息发送者）、信息以及沟通对象（信息接受者）。此外，还需考虑如何将信息转化为接受者可以理解的形式，并利用某种渠道进行传播。信息接受者能够理解信息并做出反应是沟通成功的关键。促销实质上就是一种沟通活动。尽管网络广告与传统广告在目标上相同（即促使购买决策的发生），但它们的沟通运作机制却截然不同。

9.1.3.1 传统广告的沟通运作机制

传统广告的沟通运作机制包含发送者、编码、信息媒体、解码及接受者等，具体如图9-1所示。

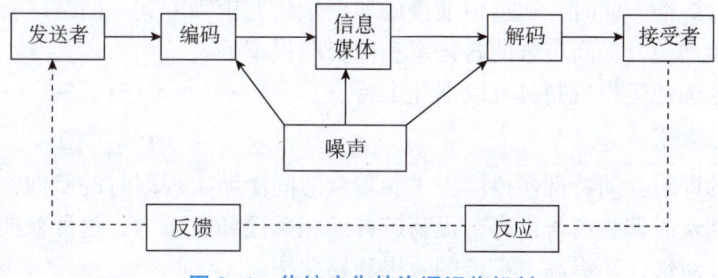

图9-1 传统广告的沟通运作机制

传统广告的沟通运作机制具有以下特点：

1) 信息交流是单向的、非交互的

消费者被动地接受信息，无法与信息发送者进行及时沟通。

2) 采用强势信息灌输方式

试图通过形成某种印象来劝诱目标受众成为购买者。传统媒体广告费用昂贵且空间有限，倾向于采用印象式教育而非通过产品具体情况来说服消费者。

3）大面积播送信息，而非直接将信息送达细分市场

使用大众媒体进行信息传播对目标顾客的选择性较差，属于大规模发送方式，在目标顾客到达率方面能力有限。

9.1.3.2 网络广告的沟通运作机制

网络广告的沟通兼具大众沟通模式和个体沟通模式的特点。个体沟通模式是指两个或更多人之间直接进行沟通的形式，具有传授双方双向交流、针对性强、直接反应的特性。网络广告的沟通运作机制如图 9-2 所示。

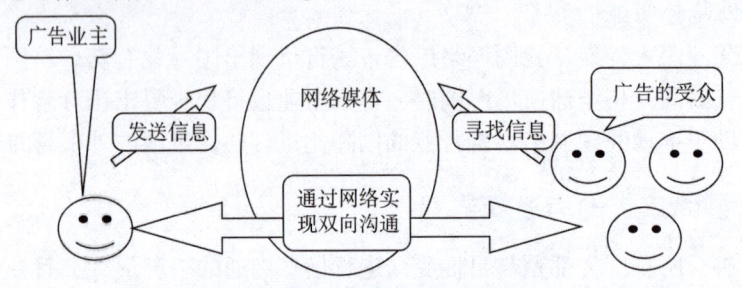

图 9-2　网络广告的沟通运作机制

在网络广告的信息沟通运作模式中，包含三个主体（信息沟通的参与者：广告主、广告受众与沟通运作的介质：网络）和三种运动（广告主在网络上发布信息；广告受众在网络上寻找信息；当受众有其他信息需求时，双方通过网络进行及时的互动沟通）。

在网络广告的信息沟通运作机制中，广告主首先通过各种方式将其要发布的信息放置在相应的网络媒体上。然后上网冲浪者（即潜在受众）会根据他们的需求在网上自主地寻找信息。当广告主所发布的信息不能完全满足他们的需求或者他们需要及时订货时，冲浪者可以通过网络向广告主发出信息或订货要求，从而在网络上完成一整套信息沟通直至购买的全过程。

这种沟通运作机制不仅实现了广告主和受众之间的即时互动和双向沟通，还提高了广告的针对性和有效性。同时，通过精准投放和个性化营销等方式，网络广告能够更好地满足受众的需求和期望，提高广告的转化率和投资回报率。

网络广告的沟通运作机制具有以下几个特点：

1）即时互动性

网络广告的即时互动特性使得广告主和受众之间能够实现即时的双向沟通。广告主可以根据受众反馈及时调整广告内容，提高广告的相关性和吸引力。这种双向沟通模式不仅增强了广告的针对性，还提高了广告的效果和转化率。

2）精准投放

通过大数据分析等技术手段，网络广告能够实现对目标受众的精准投放。这种精准投放不仅提高了广告的曝光率和点击率，还降低了广告成本，提高了广告的投资回报率。

3）理性说服

由于网络广告的空间基本不受限制，而上网进行查询的顾客基本是为了了解产品的详细信息，网络广告所发布的内容更加详细和理性，促成消费者购买的也不再是若有若无的印象，而是理性的评价与分析。这种促成很大程度上取决于"摆事实、讲道理"逻辑的、

理性的说服力量。

4) 个性化营销

借助用户画像等技术，网络广告可以根据受众的兴趣、行为等特征定制个性化广告内容。这种个性化营销方式不仅提高了广告的针对性和有效性，还增强了受众对广告的认同感和好感度。

5) 多样化传播渠道

网络广告的传播渠道丰富多样，包括搜索引擎、社交媒体、电子邮件、移动设备等，这些多样化的传播渠道能够满足不同受众群体的信息获取习惯和需求，提高广告的覆盖面和影响力。

综上所述，网络广告的沟通运作机制是一种双向、互动式的信息传输过程。它通过即时互动、精准投放、理性说服、个性化营销和多样化传播渠道等方式实现与受众的有效沟通。这种沟通运作机制不仅提高了广告效果和转化率，还促进了广告主和受众之间长期合作关系。

9.1.4　网络广告的特点

网络广告的核心特点在于其广泛的传播范围、高度的互动性、极强的灵活性、精准的定向能力、低廉的成本效益、丰富的形式表现以及精确的统计评估。这些特性使得网络广告成为现代营销中不可或缺的重要工具，能够帮助企业以更低的成本、更高的效率触达目标受众，实现品牌传播和产品销售的双重目标。

9.1.4.1　传播的广泛性与无界性

网络营销广告的传播范围具有前所未有的广泛性，能够跨越地理界限，借助互联网触及全球 170 多个国家和地区，实现信息的全球化流通。企业能够依据消费者多样化的信息需求，提供包括各类报告、说明书、销售数据、图片、视频在内的丰富信息。这些信息以多媒体和超文本格式呈现，通过相互链接的页面结构，为消费者提供了按需获取信息的极大便利。更重要的是，网络广告打破了传统媒体的时间限制，实现了 24 小时不间断的传播，消费者可随时登录网络查询相关广告，满足了其对信息获取的即时性和自主性需求。

9.1.4.2　高度的互动性与受众主导性

网络广告的信息沟通模式实现了真正意义上的双向互动，且在这一过程中，消费者占据了主导地位。网络广告的内容展示完全由受众控制，他们可以根据个人兴趣选择观看的内容，避免不感兴趣的部分。若消费者对广告内容不满或存在疑问，可通过电子邮件等方式直接与生产厂家沟通，实现即时的双向信息交流。这种高度互动性不仅增强了受众的参与感和满意度，还使广告主能够根据受众反馈及时调整广告策略，形成个性化的"一对一"营销关系。

9.1.4.3　极强的灵活性与创新性

网络广告在表现形式上具有极高的灵活性，从电子邮件到互动游戏，新的广告形式层出不穷。同时，网络广告融合了文字、图像、声音、动画等多种功能，可根据创意需求进行自由组合，创造出完美的视听效果。相较于传统广告，网络广告能够方便地根据市场变化和受众需求随时更新内容，无须承担高昂的修改成本。这种灵活性不仅使广告主能够迅速响应市场变化，还促进了广告形式的不断创新和发展。

9.1.4.4 精准的定向投放与个性化营销

网络广告能够针对具体受众进行精准定向投放，通过 IP 定向、Cookie 追踪等技术手段，广告主能够深入分析市场与受众特点，实现广告个性化投放。这种精准定向不仅提高了广告的曝光率和转化率，还增强了受众对广告的接受度和认同感。通过个性化营销，广告主能够与受众建立更加紧密的联系，提升品牌形象和忠诚度。

9.1.4.5 低成本高效益与经济性显著

网络广告的平均费用远低于传统广告，仅为传统广告的3%左右。这种低廉的广告成本使得众多中小企业能够借助互联网在全球范围内传播自己的企业和产品，实现品牌知名度和市场份额的提升。同时，网络广告的传播效率高，能够精准触达目标受众，提高广告的转化率和投资回报率。相较于传统广告，网络广告在成本控制和效益提升方面具有显著优势。

9.1.4.6 形式丰富多样与创意无限

网络广告在形式上具有极高的丰富性和多样性。从尺寸上看，有旗帜广告、巨型广告等；从技术上看，有动画、3D 全景、有声、视频广告等；从形式上看，有在线收听、收看、游戏、试玩、调查等。这些多样化的广告形式不仅满足了受众的多样化需求，还为广告主提供了无限的创意空间。通过创意设计和技术创新，广告主能够创造出更具吸引力和影响力的广告作品。

9.1.4.7 精确的数据统计与效果评估

相较于传统广告，网络广告在统计和效果评估方面具有显著优势。通过特定软件和互动技术，广告主能够精确统计浏览广告的用户数量、时间分布、地理分布等关键指标。同时通过监视用户单击广告的频率和行为路径，广告主能够深入了解受众对广告的反应和态度，从而准确评估广告的效果和转化率。这种精确的统计和效果评估能力为广告主提供了有力的数据支持，有助于他们优化广告策略和提升广告效果。

9.2 网络广告的主要类型

随着网络技术的飞速发展与网络应用服务的日益多样化，网络广告的表现形式已远远超越了传统网页框架的限制，展现出前所未有的丰富性与创新性。网络广告的表现形式丰富多彩，主要有以下几种类型：

9.2.1 根据传播载体分类

网络广告依据其传播载体不同，可细分为四类：

9.2.1.1 网站页面广告

此类广告利用网页作为展示平台，通过滚动图片、Flash 动画等多种形式呈现。其中，旗帜广告、漂浮广告、弹出式广告、字条链接及图标按钮广告等均为常见形式。尽管网站页面广告形式多样，但过度投放易引发用户反感，因此，创新设计与精准投放成为提升广告效果的关键。

9.2.1.2　游戏内置广告（IGA）

IGA以游戏用户群为基础，通过在游戏中的特定时间、特定位置展示广告，实现广告与游戏的深度融合。其形式包括将产品或信息作为游戏道具，或将品牌信息嵌入游戏场景等。IGA凭借其针对性、有效性和灵活性，正逐渐成为汽车、快速消费品等行业广告主的新宠。

9.2.1.3　电子邮件广告

电子邮件广告又称直邮广告，就是利用电子邮件列表将广告信息发送给目标用户。其形式包括横幅式广告、按钮广告、文字及图片等。电子邮件广告需注重内容精练与个性化设计，以提高用户打开率与转化率。

9.2.1.4　网络软件内嵌广告

此类广告将软件作为广告平台，向用户提供广告信息。从早期的固定广告内容到如今的流动、变化广告，网络软件内嵌广告已具备高度的互动性与个性化。广告主可根据用户浏览内容判断其兴趣，从而精准推送相关广告。

9.2.2　根据表现形式分类

网络广告根据其表现形式不同，可细分为以下四类：

9.2.2.1　文字广告

以文字形式详细介绍广告主的产品或服务，具有对浏览者干扰小、效果显著的特点。文字广告的安排灵活，可出现在页面任何位置，且可包含多个广告主的多个广告。

9.2.2.2　图片广告

通常被称为旗帜广告，由图形和文字组成，格式多样，包括Jpg、Flash等。图片广告是网络广告的主要形式之一，其定位精准，表现力丰富，可通过Java等技术实现交互性。

9.2.2.3　动画广告

主要指Flash格式的广告形式，是由多幅图片组成的动态情景图。动画广告能够传递更多信息，加深用户印象，且制作相对简单，尺寸小，适合网络传播。

9.2.2.4　视频广告

具备图像与声音，格式多样，如Avi、Rmvb等。视频广告可与用户互动，吸引客户关注。制作视频广告需注重初始图片的吸引力、色彩丰富度以及关键信息的尽早呈现。

9.2.3　根据广告呈现形式分类

网络广告根据其呈现形式不同，可细分为四类：

9.2.3.1　嵌入式固定广告

当读者浏览网页时，将鼠标移到特定关键字时，屏幕上会出现悬浮广告。此类广告形式多样，包括文字、图片、视频等，能够大幅提升品牌广告的表现力与记忆度。

9.2.3.2 弹出式广告

这是在打开网页时自动弹出的广告窗口,虽然到达率较高,但易引发用户反感。因此,需注重页面设计的精良与广告内容的吸引力。

9.2.3.3 页面浮动型广告

在读者浏览网页时,拖动浏览器滚动条时,广告会跟随屏幕移动。此类广告需注重使用透明背景的图形交换格式(GIF)图,以避免遮挡页面内容。

9.2.3.4 互动参与型广告

观赏者能够参与到广告的画面或情境中来,实现广告与受众之间的全面互动。其形式包括游戏参与型、情境体验型与鼠标配合型等。

9.2.4 根据广告发布原则分类

网络广告根据其发布原则不同,可细分为两类:

9.2.4.1 关键词匹配型精准广告

基于广告内容与页面关键词的匹配程度展示广告,确保用户需求与广告信息的一致性和相关性。此类广告以文字型为主,但也可出现图片类精准广告。关键词匹配型精准广告能够控制关键词匹配度、地域与上网时间等条件,最大限度地保证广告投放效果。

9.2.4.2 页面空间匹配型广告

主要针对门户型网站,沿袭传统媒体的广告发布思路,以网站页面空间为导向,以时间为发布周期。此类广告注重页面注意力与品牌形象的提升,适合消费性品牌。投放以大型网站为主,对中小型网站意义不大。

9.3 网络广告常用的方法

9.3.1 搜索引擎营销(SEM)广告

搜索引擎营销是网络营销中非常重要的一种方式,它通过搜索引擎平台(如 Google、百度等)来推广品牌和产品,帮助企业在用户主动搜索相关信息时精准触达目标受众。SEM 的核心在于双引擎驱动模型,即关键词竞价(PPC)和自然优化(SEO)的协同运作,二者相辅相成,共同为企业带来流量和商业价值。

9.3.1.1 双引擎驱动模型:PPC 与 SEO 的协同作用

PPC 是 SEM 中的付费广告形式,广告主通过竞价购买关键词,当用户搜索这些关键词时,广告会出现在搜索结果页的顶部或底部。PPC 的优势在于即时性和精准性,能够快速捕捉高意图用户,适合短期促销活动或需要快速获取流量的场景。例如,某教育机构在留学申请旺季投放"美国 TOP30 留学申请"关键词,可以快速吸引有明确需求的用户,提升转化率。

SEO 是通过优化网站内容、技术结构和外部链接等方式,提升网站在自然搜索结果中的排名。与PPC不同，SEO是一个长期积累的过程，能够为企业带来长效流量，并帮助品牌在用户心中建立搜索心智站位。例如，教育机构通过优化"留学中介口碑对比"等长尾关键词内容，可以吸引更多用户主动搜索并了解品牌，形成长期流量池。

PPC和SEO的协同作用在于：PPC可以快速收割高意图流量，而SEO则通过内容积累和优化，沉淀用户对品牌的认知。尤其在决策周期较长的行业（如教育、医疗），这种双引擎模式能够覆盖用户从信息搜集到决策的全流程，实现流量即时收割+用户认知沉淀的复合价值。

9.3.1.2 智能出价算法：让广告投放更高效

随着技术的发展，SEM平台的智能出价算法已经进入预测式优化阶段，能够根据用户行为和广告效果动态调整投放策略，最大化广告效果。

目标单次转化成本是Google Ads（谷歌广告）等平台提供的一种智能出价模式，系统通过机器学习预测用户的转化概率，并动态调整关键词出价，确保每次转化的成本控制在广告主设定的目标范围内。例如，某电商企业希望将每个订单的成本控制在50元以内，目标单次转化成本模式会自动优化出价，确保广告支出与转化效果达到最佳平衡。

广告支出回报率这种模式主要应用于电商领域，系统会根据用户的历史购物数据和实时行为，智能分配预算至高价值商品关键词，最大化广告投入的回报率。例如，某服装品牌在促销期间使用这种模式，系统会自动将更多预算分配给高利润商品的关键词，提升整体广告收益。

此外，百度推广在2025年推出的行业意图图谱模式，能够自动识别搜索词背后的深层需求。例如，当用户搜索"雅思培训"时，系统会关联"留学文书服务"等跨品类需求，帮助企业挖掘更多潜在用户，实现流量的再分配和再利用。

9.3.1.3 精细化投放策略：拆解用户决策链路

在SEM广告中，精细化投放策略是提升效果的关键。通过对用户决策链路的拆解，广告主可以更精准地触达目标受众。

地域词+需求词组合策略是一种常见的精细化投放方式，广告主可以根据用户的地理位置和需求特征，定制化投放关键词和落地页内容。例如，某教育机构在留学申请旺季针对北上广深等高消费力城市投放"美国TOP30留学申请"关键词，并在落地页中嵌入地区专属优惠（如本地线下咨询门店预约），能够显著提升点击率和转化率。

长尾关键词优化也是常用的一种策略。长尾关键词通常搜索量较低，但用户意图更明确，竞争也较小。通过优化长尾关键词内容，广告主可以吸引更精准的流量。例如，教育机构通过优化"留学中介口碑对比"等长尾关键词内容，能够吸引更多有明确需求的用户，降低单个线索的获取成本。

9.3.1.4 SEM广告的优势

SEM广告的优势主要体现在以下三个方面：

1) 精准触达高意图用户

SEM广告的最大优势在于其能够精准触达那些有明确需求的用户，从而显著提升广告的转化效率。这一精准性的实现得益于搜索引擎平台强大的用户行为分析能力和关键词匹配机制。当用户输入特定的搜索词时，搜索引擎能够迅速识别其背后的需求与意图，并将与之高度相关的广告展示给用户。这种基于用户搜索行为的精准定位，使得 SEM 广告能够避免传统广告中的广泛撒网式投放，减少无效点击和浪费，将有限的广告预算集中在最有可能产生转化的目标用户身上。

2) 即时性与长效性结合的营销效果

SEM 广告结合了 PPC 广告和 SEO 的双重优势，实现了即时性与长效性的完美结合。PPC 广告以其快速的响应速度和即时流量获取能力，能够在短期内为广告主带来显著的曝光和点击量。这对于新产品发布、促销活动或季节性销售等需要迅速提升品牌知名度和吸引流量的场景尤为适用。而 SEO 则通过优化网站内容、结构和链接等因素，提升网站在搜索引擎中的自然排名，从而积累长效流量。SEO 带来的流量通常更为稳定且持续，有助于品牌在搜索引擎中建立长期的权威性和可信度。二者的结合，使得 SEM 广告能够在满足短期营销需求的同时，也为品牌的长期发展奠定坚实基础。

3) 数据驱动与智能优化的投放策略

SEM 广告的另一个显著优势在于其数据驱动和智能优化的投放策略。通过智能出价算法和数据分析工具，广告主能够实时监控广告的表现和效果，获取包括点击率、转化率、成本效益等关键指标在内的多维度数据。这些数据为广告主提供了宝贵的反馈信息，使其能够不断优化投放策略，提升广告的投入产出比。例如，广告主可以根据数据分析结果调整关键词出价、优化广告创意和落地页设计，或者针对不同用户群体制定差异化的投放策略。这种基于数据的智能优化，使得 SEM 广告能够持续适应市场变化和用户需求，保持高效和竞争力。

综上所述，SEM 广告以其精准触达高意图用户、即时性与长效性结合的营销效果数据驱动与智能优化的投放策略，成为现代网络营销中不可或缺的重要工具。对于希望提升品牌知名度、吸引目标流量并实现高效转化的企业来说，SEM 广告无疑是一个值得深入探索和应用的营销手段。

9.3.2 社交媒体广告

社交媒体广告是指利用社交媒体平台作为传播媒介，向目标用户群体展示和推广产品或服务的广告形式。社交媒体广告通常依托于用户量大、活跃度高、互动性强的社交媒体平台，如微信、微博、抖音、快手等。这些平台拥有庞大的用户基础，且用户在使用过程中会分享个人信息、兴趣偏好、社交关系等多维度数据，为广告精准投放提供了可能。下面从微信生态、抖音平台以及 Meta 体系三个方面详细探讨社交媒体广告。

9.3.2.1 微信生态

微信朋友圈广告，以其原生内容形态（如图文笔记、互动问卷等）悄然融入用户的日常浏览中，有效降低了用户的抗拒感。这些广告不仅看起来像是朋友们的日常分享，更通过小程序的一键跳转功能，实现了从"种草"到"转化"再到"复购"的闭环。到了 2025 年，微信进一步升级了"LBS（基于位置的服务）+社群"定向功能，能够精准地向特定写字楼、小区的用户推送周边门店的优惠活动，极大地促进了线上线下的流量融合，让品牌与消费者之间的距离更近一步。

9.3.2.2 抖音平台

抖音上的挑战赛广告，则是另一种别开生面的营销方式。通过 KOL（关键意见领袖）

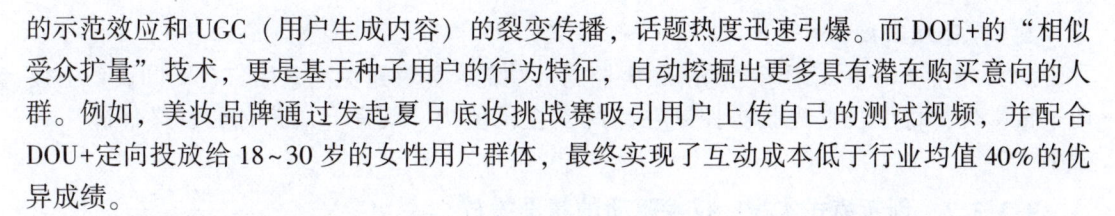

的示范效应和 UGC（用户生成内容）的裂变传播，话题热度迅速引爆。而 DOU+的"相似受众扩量"技术，更是基于种子用户的行为特征，自动挖掘出更多具有潜在购买意向的人群。例如，美妆品牌通过发起夏日底妆挑战赛吸引用户上传自己的测试视频，并配合 DOU+定向投放给 18~30 岁的女性用户群体，最终实现了互动成本低于行业均值 40%的优异成绩。

9.3.2.3　Meta 体系

在 Meta 体系中，动态产品广告（DPA）与社群裂变的结合，展现了商品库数据与社交关系的深度耦合。系统自动向 Facebook 社群成员展示其好友购买过的商品，并附上"好友专属折扣码"，利用社交信任的力量提升转化率。到了 2025 年，Meta 更是推出了"3D 商品广告编辑器"，允许商家一键生成 AR 试穿素材，极大地缩短了创意制作周期，提升了广告的吸引力和互动性。

社交电商广告的预算占比不断攀升，已突破 60%的大关，这背后是"内容即货架"模式的全面成熟。抖音等平台已经实现了短视频/直播内容与商品库的实时关联，用户只需点击视频中的商品贴片，即可直接调取 SKU（库存量单位）信息并完成支付。据 eMarketer 2025 年的报告显示，具有"KOL 人设绑定+限时折扣"属性的社交电商广告，其 GMV（商品交易总额）贡献率竟是传统信息流广告的 2~3 倍。特别是在服饰、食品等冲动消费品类中，这种广告形式的优势更为显著。

综上所述，社交媒体广告以其独特的魅力和优势，正逐步改变品牌营销的格局。无论是微信生态的精准推送、抖音平台的挑战赛营销，还是 Meta 体系的社交裂变，都在为品牌与消费者之间搭建起更加紧密、高效的连接桥梁。未来，随着技术的不断进步和消费者需求的日益多样化，社交媒体广告还将继续演化出更多创新、有趣的玩法，为品牌营销带来更多的可能性和机遇。

9.3.3　程序化广告

程序化广告（Programmatic Buying）是一种利用自动化技术和数据驱动的广告购买方式，通过算法和实时竞价（RTB）机制，将广告精准投放到目标受众面前的广告。与传统的广告购买方式相比，程序化广告更加高效、精准，能够实现广告资源的智能匹配和优化。

9.3.3.1　技术架构演进：从流量交易到智能匹配

程序化广告的核心技术架构主要包括需求方平台（DSP）、供应方平台（SSP）和实时竞价（RTB）体系。随着技术的发展，这一体系已经从单纯的流量交易升级为"数据+资源"的智能匹配网络，能够更精准地连接广告主与目标用户。

1）DSP 与 SSP 的协同

DSP 是广告主使用的平台，用于管理广告投放策略、预算和目标受众；SSP 则是媒体或发布商使用的平台，用于管理广告位的销售。通过 RTB 机制，DSP 和 SSP 能够在毫秒内完成广告位的竞价和交易。例如，某汽车品牌的 DSP 接入第三方出行数据（如高德地图的车型偏好分析），在 SSP 端优先竞价那些经常浏览竞品评测网站的用户，并通过跨设备追踪技术，捕捉用户从手机浏览到电脑下单的全路径，实现精准触达。

2）跨屏频次控制

2025年主流DSP新增了"跨屏频次控制"功能，能够避免同一用户在不同设备上接收过量广告，将广告曝光频次控制在品牌安全阈值内，既提升用户体验，又保障广告效果。

9.3.3.2 创新模式实践：技术驱动的精准投放

程序化广告的创新模式不断涌现，结合人工智能、大数据和隐私保护技术，广告投放变得更加智能化和场景化。

1）上下文广告（Contextual Advertising）

这种广告投放模式不再依赖Cookie，而是通过自然语言处理（NLP）技术解析页面主题、情感倾向及用户实时浏览轨迹，实现广告与内容的精准匹配。例如，Google Topics API将用户兴趣归纳为300+标准化标签（如"户外运动-滑雪"），广告主可以选择相关主题投放。某旅游网站在滑雪攻略页面投放雪具广告，点击率较传统行为定向提升了27%。

2）私有交易市场（Private Marketplace，PMP）

PMP是一种高端程序化广告交易模式，广告主可以预先设定媒体白名单、流量质量标准和价格区间，确保广告出现在优质内容环境中。例如，2025年头部PMP平台推出的"动态保量"协议，可以根据品牌KPI自动调整私有竞拍优先级，在流量波动期仍保障85%以上的填充率，确保广告投放的稳定性和效果。

9.3.3.3 程序化广告的优势

1）高效与精准

程序化广告的核心优势之一在于其高效与精准的投放能力。通过自动化技术和实时竞价机制，广告主可以在毫秒内完成广告位的竞价和交易，将广告资源与最合适的目标受众进行匹配。这种自动化流程不仅大大缩短了广告投放的时间，还减少了人工干预的误差，使广告投放更加高效。例如，当用户浏览某个网页时，程序化广告系统会立即分析该用户的兴趣、行为和地理位置等信息，并在瞬间决定是否展示广告以及展示哪种广告。这种精准匹配不仅提高了广告的点击率，还降低了广告主的成本，因为广告只会展示给那些真正可能感兴趣的用户。因此，程序化广告不仅提升了广告投放的效率，还显著提高了广告的精准度，使广告主能够以更低的成本获得更高的回报。

2）数据驱动

程序化广告的另一个重要优势是其数据驱动的特性。通过大数据和人工智能技术，程序化广告系统能够实时收集和分析海量的用户数据，包括用户的浏览历史、购买行为、兴趣爱好等。这些数据为广告主提供了深刻的洞察，使他们能够更好地理解目标受众的需求和偏好。基于这些洞察，广告主可以优化广告投放策略，例如选择更合适的关键词、调整广告创意或重新分配预算。例如，如果数据分析显示某个用户最近频繁搜索旅游相关的信息，程序化广告系统可以自动向该用户展示旅游产品或服务的广告。这种数据驱动的优化不仅提高了广告的相关性，还增强了用户的参与度，从而提升了广告的整体效果。因此，程序化广告通过实时数据分析和智能优化，使广告投放更加精准和有效。

3）灵活与透明

程序化广告为广告主提供了极高的灵活性和透明度。广告主可以根据自己的需求灵活

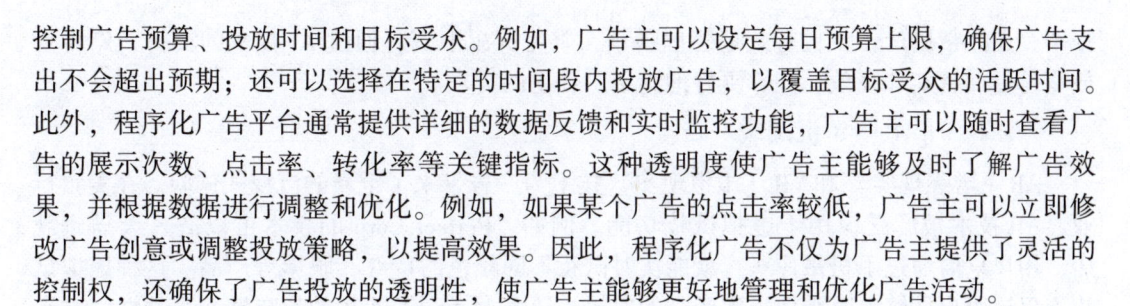

控制广告预算、投放时间和目标受众。例如，广告主可以设定每日预算上限，确保广告支出不会超出预期；还可以选择在特定的时间段内投放广告，以覆盖目标受众的活跃时间。此外，程序化广告平台通常提供详细的数据反馈和实时监控功能，广告主可以随时查看广告的展示次数、点击率、转化率等关键指标。这种透明度使广告主能够及时了解广告效果，并根据数据进行调整和优化。例如，如果某个广告的点击率较低，广告主可以立即修改广告创意或调整投放策略，以提高效果。因此，程序化广告不仅为广告主提供了灵活的控制权，还确保了广告投放的透明性，使广告主能够更好地管理和优化广告活动。

4）隐私合规

在隐私保护法规日益严格的背景下，程序化广告也在不断进化，以确保广告投放的合规性。传统的广告投放方式往往依赖于用户的个人数据，但随着隐私保护法规的实施，这种方式面临越来越多的限制。为了应对这一挑战，程序化广告采用了上下文广告等新技术，通过分析网页内容、用户浏览轨迹等信息，而不是依靠个人数据来实现广告的精准投放。例如，当用户浏览一篇关于滑雪的文章时，程序化广告系统可以自动展示与滑雪相关的广告，如滑雪装备或滑雪度假套餐。这种上下文广告不仅减少了对用户个人数据的依赖，保护了用户隐私，还提升了广告的相关性和用户体验。因此，程序化广告通过技术创新，既遵守了隐私保护法规，又保持了广告投放的高效性和精准性。

9.3.4 新兴技术融合下的广告创新

9.3.4.1 AI 驱动的智能广告

AI 驱动的智能广告是指通过人工智能技术对广告创意、投放、优化等全流程进行智能化改造的广告形式。其核心在于利用机器学习、自然语言处理、大数据分析等技术，将传统广告的经验驱动模式转变为数据驱动模式，实现广告活动的自动化决策和动态优化。AI 驱动的智能广告表现在动态创意优化与预测性投放两个方面，具体内容如下：

1）动态创意优化

动态创意优化（Dynamic Creative Optimization，DCO）是 AI 技术在广告领域的一项重要应用。它通过分析用户的行为数据，实时生成个性化的广告素材，实现"千人千面"的精准投放。例如，在服饰行业，DCO 系统可以根据用户的浏览历史、购买偏好和实时行为，自动搭配出最符合用户风格的商品图片和文案。如果用户最近浏览了多款休闲鞋，系统可能会生成一组以休闲鞋为主的广告素材，并配以吸引人的促销文案。这种个性化的广告不仅能够提高用户的点击率，还能增强用户的购买意愿，从而提升广告的转化效果。DCO 的核心在于通过 AI 技术实现广告创意的自动化和智能化，使广告主能够以更低成本获得更高的回报。

2）预测性投放

预测性投放是 AI 技术在广告投放中的另一项重要应用。通过机器学习算法，广告平台可以预测用户的生命周期价值，即用户在未来可能为企业带来的总收益。基于这些预测，广告主可以动态调整广告预算，将更多资源分配给那些具有高潜力的用户群体。例如，如果系统预测某个用户在未来可能会多次购买某品牌的产品，广告主可以增加对该用户的广告投放频率和预算，以最大化其长期价值。这种预测性投放不仅能够提高广告的投资回报率，还能帮助广告主更有效地管理预算，避免资源浪费。通过 AI 技术的支持，广告投放变得更加智能和高效，能够更好地满足广告主的需求。

9.3.4.2　AR/VR 沉浸式广告

AR（增强现实）和 VR（虚拟现实）技术为广告带来了全新的沉浸式体验。在美妆行业，AR 技术被广泛应用于虚拟试妆功能。例如，Perfect Corp 的技术可以嵌入天猫旗舰店，用户只需通过手机摄像头，就能实时试妆不同颜色的口红、眼影等产品。这种虚拟试妆不仅让用户能够更直观地了解产品的效果，还大大提升了购物的趣味性和互动性。对于品牌来说，AR 试妆不仅能够提高用户的购买决策效率，还能减少退货率，因为用户在购买前已经通过虚拟试妆确认了产品的适用性。因此，AR 技术不仅为广告带来了创新，还为品牌和用户创造了双赢的局面。

在汽车行业，VR 技术为广告带来了全新的体验方式。通过 VR 全景看车功能，用户可以在家中通过 VR 设备或手机，360 度无死角地查看汽车的内饰、外观和细节，仿佛置身于实体展厅。此外，企业还可以结合线上预约试驾功能，用户在看车后可以直接预约试驾，进一步缩短购买决策的流程。这种 VR 全景看车不仅为用户提供了更便捷的购车体验，还为企业节省了线下展厅的运营成本。通过 VR 技术，汽车广告不仅变得更加生动和真实，还能够更好地满足用户的个性化需求，提升品牌的竞争力。

根据 2025 年艾瑞咨询公司（iResearch）发布的数据显示，AR 广告的互动率较传统视频广告提升了 280%。这一数据充分证明了 AR 技术在广告中的巨大潜力。与传统视频广告相比，AR 广告不仅能够提供更丰富的视觉体验，还能够通过互动功能增强用户的参与感。例如，用户可以通过 AR 广告与虚拟角色互动、参与虚拟游戏或体验虚拟产品。这种互动性不仅提高了用户的参与度，还增强了用户对品牌的记忆和好感。因此，AR 广告不仅能够吸引更多的用户关注，还能够通过互动提升广告的效果，为企业带来更高的回报。

9.3.4.3　虚拟资产广告

元宇宙营销的一个重要方向是虚拟资产广告，企业通过发行数字藏品（NFT）来构建用户的身份认同。例如，Nike 公司曾限量发售虚拟鞋，用户可以在元宇宙中穿着这些虚拟鞋，展示自己的个性和品位。这种虚拟资产不仅具有收藏价值，还能够增强用户对品牌的认同感和忠诚度。通过发行 NFT，企业不仅能够吸引更多的用户关注，还能够在元宇宙中建立自己的品牌形象和社区。虚拟资产广告的核心在于通过数字化的方式，将企业与用户的身份认同紧密结合，从而提升品牌的影响力和用户黏性。

9.4　网络广告策略

网络广告策略是网络广告策划的最终成果，是实现网络广告目的的方法、手段。网络广告能够协助企业建立品牌形象，激发消费者心中的潜在欲望，它具有很多与其他媒体不同的特点，网络广告策略的成败决定着网络广告能否实现预期的目的。因此，网络广告主应采取一些对应的策略，以充分发挥网络媒体的优势，增强网络广告的效果。

9.4.1 网络广告策略

网络广告策略作为现代营销体系中的重要组成部分，其分类与拓展完善对于提升品牌影响力、增强用户互动及促进销售转化具有至关重要的作用。以下从专业角度对网络广告策略进行分类。

9.4.1.1 基于目标受众分类

1) 大众市场策略

大众市场策略旨在覆盖广泛的消费者群体，通过提高品牌知名度和市场占有率来增强品牌影响力。这一策略的核心在于利用大数据分析细分市场特征，识别不同消费群体的偏好和需求，从而制定差异化的广告内容。此外，结合社交媒体平台的病毒式营销策略，通过用户自发分享和传播，进一步扩大品牌的传播范围和影响力。这种策略要求营销人员具备强大的数据分析和内容创意能力，以精准触达目标受众并激发其共鸣。

2) 细分市场策略

细分市场策略专注于特定消费者群体，如年龄、性别、兴趣等，通过提供定制化广告信息来满足其独特需求。这一策略强调运用精准营销工具，如 AI 算法推荐系统，深度挖掘用户需求和偏好，实施个性化广告推送。同时，建立用户画像，持续优化广告内容与形式，以提升用户参与度和忠诚度。细分市场策略要求营销人员具备深厚的用户洞察能力和技术驱动能力，以实现广告信息的精准匹配和高效转化。

3) 利基市场策略

利基市场策略专注于小众但高价值的消费群体，提供高度专业化的产品或服务。这一策略强调建立专业社群，通过内容营销建立品牌权威性，提升品牌在专业领域的知名度和影响力。同时，利用关键意见领袖合作，借助其影响力和信任度，增强品牌信任度和口碑传播。利基市场策略要求营销人员具备深厚的行业知识和专业背景，以精准定位目标受众并打造独特的品牌形象。

9.4.1.2 基于广告形式分类

1) 展示广告策略

展示广告策略强调以图像、视频等形式将广告展示在网页、App 等媒介上，通过吸引用户注意力来传递品牌信息。这一策略强调采用动态创意优化技术，根据用户行为实时调整广告内容，以提高广告的针对性和吸引力。同时，引入富媒体广告形式，如动画、交互元素等，提升广告的互动性和趣味性。展示广告策略要求营销人员具备创意设计和技术实现能力，以打造引人入胜的广告效果。

2) 搜索广告策略

搜索广告策略强调在用户搜索关键词时展示相关广告，通过精准匹配用户搜索意图来提高广告转化率。这一策略强调优化关键词列表，提高广告与搜索意图的匹配度，确保广告能够准确触达目标受众。同时，利用长尾关键词覆盖更广泛的潜在用户群体，拓展品牌的市场份额。搜索广告策略要求营销人员具备搜索引擎优化和关键词竞价管理技能，以实现广告的高效投放和转化。

3）社交媒体广告策略

社交媒体广告策略强调利用用户社交关系链进行传播，通过创新广告形式吸引用户关注和参与。这一策略强调结合社交媒体特性，如故事广告、互动广告等，打造具有创意和趣味性的广告内容。同时，利用数据分析精准定位目标受众，提高广告的转化率和用户参与度。社交媒体广告策略要求营销人员具备社交媒体运营和内容创意能力，以充分利用社交媒体的传播优势和用户互动特点。

4）原生广告策略

原生广告策略强调设计风格与内容环境的高度融合，提供无缝的用户体验。这一策略要求深化与媒体平台的合作，开发更多原生广告形式，如信息流广告、原生视频广告等，以适应不同媒介和场景的需求。同时，强化内容创意，使广告信息与用户兴趣高度相关，提升用户接受度和品牌认知度。原生广告策略要求营销人员具备内容创意和媒介整合能力，以实现广告与媒介环境的完美融合。

9.4.1.3　基于营销目标分类

1）品牌提升策略

品牌提升策略旨在增强品牌形象和提高品牌认知度，通过构建品牌故事和情感共鸣来加深用户印象。这一策略强调利用高品质的视觉与文案提升品牌形象的专业度和美感，同时结合线上线下活动打造全方位的品牌体验。品牌提升策略要求营销人员具备品牌策划和传播能力，以塑造独特的品牌形象和品牌价值。

2）销售促进策略

销售促进策略旨在直接促进产品销售，通过限时优惠、满减活动等手段激发用户购买欲望。这一策略强调结合用户行为数据实施精准促销，利用购物车提醒、个性化推荐等功能提高转化率。同时，优化购物流程和支付体验，降低用户购买门槛和成本。销售促进策略要求营销人员具备数据分析和用户洞察能力，以实现精准促销和高效转化。

3）用户引导策略

用户引导策略旨在引导用户参与品牌活动、下载 App 或关注社交媒体账号，通过互动和激励机制提高用户参与度和忠诚度。这一策略强调设计吸引人的互动环节，如抽奖、问答等，提高用户参与度和互动性。同时，利用积分、优惠券等激励机制鼓励用户采取行动，增强品牌与用户之间的连接和互动。用户引导策略要求营销人员具备活动策划和激励机制设计能力，以实现用户引导和行为转化。

综上所述，网络广告策略的分类与拓展完善是一个持续迭代的过程，需要紧密结合市场趋势、用户行为及品牌需求，不断创新与优化。营销人员应具备全面的营销知识和技能，以灵活应对市场变化和用户需求的挑战，实现营销效果的最大化。

9.4.2　网络广告的运作过程

网络广告随着互联网与数字技术的发展应运而生，与传统广告相比，它具有独特的优势。同时，由于互联网的特性，网络广告的运作过程也呈现出其特有的规律。对于从事网络营销和广告的专业人士而言，深入理解并掌握网络广告的策划与运作流程至关重要。

9.4.2.1 精准定位目标受众

确定网络广告的目标受众,即明确广告希望触达的人群,包括他们的群体特征、社会阶层和地理位置。网络广告的目标受众主要是网民,但网民群体内部也存在多样化的细分。

1) 在确定目标受众时,必须考虑不同地区的文化、语言以及人群的兴趣和爱好等

由于网民在使用互联网时的习惯、兴趣和语言差异,互联网的使用呈现出区域性特征,这也导致了互联网媒介覆盖的区域性。因此,在确定目标受众时,必须考虑不同地区的文化、语言以及人群的兴趣和爱好等因素。

2) 广告的目标受众应由企业的产品消费对象决定

网络营销人员需深入调查和分析目标受众的性别、年龄、职业、兴趣、教育水平、收入、生活方式、消费心理、购买习惯以及网络使用习惯等,以便有针对性地调整营销策略。

3) 网络浏览者或在线购买者通常具有年轻化、教育程度较高和收入较高的特点

在网络广告中,了解目标受众的网络操作水平至关重要,这决定了广告所能采用的技术和软件。对于熟悉网络操作的受众,可以采用更复杂的展示形式和增加互动操作,以提高广告的吸引力和趣味性。

9.4.2.2 制定广告组合策略

尽管网络广告具有显著优势,但其覆盖率尚未达到与传统媒体相当的水平,尤其是对于消费品而言,目标顾客在地域、学历、职业和年龄等方面的分布较为分散。虽然部分目标顾客是网络用户,但网络无法覆盖全部,因此,有必要与传统广告结合使用。通过组合网络广告和传统广告实现优势互补。传统广告传播面广,受众接触度高,但信息量有限,消费者无法按需查询信息;而网络广告受众面有限,但互动性和信息详尽性可以弥补传统广告的不足,以达到最佳传播效果。

9.4.2.3 明确网络广告目标

在制定广告组合后,接下来需要为网络广告设定明确的目标。传统广告的最终目标是提高产品销量,但由于销量受多种因素影响,不能将所有责任都压在广告上。因此,在制定广告目标时,需认真分析各种因素的作用,合理设定广告在提升销量中的角色和目标。同样,网络广告的最终目标也是促使消费者形成购买行为,从而增加产品销量。网络广告营销人员在制定目标时,需充分测算广告触达的受众数量,以及他们的购买心理和决策过程,以确定广告目标。广告目标的核心是通过信息沟通使消费者产生对品牌的认识、情感、态度和行为的变化,从而实现企业的营销目标。从根本上说,广告目标是对沟通效果的预先设定。与传统广告不同,确定网络广告目标的过程可以一气呵成,直接在网上完成最重要的环节——将广告阅读转化为行动。因此,确定网络广告目标应以沟通为核心,实现这一转化。

9.4.2.4 制定网络广告预算

广告预算是根据广告目标确定的,是广告主为广告活动投入的费用计划,是广告活动的重要内容之一,关系到广告活动的成败。网络广告在预算性质、内容和编制等方面与传

统广告类似，但在费用计算和价格水平等方面存在较大差异。

1) 影响网络广告价格的因素

影响网络广告价格的因素包括网络服务商的知名度、访问量、广告形式等。通常，网络服务商知名度越高，访问量越大。常用指标如下：

（1）点击数（Hits）。某个网站上的一个文件被访问一次称为一次点击，点击数是点击次数之和。假设某网站的主页由一个主页面和3个页面组成，如果1位浏览者访问了该主页和3个其他页面，所测的点击数就为4，当他从其他页面上返回主页时，点击数又累计一次成为7。因此用点击数来统计网站的访问人数存在虚假。

（2）页面浏览数（Pageviews）、访问次数（Visits）。访问次数是衡量网站受欢迎程度的较好统计量。一次访问是指在某一个连续的时间段中一位浏览者对网站的访问，他可能浏览主页及其他页面，也可能在浏览其他页面时返回主页，但计数只为一次。这个量能表示每天（或单位时间内）进入网站的浏览者的总数，如果一位浏览者完成一次访问，退出站点后，隔了一段时间，又返回原先访问的站点，此时访问次数要再累计一次。访问次数不像点击数那样重复累加，它是一个较为客观的反映网站受欢迎程度的统计量。

（3）印象（Impression）和回应单击（Click）。浏览者看了广告即建立了一个印象，印象对创建品牌意识和品牌辨识具有很大的价值，但这种印象不一定都起到作用。如果浏览者对广告不感兴趣，就不会沿着广告提供的链接去深入地了解有关信息。在此情况下，非常类似于传统的广告，你不仅不能达到最终目的，还要为之投入费用，假设Visa公司在搜索引擎Lycos上做广告，某位浏览者已经有两张Visa卡了，在短时期内他已经不需要Visa卡了，但他只要访问Lycos，看到Visa的广告，Lycos就会向Visa收一次费用。

回应单击是指访问者单击广告上的某个链接或按钮，以进一步了解广告有关信息的操作。一个广告有了回应单击，就说明这则广告已经对这位访问者产生了一定的作用。

（4）广告位与广告大小。网络广告投放的位置和价格涉及特定页面及浏览人数，不同广告位和幅面大小的广告收费标准不同。这好比平面媒体（如报纸）的版位、发行量，或者电波媒体（如电视）的时段、收视率的概念。不同的广告位、不同幅面大小的广告收费标准也不同。

2) 网络广告计费方式

网络广告计费方式有很多种，下面列出常用的几种方式。

（1）每千人成本（Cost Per Mille，CPM）。网上广告收费按访问人次收费已经成为网络广告的惯例。CPM是指广告投放过程中，听到或者看到某广告的每人平均分担到多少广告成本。传统媒介多采用这种计价方式，比如一个广告的单价是1元/CPM的话，意味着每一千人次看到广告就收1元，如此类推，一万人次就收10元。至于每CPM的收费究竟是多少，要根据主页的热门程度（即浏览人数）划分价格等级，采取固定费率。

（2）每点击成本（Cost Per Click，CPC）。CPC是指以访问者每点击广告一次，作为计费标准。这种方法加上点击率限制可以加强作弊的难度，而且可以确切统计出有多少人确实对广告做出了响应。但是，不少经营广告的网站认为，虽然浏览者已经看到了广告，但没有点击，这就会出现网站的访问量很大，而广告的点击率很低，因此有很多网站不愿意这样做。

（3）每行动成本（Cost Per Action，CPA）。CPA是指按广告投放实际效果，即按回应的有效问卷或订单来计费，而不限广告投放量。CPA 的计价方式对于网站而言有一定的风险，但若广告投放成功，其收益也比 CPM 的计价方式要大得多。广告主为规避广告费用风险，只有当网络用户点击广告，链接到广告主网页后，才按点击次数付广告站点费用。

（4）每回应成本（Cost Per Response，CPR）。CPR 是指以浏览者的每一个回应计费。这种广告计费方式充分体现了网络广告"及时反应、直接互动、准确记录"的特点。

（5）每购买成本（Cost Per Purchase，CPP）。CPP 是指广告主为规避广告费用风险，只有在网络用户点击广告并进行在线交易后，才按销售笔数付给广告站点费用的一种方式。

（6）包月方式。很多国内网站是按照"一个月多少钱"这种固定收费模式来收费的。不管效果好坏及访问量有多少，一律一个价，这对客户的利益和网站都不公平，无法保障广告客户的利益。尽管现在有站点已采用 CPM 和 CPC 计费，但有些网站依然使用包月制。

（7）其他计价方式。某些广告主在进行特殊营销专案时，会提出一些特别的计价方式，如 CPL（Cost Pel-Leads）方式，即以搜集潜在客户名单多少来收费；CPS（Cost Per Sales）方式，即以实际销售产品数量来换算广告刊登金额等。相比而言，CPM 和包月方式对网站有利，而 CPC、CPA、CPR、CPP 则对广告主有利。目前比较流行的计价方式是 CPM 和 CPC，最为流行的则为 CPM。

3) 确定网络广告预算费用

网络广告的费用需从营销目标、产品特点、受众特征、销售额大小、竞争对手情况等方面综合考虑。网络广告费用不仅包括广告发布费用，还包括创意、制作等费用，以及相应的促销费用。有时可以参照传统促销手段所需的费用，以这个费用作为网络广告的预算。如果是企业自己制作、在自己的网站上发布广告，则费用可以大幅降低。周密合理的网络广告预算，有利于每一项具体的网络广告产生最大的效果，使企业以最小的资金获得尽可能大的利益。对网络广告预算的管理，有利于调整网络广告的投放时间、站点、方式以及广告费用的数量。

9.4.2.5 网络广告的实施

1) 广告投放站点选择

在选择广告投放的网络站点时，企业应首先进行深入的市场调研，了解不同站点的受众特征、访问量、活跃度以及用户反馈等信息。通过数据分析，筛选出与企业品牌形象、产品特性相匹配的站点。同时，需关注站点的技术稳定性和安全性，确保广告投放过程中不会出现技术问题或安全风险。

在评估站点广告定向能力时，企业应了解站点是否具备精准的用户画像和个性化推荐算法，以便将广告精准地投放给目标受众。此外，对于网络广告评估报告的准确性和监测能力的专业性，企业也应进行充分的考察和验证，以确保广告投放效果的客观性和可靠性。

2) 广告形式与内容确定

在广告形式与内容方面，企业应注重创新和差异化，以吸引用户的注意力并激发其购买欲望。除了传统的横幅广告、弹窗广告外，还可以尝试视频广告、互动广告等新型广告形式，以提升用户体验和广告效果。

在广告内容创作上，企业应深入挖掘产品特点和品牌故事，通过创意构思和艺术表现，将广告信息以生动、有趣的方式呈现给用户。同时，需确保广告内容的真实性和合法性，避免虚假宣传和误导消费者。

此外，企业还应根据广告投放的站点和受众特征，对广告进行个性化定制和优化。例如，针对年轻用户群体，可以设计更加时尚、前卫的广告风格；针对中老年用户群体，则可以采用更加简洁、明了的广告形式。

3) 企业网站设计

企业网站作为用户点击广告后的着陆点，其设计质量和用户体验至关重要。企业应注重网站的视觉设计和交互设计，确保网站风格与品牌形象相一致，同时提供清晰、简洁的导航和页面布局，方便用户快速找到所需信息。

在广告指向页面的设计上，企业应确保页面加载速度快、内容丰富且易于理解。同时，可以添加一些互动元素，如在线客服、用户评价等，以增强用户参与感和信任度。此外，企业还应定期对网站进行更新和维护，确保网站内容的时效性和准确性。

4) 网络广告发布途径

网络广告发布有两种途径：

（1）通过代理商发布。企业可以将广告发布任务委托给专业的广告代理商，由代理商负责广告的策划、制作、投放和监测等工作。在选择代理商时，企业应关注其专业背景、成功案例和口碑评价等信息，以确保代理商具备足够的实力和经验为企业提供优质的服务。在合作过程中，企业与代理商应明确各自的权责和义务，签订详细的合同和协议。合同中应包含广告形式、投放时间、投放位置、价格等关键条款，并约定违约责任和解决纠纷的方式。同时，企业还应定期对代理商的工作进行评估和监督，确保其按照合同要求履行义务。

（2）广告主自行发布。对于有实力的企业或广告主来说，可以自行制作并发布广告。这需要企业具备专业的广告制作团队和技术支持，以确保广告的质量和效果。同时，企业还需了解不同网络媒体的投放规则和要求，以确保广告能够顺利投放并达到预期效果。

5) 网络广告发布方式

网络广告发布方式有四种，具体如下：

（1）使用新闻组发布广告。新闻组作为用户交流和分享信息的平台，具有广泛的受众基础和较高的活跃度。企业可以在新闻组中发布与产品相关的文章、评论或问答等内容，并巧妙地融入广告信息。但需注意避免直接推销和硬广植入等行为，以免引起用户反感和投诉。

（2）使用电子公告牌或在线论坛发布广告。电子公告牌和在线论坛是用户进行交流和讨论的重要场所。企业可以在这些平台上发布与产品相关的帖子或回复用户的问题时融入广告信息。但同样需要注意遵守平台规则和礼仪，避免过度营销和恶意刷帖等行为。

（3）使用电子邮件发布广告。电子邮件作为一种直接、高效的营销方式，可以为企业带来大量的潜在客户和订单。但需注意遵守相关法律法规和行业标准，确保邮件内容的合法性和合规性。同时，还需注重邮件的个性化定制和精准投放，以提高邮件的打开率和转化率。

(4) 使用 Web 站点发布广告。

除了以上几种方式外，企业还可以在自己的 Web 站点上直接发布广告。这需要企业具备专业的网站建设和维护能力，以确保网站的正常运行和用户体验。同时，还需注重广告的排版和布局设计，以及广告内容的创意和吸引力。此外，还可以通过与其他网站进行广告互换或合作推广等方式来扩大广告的覆盖面和影响力。

综上所述，网络广告实施需要企业在广告投放站点的选择、广告形式与内容的确定、企业网站的设计、广告的发布以及网络广告的发布方式等多个方面进行全面考虑和精心策划。只有不断优化和完善这些环节，才能提升网络广告的效果和回报。

9.4.2.6　执行网络广告计划

当前期筹备工作圆满结束后，企业便着手实施网络广告计划。在实际操作中，企业通常可采取以下两种策略：

1) 自建网络广告部门，负责网络广告的整体策划与媒体采购

此策略的优势在于企业能全程掌控广告投放流程，然而，鉴于广告领域的专业性及人力资源成本考量，企业自行操作面临诸多挑战，诸如专业人才招募与培养等。

2) 与专业的广告公司建立代理合作

这种策略更为普遍，借助专业广告公司的专业视角助力企业实现广告精准投放。当前，众多广告公司已设立互动中心，专注网络广告投放业务，与各大网络媒体及服务商建立紧密合作，能够为企业量身定制传播策略、创意设计及媒体选择与采购，且凭借大量采购优势获取价格优惠。此外，还存在专注于网络广告领域的专业公司，同样具备协助企业实施广告投放的能力。

在网络广告投放期间，企业应持续监测投放效果，一旦发现问题，应立即进行修正与调整。得益于网络广告的便捷修改性，企业拥有了更大的灵活度与主动权，能迅速响应市场变化。

9.4.2.7　网络广告效果特点

广告效果，是指广告作品发布后在经济、心理及社会层面产生的综合影响力。具体而言，广告效果涵盖经济效果、心理效果与社会效果三大维度，远不止于简单的点击率指标。网络广告效果呈现出以下显著特点：

1) 即时互动性

网络的即时交互特性使企业能迅速与广告受众沟通，根据用户反馈及时调整策略，实现快速且直观的评估反馈。

2) 高效统计性

借助适当软件，企业可直接从网络环境中收集相关数据，精确统计广告表现，这是传统广告评估手段所无法比拟的精确与高效。

3) 高度可靠性

用户点击网络广告的行为基于自愿原则，这确保了访问者的真实兴趣与需求反映，相关调查与测评数据由用户自主填写，进一步增强了评估结果的可靠性。

4) 成本经济性

网络广告评估的成本相对较低，主要投入在于测评软件的使用，通过软件自动化收集

与分析数据,极大降低了评估成本,体现了网络广告评估的经济优势。

5) 广泛覆盖性

网络作为一个开放系统,打破了地域与时间的限制,使得网络广告能够触及全球范围内的受众。这种广泛的受众基础极大地提升了评估群体的多样性与样本量,从而提高了评估结果的正确性与准确性。

综上所述,执行网络广告计划需结合企业实际情况,灵活选择自建团队或专业代理模式,并持续关注投放效果,适时调整策略。同时,网络广告效果应综合考虑多维度指标,充分利用网络特性,实现高效、可靠且经济的目标。

9.4.3 网络广告存在的问题

随着互联网的迅猛发展,网络广告已成为企业推广产品和服务的重要手段。然而,在实际运作中,网络广告也暴露出了一系列问题,这些问题不仅影响了广告效果,还可能对消费者权益造成侵害。

9.4.3.1 主体定位模糊

传统广告中,广告主、广告公司和媒体之间的界限相对明确。然而,在网络广告领域,这些主体的界限变得模糊。由于网络平台的开放性和匿名性,广告主可以轻易地在各种平台上发布广告,而无须经过严格的审核和认证。这导致广告的真实性和可信度受到质疑,消费者难以判断广告来源的可靠性。

9.4.3.2 虚假与欺诈现象严重

网络广告中的虚假和欺诈现象比传统广告更为严重。一些广告主为了吸引消费者,夸大产品功效或提供不实信息。此外,还有一些不法分子利用网络平台发布诈骗广告,诱骗消费者进行交易,导致财产损失。出现这种现象的主要原因在于法律与制度设计上的缺陷,以及监管力度的不足。

9.4.3.3 不正当竞争问题突出

网络广告中的不正当竞争问题越发突出,一些广告主通过加框的超链接技术、抄袭或模仿他人网站内容、利用关键字(词)技术等手段,提高自己的曝光度和点击率,从而损害竞争对手的利益。这种行为不仅违反了市场公平竞争的原则,还可能对消费者造成误导。

9.4.3.4 侵犯隐私权现象频发

网络广告在投放过程中,往往会采取技术手段收集消费者的个人信息,如浏览记录、搜索习惯等,以便进行精准投放。然而,这种行为往往未经消费者同意,侵犯了消费者的隐私权。一些广告主甚至将这些个人信息出售给第三方,进一步加剧了隐私泄露的风险。

9.4.3.5 垃圾广告泛滥

电子邮件广告和强制性广告是网络广告中的两大垃圾广告类型。电子邮件广告往往未经用户同意就大量发送,占用用户邮箱空间,干扰用户正常工作和生活。强制性广告则通过弹窗、全屏广告等形式强制用户观看,严重影响用户体验。

9.4.3.6 网络广告监管滞后

尽管网络广告已发展成为一种重要的广告形式,但相关法律法规和监管机制却相对滞后。目前,针对网络广告的法律法规尚不完善,监管力度不足。这导致一些不法广告主得以逃避法律制裁,继续从事违法违规行为。

9.5 网络广告效果评价方法

网络广告的效果评价不仅是网络媒体和广告主之间利益分配的核心依据,更是推动整个行业健康发展的关键环节。广告主在投入大量资源进行广告投放后,迫切希望了解广告的实际效果及其带来的回报。因此,如何全面、科学地衡量网络广告的效果,成为网络营销领域的重要课题。

9.5.1 网络广告效果的定义

9.5.1.1 网络广告效果的定义

网络广告效果是指广告在互联网平台上投放后,对目标受众产生的实际影响及其带来的商业价值。它是衡量广告投放成功与否的核心标准,也是广告主、网络媒体和第三方平台共同关注的焦点。从专业角度来看,网络广告效果的内涵有五个方面。

1)传播效果

传播效果是网络广告效果的基础层面,主要衡量广告信息是否成功传递到目标受众。具体指标包括广告的展示量(Impressions)、点击量(Clicks)和覆盖率(Reach)。传播效果反映了广告的曝光程度和受众触达能力。

2)互动效果

互动效果是衡量广告与用户之间互动程度的指标,包括用户对广告的点击、点赞、评论、分享等行为。高互动效果表明广告内容能够引发用户兴趣,增强用户的参与感和品牌黏性。

3)转化效果

转化效果是网络广告效果的核心层面,主要衡量广告对用户行为的影响程度。转化可以是购买、注册、下载、填写表单等具体行为。转化效果直接反映了广告的商业价值,是广告主最为关注的指标之一。

4)品牌效果

品牌效果是衡量广告对品牌长期建设的影响,包括品牌知名度、品牌认知度、品牌美誉度和品牌忠诚度的提升。品牌效果虽然难以在短期内量化,但对企业的长期发展具有重要意义。

5)经济效益

经济效益是衡量广告投放最终回报的指标,包括广告投资回报率、每点击成本、每转化成本等指标。经济效益直接反映了广告投放的成本效益和盈利能力。

9.5.1.2 网络广告效果的时间维度

网络广告效果的时间维度有两个方面：

1) 短期效果

短期效果是指广告在投放后短期内产生的直接效果，如点击率、转化率、销售额等。短期效果通常与具体的营销目标（如促销活动、新品发布）密切相关。

2) 长期效果

长期效果是指广告在投放后对品牌建设和用户行为产生的持续影响，如品牌知名度、用户留存率、生命周期价值等。长期效果反映了广告对品牌和用户关系的深远影响。

综上所述，网络广告效果是指广告在互联网平台上投放后，通过传播、互动、转化、品牌建设和经济效益等多层次、多维度的影响，对广告主、网络媒体和目标受众产生的实际价值和回报。它是一个综合性的概念，既包括短期直接效果，也涵盖长期深远影响，需要通过科学的方法和全面的指标进行评价和优化。

9.5.2 网络广告效果评价的重要性

网络广告效果评价是网络营销生态中不可或缺的一环，它不仅直接影响广告主和网络媒体的利益分配，还对整个行业的健康发展起到关键作用。以下从保障广告主利益、优化网络媒体资源和推动行业健康发展三个方面对网络广告效果评价的重要性进行说明。

9.5.2.1 保障广告主利益

广告主在网络广告中投入了大量资金、时间和资源，其核心目标是通过广告实现品牌知名度的提升、产品销售的增长或其他商业价值的转化。网络广告效果评价在这一过程中扮演着至关重要的角色，具体体现在以下几个方面：

1) 投资回报率（ROI）的量化与优化

通过效果评价，广告主可以清晰地量化广告投放的实际回报，例如通过转化率、每转化成本和投资回报率等指标，评估广告是否达到了预期目标。这种数据驱动的评估方式，帮助广告主识别高效投放渠道和低效策略，从而优化资源配置，最大化投资回报。

2) 广告策略的精准调整

效果评价为广告主提供了广告表现的具体数据，例如点击率、用户参与度和转化路径等。基于这些数据，广告主可以精准调整广告内容、投放时间、目标受众和媒体选择，提升广告的整体效果。

3) 风险控制与预算优化

通过持续的效果评价，广告主可以及时发现广告投放中的潜在问题，例如低效广告位或高成本转化渠道，从而快速调整策略，降低投放风险。同时，效果评价还为广告主提供了科学的预算分配依据，确保每一分钱都花在刀刃上。

4) 品牌建设的长期价值

除了短期销售目标，广告主还关注广告对品牌建设的长期影响。通过效果评价，广告主可以了解广告在提升品牌知名度、用户认知度和品牌忠诚度方面的贡献，从而制定更具战略性的品牌推广计划。

9.5.2.2 优化网络媒体资源

网络媒体作为广告投放的载体，其广告位的商业价值直接取决于广告效果。通过科学的效果评价，网络媒体可以实现资源的最优配置，具体体现在以下几个方面：

1) 广告位价值的最大化

通过分析不同广告位、广告形式和内容的表现数据，网络媒体可以识别高价值广告位和低效广告位，从而优化广告位定价和分配策略，提升整体广告收入。

2) 用户体验与广告效果的平衡

网络媒体需要在广告效果和用户体验之间找到平衡点。通过效果评价，媒体可以了解哪些广告形式和内容既能为广告主带来高转化，又不会对用户体验造成负面影响，从而优化广告展示策略。

3) 广告形式与内容的创新

效果评价为网络媒体提供了广告表现的详细数据，例如互动率、用户停留时间和转化路径等。基于这些数据，媒体可以不断创新广告形式和内容，提升广告的吸引力和效果。

4) 广告主与媒体的合作关系优化

通过透明的效果评价体系，网络媒体可以与广告主建立更加信任和长期的合作关系。广告主能够清晰地看到广告投放的实际效果，从而更愿意加大投放力度，形成良性循环。

9.5.2.3 推动行业健康发展

网络广告效果评价不仅关乎广告主和媒体的利益，还对整个行业的健康发展起到重要的推动作用，具体体现在以下几个方面：

1) 提供透明与公正的交易环境

科学的效果评价体系为广告交易提供了透明、公正的数据支持，减少了虚假流量、点击欺诈等不良现象的发生。这种透明性有助于建立广告主、媒体和第三方平台之间的信任，促进行业的良性发展。

2) 建立与完善行业评价标准

通过效果评价，行业可以逐步建立统一的广告效果评价标准，例如点击率、转化率的计算方法。这些标准为广告主和媒体提供了共同的衡量依据，推动了行业规范化和专业化。

3) 带来技术创新与数据驱动的进步

效果评价的需求推动了广告技术和数据技术的不断创新，例如程序化广告、人工智能算法和大数据分析等。这些技术的进步不仅提升了广告效果评价的精准度，还为行业带来了新的增长点。

4) 推动广告生态的可持续发展

通过科学的效果评价，广告主、媒体和第三方平台可以更好地理解广告的实际价值，优化资源配置，减少资源浪费。这种高效、可持续的广告生态，为行业的长期发展奠定了坚实基础。

9.5.3 网络广告效果评价标准

网络广告效果评价是在科学方法的指导下，运用各种网络统计工具，对网络广告活动全过程中的每个工作环节进行鉴定，评价其质量和效果。网络广告效果评价是广告投放策略优化和效果提升的核心环节。为了确保评价的科学性和实用性，需要遵循一系列明确的评价标准。以下从目标导向性、数据驱动性、综合全面性和动态调整性四个方面对网络广告效果的评价标准进行说明。

9.5.3.1 目标导向性

网络广告效果评价应以广告投放的具体目标为导向，确保评价指标与广告主的商业目标高度一致。不同的广告目标需要采用不同的评价指标和方法，具体如下：

1）品牌知名度提升

如果广告的核心目标是提升品牌知名度，则应以覆盖率（Reach Rate）、品牌提及率（Brand Mention Rate）、社交媒体互动量（Social Media Engagement）等指标为主。这些指标能够反映广告在目标受众中的传播广度和品牌认知度。

2）产品销售促进

如果广告的目标是促进产品销售，则应以转化率（Conversion Rate，CR）、每转化（行动）成本（Cost Per Action，CPA）、广告投资回报率（Return on Investment，ROI）等指标为主。这些指标直接反映了广告对销售业绩的贡献。

3）用户行为引导

如果广告的目标是引导用户完成特定行为（如注册、下载、填写表单等），则应以行为转化率（Action Conversion Rate，ACR）、用户获取成本（Customer Acquisition Cost，CAC）等指标为主。

4）品牌忠诚度提升

如果广告的目标是提升品牌忠诚度，则应以用户留存率（Retention Rate，RR）、用户生命周期价值（Life Time Value，LTV）和品牌忠诚度指数（Brand Loyalty Index，BLI）等指标为主。

通过目标导向性的评价，广告主可以确保网络广告效果评价与商业目标高度契合，避免资源浪费和策略偏差。

9.5.3.2 数据驱动性

网络广告效果评价应基于真实、准确的数据，通过科学的分析工具和方法，确保评价结果的客观性和可靠性。

1）数据采集与分析工具

利用专业的数据分析工具（如 Google Analytics、百度统计等），广告主可以采集广告投放的详细数据，包括展示量、点击量、转化量、用户行为路径等。

2）数据真实性与准确性

在数据采集过程中，需要确保数据真实性和准确性，避免虚假流量、点击欺诈等问题的干扰。通过第三方监测工具，可以进一步提高数据可信度。

3）数据深度挖掘

可对用户行为数据进行深度挖掘，例如用户画像分析、转化路径分析、归因模型分析等。这些分析能够帮助广告主更全面地理解广告效果。

4)数据可视化与报告

通过数据可视化工具,广告主可以将复杂的数据转化为直观的图表和报告,便于决策者快速理解广告效果。

9.5.3.3 综合全面性

网络广告效果评价应综合考虑多个维度和指标,既包括短期效果,也涵盖长期影响;既关注经济效益,也重视品牌建设。

1)短期效果与长期影响

短期效果指标(如点击率、转化率、销售额)能够反映广告的即时回报,而长期影响指标(如品牌知名度、用户留存率、品牌忠诚度)则体现了广告对品牌建设的贡献。

2)经济效益与品牌价值

经济效益指标(如 ROI、CPA)能够量化广告的财务回报,而品牌价值指标(如品牌提及率、品牌美誉度)则反映了广告对品牌资产的积累。

3)用户行为与心理认知

用户行为指标(如点击量、转化量)能够反映广告对用户行为的影响,而心理认知指标(如品牌认知度、用户满意度)则体现了广告对用户心理的影响。

通过综合全面的评价,广告主可以更真实、全面地了解广告的实际效果,避免片面评价导致的策略偏差。

9.5.3.4 动态调整性

网络广告效果的评价应是一个动态的过程,广告主需要根据评估结果,及时优化广告内容、投放策略和目标受众定位,持续提升广告效果。

1)实时监测与反馈

通过实时监测工具,广告主可以及时了解广告的表现数据,发现潜在问题并快速调整策略。

2)A/B 测试与优化

通过 A/B 测试,广告主可以对比不同广告内容、形式和策略的效果,选择最优方案进行推广。

3)目标受众的精准定位

根据效果评价数据,广告主可以不断优化目标受众定位,例如通过用户画像分析、兴趣标签匹配等方式,提升广告的精准度。

4)广告策略的持续迭代

广告效果评价是一个持续迭代的过程,广告主需要根据市场变化、用户反馈和竞争环境,不断优化广告策略,保持广告的竞争力和效果。

9.5.4 网络广告效果评价方法

网络广告效果评价是一个多维度的复杂过程,需要从短期效果和长期影响两个层面进行综合评估。短期效果指标能够反映广告的即时回报,而长期影响指标则体现了广告对品牌建设和用户关系的深远作用。以下是几种核心的网络广告效果评价方法。

9.5.4.1 点击率（Click Through Rate，CTR）

点击率是衡量广告吸引力的基础指标。计算公式为：

$$点击率 = 广告点击次数 / 广告展示次数 \times 100\%$$

点击率反映了广告内容与目标受众的匹配程度，高点击率通常表明广告创意、文案或视觉设计能够有效吸引用户的注意力。然而，点击率并不能完全代表广告的实际效果，因为高点击率可能伴随低转化率。因此，需要结合后续转化行为进行深入分析，例如点击后的用户行为路径和转化率。优化点击率的关键在于精准的目标受众定位、吸引人的广告创意以及合适的投放时机。

9.5.4.2 转化率（Conversion Rate，CR）

转化率是衡量广告实际效果的核心指标。计算公式为：

$$转化率 = 转化次数 / 广告点击次数 \times 100\%$$

转化率直接反映了广告对用户行为的影响程度，转化可以是购买、注册、下载、填写表单等具体行为。高转化率表明广告不仅吸引了用户点击，还成功引导用户完成了目标行为，体现了广告的商业价值。提升转化率的关键在于优化落地页设计、简化用户操作流程以及提供明确的行动号召。

9.5.4.3 每点击成本（Cost Per Click，CPC）与每转化成本（Cost Per Action，CPA）

每点击成本和每转化成本是衡量广告成本效益的重要指标。计算公式分别为：

$$每点击成本 = 广告总成本 / 广告点击次数$$
$$每转化成本 = 广告总成本 / 转化次数$$

每点击成本反映了广告点击的成本，而每转化成本则反映了广告实际转化的成本，通过优化每点击成本和每转化成本，广告主可以提升广告投放的性价比，降低获客成本。降低每点击成本和每转化成本的关键在于精准的目标受众定位、高效的广告创意以及合理的竞价策略。

9.5.4.4 广告投资回报率（Return on Investment，ROI）

广告投资回报率是衡量广告整体效益的核心指标。计算公式为：

$$广告投资回报率 = (广告收益 - 广告成本) / 广告成本 \times 100\%$$

广告投资回报率直接反映了广告投放的盈利能力，是广告主最为关注的指标之一。高广告投资回报率表明广告策略有效，能够带来显著的经济效益。提升广告投资回报率的关键在于优化广告成本、提高转化率以及增加用户生命周期价值。

9.5.4.5 品牌知名度与用户认知度

品牌知名度和用户认知度是衡量广告长期效果的重要指标，通常按三种方式评估：

（1）调查问卷：了解用户对品牌的认知和态度。
（2）社交媒体提及率：分析品牌在社交媒体上的讨论热度。
（3）品牌搜索量：通过搜索引擎数据评价品牌关注度。

品牌知名度和用户认知度的提升有助于长期品牌建设，虽然短期内难以量化，但对企业的长期发展具有重要意义。提升品牌知名度的关键在于持续的品牌曝光、高质量的内容营销以及用户口碑传播。

9.5.4.6 用户参与度（User Engagement Rate，UER）

用户参与度反映了广告与用户的互动程度，包括点赞、评论、分享等行为。计算公式为：

$$用户参与度 = 互动次数 / 广告展示次数 \times 100\%$$

高用户参与度表明广告内容能够引发用户兴趣，增强用户黏性。提升用户参与度的关键在于创意内容、互动设计和情感共鸣。用户参与度不仅能够提升广告效果，还能通过用户生成内容扩大品牌影响力。

9.5.4.7 用户留存率与生命周期价值

用户留存率和生命周期价值是衡量网络广告长期效果的重要指标，它们不仅反映了广告对用户行为的即时影响，更体现了广告对用户忠诚度和长期价值的深远作用。

1) 用户留存率（User Retention Rate，URR）

用户留存率是指在特定时间段内，用户继续使用产品或服务的比例。计算公式为：

$$用户留存率 = 留存用户数 / 初始用户数 \times 100\%$$

例如，30天留存率是指在用户首次使用产品或服务后的30天内，仍然活跃的用户比例。高用户留存率表明广告不仅成功吸引了用户，还能够促使用户持续使用产品或服务，体现了广告对用户黏性和忠诚度的提升作用。用户留存率受多种因素影响，包括产品质量、用户体验、客户服务以及广告内容的吸引力和相关性。通过个性化推荐、用户激励计划（如积分、优惠券）和优质客户服务，提升用户满意度，利用数据分析工具（如Cohort Analysis）识别用户流失的关键节点，并采取有针对性措施，持续优化广告内容，确保广告与用户需求和兴趣高度匹配。

2) 生命周期价值（Life Time Value，LTV）

生命周期价值是指用户在生命周期内为企业带来的总收益。计算公式为：

$$生命周期价值 = 平均每用户收入（ARPU）\times 用户生命周期长度$$

其中，用户生命周期长度通常通过用户留存率推算得出。

高生命周期价值表明广告不仅带来了短期收益，还能够通过用户的长期消费行为为企业创造持续价值。生命周期价值是衡量广告长期投资回报率的重要指标。生命周期价值受用户消费频率、客单价、用户生命周期长度以及用户忠诚度等因素影响。生命周期价值可以通过以下方式优化：

（1）用交叉销售和增值服务提升用户的消费频率和客单价；
（2）建立会员体系或订阅模式延长用户生命周期；
（3）利用数据分析和机器学习技术预测高价值用户；
（4）制定个性化营销策略。

3) 用户留存率与生命周期价值的关系

用户留存率和生命周期价值是紧密相关的指标，高用户留存率通常意味着更长的用户生命周期，从而直接提升生命周期价值。两者的关系可以通过以下公式体现：

$$生命周期价值 = 平均每用户收入 \times 1/(1-用户留存率)$$

提升用户留存率不仅能够延长用户生命周期，还能通过用户口碑传播和社交分享带来新用户，进一步放大广告效果。广告主应注重用户留存率和生命周期价值的长期优化，而不仅仅是短期转化率。通过持续的用户关系管理，广告主可以实现更高的长期投资回报。

为了提升用户留存率和生命周期价值，广告主可以采取以下策略：

（1）通过数据分析和用户画像，精准定位高价值用户群体，提高广告的吸引力和相关性；

（2）利用人工智能和大数据技术，为用户提供个性化的产品推荐和服务体验；

（3）通过电子邮件、社交媒体和推送通知等方式，与用户保持持续互动，增强用户黏性；

（4）定期收集用户反馈，并根据反馈优化产品和服务，提升用户满意度。

9.5.5 网络广告效果评价体系构建

为了全面衡量网络广告的效果，广告主和网络媒体需要构建一个多维度的综合评价体系。这一体系不仅能够量化广告的即时效果，还能评价广告对品牌建设和用户关系的长期影响。以下从数据采集与分析、目标设定与KPI制定、多维度效果评估以及优化与调整四个方面对综合评估体系的构建进行详细说明。

9.5.5.1 数据采集与分析

利用数据分析工具采集广告投放的详细数据，包括展示量、点击量、转化量、用户行为路径等，并进行深入分析。数据采集与分析遵循下面的原则：

1）数据采集的全面性

确保采集的数据涵盖广告投放的各个环节，包括曝光、点击、转化以及用户后续行为。通过多渠道数据整合（如社交媒体、搜索引擎、电子邮件等），形成完整的用户行为路径分析。这种全面性有助于广告主了解广告在不同渠道和阶段的表现，为优化策略提供数据支持。

2）数据真实性与准确性

采用第三方监测工具验证数据的真实性，避免虚假流量、点击欺诈等问题。通过数据清洗和去重技术，确保数据的准确性和可靠性，为后续分析提供坚实基础。

3）深度数据分析

利用高级分析技术（如归因模型、用户画像分析、漏斗分析）挖掘数据背后的规律，识别广告效果的关键驱动因素。例如，通过归因模型分析不同渠道对转化的贡献，优化广告预算分配；通过用户画像分析，精准定位高价值用户群体。

4）数据可视化与报告

通过数据可视化工具将复杂数据转化为直观的图表和报告，便于决策者快速理解广告效果。可视化报告不仅能够提升数据传达的效率，还能帮助团队更好地协作和制定优化策略。

9.5.5.2 目标设定与KPI制定

根据广告投放的具体目标（如提升销量、增加注册量、提高品牌知名度等），制定关键绩效指标（KPI），并定期跟踪和评估。目标设定与KPI制定遵循以下原则：

1）目标的具体化与可量化

广告目标应明确、具体且可量化，例如"提升销量10%"或"增加注册用户5 000人"。明确的目标有助于广告主和团队在执行过程中保持一致，并为后续评估提供清晰的标准。

2）KPI 的层次化设计

根据广告目标的不同层次，设计相应的 KPI。例如，短期目标可以关注点击率和转化率，长期目标可以关注品牌知名度和用户留存率。层次化的 KPI 设计能够全面反映广告的短期效果和长期效果。

3）KPI 的动态调整

根据市场环境、用户反馈和广告表现，动态调整 KPI，确保其与广告目标保持一致。例如，在促销活动期间，可以临时增加销售额和转化率的权重；在品牌建设阶段，可以重点关注品牌提及率和用户满意度。

4）KPI 的透明化与共享

将 KPI 透明化并与相关团队共享，确保各部门在广告投放和优化过程中目标一致。通过定期召开 KPI 评审会议，团队可以及时发现问题并协同解决。

9.5.5.3 多维度效果评估

结合短期效果指标（如 CTR、CPA）和长期品牌建设指标（如品牌知名度、用户留存率），进行综合评估。

短期效果评估主要关注广告的即时回报和成本效益，常用的指标包括点击率、转化率、每点击成本和每转化成本。这些指标能够反映广告的即时效果和成本效益。

通过 A/B 测试和多变量测试，优化广告内容、形式和投放策略。例如，测试不同广告文案、图片和 CTA 按钮的效果，选择最优方案进行推广。另外，利用实时数据监测工具，及时发现广告表现中的问题并快速调整策略。

长期效果评估主要关注广告对品牌建设和用户关系的深远影响，常用的指标包括品牌知名度、品牌美誉度、用户忠诚度和生命周期价值。这些指标能够反映广告对品牌资产的积累作用。

通过调查问卷、社交媒体提及率和品牌搜索量等数据，评估广告对品牌建设的贡献；通过持续的品牌曝光和高质量的内容营销，提升品牌知名度和美誉度；通过会员体系、用户激励计划和个性化服务，增强用户忠诚度。

另外，通过评估用户行为与心理认知，能够全面了解广告对用户的影响，常用的指标包括用户行为数据、心理认知数据等。通过用户行为分析工具（如热图分析、漏斗分析），优化用户体验和转化路径；通过调查问卷和用户反馈，了解用户需求并优化广告内容。

最后在评估广告效果时，既要关注经济效益（如 ROI、CPA），也要重视品牌价值（如品牌知名度、用户忠诚度），实现短期收益与长期发展的平衡。

9.5.5.4 优化与调整

根据评估结果，广告主需要不断优化广告内容、投放策略和目标受众定位，持续提升广告效果。采用的主要方法如下：

1) 实时监测与反馈

通过实时监测工具（如 Google Analytics、广告平台实时数据面板），及时了解广告的表现数据，发现潜在问题并快速调整策略。例如，实时监测点击率和转化率的变化，及时优化广告创意和投放渠道。

2) A/B 测试与优化

通过 A/B 测试对比不同广告内容、形式和策略的效果，选择最优方案进行推广。例如，测试不同广告文案、图片和 CTA 按钮的效果，优化广告的吸引力和转化率。

3) 目标受众的精准定位

根据用户画像和行为数据，优化目标受众定位，提升广告的精准度和相关性。例如，通过数据分析识别高价值用户群体，并有针对性地投放广告。

4) 广告策略的持续迭代

根据市场变化、用户反馈和竞争环境，不断优化广告策略，保持广告的竞争力和效果。例如，在节假日或促销活动期间，调整广告内容和投放策略，抓住市场机会。

5) 跨渠道协同优化

整合不同广告渠道（如搜索广告、社交媒体广告、展示广告）的数据，实现跨渠道协同优化，提升整体广告效果。例如，通过归因模型分析不同渠道对转化的贡献，优化广告预算分配。

综上所述，构建网络广告效果综合评价体系，需要从数据采集与分析、目标设定与 KPI 制定、多维度效果评估以及优化与调整四个核心环节入手，全面覆盖广告的短期回报与长期价值。通过精准的数据采集与深度分析，确保评估的客观性与准确性；基于明确的广告目标，制定层次化的 KPI 并动态调整；结合短期效果指标与长期品牌建设指标，进行多维度综合评估；最后，通过实时监测、A/B 测试、精准定位和跨渠道协同优化等方法，持续迭代广告策略，实现广告效果的最大化与可持续性。这一体系不仅能够量化广告的即时效益，还能为品牌建设和用户关系管理提供长期支持，助力广告主在竞争激烈的市场中脱颖而出。

本章小结

本章全面概述了网络广告在现代营销中的重要地位及其实施策略，深入分析了网络广告的概念、特点及其在互联网广告市场中的发展趋势；详细探讨了网络广告的主要类型、沟通模式及特点，强调了网络广告在精准定位、互动性、低成本高效益等方面的优势；同时，介绍了搜索引擎营销、社交媒体广告、程序化广告等常用方法，并结合新兴技术如 AI、AR/VR 探讨了广告创新的可能性。本章还系统阐述了网络广告的实施策略，包括目标受众定位、广告组合策略、预算制定、投放执行及效果评价等关键环节，为网络营销专家提供了丰富的理论知识和实践指导，有助于企业在日益激烈的市场竞争中有效利用网络广告资源，实现营销目标的最大化。

复习与思考

一、单选题

1. 搜索引擎营销中的 PPC 指的是什么？（　　）
   A. 每千人成本　　　　　　　　　B. 每点击成本
   C. 每行动成本　　　　　　　　　D. 每购买成本

2. 社交媒体广告中，通过用户社交关系链进行传播的策略属于哪种广告形式？（　　）
   A. 展示广告　　　　　　　　　　B. 搜索广告
   C. 社交媒体广告　　　　　　　　D. 原生广告

3. 网络广告中，通过 AI 技术实时生成个性化广告素材的策略称为什么？（　　）
   A. 动态创意优化　　　　　　　　B. 预测性投放
   C. 精准投放　　　　　　　　　　D. 智能出价

4. 以下哪种计费方式更适合于希望按广告实际转化效果付费的广告主？（　　）
   A. CPM　　　　　　　　　　　　B. CPC
   C. CPA　　　　　　　　　　　　D. CPR

5. 网络广告效果评估中，衡量广告与用户之间互动程度的指标是什么？（　　）
   A. 传播效果　　　　　　　　　　B. 互动效果
   C. 转化效果　　　　　　　　　　D. 品牌效果

6. 在程序化广告的核心技术架构中，DSP 代表什么？（　　）
   A. 供应方平台　　　　　　　　　B. 需求方平台
   C. 实时竞价　　　　　　　　　　D. 广告位管理

7. 网络广告效果评估中，衡量广告投资回报率的指标是什么？（　　）
   A. ROI　　　　　　　　　　　　 B. CPC
   C. CPA　　　　　　　　　　　　D. CTR

8. 以下哪种广告形式更侧重于提供无缝的用户体验，使广告内容与周围内容环境高度融合？（　　）
   A. 展示广告　　　　　　　　　　B. 搜索广告
   C. 社交媒体广告　　　　　　　　D. 原生广告

9. 网络广告中，利用 AR 技术实现虚拟试妆、试衣等功能的广告形式属于哪种广告？（　　）
   A. AR/VR 沉浸式广告　　　　　　B. 虚拟资产广告
   C. 文字广告　　　　　　　　　　D. 图片广告

10. 以下哪种网络广告策略更侧重于通过精准定位目标受众并提供定制化广告信息来满足其独特需求？（　　）
    A. 大众市场策略　　　　　　　　B. 细分市场策略
    C. 利基市场策略　　　　　　　　D. 品牌提升策略

二、多选题

1. 网络广告的主要特点包括哪些？（　　）
   A. 广泛的传播范围　　　　　　　B. 高度的互动性

C. 高昂的成本 D. 精确的统计评估
2. 以下哪些是网络广告的主要类型？（　　）
A. 网站页面广告 B. 电视广告
C. 游戏内置广告 D. 电子邮件广告
3. 搜索引擎营销中的"双引擎驱动模型"指的是什么？（　　）
A. 关键词竞价 B. 自然优化
C. 社交媒体营销 D. 电子邮件营销
4. 社交媒体广告的优势有哪些？（　　）
A. 用户量大 B. 活跃度高
C. 互动性强 D. 成本高昂
5. 程序化广告的核心技术架构包括哪些部分？（　　）
A. 需求方平台 B. 供应方平台
C. 实时竞价 D. 搜索引擎优化
6. 网络广告效果评估的重要性体现在哪些方面？（　　）
A. 保障广告主利益 B. 优化网络媒体资源
C. 推动行业健康发展 D. 提高产品价格
7. 以下哪些指标可以用于衡量网络广告的传播效果？（　　）
A. 广告展示量 B. 广告点击率
C. 广告转化率 D. 广告投资回报率
8. 在制定网络广告预算时，需要考虑哪些因素？（　　）
A. 广告目标 B. 产品特点
C. 受众特征 D. 广告主个人喜好
9. 以下哪些策略属于网络广告的细分市场策略？（　　）
A. 利用大数据分析细分市场特征 B. 结合社交媒体平台的病毒式营销
C. 提供定制化广告信息满足独特需求 D. 建立专业社群，提升品牌权威性
10. 以下哪些技术可以应用于网络广告的智能化投放？（　　）
A. AI驱动的动态创意优化 B. AR/VR沉浸式广告
C. 预测性投放算法 D. 搜索引擎优化
11. 网络广告效果评估中，衡量广告经济效益的指标有哪些？（　　）
A. 广告投资回报率 B. 每点击成本
C. 每转化成本 D. 品牌知名度
12. 以下哪些平台属于社交媒体广告的主要投放平台？（　　）
A. 微信 B. 微博
C. 电视 D. 抖音
13. 以下哪些方法可以用于提升网络广告的互动性？（　　）
A. 设计互动广告形式 B. 利用社交媒体平台的互动功能
C. 提高广告展示量 D. 提供用户反馈渠道
14. 在制定网络广告策略时，需要考虑哪些因素？（　　）
A. 目标受众特征 B. 广告预算
C. 竞争对手策略 D. 广告主个人喜好

三、判断题

1. 网络广告的核心特点之一是低廉的成本效益。（　　）
2. 社交媒体广告主要依托于用户量大、活跃度高、互动性强的社交媒体平台。
（　　）
3. 程序化广告是一种依赖人工操作的广告购买方式。（　　）
4. 网络广告效果评估只能衡量广告的短期效果，无法评估长期影响。（　　）
5. 网络广告的细分市场策略适用于所有类型的品牌和产品。（　　）
6. AI 技术既可以应用于网络广告的创意制作，也可以用于广告投放策略的优化。
（　　）
7. 网络广告效果评估中，品牌知名度和用户认知度属于长期效果指标。（　　）
8. 提高广告展示量是提升网络广告效果的最佳途径。（　　）
9. 社交媒体广告中的 KOL 合作是指与关键意见领袖合作，通过他们来传播品牌信息。
（　　）
10. 网络广告中的每点击成本越高，广告效果就一定越好。（　　）
11. 网络广告效果评估的数据应完全依赖于第三方监测工具，以确保准确性。（　　）
12. 网络广告策略的制定需要考虑目标受众的网络使用习惯。（　　）

四、简答题

1. 简述网络广告的概念及其与传统广告的主要区别。
2. 搜索引擎营销中的"双引擎驱动模型"是什么？请简要解释。
3. 社交媒体广告有哪些优势？请列举并简要说明。
4. 简述网络广告效果评估的重要性及主要评估指标。
5. 网络广告在实施过程中可能面临哪些挑战？请列举并简要说明。

五、论述题

1. 论述网络广告在提升企业品牌知名度方面的作用及其实施策略。
2. 论述程序化广告的发展趋势及其对企业网络营销的影响。

六、案例分析题

李宁，作为中国体育用品行业的领军品牌，近年来积极拥抱数字化转型，通过线上线下融合的营销策略，不断提升品牌影响力和市场竞争力。面对年轻消费群体的崛起和体育运动的热潮，李宁决定推出一项名为"燃动未来"的线上运动挑战赛，旨在通过创新的互动方式，加深与年轻消费者的连接，推广品牌理念，并促进产品销售。活动内容具体如下：

（1）活动目标：提升李宁品牌的年轻化和时尚感形象；增加用户参与度，扩大品牌影响力；促进李宁运动产品的线上销售。

（2）活动形式包括四个方面：①线上挑战赛。利用短视频平台（如抖音、快手）发起"燃动未来"运动挑战赛，邀请用户上传自己参与体育运动的短视频，挑战特定运动动作或完成一段自创运动秀。②KOL 合作。与多位知名体育博主、健身教练及网红合作，通过他们的影响力和粉丝基础，扩大活动的曝光度和参与度。③互动话题。在社交媒体上设置"燃动未来"话题标签，鼓励用户分享自己的挑战视频，并参与互动讨论。④奖励设置。设立丰富的奖品池，包括李宁运动产品优惠券、限量版运动装备，以及与明星运动员的互动机会等，激励用户积极参与。

（3）活动采用了大量技术支持，包括利用大数据分析，精准定位目标受众，优化广告投放策略；通过人工智能算法，分析用户行为数据，提供个性化推荐，增强用户体验；运用 AR 技术，为用户提供虚拟试穿、虚拟运动场景等互动体验，提升活动趣味性。

公司在活动前期，通过官方微博、微信公众号、短视频平台等渠道进行预热宣传，发布活动预告视频，吸引用户关注；活动期间，定期发布活动进展，展示优秀挑战视频，增加用户参与热情；活动后期，总结活动成果，公布获奖名单，并通过社交媒体分享活动亮点和成果，延续品牌影响力。

问题：李宁品牌通过"燃动未来"运动挑战赛，如何实现了品牌年轻化和时尚感的提升？如何运用数字化技术进行精准营销和用户体验优化？

参考答案

第 10 章　新媒体营销

> 引导案例

电商直播平台搬上"海威 2 号"

2023 年暑假期间，来自岭南师范学院的大学生"朝阳行'百千万工程'突击队"将电商直播平台搬到广东最大的海上养殖平台"海威 2 号"。队员们采用户外"走播"、室内烹饪品尝"吃播"等多种直播方式，在线讲解金鲳鱼从深海养殖到流水线加工的全过程，受到网友广泛关注和点赞。

资料来源：《学习强国》平台，案例链接：https://www.xuexi.cn/local/normalTemplate.html?itemId=7761313231413119096

10.1　新媒体概述

10.1.1　新媒体的概念及发展历程

10.1.1.1　新媒体的概念

广义的新媒体，是指在各种数字技术和网络技术的支持下，通过计算机、手机、数字电视等各种网络终端，向用户提供信息和服务的传播形态。它涵盖了所有基于互联网和现代通信技术的信息传播渠道，如网站、社交媒体、移动应用、网络视频平台、博客平台等。新媒体的出现源于互联网技术的发展，它改变了传统媒体的单向传播模式，实现了信息的互动性、多样性和高效性。

狭义的新媒体是相对于传统媒体（如报纸、电视、广播等）而言的一个概念，是指继传统媒体之后发展起来的一种新的媒体形态，主要包括网络媒体（如各类网站、博客平台等）、手机媒体（如手机短信、手机 App、手机电视等）以及数字电视等。狭义的新媒体更偏重于为受众提供个性化服务，强调交互式传播信息的个性化、智能化数字载体。总体来说，新媒体有以下基本特点：

1) 超媒体性

新媒体能够融合文字、图片、音频、视频等多种媒体形式，提供丰富多样的信息内容。

2) 交互性

新媒体具有强大的交互功能，用户可以通过点赞、评论、转发等方式与内容互动。

3) 超时空

新媒体打破了时间和空间的限制，用户可以随时随地获取信息。

4) 个性化信息服务

新媒体能够根据用户的兴趣、需求等提供个性化的信息服务。

5) 虚拟多样性

新媒体利用虚拟现实、增强现实等技术手段，为用户提供沉浸式的体验。

6) 融合性

新媒体融合了多种媒体形态和技术手段，形成了多元化的信息传播渠道。

10.1.1.2 新媒体的发展历程

新媒体作为信息传播领域的一股革新力量，自其诞生以来，便以其独特的魅力和无限潜力，深刻地改变了人类社会的信息传播方式和媒体生态格局。新媒体的发展历程大致经历了以下几个典型阶段。

1) 技术驱动的萌芽期（20 世纪 80 年代至 90 年代初）

新媒体的萌芽期主要发生在 20 世纪 80 年代至 90 年代初，这一时期的技术进步为其诞生奠定了基础。个人计算机的普及、互联网的初步发展以及数字技术的成熟，共同推动了新媒体的萌芽。

20 世纪 80 年代，个人计算机开始进入家庭和办公场所，信息处理能力大幅提升。与此同时，互联网的雏形——Arpanet（阿帕网）逐渐扩展，为信息的全球传播提供了技术可能。1989 年，英国科学家蒂姆·伯纳斯·李（Tim Berners Lee）发明了万维网，这一技术突破使得信息的获取和传播变得更加便捷。万维网的出现标志着互联网从军事和科研领域走向大众，为新媒体的诞生提供了技术平台。在这一时期，新媒体的雏形开始显现。电子邮件、新闻组等早期网络应用成为人们交流信息的重要工具。虽然这些应用的功能相对简单，但它们已经具备了新媒体的基本特征：互动性、即时性和去中心化。

2) 网络媒体的崛起期（20 世纪 90 年代中期至 21 世纪初）

20 世纪 90 年代中期至 21 世纪初，随着互联网技术的进一步成熟，网络媒体迅速崛起，成为新媒体发展的重要阶段。这一时期，互联网的商业化进程加速，网络基础设施不断完善，用户规模迅速扩大。

1994 年，美国网景公司（Netscape）推出了第一款图形化网页浏览器——Netscape Navigator，极大地降低了互联网的使用门槛。随后，雅虎、谷歌等搜索引擎的出现，使得信息检索变得更加高效。与此同时，门户网站（如新浪、搜狐等）开始兴起，成为人们获取新闻和信息的主要渠道。

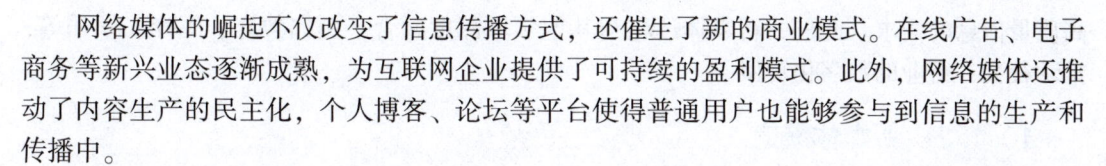

网络媒体的崛起不仅改变了信息传播方式,还催生了新的商业模式。在线广告、电子商务等新兴业态逐渐成熟,为互联网企业提供了可持续的盈利模式。此外,网络媒体还推动了内容生产的民主化,个人博客、论坛等平台使得普通用户也能够参与到信息的生产和传播中。

3)社交媒体的爆发期(21世纪初至21世纪10年代)

进入21世纪,随着Web 2.0技术的兴起,社交媒体成为新媒体发展的新引擎。Web 2.0强调用户生成内容、互动性和社区化,这一理念与社交媒体的核心特征高度契合。

2004年,Facebook的诞生标志着社交媒体时代的到来。随后,Twitter、YouTube等平台相继涌现,迅速吸引了全球数亿用户。社交媒体不仅改变了人们的社交方式,还重塑了信息传播的格局。用户可以通过社交媒体实时分享信息、表达观点,形成了一种去中心化的传播模式。

社交媒体的爆发期还伴随着移动互联网的普及。智能手机的广泛应用使得用户可以随时随地接入互联网,进一步推动了社交媒体的发展。移动应用成为社交媒体传播的主要载体,用户通过手机即可完成信息的发布、传播和互动。在这一时期,社交媒体还对社会产生了深远的影响。它不仅是信息传播的工具,还成为社会运动、政治表达的重要平台。

4)智能媒体的探索期(21世纪10年代至今)

21世纪10年代至今,随着人工智能、大数据、云计算等技术的快速发展,新媒体进入了智能媒体的探索期。智能媒体强调个性化、精准化和智能化,旨在为用户提供更加高效、便捷的信息服务。

人工智能技术在内容生产、推荐算法、用户画像等方面得到了广泛应用。例如,新闻机构开始使用AI生成新闻稿件,社交媒体平台通过算法推荐为用户提供个性化的内容。大数据技术则使得媒体更精准地分析用户行为,优化内容生产和传播策略。

智能媒体的探索期还伴随着虚拟现实(VR)、增强现实(AR)等新技术的应用。这些技术为新媒体提供了全新的表现形式,使得用户能够沉浸式地体验信息内容。例如,VR新闻、AR广告等新型媒体形式逐渐兴起,为用户带来了全新的感官体验。

此外,智能媒体还推动了媒体生态的变革。传统媒体与新兴媒体的融合加速,媒体机构开始探索多元化的发展路径。例如,传统报纸、电视台纷纷开设新媒体平台,通过多渠道传播扩大影响力。

10.1.1.3 新媒体的未来展望

展望未来,新媒体的发展将继续受到技术创新的驱动。5G技术的普及将为新媒体提供更高速、更稳定的网络环境,推动高清视频、虚拟现实等新型媒体形式的发展。区块链技术的应用则有望解决新媒体领域的版权保护、数据安全等问题,为媒体生态的健康发展提供保障。同时,新媒体还将面临诸多挑战。信息过载、虚假新闻、隐私泄露等问题日益凸显,如何在新媒体环境中构建健康、可信的信息生态成为亟待解决的课题。此外新媒体技术快速发展也带来了伦理和法律的争议。例如人工智能生成内容的版权归属问题、算法推荐可能导致的"信息茧房"效应等,都需要社会各界共同探讨和应对。未来,新媒体将更加注重用户体验的优化和内容的深度价值。个性化推荐技术将进一步发展,为用户提供更加精准的内容服务。同时,媒体机构也将更加注重内容的原创性和深度,以应对用户对高质量信息的需求。此外，新媒体还将与其他领域深度融合，例如教育、医疗、娱乐等，推动社会各行业的数字化转型。

10.1.2 新媒体渠道

新媒体渠道是信息传播的重要载体，其多样性和灵活性为信息的生产、传播和接收提供了广阔的空间。与传统媒体相比，新媒体渠道不仅打破了时间和空间的限制，还通过互动性和个性化等特点，重塑了信息传播的格局。以下从技术、功能、用户行为等多个维度，系统阐述新媒体渠道的特点与分类，揭示其背后的深层次逻辑与影响。

10.1.2.1 新媒体渠道的技术基础

新媒体渠道的多样性和灵活性离不开其技术基础的支撑。互联网技术、移动通信技术、数字技术以及人工智能技术的快速发展，为新媒体的渠道创新提供了可能。

互联网技术是新媒体渠道的核心基础。从早期的万维网到如今的云计算和边缘计算，互联网技术的不断进步使得信息传播的速度和范围得到了极大提升。移动通信技术，特别是4G和5G的普及，使得用户能够随时随地接入互联网，进一步拓展了新媒体渠道的应用场景。数字技术，包括图像处理、音视频编码等，为新媒体内容的制作和传播提供了技术支持。人工智能技术则通过算法推荐、自然语言处理等手段，优化了新媒体渠道的用户体验。

这些技术的融合与创新，使得新媒体渠道不仅能够承载文字、图片、音频、视频等多种形式的内容，还能够实现实时互动、个性化推荐等高级功能。

10.1.2.2 新媒体渠道的功能与应用

新媒体渠道的功能不仅限于信息传播，还涵盖了社交互动、内容创作、商业营销等多个方面。这些功能的实现，使得新媒体渠道在社会生活中得到了广泛应用。

在信息传播方面，新媒体渠道通过多样化的形式和实时的传播速度，极大地提高了信息的覆盖面和影响力。例如，新闻机构通过社交媒体平台发布新闻，能够迅速吸引大量用户的关注和讨论。在社交互动方面，新媒体渠道通过评论、点赞、转发等功能，增强了用户之间的互动性，促进了信息的二次传播。例如，用户在微博上发布一条动态，其好友可以通过评论和转发，将这条动态传播给更多的人。

在内容创作方面，新媒体渠道为用户提供了丰富的创作工具和平台。例如，短视频平台为用户提供了简单易用的视频编辑工具，使得普通用户也能够创作出高质量的视频内容。在商业营销方面，新媒体渠道通过精准的用户画像和个性化推荐，为企业提供了高效的营销手段。例如，电商平台通过分析用户的浏览和购买行为，为用户推荐符合其需求的商品，从而提高转化率。

10.1.2.3 新媒体渠道的用户行为

新媒体渠道的用户行为是其功能和应用的重要体现。用户在新媒体渠道上的行为，不仅反映了其信息需求和社交需求，还影响了新媒体渠道的发展方向。

在信息获取方面，用户通过新媒体渠道获取新闻、娱乐、教育等多种类型的信息。例如，用户可以通过新闻客户端获取最新的时事新闻，通过视频平台观看电影和电视剧，通过教育平台学习专业知识。在社交互动方面，用户通过新媒体渠道与好友、家人、同事等进行沟通和交流。例如，用户可以通过即时通信工具与好友聊天，通过社交平台分享生活动态。

在内容创作方面，用户通过新媒体渠道发布文字、图片、视频等多种形式的内容。例如，用户可以通过博客平台发布文章，通过短视频平台发布视频，通过图片分享平台发布照片。在商业消费方面，用户通过新媒体渠道进行购物、支付、预订等消费行为。例如，用户可以通过电商平台购买商品，通过支付平台进行转账，通过预订平台预订酒店和机票。新媒体渠道的便捷性和个性化推荐功能，使得用户的消费体验得到了极大提升。此外，用户还可以通过社交媒体平台参与品牌活动、获取优惠信息，进一步增强与品牌的互动。

在内容消费方面，用户的行为呈现出碎片化和个性化的特点。由于新媒体渠道提供了海量的内容资源，用户可以根据自己的兴趣和时间安排，随时随地获取信息。例如，用户可以在通勤途中通过手机阅读新闻，在休息时间观看短视频，在睡前浏览社交媒体动态。这种碎片化的内容消费方式，使得用户的信息获取更加灵活，但也可能导致信息过载和注意力分散。

此外，用户在新媒体渠道上的行为还表现出强烈的参与性和互动性。用户不再是被动的信息接受者，还可以通过评论、点赞、转发等方式参与到信息的生产和传播中。例如，用户在观看视频后可以发表自己的看法，在阅读文章后可以分享给好友，在参与话题讨论时可以表达自己的观点。这种互动性不仅增强了用户的参与感，还促进了信息的二次传播和扩散。

10.1.2.4　新媒体渠道的分类与特点

新媒体渠道可以根据其功能、形式和用户行为进行分类。尽管分类方式多样，但总体上可以将其分为社交平台、内容平台、即时通信工具和垂直领域平台等几大类。

1) 社交平台

社交平台是新媒体渠道的重要组成部分，其核心功能是促进用户之间的互动与交流。例如，Facebook、Twitter、微信、微博等平台，不仅为用户提供了发布和分享信息的空间，还通过评论、点赞、转发等功能，增强了用户之间的互动性。社交平台的特点是去中心化，用户既是信息接受者，也是信息的生产者，这种双向传播模式极大地提高了信息的多样性和传播效率。

2) 内容平台

内容平台则以内容的生产和传播为核心功能。例如，YouTube、抖音、B站等视频平台，以及知乎、今日头条等内容聚合平台，为用户提供了丰富多样的内容资源。内容平台的特点是个性化推荐，通过算法分析用户的兴趣和行为，为用户推送符合其需求的内容，从而提升用户的黏性和满意度。

3) 即时通信工具

即时通信工具是新媒体渠道的另一重要类别，其核心功能是实现用户之间的实时沟通。例如，微信等工具，不仅支持文字、语音、视频等多种形式的交流，还通过群聊、朋友圈等功能，拓展了用户的社交网络。即时通信工具的特点是即时性和私密性，用户可以通过这些工具随时随地与他人沟通，同时保护个人隐私。

4) 垂直领域平台

垂直领域平台则专注于特定领域的内容和服务。例如，LinkedIn 专注于职业社交，豆瓣专注于文化娱乐，丁香园专注于医疗健康。垂直领域平台的特点是专业性和针对性，能够为用户提供更加精准和深入的服务。

10.1.3 新媒体营销变现形式

随着新媒体的快速发展，营销变现形式也在不断创新和演变。新媒体不仅改变了信息传播的方式，还为企业和个人提供了多样化的盈利途径。从传统的广告模式到新兴的内容付费、电商导流等，新媒体营销变现形式日益丰富，成为推动数字经济发展的重要力量。

10.1.3.1 新媒体营销变现的技术基础

新媒体营销变现的多样性和灵活性离不开其技术基础的支撑。互联网技术、大数据分析、人工智能技术以及移动支付技术的快速发展，为新媒体营销变现提供了可能。

互联网技术是新媒体营销变现的核心基础。从早期的万维网到如今的云计算和边缘计算，互联网技术的不断进步使得信息传播的速度和范围得到了极大提升。大数据分析技术则通过收集和分析用户的行为数据，为精准营销提供了依据。例如，通过分析用户的浏览记录、购买行为等数据，企业可以更精准地推送广告和推荐商品。

人工智能技术则通过算法推荐、自然语言处理等手段，优化了新媒体营销的用户体验。例如，通过分析用户的兴趣和行为，可以为用户推荐符合其需求的内容和商品，从而提高转化率。移动支付技术的普及则为新媒体营销变现提供了便捷的支付手段。例如，用户可以通过手机支付购买商品、打赏内容创作者，极大地提高了交易的便捷性和安全性。

这些技术的融合与创新，使得新媒体营销变现不仅能够承载文字、图片、音频、视频等多种形式的内容，还能够实现实时互动、个性化推荐等高级功能。

10.1.3.2 新媒体营销变现的分类与特点

新媒体营销变现可以根据其功能、形式和用户行为进行分类。尽管分类方式多样，但总体上可以将其分为广告变现、内容付费、电商导流和增值服务等几大类。

1) 广告变现

广告变现是新媒体营销变现的重要组成部分，其核心功能是通过展示广告获取收入。例如，社交媒体平台、内容平台等通过展示横幅广告、视频广告等形式，向广告主收取费用。广告变现的特点是覆盖面广、形式多样，能够根据用户的行为和兴趣进行精准投放。例如，通过分析用户的浏览记录，平台可以为用户推送符合其需求的广告，从而提高广告的点击率和转化率。

2) 内容付费

内容付费则是通过向用户提供高质量的内容获取收入。例如，新闻机构、教育平台等通过提供付费新闻、付费课程等形式，向用户收取费用。内容付费的特点是内容质量高、用户黏性强，能够为用户提供深度价值。例如，用户可以通过付费订阅获取独家新闻、专业课程等高质量内容，从而提高用户的学习和工作效率。

3) 电商导流

电商导流则是通过引导用户购买商品获取收入。例如，社交媒体平台、内容平台等通过推荐商品、发布购物链接等形式，向电商平台导流，从而获取佣金。电商导流的特点是转化率高、用户需求明确，能够为用户提供便捷的购物体验。例如，用户可以通过社交媒体平台直接购买推荐的商品，从而节省搜索和比较的时间。

4）增值服务

增值服务则是通过提供额外的服务获取收入。例如，社交媒体平台、内容平台等通过提供会员服务、虚拟礼物等形式，向用户收取费用。增值服务的特点是用户体验好、用户黏性强，能够为用户提供个性化的服务。例如，用户可以通过购买会员服务享受无广告、高清视频等特权，从而提高用户的满意度和忠诚度。

10.1.3.3 新媒体营销变现的功能与应用

新媒体营销变现的功能不仅限于广告展示，还涵盖了内容创作、用户互动、商业合作等多个方面。这些功能的实现，使得新媒体营销变现在实际应用中得到了广泛应用。

在广告展示方面，新媒体营销变现通过多样化的形式和精准的投放策略，极大地提高了广告的覆盖面和影响力。例如，新闻机构通过社交媒体平台发布广告，能够迅速吸引大量用户的关注和讨论。在内容创作方面，新媒体营销变现为用户提供了丰富的创作工具和平台。例如，短视频平台为用户提供了简单易用的视频编辑工具，使得普通用户也能够创作出高质量的视频内容。

在用户互动方面，新媒体营销变现通过评论、点赞、转发等功能，增强了用户之间的互动性，促进了信息的二次传播。例如，用户在观看视频后可以发表自己的看法，在阅读文章后可以分享给好友，在参与话题讨论时可以表达自己的观点。在商业合作方面，新媒体营销变现通过精准的用户画像和个性化推荐，为企业提供了高效的营销手段。例如，电商平台通过分析用户的浏览和购买行为，为用户推荐符合其需求的商品，从而提高转化率。

10.1.3.4 新媒体营销变现的用户行为

新媒体营销变现的用户行为是其功能和应用的重要体现。用户在新媒体营销变现上的行为，不仅反映了其信息需求和消费需求，还影响了新媒体营销变现的发展方向。

新媒体营销变现的便捷性和个性化推荐功能，使得用户的消费体验得到了极大提升。此外，用户还可以通过社交媒体平台参与品牌活动、获取优惠信息，进一步增强与品牌的互动。

10.2 直播营销

直播营销是随着互联网技术和新媒体平台的快速发展而兴起的一种新型营销方式。它通过实时视频直播的形式，将产品展示、用户互动和销售转化紧密结合，为个体及企业提供全新的营销渠道。直播营销不仅打破了传统营销的时间和空间限制，还通过即时互动和真实体验，增强了用户的参与感和信任度。

10.2.1 直播与直播营销概述

直播（Live Streaming）的兴起离不开互联网技术、视频技术和移动通信技术的快速发展。互联网技术为直播提供了稳定的网络环境，使得视频内容能够实时传输到用户的设备上。视频技术，包括高清摄像、实时编码和流媒体传输，为直播提供了高质量的画面和流畅的观看体验。此外，云计算和边缘计算技术的应用，进一步提升了直播的稳定性和扩展性。云计算技术通过分布式存储和计算资源，为直播平台提供了强大的数据处理能力，能够支持大规模用户同时在线观看。边缘计算技术则通过将计算任务分配到网络边缘节点，减少了数据传输的延迟，提高了直播的实时性和互动性。

10.2.1.1 直播的发展历程

直播的发展历程可以追溯到早期的电视直播和网络直播。电视直播作为传统的直播形式，主要通过广播电视信号进行实时传输，用户通过电视机观看。然而，电视直播的互动性和灵活性较低，用户只能被动接收信息。

随着互联网技术的发展，网络直播逐渐兴起。早期的网络直播主要应用于体育赛事、音乐会等大型活动的实时转播。随着视频技术和移动通信技术的进步，网络直播逐渐向个人化和多元化方向发展。21世纪10年代，随着社交媒体和短视频平台的兴起，个人直播和电商直播成为新的趋势。个人直播通过社交媒体平台，使得普通用户也能够进行实时直播、分享生活、展示才艺。电商直播则通过直播形式进行产品展示和销售，成为企业营销的重要手段。

10.2.1.2 直播营销的模式与特点

直播营销是通过直播形式进行产品或服务的推广和销售，其核心在于实时互动和真实体验。直播营销的模式主要包括品牌直播、电商直播和内容直播等。

品牌直播是通过直播形式进行品牌宣传和推广。企业通过邀请明星、网红或专家进行直播，展示品牌故事、产品特点和企业文化，增强用户对品牌的认知和信任。品牌直播的特点是互动性强、覆盖面广，能够通过实时互动和用户反馈，及时调整营销策略。

电商直播是通过直播形式进行产品展示和销售。主播通过实时视频展示产品的外观、功能和使用方法，解答用户的疑问，引导用户购买。电商直播的特点是真实体验、即时转化，用户可以通过直播直观了解产品，提高购买决策的效率和准确性。

内容直播是通过直播形式进行内容创作和分享。主播通过直播分享知识、技能或娱乐内容，吸引用户观看和互动。内容直播的特点是内容丰富、用户黏性强，能够通过高质量的内容吸引和留住用户，提升品牌的影响力和用户忠诚度。

10.2.2 直播营销思路

直播营销的核心在于通过实时互动和真实体验，实现品牌传播、用户转化和销售增长。要制定有效的直播营销思路，需要明确目标、分析受众、制定策略和选择平台。

10.2.2.1 明确目标

直播营销目标可以分为品牌传播、用户转化和销售增长三类。品牌传播侧重于提升品牌知名度和美誉度，用户转化旨在吸引潜在用户并促使其成为忠实用户，销售增长则直接以提升销售额为核心目标。明确目标有助于制定有针对性的直播内容和推广策略。

10.2.2.2 分析受众

直播营销的成功离不开对目标受众的精准分析。企业需要通过数据分析工具，了解受众的年龄、性别、兴趣、消费习惯等信息，从而设计符合其需求的直播内容和互动方式。例如，年轻用户可能更偏好娱乐化的直播形式，而中老年用户则更关注产品的实用性和性价比。

10.2.2.3 制定策略

直播营销的策略需要结合目标、受众和产品特点设计。例如，品牌传播类直播可以通过邀请明星或关键意见领袖提升影响力，用户转化类直播可以通过限时优惠和互动活动吸引用户参与，销售增长类直播则可以通过产品展示和实时答疑促进购买决策。

10.2.2.4 选择平台

不同的直播平台具有不同的用户群体和功能特点。例如，抖音、快手等短视频平台适合娱乐化和年轻化的直播内容，淘宝、京东等电商平台则更适合以销售为导向的直播。企业需要根据目标受众和直播内容选择合适的平台。

10.2.3 直播前期的策划与筹备

直播前期的策划与筹备是直播营销成功的基础。这一阶段需要从内容设计、团队分工、技术支持、宣传预热等多个方面进行精细化准备。

10.2.3.1 内容设计

直播内容的设计需要围绕目标受众和营销目标展开。例如，品牌传播类直播可以设计品牌故事分享、产品研发背后的故事等内容，销售增长类直播则需要重点展示产品的功能、使用场景和优惠信息。此外，直播内容还需要注重节奏感，避免单一化的信息输出，通过互动环节和亮点设计保持用户的注意力。

10.2.3.2 团队分工

直播的成功离不开团队的协作。直播团队通常包括主播、运营人员、技术支持人员和客服人员。主播需要具备良好的表达能力和互动能力，运营人员负责直播流程的设计和执行，技术支持人员确保直播设备的正常运行，客服人员则负责解答用户的疑问和处理售后问题。

10.2.3.3 技术支持

直播的技术支持包括设备准备、网络环境和平台测试。设备方面需要准备高清摄像头、麦克风、灯光等，确保直播画面的清晰度和音质效果。网络环境需要稳定，避免直播过程中出现卡顿或中断。此外在直播前需要进行平台测试，确保所有功能正常运行。

10.2.3.4 宣传预热

直播前的宣传预热是吸引用户观看的关键。企业可以通过社交媒体、邮件、短信等多种渠道发布直播预告，告知用户直播的时间、内容和福利。此外，还可以通过短视频、海报等形式进行视觉化宣传，提升用户的期待感。例如，提前发布直播看点或邀请明星进行预告，能够有效提升直播的关注度。

10.2.4 直播的实施与执行

直播的实施与执行是直播营销的核心环节，直接决定了直播的效果和用户体验。这一阶段需要从内容呈现、互动设计、节奏把控和问题处理等方面进行精细化操作。

10.2.4.1 内容呈现

直播的内容呈现需要注重真实性和吸引力。主播需要通过生动的语言和动作展示产品的特点和使用方法，同时结合实际场景进行演示，增强用户的代入感。例如，美妆类直播可以通过现场化妆展示产品的效果，家电类直播可通过实际使用展示产品功能。

10.2.4.2 互动设计

直播的互动性是吸引用户参与的重要因素。主播需要通过提问、抽奖、红包等方式与用户进行实时互动，增强用户的参与感和黏性。例如，可以通过提问用户的需求或意见，引导用户发表评论；通过抽奖或红包活动，吸引用户积极参与。

10.2.4.3 节奏把控

直播的节奏需要根据内容和用户反馈进行灵活调整。例如，在直播开始时可以通过简短的自我介绍和内容预告吸引用户注意力，在直播中段通过产品展示和互动环节保持用户的兴趣，在直播结尾通过总结和优惠信息促使用户下单。

10.2.4.4 问题处理

在直播过程中，常见问题包括技术故障、互动不足、内容吸引力下降以及突发状况等。技术故障如网络卡顿、设备失灵等，需提前测试设备并准备备用方案，遇到问题时迅速切换设备或调整网络设置。互动不足时，主播应主动引导用户参与，如通过提问、抽奖或红包等方式激发用户兴趣。内容吸引力下降时，可通过调整节奏、增加亮点或引入新话题重新吸引用户。突发状况如用户负面评论或意外事件，主播需保持冷静，及时回应或转移话题，必要时由团队协助处理。通过灵活应对和团队协作，可以有效解决直播中的问题，确保直播顺利进行。

10.2.5 直播后期的宣传

直播的结束并不意味着营销活动的终结，后期的宣传与复盘是直播营销的重要环节。通过后期的宣传，可以进一步扩大直播的影响力；通过复盘，可以总结经验、优化策略，为未来的直播活动提供参考。

10.2.5.1 后期宣传

直播结束后，企业可以通过多种渠道对直播内容进行二次传播，以扩大影响力和持续吸引用户。例如，可以将直播的精彩片段剪辑成短视频，发布在社交媒体平台上，吸引未观看直播的用户关注。此外，还可以通过图文形式总结直播的亮点和福利，发布在企业官网或公众号上，增强用户的记忆点。对于电商直播，还可以通过直播回放功能，让未能实时观看的用户有机会了解产品信息并下单。同时，企业可以通过邮件、短信等方式向用户发送直播回顾和优惠信息，进一步促进销售转化。

10.2.5.2 数据分析

直播结束后，企业需要对直播的数据进行详细分析，以评估直播的效果并发现改进空间。关键数据包括观看人数、互动次数、转化率、销售额等。例如，观看人数反映了直播的吸引力，互动次数体现了用户的参与度，转化率和销售额则直接衡量了直播的营销效果。通过数据分析，企业可以发现直播中的亮点和不足。例如，如果某一段内容的互动率特别高，可以在未来的直播中增加类似环节；如果某一部分的用户流失率较高，则需要优化内容设计或节奏把控。

10.2.5.3 用户反馈

用户反馈是优化直播策略的重要依据。企业可以通过评论、问卷调查等方式收集用户对直播的评价和建议。例如，用户可能对直播的内容、互动形式、产品展示等方面提出意见，这些反馈可以帮助企业更好地了解用户需求，改进未来的直播活动。

10.2.5.4 总结与优化

基于数据分析和用户反馈，企业需要对直播活动进行总结，制定优化策略。例如，如果直播的观看人数未达预期，可以在未来的宣传预热中加大力度；如果用户的互动率较低，可以增加更多的互动环节或优化主播的表现。

此外，企业还可以通过横向对比不同直播活动的效果，发现成功的经验和失败的教训，从而形成一套适合自身特点的直播营销方法论。

10.2.6 直播营销成功的关键因素

成功的直播营销并非一蹴而就，而是需要系统化的思路和精细化的执行。从直播营销整体思路到前期策划与筹备，再到直播实施与执行，以及后期的宣传与复盘，每一个环节都至关重要。通过不断优化和创新，企业可以在直播营销中取得更大的成功，实现品牌传播、用户转化和销售增长的多重目标。总体来讲，决定直播营销成功与否的关键因素包括五个方面。

10.2.6.1 内容为王

无论是直播前的内容设计，还是直播中的内容呈现，优质的内容始终是吸引用户的核心。企业需要根据目标受众的需求和兴趣，设计有吸引力、有价值的内容，并通过生动的形式呈现出来。

10.2.6.2 互动为本

直播的互动性是区别于传统营销方式的重要特点。企业需要通过多种互动形式，增强用户的参与感和黏性，从而提升直播的效果。

10.2.6.3 技术支持

稳定的技术支持是直播顺利进行的基础。企业需要确保直播设备的正常运行和网络环境的稳定性，避免因技术问题影响用户体验。

10.2.6.4 宣传推广

直播的宣传推广贯穿于整个营销流程。通过前期的预热宣传吸引用户观看，通过后期的二次传播扩大影响力，企业需要充分利用多种渠道进行推广。

10.2.6.5 数据分析与优化

数据分析和优化是直播营销持续改进的关键。企业需要通过数据分析发现问题和亮点，并通过优化策略提升未来的直播效果。

10.3　短视频策划制作与运营

短视频作为一种新兴的媒介形式，凭借其短小精悍、内容丰富、传播迅速的特点，迅速成为互联网内容生态的重要组成部分。它不仅改变了人们获取信息和娱乐的方式，还为企业和个人提供了全新的营销和表达渠道。

10.3.1　短视频的概念与分类

10.3.1.1　短视频的概念

短视频是指时长通常在几秒到几分钟之间的视频内容，其核心特点是"短、平、快"——内容短小精悍，形式平易近人，传播迅速广泛。短视频的兴起得益于移动互联网的普及和智能设备的升级，用户可以通过手机随时随地拍摄、编辑和分享视频内容。短视频不仅是一种娱乐形式，还成为信息传播、品牌营销和文化表达的重要工具。

10.3.1.2　短视频的分类

根据内容形式和创作目的，短视频可以分为以下几类：

1）娱乐类短视频

娱乐类短视频以搞笑、段子、舞蹈、音乐等为主要内容，旨在为用户提供轻松愉快的观看体验。例如，抖音上的搞笑视频和舞蹈挑战。

2）知识类短视频

知识类短视频以科普、教育、技能分享为主要内容，旨在为用户提供有价值的信息和知识。例如，B站上的科普视频和教学教程。

3）生活类短视频

生活类短视频以日常生活、旅行、美食等为主要内容，旨在记录和分享生活点滴。例如，快手上的美食制作和旅行记录。

4）营销类短视频

营销类短视频以产品推广、品牌宣传为主要内容，旨在通过短视频形式实现商业目标。例如，企业通过短视频平台发布产品广告和品牌故事。

5）新闻类短视频

新闻类短视频以时事新闻、社会热点为主要内容，旨在为用户提供快速、直观的新闻资讯。例如，微博上的新闻短视频和热点事件报道。

短视频的分类不仅反映了内容的多样性，还体现了其在不同领域的应用价值。无论是娱乐、教育还是商业营销，短视频都以其独特的形式和传播方式，为用户和创作者提供了广阔的空间。

10.3.2　短视频平台

短视频平台的兴起是短视频内容爆发式增长的重要推动力。随着移动互联网的普及和用户需求的多样化，短视频平台逐渐成为用户获取信息和娱乐的主要渠道。国内外知名的短视频平台包括抖音、快手、B 站、YouTube Shorts 等，这些平台通过技术支持和内容生态建设，为用户和创作者提供了丰富的创作和传播工具。

10.3.2.1　短视频平台的基本特点

1）用户参与度高

短视频平台通过点赞、评论、分享等功能，增强了用户的参与感和互动性。用户不再是被动的观看者，还可以通过创作和互动参与到内容生态中。

2）算法推荐机制

短视频平台通过算法推荐机制，根据用户的兴趣和行为，为其推送个性化的内容。这种机制不仅提高了用户的观看体验，还帮助创作者获得更多的曝光和关注。

3）内容生态丰富

短视频平台通过多样化的内容形式和创作工具，吸引了不同类型的创作者和用户。无论是娱乐、教育还是商业营销，短视频平台都为其提供了广阔的空间。

10.3.2.2　短视频平台的商业价值

短视频平台不仅为用户提供了娱乐和信息获取的渠道，还为企业和个人提供了全新的商业机会。例如，企业可以通过短视频平台发布广告和品牌故事，个人创作者可以通过短视频平台实现内容变现。此外，短视频平台还通过电商、直播等形式，进一步拓展了其商业价值。

10.3.3　短视频策划

短视频策划是短视频创作的基础，其核心在于明确目标、受众和内容形式。通过系统化的策划，创作者可以更好地把握短视频的方向和节奏，提升内容的质量和传播效果。

10.3.3.1　短视频策划的步骤

明确目标：短视频的目标可以分为品牌传播、用户转化、内容变现等。明确目标有助于制定针对性的内容和推广策略。

分析受众：通过数据分析工具，了解受众的年龄、性别、兴趣、消费习惯等信息，从而设计符合其需求的短视频内容。

选择内容形式：根据目标和受众，选择适合的短视频形式，如搞笑视频、知识分享、产品展示等。

设计脚本和拍摄计划：通过详细的脚本设计和拍摄计划，确保短视频的内容和节奏符合预期。

制定推广策略：通过社交媒体、广告投放等方式，提升短视频的曝光率和传播效果。

10.3.3.2　短视频策划的案例

以某品牌推广为例，其短视频策划包括以下步骤：

明确目标：提升品牌知名度和用户转化率。

分析受众：年轻用户，关注时尚和生活方式。

选择内容形式：通过搞笑视频和产品展示，吸引用户关注。

设计脚本：设计一个有趣的情节，将产品融入其中。

设计拍摄计划：确定拍摄地点、演员、道具等，并制定详细的拍摄时间表。

制定推广策略：通过抖音、快手等平台发布短视频，并结合社交媒体和KOL（关键意见领袖）进行二次传播。

10.3.4 短视频内容运营

短视频内容运营的核心目标是通过优质内容和有效策略，提升用户的观看体验和黏性，同时实现商业价值。内容运营不仅包括内容的创作和发布，还涉及用户互动、数据分析和优化调整。短视频内容运营的关键环节如下：

10.3.4.1 内容创作

优质内容是短视频运营的基础。创作者需要根据目标受众和平台特点，设计有趣、有价值的内容。例如，娱乐类短视频可以通过搞笑情节和音乐吸引用户，知识类短视频可以通过专业讲解和实用技巧提升用户黏性。在内容创作中，还需要注重视频的节奏感和视觉效果。例如，通过快速剪辑、特效和字幕，增强视频的吸引力和表现力。

10.3.4.2 用户互动

用户互动是提升短视频传播效果的重要手段。创作者可以通过评论回复、点赞互动、话题挑战等方式，增强用户的参与感和黏性。例如，在视频结尾设置互动问题，鼓励用户留言讨论；或者发起话题挑战，吸引用户参与创作。创作者还可以通过直播、粉丝群等形式，与用户进行更深入的互动，建立更强的用户关系。

10.3.4.3 数据分析

数据分析是短视频内容运营的重要工具。通过分析播放量、点赞量、评论量、转发量等数据，创作者可以了解用户的行为和偏好，从而优化内容策略。例如，如果某类视频的播放量较高，可以增加类似内容的创作；如果某类视频的用户流失率较高，则需要调整内容设计或节奏把控。数据分析还可以帮助创作者了解平台的推荐机制，从而更好地利用算法提升视频的曝光率。

10.3.4.4 优化调整

根据数据分析结果，创作者需要对短视频内容进行优化调整。例如，如果发现用户在视频的前几秒流失率较高，可以优化视频的开头设计，增加吸引力；如果发现某类内容的互动率较低，可以调整互动形式或内容主题。创作者还需要根据平台的变化和用户需求的变化，不断调整内容策略，保持内容的创新性和竞争力。

10.3.5 短视频的未来发展趋势

10.3.5.1 技术创新驱动

随着5G、人工智能、虚拟现实等技术的不断发展，短视频的内容形式和用户体验将进一步提升。例如，5G技术将支持更高清、更流畅的视频播放，人工智能将实现更精准的内容推荐，虚拟现实将提供更沉浸式的观看体验。

10.3.5.2 内容垂直化与专业化

随着用户需求的多样化，短视频内容将更加垂直化和专业化。例如，针对特定领域的知识类短视频、针对特定人群的生活类短视频等，将获得更多的关注和认可。

10.3.5.3 商业化模式多元化

短视频的商业化模式将更加多元化。除了广告和内容变现，短视频还将与电商、直播、教育等领域深度融合，为用户和创作者提供更多的商业机会。

10.3.5.4 社会责任与正能量传播

短视频平台和创作者将更加注重社会责任和正能量传播。例如，通过公益短视频、文化传承短视频等形式，传递社会价值和文化价值，提升品牌形象和社会影响力。

10.3.6 短视频运营案例分析

短视频作为一种新兴的媒介形式，凭借其短小精悍、内容丰富、传播迅速的特点，迅速成为互联网内容生态的重要组成部分。近年来，越来越多的企业和个人通过短视频运营，不仅实现了品牌传播和商业变现，还通过公益行动、文化传承等方式，传递了社会责任感与正能量。下面通过两个具有代表性和正能量的短视频运营经典案例，深入分析其背后的策略、执行和效果，为大家提供借鉴和启示。

案例一：抖音"乡村守护人"计划

抖音作为中国最大的短视频平台之一，不仅为用户提供了丰富的娱乐内容，还积极履行社会责任，助力乡村振兴。从2021年开始，抖音推出了"乡村守护人"计划，通过短视频推广乡村文化和特色产品，帮助农民增收，推动乡村振兴。

1) 短视频运营策略

（1）公益主题与品牌结合。"乡村守护人"计划以"守护乡村，传递美好"为主题，将公益与品牌传播有机结合。通过短视频推广乡村文化和特色产品，不仅帮助农民解决了销售难题，还让用户以观看和分享的方式参与到公益行动中，增强了用户的社会责任感。

（2）内容创作与故事讲述。在"乡村守护人"计划中，抖音邀请了多位乡村创作者和关键意见领袖，通过短视频记录和分享乡村生活、文化和特色产品。例如，一位乡村创作者通过短视频展示了当地的手工艺品制作过程，讲述了手工艺人的故事，让用户感受到传统工艺的魅力和乡村文化的价值。

（3）互动与情感共鸣。抖音通过话题挑战和互动活动，增强了用户的参与感。例如，发起了"乡村守护人"话题挑战，鼓励用户拍摄和分享乡村生活的短视频，传递乡村的美好与温暖。此外，抖音还通过直播和电商功能，帮助农民直接销售特色产品，进一步提升了公益行动的效果。

2) 执行与效果

"乡村守护人"计划取得了显著的社会效益和经济效益。通过短视频和直播，多位乡村创作者和农民实现了增收，部分特色产品的销售额突破百万元。此外，通过抖音的推广，乡村文化和特色产品的市场认可度和品牌知名度也得到了显著提升。更重要的是，这场公益行动通过短视频的形式，增强了大家的社会责任感，激发了更多人对乡村振兴的关注和支持。

3) 案例启示

（1）公益专题与品牌结合。通过将公益主题与品牌传播结合，企业不仅能够实现商业价值，还可以增强社会责任感，提升品牌形象。

（2）内容创作与故事讲述。通过记录和分享乡村生活和文化，能够增强用户的情感共鸣，提升内容的吸引力和品牌认同感。

（3）互动与参与感。通过话题挑战和互动活动，能够增强用户的参与感，提升短视频的传播效果和社会影响力。

案例二：B 站 "知识分享" 计划

B 站（哔哩哔哩）作为中国领先的年轻人文化社区，不仅为用户提供了丰富的娱乐内容，还积极推动知识分享和教育普及。从 2022 年开始，B 站推出了"知识分享"计划，通过短视频和长视频结合的形式，推广科普知识和实用技能，助力用户学习和成长。

1）短视频运营策略

（1）知识主题与品牌结合。"知识分享"计划以"学习无界，知识共享"为主题，将知识传播与品牌建设有机结合。通过短视频推广科普知识和实用技能，不仅为用户提供了有价值的内容，还提升了 B 站作为知识分享平台的形象。

（2）内容创作与专业讲解。在"知识分享"计划中，B 站邀请了多位专家学者和知识创作者，通过短视频分享专业知识和实用技巧。例如，一位科普博主通过短视频讲解了天文学的基础知识，用通俗易懂的语言和生动的动画，让用户轻松理解复杂的科学概念。

（3）互动与学习社区建设。B 站通过弹幕、评论和互动活动，增强用户参与感。例如，在知识类短视频中，用户可以通过弹幕提问和讨论，与创作者和其他用户实时互动。此外，B 站还通过直播和线上课程，为用户提供更深入的学习机会，进一步提升了知识传播的效果。

2）执行与效果

"知识分享"计划取得了显著的教育效益和品牌效益。通过短视频和直播，多位知识创作者获得了大量关注，部分科普视频的播放量突破百万。此外，通过 B 站的推广，科普知识和实用技能的用户覆盖率和学习效果也得到了显著提升。更重要的是，这场知识分享行动通过短视频的形式，传递了学习的价值，激发了更多人对知识的兴趣和热爱。

3）案例启示

（1）知识与品牌结合。通过将知识主题与品牌建设结合，企业不仅能够实现商业价值，还可以传递教育责任感，提升品牌形象。

（2）内容创作与专业讲解。通过专业讲解和生动形式，能够增强用户对知识的理解和兴趣，提升内容的吸引力和教育价值。

（3）互动与学习社区建设。通过弹幕、评论和互动活动，能够增强用户的参与感，提升短视频的传播效果和学习效果。

本章小结

本章深入剖析了新媒体在当代营销中的重要角色及其多元化应用策略。首先概述了新媒体的概念、发展历程及基本特点，揭示了其超媒体性、交互性、超时空等特点。随后，通过具体案例，如电商直播在"海威 2 号"平台的应用，展示了新媒体在营销中的创新实践。其次，详细探讨了新媒体渠道的分类、功能与应用，以及新媒体营销变现的多种形式。最后，讲述了直播营销和短视频运营，并通过案例分析，如抖音"乡村守护人"计划，展现了其在信息传播和增强社会责任方面的作用。

复习与思考

一、单选题

1. 新媒体与传统媒体相比，最大的区别是什么？（　　）
   A. 传播速度快　　　　　　　　B. 受众范围广
   C. 互动性　　　　　　　　　　D. 传播渠道多

2. 新媒体的发展历程中，哪个阶段标志着社交媒体的爆发？（　　）
   A. 技术驱动的萌芽期　　　　　B. 网络媒体的崛起期
   C. 社交媒体的爆发期　　　　　D. 智能媒体的探索期

3. 新媒体营销变现的主要形式不包括什么？（　　）
   A. 广告变现　　　　　　　　　B. 内容付费
   C. 实体产品销售　　　　　　　D. 增值服务

4. 直播营销的核心优势是什么？（　　）
   A. 内容丰富　　　　　　　　　B. 形式多样
   C. 实时互动和真实体验　　　　D. 成本低廉

5. 以下哪项不是直播营销的常见模式？（　　）
   A. 品牌直播　　　　　　　　　B. 电商直播
   C. 新闻发布会　　　　　　　　D. 内容直播

6. 以下哪个平台不是短视频平台？（　　）
   A. 抖音　　　　　　　　　　　B. 微博
   C. B站　　　　　　　　　　　D. YouTube Shorts

7. 短视频策划的首要步骤是什么？（　　）
   A. 拍摄　　　　　　　　　　　B. 明确目标
   C. 数据分析　　　　　　　　　D. 推广策略制定

8. 新媒体营销中，利用算法推荐技术实现个性化内容推送，这属于哪种营销策略？（　　）
   A. 内容付费　　　　　　　　　B. 精准营销
   C. 病毒式营销　　　　　　　　D. 社交营销

9. 新媒体营销中，通过关键意见领袖进行推广，主要利用了新媒体的哪种特点？（　　）
   A. 超媒体性　　　　　　　　　B. 交互性
   C. 个性化信息服务　　　　　　D. 影响力传播

10. 新媒体营销在推动品牌传播方面，最显著的优势是什么？（　　）
    A. 成本低廉　　　　　　　　　B. 覆盖范围广
    C. 互动性强　　　　　　　　　D. 易于监测效果

二、多选题

1. 新媒体的特点包括哪些？（　　）
   A. 超媒体性　　　　　　　　　B. 交互性
   C. 单向性　　　　　　　　　　D. 个性化信息服务

2. 新媒体的发展历程经历了哪些阶段？（　　）
   A. 技术驱动的萌芽期　　　　　B. 网络媒体的崛起期
   C. 智能媒体的探索期　　　　　D. 社交媒体的爆发期

3. 以下哪些属于新媒体渠道？（　　）
   A. 电视　　　　　　　　　　　B. 微信
   C. 抖音　　　　　　　　　　　D. 报纸

4. 新媒体营销变现的主要形式有哪些？（　　）
   A. 广告变现　　　　　　　　　B. 内容付费
   C. 实体产品销售　　　　　　　D. 增值服务

5. 直播营销的常见模式包括哪些？（　　）
   A. 品牌直播　　　　　　　　　B. 电商直播
   C. 新闻发布会　　　　　　　　D. 内容直播

6. 短视频的核心特点有哪些？（　　）
   A. 内容短小精悍　　　　　　　B. 形式平易近人
   C. 传播缓慢　　　　　　　　　D. 传播迅速广泛

7. 短视频策划的步骤包括哪些？（　　）
   A. 明确目标　　　　　　　　　B. 分析受众
   C. 制定推广策略　　　　　　　D. 拍摄

8. 新媒体营销中，个性化信息服务的实现依赖于哪些技术？（　　）
   A. 大数据分析　　　　　　　　B. 人工智能
   C. 虚拟现实　　　　　　　　　D. 5G技术

9. 直播营销成功的关键因素包括？（　　）
   A. 内容质量　　　　　　　　　B. 用户互动
   C. 技术支持　　　　　　　　　D. 宣传推广

10. 短视频平台的基本特点有哪些？（　　）
    A. 用户参与度高　　　　　　　B. 算法推荐机制
    C. 内容生态单一　　　　　　　D. 商业化模式多样

11. 新媒体营销中，利用社交媒体进行品牌推广的优势有哪些？（　　）
    A. 覆盖面广　　　　　　　　　B. 互动性强
    C. 病毒式传播潜力　　　　　　D. 精准定位

12. 以下哪些属于新媒体营销中的精准营销策略？（　　）
    A. 关键词广告　　　　　　　　B. 内容付费
    C. 社交媒体定向投放　　　　　D. 短视频挑战赛

13. 短视频内容运营的关键环节包括哪些？（　　）
    A. 内容创作　　　　　　　　　B. 用户互动
    C. 广告投放　　　　　　　　　D. 数据分析

14. 智能媒体探索期的主要特点有哪些？（　　）
A. 个性化推荐　　　　　　　　B. 精准营销
C. 虚拟现实应用　　　　　　　D. 传统媒体融合
15. 新媒体营销在推动品牌传播方面的优势包括哪些？（　　）
A. 互动性强　　　　　　　　　B. 传播速度快
C. 受众范围广　　　　　　　　D. 精准定位

三、判断题

1. 新媒体的出现彻底取代了传统媒体，成为信息传播的主要方式。（　　）
2. 新媒体的交互性特点使得用户可以实时与内容进行互动。（　　）
3. 新媒体的发展历程中，技术驱动的萌芽期主要发生在20世纪90年代。（　　）
4. 所有利用数字技术和网络技术进行的营销活动都属于新媒体营销。（　　）
5. 新媒体营销变现只能通过广告变现和内容付费两种形式实现。（　　）
6. 直播营销的核心优势在于其实时互动和真实体验。（　　）
7. 短视频的核心特点是内容短小精悍，但传播速度相对较慢。（　　）
8. 短视频策划的首要步骤是拍摄高质量的视频内容。（　　）
9. 新媒体营销中，利用算法推荐技术实现个性化内容推送，不需要考虑用户隐私。
（　　）
10. 直播营销的成功完全依赖于主播的形象和口才。（　　）
11. 短视频平台的内容生态单一，主要以娱乐类短视频为主。（　　）
12. 新媒体营销在推动品牌传播方面，具有精准定位和高成本效益的优势。（　　）
13. 传统媒体无法实现与用户的实时互动。（　　）
14. 智能媒体的探索期，虚拟现实和增强现实技术开始在新媒体中得到广泛应用。
（　　）
15. 新媒体营销的所有环节都可以完全自动化，无须人工干预。（　　）

四、简答题

1. 简述新媒体与传统媒体的主要区别。
2. 新媒体营销变现的主要形式有哪些？并简要说明。
3. 简述直播营销的核心优势及其主要模式。
4. 短视频策划的关键步骤有哪些？
5. 新媒体营销在推动品牌传播方面有哪些显著优势？

五、论述题

1. 论述新媒体的发展历程及其对社会的影响。
2. 结合具体案例，论述短视频营销在新媒体营销中的重要性及其运营策略。

六、案例分析题

"茶香四溢"是一家专注于销售高品质茶叶的新兴电商企业。为了扩大品牌影响力并促进产品销售，该企业决定利用新媒体营销，特别是直播营销和短视频营销，来触达更广泛的受众。以下是"茶香四溢"的新媒体营销策略及实施过程。

（1）直播营销。

①目标受众分析："茶香四溢"通过市场调研发现，其主要目标受众为25~45岁的茶叶爱好者，他们注重生活品质，对茶文化有一定兴趣。

②内容设计：直播内容围绕茶叶知识讲解、茶艺表演、茶叶品鉴等环节展开，旨在通过专业且有趣的内容吸引受众。

③平台选择：考虑到目标受众的特点，选择了抖音和小红书作为直播平台，这两个平台用户年轻且活跃，适合推广茶文化。

④团队分工：组建了包括专业茶艺师、主播、运营和技术支持的直播团队，确保直播的专业性和流畅性。

(2) 短视频营销。

①策划与制作：制作了一系列关于茶叶种植、采摘、制作过程的短视频，以及茶艺表演、茶叶品鉴的趣味小视频，旨在通过视觉和故事吸引用户。

②推广策略：利用社交媒体平台（如微信、微博）和短视频平台本身的推荐算法进行推广，同时与茶叶相关的 KOL 合作，增加曝光率。

③数据分析与优化：通过监测短视频的播放量、点赞量、评论量和转发量，不断优化视频内容和推广策略。

问题：分析"茶香四溢"新媒体营销策略的成功之处与可能面临的挑战，提出针对该策略的优化建议。

参考答案

第 11 章 跨境电商营销

引导案例

跨境电商助力中国品牌出海

2024年,浙江杭州大雅信息科技有限公司一批价值21.3万元的自主品牌家具,通过跨境电商出口海外仓模式出口海外。"这些家具是我们自主设计生产的,在跨境电商平台上卖得很不错。"公司外贸业务部经理徐钿悝介绍。"通过跨境电商平台,我们直接接触海外客户,从而更好地把握市场节奏,持续推动产品创新。"徐钿悝说,通过跨境电商,公司从最初的以代工为主,发展到逐步打造独立品牌,成功在海外市场站稳脚跟。目前,公司已经在欧美等主要出口市场租赁了10多个海外仓,前三季度通过跨境电商海外仓模式出口逾5亿元,同比增长超过30%。

杭州,越来越多外贸企业主动融入跨境电商的发展浪潮,积极培育自主品牌,推动国货出海。在杭州市临平区的一处直播基地,主播正用一口流利的英文,热情地向直播间里的国外消费者介绍一款秋季风衣。浙江森帛服饰有限公司总经理陶弘璟说:"跨境电商为服装出口提供了新机遇,从目前的销售情况看,今年的服装销售额同比有三成左右增长。"

党的二十届三中全会审议通过的《中共中央关于进一步全面深化改革、推进中国式现代化的决定》提出,创新发展数字贸易,推进跨境电商综合试验区建设。"跨境电商迅速发展壮大,逐渐成为全球经贸领域的新亮点和我国外贸发展的有生力量,也为中国品牌走向世界提供了新机遇。"杭州海关有关负责人说,前三季度浙江跨境电商出口超2 500亿元,规模创历史同期新高,同比增长20%以上。

资料来源:《学习强国》平台,人民日报:https://article.xuexi.cn/articles/index.html?art_id=8042812871585756576&t=1730288773967&showmenu=false&study_style_id=feeds_default&source=share&share_to=wx_single&item_id=8042812871585756576&ref_read_id=72bafe74-5f2e-4e39-93ae-090ee2c8c399_1732676029932

11.1 跨境电商营销基础

全球化与数字化，正逐步影响着国民经济的各个部门及其企业，首要的无疑是国际贸易。全球化为国际贸易创造必要的、空前的有利条件，数字化为国际贸易提供了相应的、顺畅的基本手段。而跨境电子商务作为一种新兴贸易模式，正逐渐成为推动国际贸易发展的重要力量。

11.1.1 跨境电商概述

跨境电商，即跨境电子商务，是指不同国境地域的交易主体之间，以电子商务的方式达成交易、在线订购、支付结算，并通过跨境物流递送商品、清关，最终送达，完成交易的一种国际商业活动。跨境电商模式分类标准如表11-1所示。

表11-1 跨境电商模式分类标准

分类标准	主要类别	概念/特点
货物流向	出口跨境电商	本国商品通过电子商务渠道销售到国外市场
	进口跨境电商	国外商品通过电子商务渠道销售到本国市场
交易主体属性	B2B跨境电商	大批量、小批次、订单集中
	B2C跨境电商	小批量、多批次、订单分散
	C2C跨境电商	辅助性、节约性、繁杂性
运营模式	跨境电商第三方平台	门槛低、流量大、限制多、同质化竞争激烈
	跨境电商独立站	有利于数据沉淀和品牌建设，自主权高、流量成本高

11.1.1.1 跨境电商的特征

1) 多边化，呈网状结构

通过一国的交易平台，实现其他国家间的直接贸易，与贸易过程相关的信息流、商流、物流、资金流由传统的双边逐渐向多边方向演进，呈现出网状结构。

2) 直接化，效率高

通过电子商务交易与服务平台，实现多国企业之间、企业与最终消费者之间的直接交易，进出口环节少，时间短，成本低，效率高。

3) 小批量，高频度

通过电子商务交易与服务平台实现多国企业之间、企业与最终消费者之间的直接交易，交易的次数多，频次高。

4) 数字化，监管难

随着信息网络技术的深化应用，数字化产品的品类和贸易量快速增长，且通过跨境电商进行销售或消费的趋势明显。

11.1.1.2 中国跨境电商发展概况

根据《2024中国跨境电商发展报告：跨境电商供应链的全球化布局与本土化策略》

(以下简称《2024报告》或《2024中国跨境电商发展报告》）所述，中国跨境电商发展行业规模如图11-1所示。

据海关总署数据，2023年我国跨境电商进出口2.38万亿元，同比增长15.6%，其中，出口1.83万亿元，增长19.6%，进口5 483亿元，增长3.9%；占我国货物贸易进出口总值41.76万亿元的5.7%。

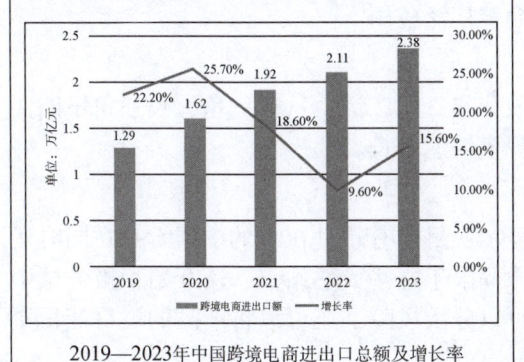

据网经社数据，2023年我国跨境电商市场规模达16.85万亿元，同比增长7.32%，占我国货物贸易进出口总值41.76万亿元的40.35%。其中，出口13.24万亿元，同比增长7.64%，进口3.61万亿元，同比增长6.17%。

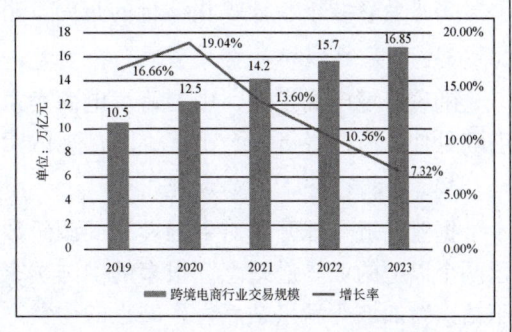

图11-1 中国跨境电商发展行业规模

数据来源：《2024中国跨境电商发展报告》

商务部数据显示，我国跨境电商企业超过12万家。中国海关企业进出口信用信息公示平台显示，截至2023年年底，海关跨境电商备案企业数量为65 234家，同比增长40.93%，跨境电商企业主体数量呈高速增长态势。中国跨境电商出口目的地中，美国市场占比34.3%，英国占比6.5%。出口商品中，消费品占92.8%，其中服装鞋包占33.1%，手机等电子产品占17.1%。进口商品中，消费品占比98.3%，其中美容化妆品和盥洗用品占比28.4%，生鲜食品占比14.7%。2024年在海外市场中表现优异、斗志高昂的是以TikTok Shop、AliExpress（速卖通）、Temu（拼多多国际版）、Shein（希音）为代表的中国跨境"四小龙"。四家企业主要服务模式如图11-2所示。

Shein	AliExpress	TikTok Shop	Temu
"小单快反"数字化柔性供应链"自营+平台"双线发展模式	跨境电商B2C零售模式布局全球物流网络	兴趣电商+短视频	全托管、社交裂变、极致低价
2012年	2010年4月	2021年12月首站上线印尼	2022年9月上线北美
2023年GMV300亿美元	2023年速卖通GMV195亿美元	2023年GMV200亿美元	2023年GMV140亿美元
300亿美元	195亿美元	200亿美元	140亿美元

图11-2 中国跨境"四小龙"

信息来源：《2024年度全球跨境电商平台深度解析：新模式下的新格局》的企业财报

11.1.1.3 跨境电商发展新趋势

当前跨境电商发展呈现出以下发展新趋势：

1) 跨境电商平台多元化

平台玩家类型多元与模式创新并驱，为跨境出海企业提供更多布局选择。

2) 卖家多渠道布局寻求增量

多平台、线下与社媒相结合的布局策略将会被广泛应用。

3) 卖家地域和类型更多元

随着跨境电商发展，中国跨境电商卖家地域分布日益广泛，从珠三角、长三角不断向内陆延伸，海西经济区、中部、北部地区卖家规模快速增长。

4) 卖家的全球布局加速

据亚马逊全球开店对中国卖家的调研数据显示：目前有超过60%的中国卖家在同时运营两个以上的亚马逊站点。很多的中国卖家不再局限于这些成熟站点，还开始积极尝试中东站、新加坡等新兴站点。多站点的运营不仅可以分散风险，还可以将产品的类目变得更为完善。

5) 卖家的品牌意识增强

2017—2019年，在亚马逊上完成品牌注册的中国卖家数量增长就高达10倍。

6) 产品创新加强

中国卖家的选品不再局限于常见的厨房、家居、运动等类目，很多的类目像穿戴设备、消费电子、创意产品等领域，也出现了很多的中国卖家。

7) 商品出口带动服务出口

商品出口成熟和品牌化带动跨境服务生态发展。

11.1.2 跨境电商营销的基本概念

网络营销是跨境电商运营中不可或缺的一环。跨境电商的成功除了要有好的产品和供应链的支持外，还离不开好的营销渠道和手段。和传统跨境贸易相比，跨境电商更加依赖网络营销。网络营销是一种以互联网为媒介和平台，以全新的方式、方法和理念实施市场营销活动，使交易参与者（企业、团体、组织和个人）之间的交易活动更有效地实现的新型市场营销方式。

跨境电商营销（也叫跨境网络营销）是指通过跨境电商平台或渠道将商品销售到不同国家或地区的市场营销活动。跨境电商营销的核心在于利用数字化手段，将产品或服务销售给全球消费者，这包括通过电子商务平台、社交媒体、数字广告等多种渠道进行推广和销售。跨境电商营销和一般网络营销相比，主要体现在交易主体和交易过程的差异上。严格来说，一般网络营销的方法和手段，在跨境电商营销中基本上都是适用的。

11.1.2.1 跨境电商营销和一般网络营销的区别

跨境电商营销和一般网络营销的区别主要体现在以下几个方面：区别一，语言差异：多语言，小语种也非常重要。区别二，文化差异：开展跨境电商营销时，其中一个主要的障碍来自营销主体和营销目标由于所处国家和地区不同导致的在文化上的差异。例如，传统节日通常是开展跨境电商营销的重要时间节点，因此，要针对一个国家的消费者开展跨境电商营销，就必须对当地的传统节日熟悉和了解。区别三，平台和渠道差异：境外的营销平台和渠道更加集中，搜索引擎依然是重要的营销渠道。区别四，跨境电商营销更加以销售为导向。

图11-3列举了常用的跨境电商营销手段。

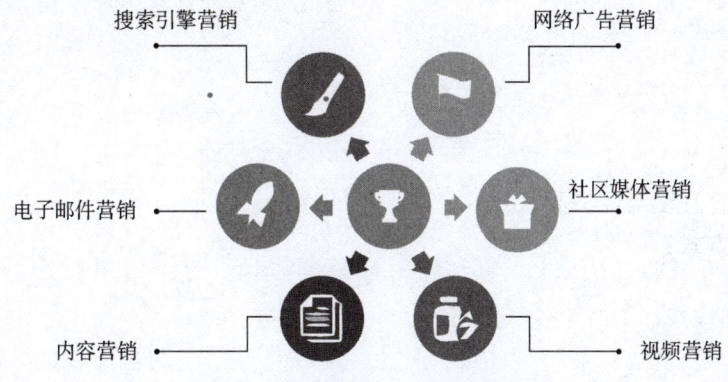

图11-3 常用的跨境电商营销手段

11.1.2.2 跨境电商营销的分类

按照流量来源的不同，跨境电商营销可以分为两大类：站内营销与站外营销。站外营销主要包括电子邮件营销、搜索引擎营销、社交媒体营销、视频营销、站外网络广告等；站内营销主要包括平台付费广告（关键词/排名）、店铺自主营销活动、平台活动推广等。

11.1.3 跨境电商消费者

11.1.3.1 跨境电商消费者的类型

跨境电商消费者主要分为理智型消费者、时尚型消费者、体验型消费者、寻价型消费者及浏览型消费者。跨境电商消费者的需求特点如图11-4所示。

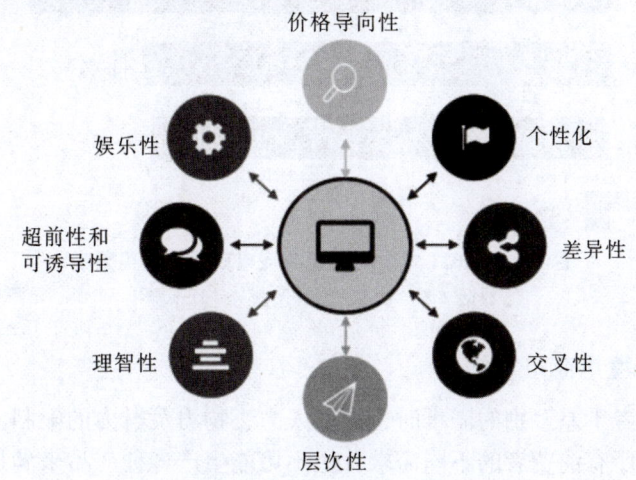

图11-4 跨境电商消费者的需求特点

11.1.3.2 影响跨境电商消费者行为的主要因素

1）环境因素

（1）网民人均收入；

(2) 网民数量；
(3) 网民整体学历；
(4) 网民人均周上网时间。

2) 个人因素

(1) 年龄；
(2) 性别；
(3) 职业；
(4) 受教育程度与经济收入；
(5) 生活方式；
(6) 个性。

3) 企业因素

(1) 支付；
(2) 配送；
(3) 营销策略；
(4) 网站设计；
(5) 客户服务。

2021 年中国进口跨境电商用户购买因素如图 11-5 所示。其中，有超过 60%的用户在购买时会考虑产品的品牌因素。

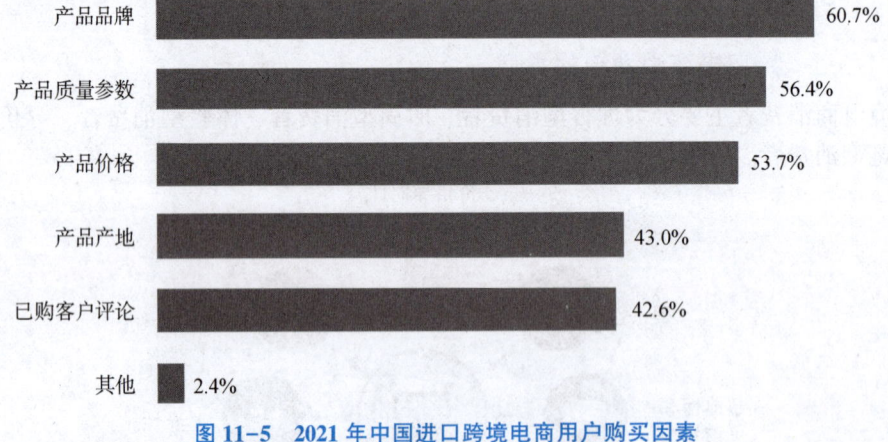

购买因素	占比
产品品牌	60.7%
产品质量参数	56.4%
产品价格	53.7%
产品产地	43.0%
已购客户评论	42.6%
其他	2.4%

图 11-5　2021 年中国进口跨境电商用户购买因素

数据来源：草莓派数据调查与计算系统

11.1.3.3　跨境电商市场细分

企业面对消费者千差万别的需求时，由于人力、物力及财力的限制，不可能生产各种不同的产品来满足所有消费者的不同需求，也不可能生产各种产品来满足消费者的所有需求。为了提高企业的经济效益，有必要细分市场。跨境电商消费者的需求差异是跨境电商市场细分的内在依据。只要存在两个以上的消费者，便可根据其需求、习惯和购买行为等的不同，进行市场细分。况且在市场竞争中，一个企业不可能在营销全过程中都占绝对优势。为了进行有效的竞争，企业必须评价、选择并集中力量用于能发挥自己相对优势的市场。这便是市场细分的外在机制，即它的必要性。

跨境电商市场细分的步骤如图 11-6 所示。

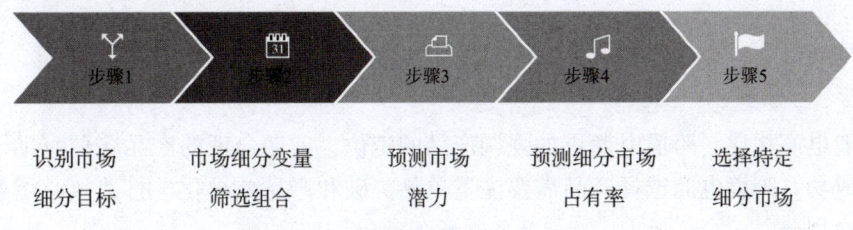

步骤1	步骤2	步骤3	步骤4	步骤5
识别市场细分目标	市场细分变量筛选组合	预测市场潜力	预测细分市场占有率	选择特定细分市场

图 11-6　跨境电商市场细分的步骤

11.1.4　跨境电商营销的趋势

跨境电商营销手段逐渐多样化，可以利用社交媒体、短视频、网红、独立站等多种渠道展开营销。跨境电商营销的趋势主要有以下几个：

1) 精品化和品牌化

随着市场竞争的加剧，传统粗放的铺货模式逐渐失去竞争力，精品化和品牌化模式成为新的趋势。跨境电商企业需要注重产品质量和品牌建设，提升消费者体验，以建立长期的客户忠诚度。

2) 精细化运营

利用 AI 及各类工具进行精细化运营，通过测试和数据分析来优化运营策略。精细化运营不仅关注销售数据，更注重用户体验和客户反馈，通过不断调整和优化来提升整体效果。

3) 短视频营销

视频内容在跨境电商营销中占据重要地位，短视频和中视频成为新的趋势。品牌需要投入更多资源制作富有创意和吸引力的视频内容，以吸引并留住用户。

4) 平台选择多样化

随着 TikTok 等新兴平台的崛起，跨境电商卖家需要根据自身资源和目标市场选择合适的平台。虽然 TikTok 在跨境电商中表现出色，但市场并非一家独大，冷门平台也可能带来意想不到的机会。

5) 个性化品牌形象

大平台提供广泛的流量和品牌曝光机会，独立站通过个性化的品牌形象和独特的客户体验建立客户群体，通过个性化服务吸引忠实客户。

6) 科技创新

科技创新在跨境电商中扮演着重要角色，从产品研发到物流交付，科技创新能够提升用户体验和效率。跨境电商企业需要不断进行技术创新，以适应快速变化的市场需求。

7) 本地化运营

在全球开拓新市场时，跨境电商企业需要注重本地化运营，了解当地市场和文化，提供符合当地需求的产品和服务，以提升市场竞争力。

这些趋势共同构成了当前跨境电商营销的主要方向。

11.2 跨境电商产品策略

和一般电商相比，跨境电商更加强调产品的定位，前期合理的产品定位有助于跨境电商运营的成功。跨境电商选择产品需要注重单品突破和产品差异化、打造核心爆款产品及产品的层次划分。

11.2.1 跨境电商选品

所谓选品，就是综合考虑跨境电商环境、平台、卖家和买家的实际情况，选择店铺的主营行业及具体类目的核心产品。选品是一个先了解市场，再做出决策的过程。同时，由于市场的需求和供应始终是不断变化的，因此，选品也是一个动态调整的过程。

跨境电商选品的本质是选择质量、价格、跨境特性最符合目标市场需求的商品，同时突出自己的竞争优势。

从市场角色关系看，选品，即选品人员从供应市场中选择适合目标市场需求的产品。选品人员必须一方面把握用户需求；另一方面，要从众多供应市场中选出质量、价格和外观最符合目标市场需求的产品。成功的选品，最终实现供应商、客户、选品人员三者共赢的结果。此为选品价值之所在。

从用户需求的角度看，选品要满足用户对某种效用的需求，比如带来生活方便、满足虚荣心、消除痛苦等方面的心理或生理需求。

从产品的角度看，选出的产品，要在外观、质量和价格等方面符合目标用户的需求。

由于需求和供应都处于不断变化中，选品也是一个不断迭代发展的过程。

11.2.1.1 跨境电商产品结构

跨境电商平台销售的产品大致可以分为两大类：

1) 劳动密集型产品

劳动密集型产品又称为劳动集约型产品，是指那些在生产过程要素投入比例中，劳动力投入比重相对较高的产品，它是相对于资金、技术密集型产品而言的。在国际贸易中，有形商品被分为初级产品和工业制成品，劳动密集型产品属于工业制成品。

2) 技术密集型产品

技术密集型产品又称为知识密集型产品，是指在生产要素的投入中需要使用复杂、先进而又尖端的科学技术才能进行生产的产业，或者在作为生产要素的劳动中技术密集程度高的产品。

图 11-7 给出了部分产品的结构类型分类。目前中国出口跨境电商品类以成本优势强、标准化程度高的 3C 电子、服饰、户外用品等为主，以标准品为主的出口产品结构符合跨境电商的发展特征，标准品因其品类的统一性而天然地适用于互联网推广和销售。

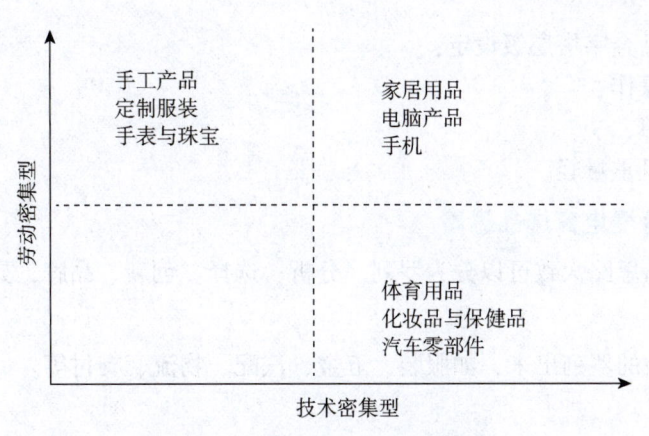

```
       │ 手工产品          │ 家居用品
       │ 定制服装          │ 电脑产品
   劳  │ 手表与珠宝        │ 手机
   动  │                   │
   密  ├───────────────────┼───────────────────
   集  │                   │ 体育用品
   型  │                   │ 化妆品与保健品
       │                   │ 汽车零部件
       └───────────────────┴───────────────────→
                          技术密集型
```

图 11-7　部分产品的结构类型分类

11.2.1.2　选品需注意的问题

跨境电商选品时应重点注意的问题或因素如下：

1) **法律问题**

遵守国际相关法律法规、出口国法律法规、进口国法律法规。

2) **市场因素**

关注目标市场分析（语言、文化、物流通关、市场规范、法律法规、消费结构）、用户需求及产品本身。

3) **侵权问题**

关注知识产权（商标权、专利权、著作权）、其他在先权利及海外国家销售许可。

4) **货源问题**

卖方货源要充足，从熟悉的产品和领域入手，选品品类从专一方向入手。

11.2.1.3　跨境电商选品的原则

跨境电商选品时建议遵循以下原则：

(1) 遵守政策法规，不侵犯知识产权；
(2) 从市场的需求出发；
(3) 关注产品本身；
(4) 考虑平台特性；
(5) 兼顾个人兴趣爱好和专业背景。

11.2.2　跨境电商选品方法

11.2.2.1　跨境电商选品维度

跨境电商选品维度主要体现在以下几个方面：

(1) 确定货源优势；
(2) 了解平台；
(3) 目标消费国市场调研；
(4) 品牌；

(5) 店铺产品金字塔层级设定；
(6) 简单易操作；
(7) 售后简单；
(8) 体积小且重量轻。

11.2.2.2 跨境电商选品思路

跨境电商选品思路大致可以分为罗列、分析、选择、创新、品牌，具体如下：

1) 罗列

先把所有能做的罗列出来，如服装、五金、汽配、物流、支付等。

2) 分析

选出能做哪些，再根据自身的能力进行分析筛选。例如服装市场不好，不选；五金自身条件有限，不选；做支付精力不够，也不选……经过一番分析，然后总结出哪些选项比较适合自己并且前景不错的。

3) 选择

经过罗列和分析后，选品就逐渐清晰了。通常分析后的结果选项会不止一个，这时该如何选择？建议选择自己喜欢的，只有选择自己喜欢做的事情，才会投入更多的精力。

4) 创新

任何产品都是有生命周期以及地域性的。就像过去流行的服饰现在基本没有什么销量，在境内热销的产品在东南亚等地区市场可能十分冷清。但是，大多数的产品本身其实大同小异，关键在于产品如何去创新。无论从事什么行业，选择卖什么产品，产品的固定更新必不可少，而创新有利于产品更好地出售与发展，这也是选品时需要考虑的重要因素。此外，产品的质量也非常重要，选品时要有质量意识。

5) 品牌

从跨境电商发展的趋势来看，最重要的是要发展自有品牌。选品时更应注重品牌，品牌化是产品营销的必然结果。跨境电商卖家应该将目光放长远，树立一个良好的品牌意识，在平台政策日渐严格的当下，选择以独立站的方式创建自有品牌官网是个不错的选择。

11.2.2.3 跨境电商选品策略

跨境电商常用的选品策略如下：

1) "跟风"选品策略

跟品牌：跟品牌的款式。对品牌的新品做出相关改进，并保持原有的风格。熟悉对应品牌的目标人群，从而确定自己的目标人群。

跟对手：复制竞争对手的供应链信息。看竞争对手的新品，模仿其图片、描述等。可以跟竞争对手的市场推广渠道，节约推广成本，直接将产品投放市场。

跟热销产品：不要求特定品牌，直接根据市场上的爆款选品，按市场热度进行销售。但要反应快，一旦发现爆品，马上抢货，快速上架。

2) 完全跟风选品策略

从现今应用最为广泛、流量较大的几个平台中分析其销售排行榜。排名靠前的产品毫无疑问是目前最受热捧的产品。另外，不同的跨境电商交易平台有其不同的侧重点，销售的产品类型、畅销品种类均有不同；跨境电商卖家根据自身企业特点选择平台，结合不同特点的平台，分析不同平台畅销物的种类，有目标地进行跟卖。

3) 跟风爆款选品策略

在热销产品中发现爆款具有共同元素，将这些元素叠加再加上自己的创新，就可以生产出属于自己的潜在爆款商品。反应速度要快，一旦发现爆品，马上就要抢货，快速上架，获得市场。

4) "长尾效应"选品策略

长尾理论由美国人克里斯·安德森提出，是指当商品储存流通展示的场地和渠道足够宽广，商品生产成本急剧下降以至于个人都可以进行生产，并且商品的销售成本急剧降低时，几乎任何以前看似需求极低的产品，只要有人卖，都会有人买。这些需求和销量不高的产品所占据的共同市场份额，就可以称为"长尾市场"，它可以和主流产品的市场份额相当，甚至更大。商业和文化的未来不在于传统需求曲线上那个代表"畅销商品"的头部；而是那条代表"冷门商品"经常为人遗忘的长尾。

商家在选品时不能一味盲目地跟卖热销商品，热销商品进入市场时间较长，对于后来者打破先入者的障碍壁垒难度较大。选择长尾商品进行销售，竞争力小，且可能获得由零散市场整合起来的巨大市场，商品实体线下市场不多见且种类不齐全时，线上销售极为有利。适合长尾理论的商品具有以下特征：商品存储流量展示的场地和渠道足够宽广；商品生产成本极低，以至于个人都可以进行生产；商品销售成本极低，只要有人卖，就会有人买。

5) 细分市场选品策略

（1）基于地域因素的选品策略。

从关注需求角度看，以俄罗斯为例，俄罗斯作为一个地域广阔、气候多样的国家，其市场需求具有鲜明的地域特色。在制定针对俄罗斯的选品策略时，首要任务是深入理解当地消费者的具体需求。

从提升品质角度看，以向欧美市场出口家居产品为例，向欧美市场出口家居产品时，提升品质是关键。欧美消费者普遍追求高品质、设计感强且环保的产品。

（2）基于文化因素的选品策略。

基于当地文化的选品策略：深入了解目标市场的文化背景和消费者偏好，选择与当地文化紧密相关的产品进行推广。

基于本国文化的选品策略：利用本国文化特色，打造差异化产品，吸引国际消费者。

基于"兴趣爱好"因素的选品策略：根据目标市场的兴趣爱好趋势，精准定位选品，满足消费者的个性化需求。

通过上述策略的综合运用，企业可以更加精准地把握市场需求，提升产品的市场竞争力，实现差异化发展。

11.2.2.4 跨境电商选品的渠道

跨境电商选品的渠道大致可以划分为站内和站外两大类。

1) 站内渠道

（1）跟卖；

（2）通过数据分析选品；

(3) 基于客户反馈选品。

2) 站外渠道

(1) 参考大型电商平台（1688货源）；
(2) 捕捉市场信息选品；
(3) 追踪社交平台的热点内容；
(4) 参加相关行业展会；
(5) 利用第三方工具选品。

11.3 跨境电商站内营销

如前文所述，跨境电商营销根据流量来源不同可以分为站内营销和站外营销。

11.3.1 站内营销的概念及方法

11.3.1.1 站内营销的概念

站内营销是指通过电商平台内部的工具和资源进行营销活动，以提升产品曝光度、吸引流量和促进销售。

11.3.1.2 站内营销的方法

站内营销的常用方法主要包括以下几种：
(1) 优化标题；
(2) 商品分类；
(3) 搜索词条；
(4) 商品属性；
(5) 详情描述优化；
(6) 跟踪竞争对手站内外运营和推广；
(7) 选品；
(8) 关键词选词。

11.3.2 速卖通站内营销

通过优化速卖通直通车，加入速卖通联盟等展开速卖通站内营销。

11.3.2.1 速卖通直通车

阿里巴巴全球速卖通平台会员通过自主设置多维度关键词，免费展示产品信息，通过大量曝光产品来欢迎潜在买家，并按照点击付费的全新网络推广方式。简单来说，速卖通直通车就是一种快速提升店铺流量的营销工具。速卖通直通车中影响商品排名的主要因素有推广评分、关键词出价，推广评分与关键词出价越高，排名靠前的机会越大。

1) 速卖通直通车的优势

(1) 排名靠前的商品获得优质的展示位；
(2) 海量商机，全网精准流量；

（3）免费曝光，点击付费；
（4）数据监测，成本可控。

2）当前通过速卖通直通车推广，商品主要展示在两种区域

（1）右侧推广区：在买家进行搜索或是类目浏览时，每一页结果列表的右侧区域可供同时展示最多5条直通车商品。

（2）底部推广区：在买家进行搜索或是类目浏览时，每一页结果列表的下方区域可供同时展示最多4条直通车商品，如图 11-8 所示。

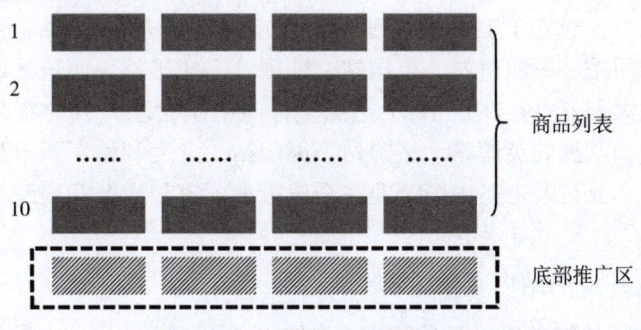

图 11-8 搜索页底部智能推荐位

速卖通直通车会在买家点击所展示的推广商品时，对卖家收取一定的推广费用，收取的费用由触发这次展示的推广关键词决定。扣费不等于推广关键词的出价。推广关键词的出价仅决定排名，而实际扣费金额则与您的推广评分、排在您后面一名的卖家出价及推广评分有关。大多数情况下，实际点击扣费会低于出价。由于商品排名与推广评分及出价两个因素有关，因此，商品推广评分越高，实际点击扣费就会越低。速卖通直通车拥有"定向人群投放"功能，在关键词搜索的基础上，对人群进行流量精准定向。在买家搜索关键词时，通过对不同人群设置溢价，让产品排名更加靠前，以便让精准人群优先看到。通过该操作可以增加店铺在对应人群面前的曝光率，从而增加全店的转化和销售额。

11.3.2.2 速卖通店铺营销

1）限时限量折扣

由卖家自主选择不同的折扣力度推新品、选爆品、清库存的一款店铺打折工具。

2）全店铺打折

可根据营销分组对全店商品批量设置不同折扣的打折工具，快速提升产品销量。

3）店铺满立减

卖家自主设置订单满 x 金额即可立减 y 金额的工具，可刺激买家多买，提升客单价。

4）店铺优惠券

由卖家自主设置优惠金额和使用条件，买家领取后可以在有效期内使用优惠券。

11.3.2.3 速卖通联盟

速卖通联盟营销是一种按效果付费的推广模式。参与到联盟营销的卖家，只需为联盟网站带来的成交订单支付联盟佣金。联盟营销为卖家带来站外的流量，只有成交才需付费。

在付费模式上,联盟是按成交付费,直通车是按点击付费。在展示位置上,联盟除了现有的站内渠道展示外(在联盟产品专门位置会得到额外曝光),在站外也能得到更多曝光。

11.3.3 亚马逊站内营销

11.3.3.1 亚马逊站简介

亚马逊(Amazon)是美国最大的一家网络电子商务公司,也是网络上最早开始经营电子商务的公司之一,成立于1995年。亚马逊目前全球共有13个站,包括美国站、日本站、加拿大站、巴西站、墨西哥站、英国站、德国站、法国站、西班牙站、意大利站、荷兰站、印度站、澳大利亚站。在这13个站点里,向中国卖家开放的有北美的美国站、加拿大站、墨西哥站;欧洲的英国站、法国站、德国站、意大利站、西班牙站;亚洲的日本站、印度站。目前,亚马逊也是中国企业在全球很多国家和地区开展跨境电商业务的首选平台。

11.3.3.2 亚马逊的站内营销方法

(1)做好图文版品牌描述:亚马逊的一个缺点是页面中充斥着大量的信息和文字,要想真正吸引顾客的注意力,需要出色的文案和图片。

(2)充分利用视频营销:亚马逊营销中最有效的趋势之一是使用演示和360度全景视频。

(3)最大限度地利用亚马逊 PPC 和赞助产品广告:在亚马逊上营销产品最简单的方法之一,就是最大限度地扩大你的产品详情页曝光率,而 PPC 和赞助产品广告是其中比较常用的营销方式。

(4)开站内自动广告:通过控制点击单价来过滤没效果的关键词,选好广告词后,可以提高广告预算。

(5)参加亚马逊的站内交易活动:亚马逊的站内交易活动具有程序简洁、流量多且精准、可以提升排名和销量等优点。

(6)参加测评提高排名:通过有意识地参加测评,积累评论和单量,对提高排名很有帮助,提高了排名,就能获得更多免费流量。

(7)利用工具的测评资源:类似 AMZ Tracker(亚马逊追踪器)、AMZ Helper(亚马逊助手)上面有较多的测评资源,成为会员后,通过获得五星评论和五星 Feedback,使亚马逊给产品详情页推荐更多的流量。

(8)开发后续追踪邮件系统:亚马逊有效营销的一个关键因素,是确定谁正在购买卖家的产品,并试图与该顾客建立起长期关系。实现这一目标的常见方式是建立一个电子邮件列表,并开发一个通过这种连接追踪消费者的系统。

(9)在产品盒中放置定制售后服务卡:在产品包装中放置售后服务卡是一个相当简单的营销策略,放置售后服务卡是为了提醒消费者留下个人电子邮件地址,可以方便继续营销自己的产品。

11.4 社交媒体营销

> **资料分享**
>
> **魅族的海外社交媒体营销**
>
> 魅族是知名的电子产品品牌，其一直积极开拓海外市场。在其海外营销初期，数十个魅族海外社交媒体主页均由不同国家的独立团队运营，与中国总部的沟通很少，不同国家的社交媒体输出的魅族品牌信息也不一致。魅族想要改善这一情况，希望在社交媒体中能更好地控制品牌信息和方向。而进行集中式的主页管理能更好地确保其社交媒体更新的准确性、及时性和效率。
>
> 魅族主要进行了以下操作：
> (1) 优化广告预算；
> (2) 优化自然发帖；
> (3) 本地化的社群管理；
> (4) 开展营销活动。
>
> 通过上述方式，魅族品牌取得了以下营销成果：2018 年年底，魅族的 Facebook 主页粉丝已超过 200 万、曝光 2 700 万次、视频观看 500 万次；发布了 396 条推特帖子和 412 条 Facebook 帖子，参与率达到了 5%的惊人成绩；粉丝的购买成本由最初的每个 2.50 美元降至了每个 0.02 美元；2019 年，新增 17 万 Facebook 粉丝；触达人数超过 450 万，并保持了平均每天 30 条的评论。

11.4.1 社交媒体营销的概念和分类

11.4.1.1 社交媒体营销的概念

美国社会心理学家 Stanley Milgram 创立了著名的六度分割理论：你和任何一个陌生人之间所间隔的人不会超过六个。后来有人根据这种理论，创立了面向社会性网络的互联网服务（Social Network Service，SNS）。社交媒体营销就是利用社会化网络，如在线社区、博客、百科或者其他互联网协作平台媒体来进行营销、维护开拓公共关系和客户服务的一种方式。

11.4.1.2 社交媒体的分类

1) 综合类 SNS

综合类 SNS 网站以 Facebook、百度贴吧为代表。他们为用户提供生活、社会、文化、文学、教育、科技、体育等综合信息。Facebook 俗称"脸书"，是全球知名的社交网站，推出的中文网是一个游戏社交工具。

2) 校园类 SNS

国内校园类 SNS 曾经的代表是人人网。这类 SNS 网站以在校学生为主要使用人群，紧紧锁定校园生活，凭借学生之间较强的信任感，用户通常愿意相互透露真实姓名与资料，进行真实性较高的互动。

3) 娱乐类 SNS

娱乐类 SNS 网站的用户群体是年轻、时尚一族。国内这类网站主要以抖音、Instagram（照片墙、映客）为代表，其中抖音以短视频为核心吸引用户，Instagram 则以用户发布个性化的内容为主吸引广大用户的参与。

4) 商务类 SNS

商务类 SNS 以商务人际关系为主线，这类网站以领英、脉脉为代表。目前，这类网站以公司白领为主体用户，以工作交流为核心，招聘业务也逐渐发展成为该类网站的重点。

5) 垂直类 SNS

垂直类 SNS 就是面向某个垂直领域的 SNS 网站。国内比较活跃的垂直类 SNS 网站主要有学习类、音乐类、婚恋交友类等。

11.4.1.3　社交媒体营销的价值

（1）资源丰富；
（2）精准的目标用户；
（3）庞大的用户群和口碑营销；
（4）营销的感染力强。

11.4.1.4　社交媒体营销的方式

（1）广告植入/软文；
（2）信息流广告；
（3）打造公共主页；
（4）以应用形式进行活动营销。

11.4.2　社交媒体营销的流程和原则

11.4.2.1　社交媒体营销的基本流程

（1）选择合适的社交平台；
（2）完善社交平台上的企业或品牌信息；
（3）确定营销的基调；
（4）制定合理的营销内容；
（5）分析并检测数据；
（6）保持与用户的互动。

11.4.2.2　社交媒体营销的趋势

海外社交媒体营销主要呈现出五种趋势：
（1）社媒端购物将成主流；
（2）限时动态成为内容主力军；
（3）AR 滤镜更加火爆；
（4）社群和 UGC 探寻用户真实需求；

(5) 数据驱动化营销——社会化聆听的使用将持续增长。

随着跨境电商模式不断地被商家和消费者所接受，跨境电商通过社交化来吸引用户的方式也逐渐被各大电商平台所接受。当平台社交化之后，由于有了原先的平台积累，卖家或者消费者更容易形成一种社群关系。对跨境电商而言，需要更加重视社交媒体和社交网络，只要找到合适的社交网络平台，不需要依靠传统的"广撒网式"的营销，就能够更加精准地触达目标消费者。

11.4.2.3 社交媒体营销的原则

（1）从自身增长需求出发，结合社媒数据指标，制定对应的社媒营销策略；
（2）提高技术能力与快速响应能力，以发挥更独特的销售与营销理念；
（3）重点关注系统集成与数据流通利用率，在"营销—销售—服务"全流程中贯彻数据驱动理念；
（4）加强品牌资产与社媒数据的安全合规性保护，避免品牌危机并预防风险。

11.4.3 KOL 营销

11.4.3.1 网红营销的定义

网红也就是网络红人，是现实或者网络中因为某些事物或行为广泛被广大网民关注而走红的人。网红营销是指通过互联网所产生的内容，通过固定粉丝群体展开营销的一种形式。网红通过视频、音频、图片、游戏等形式不断创造、传播网络内容，当某人被认为是该领域的"专家"，通常会对他（她）的追随者购买某些产品的决策产生重要影响。因此，网红营销本质上是一种以 KOL（Key Opinion Leader）（关键意见领袖）为主体的网络营销模式。

11.4.3.2 跨境电商网红营销的步骤

（1）定义目标是网红营销的关键一步；
（2）深谙海外投放，精准匹配海外网红资源；
（3）创意构思，提高海外网红营销活动转化；
（4）海外网红推广，高 ROI（投资回报率）的审核指标。网红营销的 ROI 影响评价指标主要包括每次展示费用、每次参与费用、点击率、潜在客户成本（每潜在客户成本）、吸引力成本（每次获取费用）；
（5）海外网红营销数据投放分析与优化。

网红营销的效果评价包含网红受众群体+目标市场匹配、参与度、获得的媒体价值、网红营销平台的活动功能。

11.4.3.3 跨境电商网红营销的注意要点

（1）跨境电商在寻找各国网红时，应了解和探索各地区本地社交媒体发展情况和文化习惯；
（2）同主题活动可用多个社交媒体组合宣传，以达到活动效果最大化；
（3）目前 YouTube 网红主要还是以 CPM（千次曝光收费）进行合作，但不排除 CPS（Cost Per Sales）（按销售产品数量来换算广告刊登金额），可以尝试与海外网红谈此类合作；
（4）海外的网红（Influencer）（影响者）类似于国内的 KOL，但 KOL 一词海外网红可能不懂，在邀请网红合作时，尽量以 Influencer、YouTuber 这种书写邀请。

11.4.3.4 网红营销的发展趋势

随着网红营销的不断发展，其主要呈现出 6 个趋势：
（1）有偿放大将成为常态；
（2）匹配的品牌和网红将寻求长期合作关系；
（3）强有力的宣传摘要将成为成功的基石；
（4）微网红（粉丝数在 2.5 万以下）可以带来更高的参与度；
（5）大网红发布赞助内容的频率更高；
（6）可验证的标准测量将超越表面。

11.4.4 社交媒体营销案例分析

跨境社交媒体营销案例：LinkedIn

LinkedIn（领英）创建于 2003 年，总部位于美国加州硅谷，办公室遍及全球 30 多个城市。作为全球领先的职场社交平台，LinkedIn 用户数已超过 6.1 亿，覆盖全球 200 多个国家和地区，《财富》世界 500 强每个公司均有高管加入。LinkedIn 拥有多元化经营模式，收入主要来自招聘解决方案、营销解决方案、销售解决方案及高级订阅账户。LinkedIn 抓住了非常好的时机，在 Facebook 做大做强之前，垄断了职场方面的社交关系链。2014 年 1 月，LinkedIn 宣布正式进入中国，并启用中文名称——领英。2016 年，微软以 262 亿美元收购领英，这是微软有史以来最大的收购案。

1) **LinkedIn 与 Facebook 的对比**

LinkedIn 和 Facebook 都有群组功能，可以让用户与其他志同道合的人联系，并且都有强大的广告功能。在 Facebook 上，人们每天花费大约 35 分钟浏览信息并与朋友互动，而 LinkedIn 用户每月只花 17 分钟使用该网站。尽管用户在 LinkedIn 上花费的时间比在 Facebook 上少，但 LinkedIn 的用户购买意愿更强。用户使用不同平台的目的是不同的，当用户与 LinkedIn 群组中的其他人互动时，他们更有可能讨论与工作相关的事情。而在 Facebook 群组中，人们更倾向于分享他们对生活方式、食物、爱好等方面的个人意见。Facebook 和 LinkedIn 都提供各种广告类型，如轮播、视频和线索广告，由于 Facebook 拥有更大的用户群，因此广告能够吸引更多用户，通过 Facebook，还可以根据更加个性化的信息（如行为或生活里程碑）进行受众定位。但 LinkedIn 提供了自己的定位功能，并且更适合为企业开发潜在客户。人们可以使用 LinkedIn 有针对性地进行开发潜在客户的活动，同时可以使用 Facebook 提高品牌知名度并与客户互动。

2) **利用 LinkedIn 进行跨境电商营销的原因**

LinkedIn 是 B2B 卖家用于分发内容的第一大渠道，占比 94%；LinkedIn 占 B2B 网站、博客所有社交流量的 50% 以上；B2B 业务所吸引的潜在客户中，有 80% 来自 LinkedIn；与 Twitter 和 Facebook 相比，LinkedIn 产生的转化要高出 3 倍。LinkedIn 商业页面如图 11-9 所示，包含以下 4 部分：
（1）推广你的产品/服务；
（2）分享内容；

(3) 增加你的曝光度；
(4) 与目标受众建立联系。

图 11-9 LinkedIn 商业页面

11.5 搜索引擎营销

11.5.1 搜索引擎的基本原理

搜索引擎，就是根据用户需求与一定算法，运用特定策略从互联网检索出信息反馈给用户的一门检索技术。搜索引擎的核心模块一般包括爬虫、索引、检索和排序等，同时可添加其他一系列辅助模块，从而为用户创造更好的网络使用环境。图 11-10 展示了搜索引擎分类。

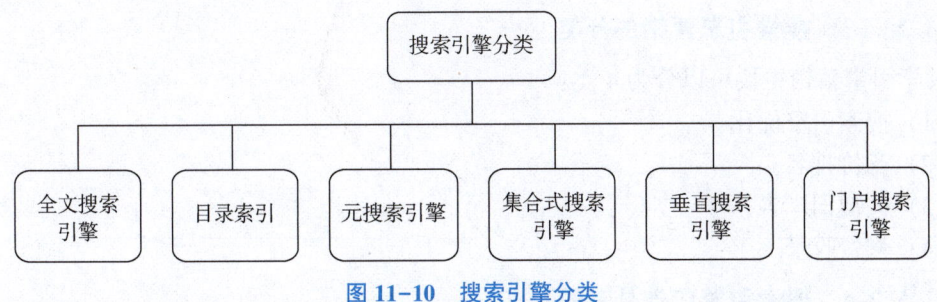

图 11-10 搜索引擎分类

搜索引擎的工作原理如图 11-11 所示。根据用户浏览和点击搜索结果的习惯，人们可以发现，排在前面的结果被用户点击的概率更大。用户搜索的过程，实际上是一个关键词组合随时间序列逐步变化的过程。关于用户如何使用搜索的信息可以被用于改善网站的可用性以及和搜索引擎的兼容性。网页在搜索结果中的相对位置会显著影响网站获得的流量。

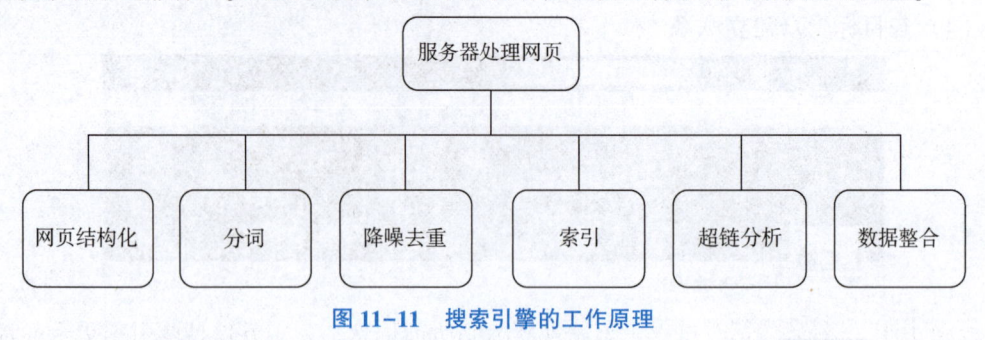

```
                    服务器处理网页
    ┌──────┬──────┬──────┬──────┬──────┐
  网页结构化  分词  降噪去重  索引  超链分析  数据整合
```

图 11-11　搜索引擎的工作原理

11.5.2　搜索引擎营销的基本概念

11.5.2.1　搜索引擎营销的定义

搜索引擎营销就是基于搜索引擎工具高效、便捷、智能的检索功能，利用用户检索信息的机会将营销信息传递给目标用户，其目的在于推广网站或产品，增加企业或者品牌知名度。

11.5.2.2　搜索引擎营销的过程

搜索引擎营销的基本思想是让用户发现并点击信息。当用户通过搜索引擎搜索某个关键词时，搜索引擎会把相关信息展示给用户，用户通过点击即可进入网站，进一步了解所需信息，同时为企业创造价值。搜索引擎营销的过程如图 11-12 所示。

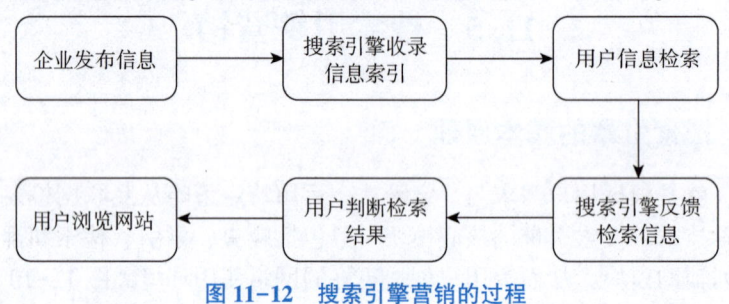

```
企业发布信息 → 搜索引擎收录信息索引 → 用户信息检索
                                              ↓
用户浏览网站 ← 用户判断检索结果 ← 搜索引擎反馈检索信息
```

图 11-12　搜索引擎营销的过程

11.5.2.3　搜索引擎营销的分类

搜索引擎营销主要可以分为 4 类：
（1）搜索引擎优化；
（2）竞价排名；
（3）关键词广告；
（4）付费收录。

11.5.2.4　搜索引擎广告具有的特点

（1）主动性：搜索引擎广告是由高购买欲的潜在买家，通过主动搜索产品的行为产生的广告形式，这样的"精准覆盖"，有效地保证了广告的投放效果；
（2）自主性：投放者可根据自身需求，自主选择搜索引擎广告投放的市场、内容和形

式,可以在扩大潜在用户覆盖面的同时,减少无效投放,确保投放的精准性;

(3) 成本可控:搜索引擎广告点击收费的模式,只有在有效点击后才产生费用,成本相对于其他站外引流的渠道更省钱。

11.5.3 搜索引擎优化与独立站营销

11.5.3.1 搜索引擎优化

1) 搜索引擎优化的类型

(1) 结构优化。

为了用户在浏览网站时可以更方便地获取到所需信息,为了方便搜索引擎更全面地抓取网站数据,需要对网站结构进行优化。

(2) 页面优化。

页面优化主要包括页面标题、描述标签、关键词标签等优化内容。

(3) 内容优化。

网站的内容优化主要是对关键词与文章内容的联系设计、关键词的密度和更新频率等进行优化。

2) 搜索引擎优化的步骤

搜索引擎优化的步骤主要有8步:确定企业或网站的营销目标;选择合适的域名;选择稳定高速的服务器;建设搜索引擎友好的网站架构;网站关键词的合理分布;持续原创有价值的内容;增加网站的外部链接;营销效果的日常监测。

3) 搜索引擎优化常见的问题

(1) 网站收录不完全;
(2) 过度优化导致权重下降;
(3) 长期看不到优化效果;
(4) 关键词排名不稳定;
(5) 转化率低,跳出率高;
(6) 只有流量,没有品牌效应;
(7) 受到搜索引擎的惩罚。

11.5.3.2 独立站营销

通过建独立站来沉淀私域流量——这是近年来很多跨境电商企业的新选择。对于独立站而言,搜索引擎营销的作用显得更为重要。独立站本质上是一个网站,一个好的网站,必然是在各个维度得到搜索引擎的青睐。独立站海外流量来源主要集中在谷歌和Facebook上,目前全球使用Facebook和谷歌的用户数量要远远高于亚马逊。

> **资料分享**
>
> **Google搜索广告营销案例分析**
>
> 市场研究公司eMarketer 2018年时预计,谷歌2018年在全球广告市场的份额将达到31%,稍低于2017年的31.7%。谷歌2018年第二季度广告总营收为280.87亿美元(50亿美元欧盟罚款),大多数广告营收来自移动广告和自动广告。

> 谷歌继续把搜索广告置于手机的更显眼位置，协助推动广告营收的快速增长。谷歌购物搜索广告允许营销商推广消费者产品，如图 11-13 所示。
>
> 图 11-13 谷歌搜索广告
>
> 资料来源：《华尔街时报》2018 年 7 月

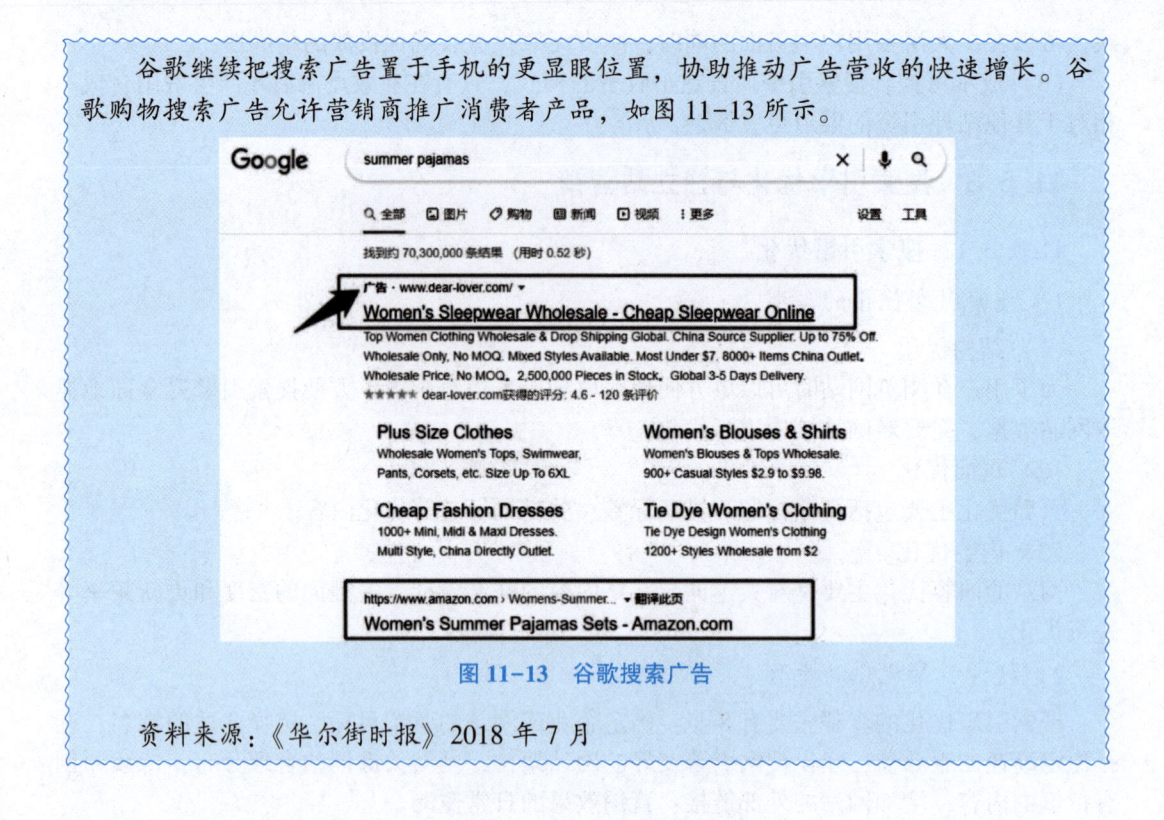

11.6 跨境电商视频营销

移动互联网时代，消费者的在线时间更加碎片化，和图片文字相比，视频能够更加直接地向消费者展现产品的细节、品质甚至是生产制作过程，不仅能让消费者对产品的质量产生信任，而且能够更准确地把握产品的价值。跨境电商产品存在一定的同质化问题，导致产品页面内容重复度较高，通过制作有特色的视频内容，能在一定程度上解决这个问题，提升产品页面在平台和搜索引擎中的权重。有情节的视频内容能够被不同国家和地区的消费者所理解，还能克服跨境电商中的跨语言、跨文化障碍。

11.6.1 在线视频服务

图 11-14 展示了网络视频服务的用户规模。截至 2023 年 12 月，网络视频用户规模为 10.67 亿人，较 2022 年 12 月增长 3 613 万人，占网民整体的 97.7%。其中，短视频用户规模为 10.53 亿人，较 2022 年 12 月增长 4 145 万人，占网民整体的 96.4%。人们可以发现，现阶段的网络视频领域活跃用户规模大，用户使用时间长。

根据《中国网络视听发展研究报告（2024）》，2023 年，包括长视频、短视频、直播、音频等领域在内的网络视听行业市场规模首次突破万亿，达 11 524.81 亿元，以网络视听业务为主营业务的存续企业共有 66 万余家。图 11-15 展示了报告中关于网络视听细分应用人均单日使用时长，从中人们可以发现，短视频及综合视频（长视频）已经成为网络视听行业市场主要构成板块。

第 11 章 跨境电商营销

2020年3月—2023年12月网络视频（含短视频）用户规模及使用率

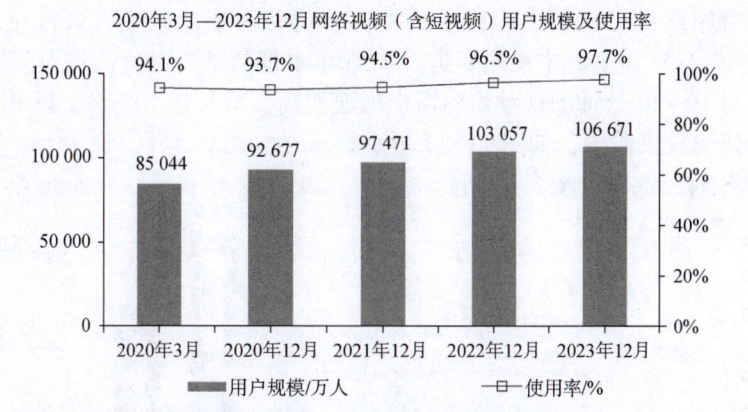

图 11-14　网络视频服务的用户规模
数据来源：中国互联网络信息中心《中国互联网发展状况统计报告》

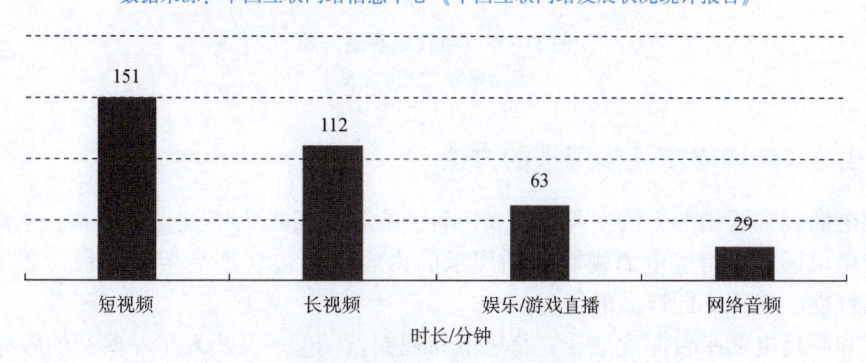

图 11-15　2023 年网络视听细分应用人均单日使用时长
数据来源：《中国网络视听发展研究报告（2024）》

近年来，短视频用户规模和使用率一直保持增长态势，从 2018 年 12 月至 2023 年 12 月的五年间，短视频用户规模从 6.48 亿人增长至 10.53 亿人，使用率也从 78.2% 增长至 96.40%，用户规模和使用率均达到峰值，如图 11-16 所示。随着短视频用户规模不断增大，网民使用率上升，短视频逐渐成为互联网的底层应用。

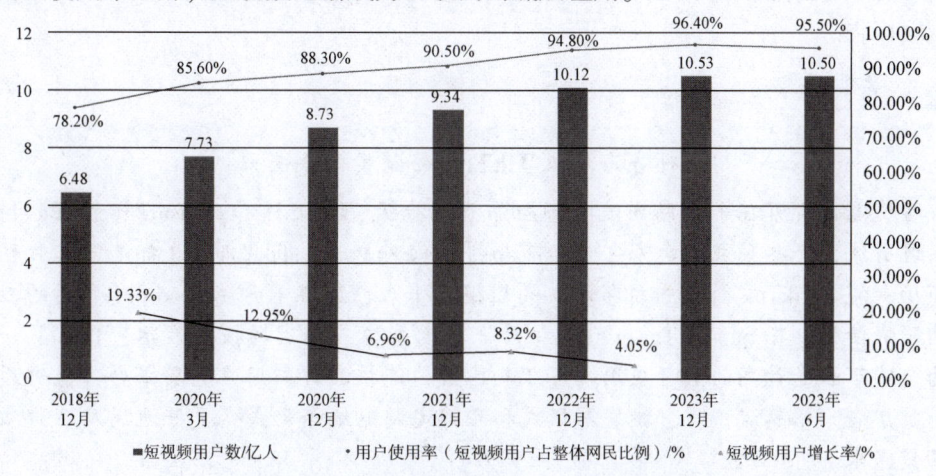

图 11-16　短视频用户规模、使用率及增长率
数据来源：《中国短视频发展研究报告（2024）》

297

另外，随着用户对短视频内容要求的提高、消费习惯的改变，该行业诞生以 PUGC（专业用户生产内容）为主的中视频赛道。2020 年中视频平台月度人均日消费时长增长趋势明显，用户对 10~20 分钟的视频内容需求增速变高，增长达 10.7%，以 PUGC 为主的中视频市场处于快速发展阶段，如图 11-17 所示。

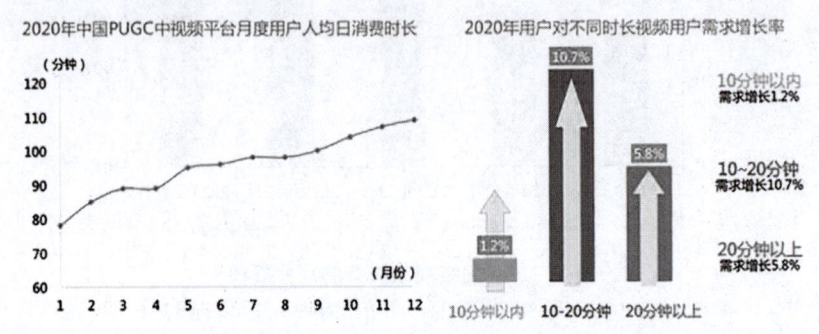

图 11-17 中视频赛道兴起

数据来源：比达数据

11.6.2 跨境电商视频营销的方法

跨境电商视频营销的方法主要有视频广告、影视节目植入广告、短视频、电商平台主图视频、微电影等。跨境电商视频营销展示的内容主要包含产品生产流程、产品使用说明、产品性能、对比不同产品的优劣。

通过和跨境电商平台深度融合，跨境电商视频营销领域又出现了一些新的服务模式。

（1）YouTube 购物功能：YouTube 早在多年前就开通了 YouTube 购物卡功能，2019 年宣布 Youtube 购物功能进一步开放。

（2）Instagram 站内购物：Facebook 旗下 Instagram 以往对于在平台中插入商业元素或广告一直非常谨慎，现在顾客也开始在 Instagram 平台内完成购物和付款。

（3）亚马逊 App 视频广告：亚马逊之前就推出了 Amazon Video Shorts（短视频），2018 年开始开放给品牌备案 2.0 卖家的主图视频功能，现在也开始在 Amazon 手机 App 中插入视频广告。

资料分享

抖音海外版 TikTok 营销案例分析

跨境电商卖家在平台站内流量日益昂贵的今天，开始选择从 YouTube，Facebook 等渠道引流，一些独立站卖家也开始布局抖音海外版——TikTok，这都是便宜且巨大的市场新流。TikTok 作为手机移动端的短视频平台，可在 IOS 和 Android 多国的应用商店下载使用。据 Sensor Tower2018 年第一季度手机应用市场报告显示，TikTok 一度成为全球下载量最高的 IOS 应用。TikTok 已成为连接品牌与用户的新平台，能够通过开屏页广告、信息流广告、挑战赛模式和品牌定制贴纸等形式，更好地满足品牌多元的营销需求。

成功在 TikTok 上投放广告，吸引到用户购买，实现 ROI 正向的跨境电商品牌包括

Club Factory、Shein、Shopee 等。跨境电商卖家基于 TikTok 的营销方式大致可以分为以下三种：

（1）卖家或者企业（品牌）自己创建和经营 TikTok 账号，通过定期发布原创的短视频内容吸引用户和流量；

（2）直接在 TikTok 投放广告；

（3）与 TikTok 上的网红大 V 来合作，有偿推广自家的产品或品牌，类似于投放广告。从长期来看，自主可控的 TikTok 营销渠道，对卖家更有意义。

TikTok 广告的计费模式有两种：

（1）CPC 点击付费，这里的点击是指用户点击广告主的推广链接，或者广告主的店铺产品链接，点击之后就会产生付费；

（2）CPM 曝光付费，曝光是指用户看到广告就算一次曝光，通常以千次曝光作为计费模式。

开展 TikTok 的推广可以设置每日预算，设置投放时间、人群、年龄、性别、地区，等等，操作比较方便。

11.7　跨境电商营销数据分析

11.7.1　跨境电商营销数据分析概述

跨境电商营销数据分析在跨境电商运营中起着至关重要的作用，它不仅帮助企业了解市场动态和消费者行为，还能优化营销策略，提升竞争力。跨境电商营销数据分析的作用如下：

（1）了解不同国家和地区的消费者偏好和购买行为，从而制定更精准的市场营销策略；

（2）调整库存水平，避免缺货或积压，提高资金周转率；

（3）制定有效的定价策略，提升销量和利润；

（4）进行市场预测，预判市场需求变化，降低市场风险。

11.7.2　数据采集工具介绍

后羿采集器是由前谷歌搜索技术团队基于人工智能技术研发的新一代网页采集软件。该软件功能强大，操作简单，是为广大无编程基础的产品、运营、销售、金融、新闻、电商和数据分析从业者，以及政府机关和学术研究等用户量身打造的一款产品。

后羿采集器不仅能够进行数据的自动化采集，而且在采集过程中还可以对数据进行清洗。在数据源头即可实现多种内容的过滤。通过使用后羿采集器，用户能够快速、准确地获取海量网页数据，从而彻底解决人工收集数据所面临的各种难题，降低获取信息的成本，提高工作效率。后羿采集器软件界面如图 11-18 所示。

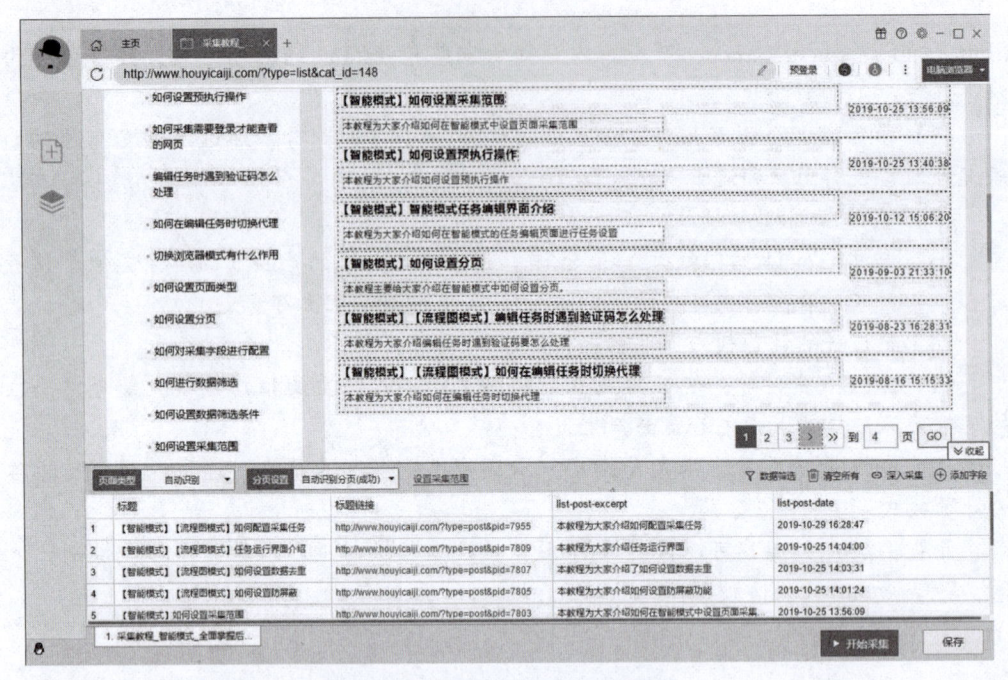

图 11-18　后羿采集器软件界面

11.7.3　跨境电商平台产品数据采集与分析

通过使用后羿采集器，可以从亚马逊平台（图 11-19）上自动抓取特定类别的产品数据，包括但不限于产品名称、价格、评分、评论数量、库存状态等信息。可以帮助人们了解如何有效地利用自动化工具进行大规模数据收集，并为后续的市场分析和营销方案制定提供数据支持。具体的操作步骤如下：

图 11-19　亚马逊网站

（1）需要做好准备工作，确保已经下载并安装了最新版本的后羿采集器，并按照官方指南完成软件的基本设置，包括账号注册、登录及授权。

（2）选择一个或多个感兴趣的产品类别作为本次实验的目标，例如电子产品、图书或家居用品等，并基于所选产品的特性设计合适的数据采集规则，明确需要提取的具体字段，如产品标题、价格、评分等，以及页面结构的解析方式。

（3）打开后羿采集器，新建一个项目，输入亚马逊网站的相关 URL（网址）作为起点，如果目标是特定类别的产品列表页，则需指定该类别的入口链接，在后羿采集器中配置相应的字段提取规则，可以使用其内置的选择器工具来定位网页上的元素，并将其映射到所需的输出字段，同时配置翻页功能，以覆盖整个分类下的所有产品页面，还需考虑处理可能遇到的验证码或其他反爬虫机制。

（4）在创建好采集任务后，启动采集任务，实时监控采集过程中的进度和状态，注意检查是否有异常情况发生，比如网络中断或被目标网站封锁等，并及时调整应对策略，对于较大的数据集，建议分批次采集，避免对服务器造成过大压力而触发封禁。采集完成后，导出数据至本地存储介质，格式可选择 Csv、Excel 或数据库文件等，随后利用数据分析工具如 Excel、Python 等对采集到的数据进行清洗、整理和初步分析，例如计算平均价格、统计各星级评价的数量分布等。最后，检查采集结果的准确性和完整性，对比原始网页内容确认无误，并根据实际操作过程中遇到的问题和挑战，优化采集规则和流程，提高效率和稳定性。

（5）在采集过程中，务必遵守亚马逊的服务条款及相关法律法规，确保合法合规地使用公开数据，尊重网站的 robots.txt 文件，避免对服务器造成不必要的负担，定期更新采集规则以适应网站结构的变化，保持数据采集的有效性。通过上述步骤，可以系统地利用后羿采集器从亚马逊平台获取所需的产品数据，为开展营销提供坚实的基础。亚马逊平台产品数据采集示例如图 11-20 所示。

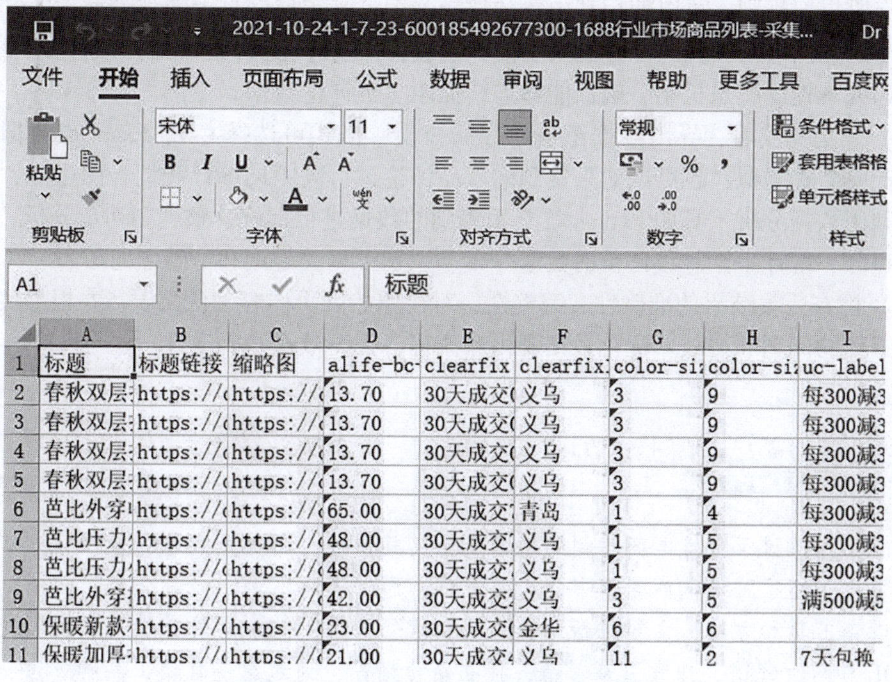

图 11-20 亚马逊平台产品数据采集示例

（6）在获得产品数据的基础上，可以进一步分析商品标题中共同的关键词，将高频关键词记录下来。生成高频关键词统计图表，如图 11-21 所示，进一步思考和分析其中哪些关键词是比较适合该商品的。例如，可以用这些高频词作为产品标题或者详情描述的候选词。

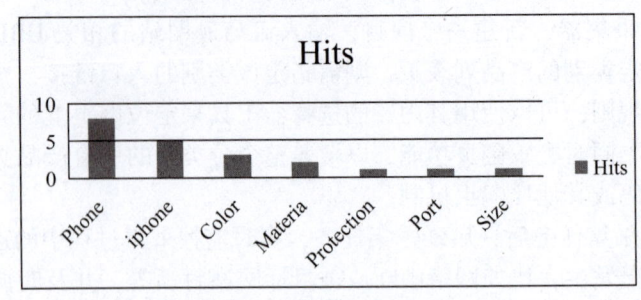

图 11-21 产品数据高频词统计结果

11.7.4 跨境电商平台评论数据采集与分析

除了产品数据，还可以对亚马逊平台上特定产品的用户评论数据进行采集和分析，帮助人们了解大规模用户反馈数据，并为后续的产品改进和市场分析提供数据支持。具体的操作步骤如下：

（1）选择一个或多个感兴趣的产品，例如某款畅销电子产品或热门图书等，并基于所选产品的特性设计合适的数据采集规则，明确需要提取的具体字段，如评论内容、评分、评论时间、用户 ID 等，以及页面结构的解析方式。

（2）打开后羿采集器，输入目标产品在亚马逊上的具体 URL，在后羿采集器中配置相应的字段提取规则，可以使用其内置的选择器工具来定位网页上的评论元素，并将其映射到所需的输出字段，同时配置翻页功能，以覆盖所有评论页面，还需考虑处理可能遇到的验证码或其他反爬虫机制，确保能够连续抓取多页评论数据。

（3）采集完成后，导出数据至本地存储介质，格式可选择 Csv、Excel 或数据库文件等。和产品名称类似，也可以对采集到的产品评论进行高频词统计和词云图生成，也可以进一步利用数据分析工具如 Python 等对采集到的数据进行清洗、整理和初步分析，例如计算平均评分、统计不同星级评价的数量分布、识别常见关键词和情感倾向等。

（4）检查采集结果的准确性和完整性，对比原始网页内容确认无误，并根据实际操作过程中遇到的问题和挑战，优化采集规则和流程，提高效率和稳定性。

本章小结

本章深入探讨了跨境电商营销的基本概念及其特点，明确了它与一般网络营销的主要区别；重点介绍了跨境电商营销中的选品策略。通过实际案例，详细介绍了常用的跨境电商网络营销工具和方法，主要包括站内营销和站外营销，其中站外营销又包括社交媒体营销、KOL 与网红营销、搜索引擎营销、独立站营销等，通过这些营销工具和方法，可以帮助企业克服跨境经营中的障碍，有效提升品牌曝光度和销售业绩，实现全球化业务的增长。

复习与思考

一、单选题

1. 新媒体的哪个特点使得信息传播更加灵活多样？（　　）
   A. 交互性　　　　　　　　　　B. 单一性
   C. 静止性　　　　　　　　　　D. 滞后性

2. 跨境电商的主要特征是什么？（　　）
   A. 大批量、低频度　　　　　　B. 小批量、高频度
   C. 大批量、高频度　　　　　　D. 小批量、低频度

3. 以下哪个不是跨境电商的站外营销方式？（　　）
   A. 电子邮件营销　　　　　　　B. 搜索引擎营销
   C. 平台付费广告　　　　　　　D. 视频营销

4. 跨境电商的站内营销主要通过什么方式进行？（　　）
   A. 社交媒体广告　　　　　　　B. 电商平台内部的工具和资源
   C. 搜索引擎优化　　　　　　　D. 线下活动

5. 跨境电商选品的本质是什么？（　　）
   A. 选择价格最低的产品
   B. 选择质量、价格、跨境特性最符合目标市场需求的商品
   C. 选择最流行的产品
   D. 选择最容易生产的产品

6. 跨境电商的长尾效应选品策略是指什么？（　　）
   A. 只选择热销商品　　　　　　B. 选择最容易生产的产品
   C. 选择价格最高的商品　　　　D. 选择需求极低但市场份额大的商品

7. 网红营销的本质是什么？（　　）
   A. KOL 为主体的网络营销模式　B. 通过明星广告进行推广
   C. 通过线下活动吸引消费者　　D. 通过电话营销提升销量

8. 跨境电商的独立站营销是指什么？（　　）
   A. 通过自建网站进行营销　　　B. 通过社交媒体进行营销
   C. 通过搜索引擎进行营销　　　D. 通过线下活动进行营销

9. 以下不属于搜索引擎广告特点的是哪个？（　　）
   A. 主动性　　　　　　　　　　B. 自主性
   C. 高频性　　　　　　　　　　D. 成本可控

10. 哪种类型的搜索引擎优化能够帮助搜索引擎更全面地抓取网站数据？（　　）
    A. 页面优化　　　　　　　　　B. 内容优化
    C. 流量优化　　　　　　　　　D. 结构优化

11. 后羿采集器主要用于什么活动？（　　）
    A. 社交媒体营销　　　　　　　B. 数据采集
    C. 视频制作　　　　　　　　　D. 线下活动

二、多选题

1. 广义的新媒体包括哪些传播形态？（　　）

A. 网站 B. 社交媒体
C. 移动应用 D. 数字电视
2. 跨境电商的主要有哪些特征？（　　）
A. 多边化 B. 直接化
C. 小批量 D. 数字化
3. 跨境电商的站内营销有哪些方法？（　　）
A. 优化标题 B. 商品分类
C. 搜索词条 D. 社交媒体广告
4. 跨境电商的选品原则有哪些？（　　）
A. 遵守政策法规 B. 从市场需求出发
C. 关注产品本身 D. 考虑平台特性
5. 跨境电商的KOL营销包括哪些步骤？（　　）
A. 定义目标 B. 精准匹配网红资源
C. 创意构思 D. 数据投放分析与优化
6. 跨境电商的选品策略有哪些？（　　）
A. 跟风选品 B. 长尾效应选品
C. 细分市场选品 D. 完全跟风选品
7. 跨境电商选品主要有哪些站内渠道？（　　）
A. 跟卖 B. 通过数据分析选品
C. 追踪社交平台的热点内容 D. 基于客户反馈选品
8. 跨境电商的搜索引擎营销方式有哪些？（　　）
A. 搜索引擎优化 B. 竞价排名
C. 关键词广告 D. 付费收录
9. 跨境电商视频展示的内容主要包含什么？（　　）
A. 产品生产流程 B. 产品使用说明
C. 产品性能 D. 对比不同产品的优劣
10. 社交媒体营销的方式主要有哪些？（　　）
A. 广告植入/软文 B. 信息流广告
C. 打造公共主页 D. 以应用形式进行活动营销

三、判断题

1. 传统媒体如报纸、电视和广播已经完全被新媒体所取代。（　　）
2. 新媒体营销变现的主要形式之一是内容付费，即用户为获取高质量内容而支付费用。
（　　）
3. 跨境电商选品结果可以稳定不变。（　　）
4. 跨境电商的长尾效应选品策略是指选择热销商品。（　　）
5. 跨境电商的站外营销方式包括电子邮件营销和搜索引擎营销。（　　）
6. 对跨境电商而言，只要找到合适的社交网络平台，不需要依靠传统的广撒网式的营销，就能够更加精准地触达目标消费者。（　　）
7. 短视频不是互联网的底层应用。（　　）
8. 跨境电商的搜索引擎营销方式包括搜索引擎优化和竞价排名。（　　）

9. 搜索引擎的页面优化是指对关键词与文章内容的联系设计、关键词的密度和更新频率等进行优化。（   ）

10. 跨境电商的搜索引擎营销方式包括搜索引擎优化和竞价排名。（   ）

四、简答题

1. 简要概述新媒体的基本特点以及这些特点如何影响信息传播的方式。
2. 跨境电商的站内营销和站外营销有什么区别？
3. 请介绍跨境电商的选品策略有哪些，并简要概述这些策略各自的特点。
4. 请简要概述搜索引擎营销的基本概念及搜索引擎营销优化过程。
5. 简要概述进行跨境电商营销数据分析的作用。

五、论述题

1. 新媒体的崛起对传统媒体产生了哪些冲击？这是否意味着传统媒体将走向消亡？请结合具体案例进行讨论。
2. 中国出海品牌如何利用社交媒体营销帮助企业提升品牌曝光度和销售业绩？在进行营销时需要注意什么？请结合具体案例进行讨论。

六、案例分析题

与消费者熟悉的亚马逊、eBay（易贝）、乐天等跨境电商平台不同，跨境电商独立站是一个独立的跨境电商网站，由管理者独立运营，不受平台限制。它一般包括网站域名、独立服务器及独立网站程序，并以线上销售方式面向海外用户展示产品，支持其在网站和相关程序选购、支付、下单。以 Shein（希音）为例，其目前设有官网、App 等不同渠道，消费者在网站和应用程序均可下单选购。疫情期间，来自中国的快时尚跨境电商平台 Shein 在海外获得极大关注，Shein 通过社交媒体平台（如 Instagram、TikTok、Facebook 等）进行大规模的营销推广，成功吸引了大量用户并实现了快速增长。

Shein 作为快时尚跨境 B2C 出海龙头企业，持续通过数字化赋能供应商，以巩固其供应链端的优势，从而筑高竞争壁垒。Shein 基于小单快返模式，打造了高效且极速的生产流程，同时凭借"线上布局+高性价比+高频上新"，满足了海外大众群体及价格敏感消费者的需求。

Shein 在海外主流社交媒体平台上与众多网红合作，并向他们免费提供服装以供试穿体验。这些网红在收到产品后，会制作开箱视频或进行穿搭展示，并将内容发布至各自的社交媒体账号上。此外，还有不少博主主动创作购物分享视频，如"5 美元购买一件 T 恤""10 美元购买一条裙子"以及"40 美元购买全身装扮"等极具吸引力的主题，这类视频往往能够迅速在网络上引起广泛关注。因此，当年轻消费者登录各类社交平台时，能频繁地接触到关于 Shein 服饰搭配的内容分享。

问题：独立站营销对 Shein 的品牌建设和销售业绩有何帮助？Shein 的社交媒体营销对其品牌曝光度和销售业绩有何影响？你认为 Shein 的品牌建设和营销策略有哪些值得其他跨境电商企业借鉴的地方？

参 考 文 献

[1] 费玉莲. 网络营销 [M]. 北京：科学出版社，2009.
[2] 王春梅. 网络营销理论与实务（第 2 版）[M]. 北京：清华大学出版社，2022.
[3] 刘芸. 网络营销与策划（第 3 版）[M]. 北京：清华大学出版社，2022.
[4] 华迎. 新媒体营销：营销方式+推广技巧+案例实训（微课版 第 2 版）[M]. 北京：人民邮电出版社，2024.
[5] 张卫东. 网络营销（第 2 版）[M]. 北京：电子工业出版社，2018.
[6] 李成钢，王涓. 新媒体营销 [M]. 北京：中国纺织出版社，2024.
[7] 周懿瑾. 新媒体营销 [M]. 北京：中国人民大学出版社，2024.
[8] 冯英健. 网络营销基础与实践（第 5 版）[M]. 北京：清华大学出版社，2016.
[9] 冯英健. 新网络营销（微课版）[M]. 北京：人民邮电出版社，2018.
[10] 陈德人. 网络营销与策划：理论、案例与实训 [M]. 北京：人民邮电出版社，2019.
[11] 金楠. SEO 搜索引擎实战详解 [M]. 北京：清华大学出版社，2014.
[12] 白璇. 搜索引擎营销与推广：理论、案例与实训 [M]. 北京：人民邮电出版社，2024.
[13] 潘百翔，李琦. 跨境网络营销 [M]. 北京：人民邮电出版社，2018.
[14] 菲利普·科特勒，凯文·莱恩·凯勒. 营销管理（第 15 版）[M]. 上海：上海人民大学出版社，2016.
[15] 迈克尔·所罗门，卢泰宏，杨晓燕. 消费者行为学（第 12 版）[M]. 北京：中国人民大学出版社，2018.
[16] Mike, Bill Hunt. 搜索引擎营销：网站流量大提速（第 3 版）[M]. 宫鑫，译. 北京：电子工业出版社，2016.
[17] 昝辉. 网络营销实战密码：策略、技巧、案例（修订版）[M]. 北京：电子工业出版社，2013.
[18] 江天. 互联网营销实战宝典 [M]. 北京：清华大学出版社，2018.
[19] 陈媛先. SEO 搜索引擎优化：技巧、策略与实战案例 [M]. 北京：人民邮电出版社，2018.
[20] 唐兴通. 社会化媒体营销大趋势：策略与方法（第 2 版）[M]. 北京：清华大学出版社，2012.
[21] 廖以臣. 网络营销 [M]. 北京：高等教育出版社，2016.
[22] 李成钢. 网络营销基础与实践 [M]. 北京：中国纺织出版社，2016.
[23] 杨雪. 网络营销 [M]. 西安：西安电子科技大学出版社，2017.
[24] 李玉清，方成民. 网络营销（第 3 版）[M]. 大连：东北财经大学出版社，2015.

[25] 迈克尔·波特. 竞争战略 [M]. 北京：中信出版社，2014.

[26] 张晓东. 跨境电商消费者参与价值共创对品牌偏好的影响 [J]. 商业经济与管理，2019（8）：10.

[27] 袁登华，高丽丹. 社交媒体中的准社会互动与营销效能研究 [J]. 外国经济与管理，2020，42（7）：15.

[28] 李辉. 跨文化视角下我国跨境电商营销策略研究 [J]. 商业经济研究，2020（12）：3.

[29] 巩述林. 网络广告文本符号学分析法的发展与应用 [J]. 阜阳师范大学学报：社会科学版，2020（4）：48-53.

[30] 赵静静. 新媒体环境下网络广告创意设计研究：评《新媒体时代下的网络广告设计应用》[J]. 新闻爱好者：上半月，2021，（6）：I0005-I0006.

[31] Smith T J. Pricing Strategy：Setting Price Levels，Managing Price Discounts，& Establishing Price Structures [J]. South-Western Cengage Learning，2011.

[32] Kohavi R，Longbotham R. Online Controlled Experiments and A/B Testing [J].［2025-03-03］. DOI：10.1007/978-1-4899-7502-7_891-1.

[33] Jensen, M. C., Meckling, W. H. Theory of the firm：Managerial Behavior, Agency Costs and Ownership Structure [J]. Journal of Financial Economics, 1976, 3（4），305-360.

[34] 林夏青. 从审美资本主义视角看潮玩盲盒的流行：以泡泡玛特为例 [J]. 美与时代（下），2024（6）：42-45.

[35] 互联网广告管理办法，https://www.gov.cn/gongbao/2023/issue_10506/202306/content_6885261.html.

[36] 必要商城 C2M 模式，https://baike.baidu.com/item/%E5%BF%85%E8%A6%81/17211962.

[37] 红领集团个性化定制案例，http://www.redcollar.cc/index.html.

[38] The 52nd Statistical Report on China's Internet Development, China Internet Network Information Center（CNNIC）August 2023，https://www.cnnic.com.cn/IDR/ReportDownloads/202311/P020231121355042476714.pdf.